电力市场交易
常用法律法规便查手册

《电力市场交易常用法律法规便查手册》编委会　编

中国电力出版社
CHINA ELECTRIC POWER PRESS

图书在版编目（CIP）数据

电力市场交易常用法律法规便查手册 / 《电力市场
交易常用法律法规便查手册》编委会编. -- 北京：中国
电力出版社，2025.5. -- ISBN 978-7-5198-9868-7

Ⅰ. D922.292-62

中国国家版本馆 CIP 数据核字第 2025SW0733 号

出版发行：中国电力出版社

地　　址：北京市东城区北京站西街 19 号（邮政编码 100005）

网　　址：http://www.cepp.sgcc.com.cn

责任编辑：赵　鹏（010-63412555）

责任校对：黄　蓓　常燕昆　张晨荻

装帧设计：郝晓燕

责任印制：钱兴根

印　　刷：固安县铭成印刷有限公司

版　　次：2025 年 5 月第一版

印　　次：2025 年 5 月北京第一次印刷

开　　本：787 毫米×1092 毫米　16 开本

印　　张：20

字　　数：616 千字

定　　价：80.00 元

编　委　会

主　编　白如银

副主编　马　悦　李　强　高　靖

成　员　王振鹏　马　涛　辛　洁　王　晗

廖　楠　汪　毅　杨苗苗　万雅丽

刘　畅　苏冠宇　张滢蕊　杨淑婷

毛安琪　郑宇洲　苏　静　张捷瑞

编者说明

　　本手册按照择要精选、实用够用、方便携带的原则，收录了 2025 年 3 月 15 日前国家颁布的电力市场建设与电力交易工作中比较重要、常用的 84 件法律、行政法规、部门规章、司法解释和规范性文件。其中试用期虽已届满，但实践中仍实际参照适用或有指导意义的部分法律文件（如《有序放开配电网业务管理办法》)，仍予收录。

　　本手册供各地电力交易机构、发电企业、售电公司、电力用户、新型主体、电网企业、市场服务机构以及能源行政、能源监管等部门工作人员查阅使用。

　　凡收录的法律、法规、规章等都可能被修改调整，请读者随时关注国家电力市场立法的最新变化，在工作中注意引用最新的法律条文。对本手册的修订意见、建议，请反馈至编者 E-mail: 449076137@qq.com。

本书编委会

2025 年 3 月

目　录

三　市场主体管理

四　市场建设运营

五 绿电绿证交易

六　辅助服务市场

七　电力交易结算

八　电力交易系统

九　市场信息披露

十 电力市场监管

十一 信用体系建设

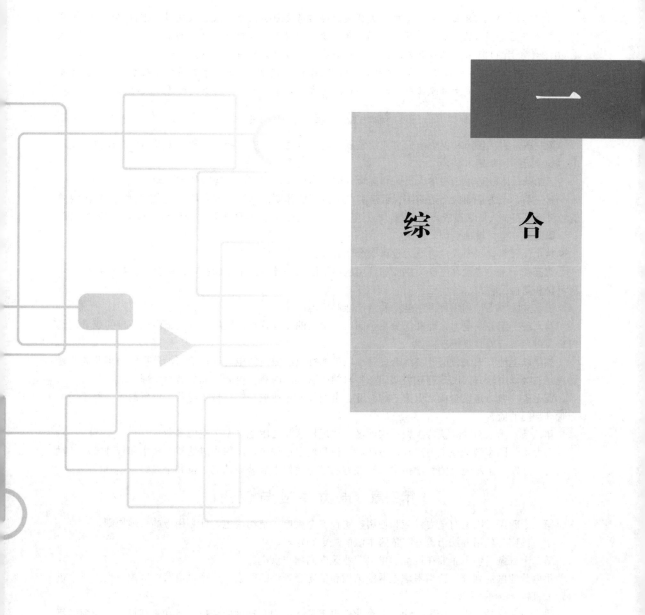

一

综　　合

1-1 中华人民共和国电力法（节选）

（1995 年 12 月 28 日第八届全国人民代表大会常务委员会第十七次会议通过，根据 2009 年 8 月 27 日第十一届全国人民代表大会常务委员会第十次会议《关于修改部分法律的决定》第一次修正，根据 2015 年 4 月 24 日第十二届全国人民代表大会常务委员会第十四次会议《关于修改〈中华人民共和国电力法〉等六部法律的决定》第二次修正，根据 2018 年 12 月 29 日第十三届全国人民代表大会常务委员会第七次会议《关于修改〈中华人民共和国电力法〉等四部法律的决定》第三次修正）

第一章 总 则

第一条 为了保障和促进电力事业的发展，维护电力投资者、经营者和使用者的合法权益，保障电力安全运行，制定本法。

第二条 本法适用于中华人民共和国境内的电力建设、生产、供应和使用活动。

第三条 电力事业应当适应国民经济和社会发展的需要，适当超前发展。国家鼓励、引导国内外的经济组织和个人依法投资开发电源，兴办电力生产企业。电力事业投资，实行谁投资、谁收益的原则。

第四条 电力设施受国家保护。

禁止任何单位和个人危害电力设施安全或者非法侵占、使用电能。

第五条 电力建设、生产、供应和使用应当依法保护环境，采用新技术，减少有害物质排放，防治污染和其他公害。

国家鼓励和支持利用可再生能源和清洁能源发电。

第六条 国务院电力管理部门负责全国电力事业的监督管理。国务院有关部门在各自的职责范围内负责电力事业的监督管理。

县级以上地方人民政府经济综合主管部门是本行政区域内的电力管理部门，负责电力事业的监督管理。县级以上地方人民政府有关部门在各自的职责范围内负责电力事业的监督管理。

第七条 电力建设企业、电力生产企业、电网经营企业依法实行自主经营、自负盈亏，并接受电力管理部门的监督。

第八条 国家帮助和扶持少数民族地区、边远地区和贫困地区发展电力事业。

第九条 国家鼓励在电力建设、生产、供应和使用过程中，采用先进的科学技术和管理方法，对在研究、开发、采用先进的科学技术和管理方法等方面作出显著成绩的单位和个人给予奖励。

第四章 电力供应与使用

第二十四条 国家对电力供应和使用，实行安全用电、节约用电、计划用电的管理原则。

电力供应与使用办法由国务院依照本法的规定制定。

第二十五条 供电企业在批准的供电营业区内向用户供电。

供电营业区的划分，应当考虑电网的结构和供电合理性等因素。一个供电营业区内只设立一个供电营业机构。

供电营业区的设立、变更，由供电企业提出申请，电力管理部门依据职责和管理权限，会同同级有关部门审查批准后，发给《电力业务许可证》。供电营业区设立、变更的具体办法，由国务院电力管理部门制定。

第二十六条 供电营业区内的供电营业机构，对本营业区内的用户有按照国家规定供电的义务；不得违反国家规定对其营业区内申请用电的单位和个人拒绝供电。

申请新装用电、临时用电、增加用电容量、变更用电和终止用电，应当依照规定的程序办理手续。

供电企业应当在其营业场所公告用电的程序、制度和收费标准，并提供用户须知资料。

第二十七条 电力供应与使用双方应当根据平等自愿、协商一致的原则，按照国务院制定的电力供应与使用办法签订供用电合同，确定双方的权利和义务。

第二十八条　供电企业应当保证供给用户的供电质量符合国家标准。对公用供电设施引起的供电质量问题，应当及时处理。

用户对供电质量有特殊要求的，供电企业应当根据其必要性和电网的可能，提供相应的电力。

第二十九条　供电企业在发电、供电系统正常的情况下，应当连续向用户供电，不得中断。因供电设施检修、依法限电或者用户违法用电等原因，需要中断供电时，供电企业应当按照国家有关规定事先通知用户。

用户对供电企业中断供电有异议的，可以向电力管理部门投诉；受理投诉的电力管理部门应当依法处理。

第三十条　因抢险救灾需要紧急供电时，供电企业必须尽速安排供电，所需供电工程费用和应付电费依照国家有关规定执行。

第三十一条　用户应当安装用电计量装置。用户使用的电力电量，以计量检定机构依法认可的用电计量装置的记录为准。

用户受电装置的设计、施工安装和运行管理，应当符合国家标准或者电力行业标准。

第三十二条　用户用电不得危害供电、用电安全和扰乱供电、用电秩序。

对危害供电、用电安全和扰乱供电、用电秩序的，供电企业有权制止。

第三十三条　供电企业应当按照国家核准的电价和用电计量装置的记录，向用户计收电费。

供电企业查电人员和抄表收费人员进入用户，进行用电安全检查或者抄表收费时，应当出示有关证件。

用户应当按照国家核准的电价和用电计量装置的记录，按时交纳电费；对供电企业查电人员和抄表收费人员依法履行职责，应当提供方便。

第三十四条　供电企业和用户应当遵守国家有关规定，采取有效措施，做好安全用电、节约用电和计划用电工作。

第五章　电价与电费

第三十五条　本法所称电价，是指电力生产企业的上网电价、电网间的互供电价、电网销售电价。

电价实行统一政策，统一定价原则，分级管理。

第三十六条　制定电价，应当合理补偿成本，合理确定收益，依法计入税金，坚持公平负担，促进电力建设。

第三十七条　上网电价实行同网同质同价。具体办法和实施步骤由国务院规定。

电力生产企业有特殊情况需另行制定上网电价的，具体办法由国务院规定。

第三十八条　跨省、自治区、直辖市电网和省级电网内的上网电价，由电力生产企业和电网经营企业协商提出方案，报国务院物价行政主管部门核准。

独立电网内的上网电价，由电力生产企业和电网经营企业协商提出方案，报有管理权的物价行政主管部门核准。

地方投资的电力生产企业所生产的电力，属于在省内各地区形成独立电网的或者自发自用的，其电价可以由省、自治区、直辖市人民政府管理。

第三十九条　跨省、自治区、直辖市电网和独立电网之间、省级电网和独立电网之间的互供电价，由双方协商提出方案，报国务院物价行政主管部门或者其授权的部门核准。

独立电网与独立电网之间的互供电价，由双方协商提出方案，报有管理权的物价行政主管部门核准。

第四十条　跨省、自治区、直辖市电网和省级电网的销售电价，由电网经营企业提出方案，报国务院物价行政主管部门或者其授权的部门核准。

独立电网的销售电价，由电网经营企业提出方案，报有管理权的物价行政主管部门核准。

第四十一条 国家实行分类电价和分时电价。分类标准和分时办法由国务院确定。

对同一电网内的同一电压等级、同一用电类别的用户，执行相同的电价标准。

第四十二条 用户用电增容收费标准，由国务院物价行政主管部门会同国务院电力管理部门制定。

第四十三条 任何单位不得超越电价管理权限制定电价。供电企业不得擅自变更电价。

第四十四条 禁止任何单位和个人在电费中加收其他费用；但是，法律、行政法规另有规定的，按照规定执行。

地方集资办电在电费中加收费用的，由省、自治区、直辖市人民政府依照国务院有关规定制定办法。

禁止供电企业在收取电费时，代收其他费用。

第四十五条 电价的管理办法，由国务院依照本法的规定制定。

第八章 监 督 检 查

第五十六条 电力管理部门依法对电力企业和用户执行电力法律、行政法规的情况进行监督检查。

第五十七条 电力管理部门根据工作需要，可以配备电力监督检查人员。

电力监督检查人员应当公正廉洁，秉公执法，熟悉电力法律、法规，掌握有关电力专业技术。

第五十八条 电力监督检查人员进行监督检查时，有权向电力企业或者用户了解有关执行电力法律、行政法规的情况，查阅有关资料，并有权进入现场进行检查。

电力企业和用户对执行监督检查任务的电力监督检查人员应当提供方便。

电力监督检查人员进行监督检查时，应当出示证件。

第九章 法 律 责 任

第五十九条 电力企业或者用户违反供用电合同，给对方造成损失的，应当依法承担赔偿责任。

电力企业违反本法第二十八条、第二十九条第一款的规定，未保证供电质量或者未事先通知用户中断供电，给用户造成损失的，应当依法承担赔偿责任。

第六十条 因电力运行事故给用户或者第三人造成损害的，电力企业应当依法承担赔偿责任。

电力运行事故由下列原因之一造成的，电力企业不承担赔偿责任：

（一）不可抗力；

（二）用户自身的过错。

因用户或者第三人的过错给电力企业或者其他用户造成损害的，该用户或者第三人应当依法承担赔偿责任。

第六十三条 违反本法第二十五条规定，未经许可，从事供电或者变更供电营业区的，由电力管理部门责令改正，没收违法所得，可以并处违法所得五倍以下的罚款。

第六十四条 违反本法第二十六条、第二十九条规定，拒绝供电或者中断供电的，由电力管理部门责令改正，给予警告；情节严重的，对有关主管人员和直接责任人员给予行政处分。

第六十五条 违反本法第三十二条规定，危害供电、用电安全或者扰乱供电、用电秩序的，由电力管理部门责令改正，给予警告；情节严重或者拒绝改正的，可以中止供电，可以并处五万元以下的罚款。

第六十六条 违反本法第三十三条、第四十三条、第四十四条规定，未按照国家核准的电价和用电计量装置的记录向用户计收电费、超越权限制定电价或者在电费中加收其他费用的，由物价行政主管部门给予警告，责令返还违法收取的费用，可以并处违法收取费用五倍以下的罚款；情节严重的，对有关主管人员和直接责任人员给予行政处分。

第七十条 有下列行为之一，应当给予治安管理处罚的，由公安机关依照治安管理处罚法的有关规定予以处罚；构成犯罪的，依法追究刑事责任：

（一）阻碍电力建设或者电力设施抢修，致使电力建设或者电力设施抢修不能正常进行的；

（二）扰乱电力生产企业、变电所、电力调度机构和供电企业的秩序，致使生产、工作和营业不能正常进行的；

（三）殴打、公然侮辱履行职务的查电人员或者抄表收费人员的；

（四）拒绝、阻碍电力监督检查人员依法执行职务的。

第七十一条 盗窃电能的，由电力管理部门责令停止违法行为，追缴电费并处应交电费五倍以下的罚款；构成犯罪的，依照刑法有关规定追究刑事责任。

第七十二条 盗窃电力设施或者以其他方法破坏电力设施，危害公共安全的，依照刑法有关规定追究刑事责任。

第七十三条 电力管理部门的工作人员滥用职权、玩忽职守、徇私舞弊，构成犯罪的，依法追究刑事责任；尚不构成犯罪的，依法给予行政处分。

第七十四条 电力企业职工违反规章制度、违章调度或者不服从调度指令，造成重大事故的，依照刑法有关规定追究刑事责任。

电力企业职工故意延误电力设施抢修或者抢险救灾供电，造成严重后果的，依照刑法有关规定追究刑事责任。

电力企业的管理人员和查电人员、抄表收费人员勒索用户、以电谋私，构成犯罪的，依法追究刑事责任；尚不构成犯罪的，依法给予行政处分。

第十章　附　　则

第七十五条 本法自1996年4月1日起施行。

1-2　中华人民共和国可再生能源法（节选）

（2005年2月28日第十届全国人民代表大会常务委员会第十四次会议通过，根据2009年12月26日第十一届全国人民代表大会常务委员会第十二次会议《关于修改〈中华人民共和国可再生能源法〉的决定》修正）

第一章　总　　则

第一条 为了促进可再生能源的开发利用，增加能源供应，改善能源结构，保障能源安全，保护环境，实现经济社会的可持续发展，制定本法。

第二条 本法所称可再生能源，是指风能、太阳能、水能、生物质能、地热能、海洋能等非化石能源。

水力发电对本法的适用，由国务院能源主管部门规定，报国务院批准。

通过低效率炉灶直接燃烧方式利用秸秆、薪柴、粪便等，不适用本法。

第三条 本法适用于中华人民共和国领域和管辖的其他海域。

第四条 国家将可再生能源的开发利用列为能源发展的优先领域，通过制定可再生能源开发利用总量目标和采取相应措施，推动可再生能源市场的建立和发展。

国家鼓励各种所有制经济主体参与可再生能源的开发利用，依法保护可再生能源开发利用者的合法权益。

第五条 国务院能源主管部门对全国可再生能源的开发利用实施统一管理。国务院有关部门在各自的职责范围内负责有关的可再生能源开发利用管理工作。

县级以上地方人民政府管理能源工作的部门负责本行政区域内可再生能源开发利用的管理工作。县级以上地方人民政府有关部门在各自的职责范围内负责有关的可再生能源开发利用管理工作。

第四章　推　广　与　应　用

第十三条 国家鼓励和支持可再生能源并网发电。

建设可再生能源并网发电项目，应当依照法律和国务院的规定取得行政许可或者报送备案。

建设应当取得行政许可的可再生能源并网发电项目，有多人申请同一项目许可的，应当依法通过招标确定被许可人。

第十四条 国家实行可再生能源发电全额保障性收购制度。

国务院能源主管部门会同国家电力监管机构和国务院财政部门，按照全国可再生能源开发利用规划，确定在规划期内应当达到的可再生能源发电量占全部发电量的比重，制定电网企业优先调度和全额收购可再生能源发电的具体办法，并由国务院能源主管部门会同国家电力监管机构在年度中督促落实。

电网企业应当与按照可再生能源开发利用规划建设，依法取得行政许可或者报送备案的可再生能源发电企业签订并网协议，全额收购其电网覆盖范围内符合并网技术标准的可再生能源并网发电项目的上网电量。发电企业有义务配合电网企业保障电网安全。

电网企业应当加强电网建设，扩大可再生能源电力配置范围，发展和应用智能电网、储能等技术，完善电网运行管理，提高吸纳可再生能源电力的能力，为可再生能源发电提供上网服务。

第五章　价格管理与费用补偿

第十九条 可再生能源发电项目的上网电价，由国务院价格主管部门根据不同类型可再生能源发电的特点和不同地区的情况，按照有利于促进可再生能源开发利用和经济合理的原则确定，并根据可再生能源开发利用技术的发展适时调整。上网电价应当公布。

依照本法第十三条第三款规定实行招标的可再生能源发电项目的上网电价，按照中标确定的价格执行；但是，不得高于依照前款规定确定的同类可再生能源发电项目的上网电价水平。

第二十条 电网企业依照本法第十九条规定确定的上网电价收购可再生能源电量所发生的费用，高于按照常规能源发电平均上网电价计算所发生费用之间的差额，由在全国范围对销售电量征收可再生能源电价附加补偿。

第二十一条 电网企业为收购可再生能源电量而支付的合理的接网费用以及其他合理的相关费用，可以计入电网企业输电成本，并从销售电价中回收。

第二十二条 国家投资或者补贴建设的公共可再生能源独立电力系统的销售电价，执行同一地区分类销售电价，其合理的运行和管理费用超出销售电价的部分，依照本法第二十条的规定补偿。

第二十三条 进入城市管网的可再生能源热力和燃气的价格，按照有利于促进可再生能源开发利用和经济合理的原则，根据价格管理权限确定。

第七章　法　律　责　任

第二十九条 违反本法第十四条规定，电网企业未按照规定完成收购可再生能源电量，造成可再生能源发电企业经济损失的，应当承担赔偿责任，并由国家电力监管机构责令限期改正；拒不改正的，处以可再生能源发电企业经济损失额一倍以下的罚款。

第八章　附　　　则

第三十二条 本法中下列用语的含义：

（一）生物质能，是指利用自然界的植物、粪便以及城乡有机废物转化成的能源。

（二）可再生能源独立电力系统，是指不与电网连接的单独运行的可再生能源电力系统。

（三）能源作物，是指经专门种植，用以提供能源原料的草本和木本植物。

（四）生物液体燃料，是指利用生物质资源生产的甲醇、乙醇和生物柴油等液体燃料。

第三十三条 本法自 2006 年 1 月 1 日起施行。

1-3　中华人民共和国反垄断法

（2007 年 8 月 30 日第十届全国人民代表大会常务委员会第二十九次会议通过，根据 2022 年 6 月 24 日第十三届全国人民代表大会常务委员会第三十五次会议《关于修改〈中华人民共和国反垄断法〉的决定》修正）

第一章　总　　则

第一条　为了预防和制止垄断行为，保护市场公平竞争，鼓励创新，提高经济运行效率，维护消费者利益和社会公共利益，促进社会主义市场经济健康发展，制定本法。

第二条　中华人民共和国境内经济活动中的垄断行为，适用本法；中华人民共和国境外的垄断行为，对境内市场竞争产生排除、限制影响的，适用本法。

第三条　本法规定的垄断行为包括：

（一）经营者达成垄断协议；

（二）经营者滥用市场支配地位；

（三）具有或者可能具有排除、限制竞争效果的经营者集中。

第四条　反垄断工作坚持中国共产党的领导。

国家坚持市场化、法治化原则，强化竞争政策基础地位，制定和实施与社会主义市场经济相适应的竞争规则，完善宏观调控，健全统一、开放、竞争、有序的市场体系。

第五条　国家建立健全公平竞争审查制度。

行政机关和法律、法规授权的具有管理公共事务职能的组织在制定涉及市场主体经济活动的规定时，应当进行公平竞争审查。

第六条　经营者可以通过公平竞争、自愿联合，依法实施集中，扩大经营规模，提高市场竞争能力。

第七条　具有市场支配地位的经营者，不得滥用市场支配地位，排除、限制竞争。

第八条　国有经济占控制地位的关系国民经济命脉和国家安全的行业以及依法实行专营专卖的行业，国家对其经营者的合法经营活动予以保护，并对经营者的经营行为及其商品和服务的价格依法实施监管和调控，维护消费者利益，促进技术进步。

前款规定行业的经营者应当依法经营，诚实守信，严格自律，接受社会公众的监督，不得利用其控制地位或者专营专卖地位损害消费者利益。

第九条　经营者不得利用数据和算法、技术、资本优势以及平台规则等从事本法禁止的垄断行为。

第十条　行政机关和法律、法规授权的具有管理公共事务职能的组织不得滥用行政权力，排除、限制竞争。

第十一条　国家健全完善反垄断规则制度，强化反垄断监管力量，提高监管能力和监管体系现代化水平，加强反垄断执法司法，依法公正高效审理垄断案件，健全行政执法和司法衔接机制，维护公平竞争秩序。

第十二条　国务院设立反垄断委员会，负责组织、协调、指导反垄断工作，履行下列职责：

（一）研究拟订有关竞争政策；

（二）组织调查、评估市场总体竞争状况，发布评估报告；

（三）制定、发布反垄断指南；

（四）协调反垄断行政执法工作；

（五）国务院规定的其他职责。

国务院反垄断委员会的组成和工作规则由国务院规定。

第十三条　国务院反垄断执法机构负责反垄断统一执法工作。

国务院反垄断执法机构根据工作需要，可以授权省、自治区、直辖市人民政府相应的机构，依照本法规定负责有关反垄断执法工作。

第十四条　行业协会应当加强行业自律，引导本行业的经营者依法竞争，合规经营，维护市场竞争秩序。

第十五条　本法所称经营者，是指从事商品生产、经营或者提供服务的自然人、法人和非法人组织。

本法所称相关市场，是指经营者在一定时期内就特定商品或者服务（以下统称商品）进行竞争的商品范围和地域范围。

第二章　垄　断　协　议

第十六条　本法所称垄断协议，是指排除、限制竞争的协议、决定或者其他协同行为。

第十七条　禁止具有竞争关系的经营者达成下列垄断协议：

（一）固定或者变更商品价格；

（二）限制商品的生产数量或者销售数量；

（三）分割销售市场或者原材料采购市场；

（四）限制购买新技术、新设备或者限制开发新技术、新产品；

（五）联合抵制交易；

（六）国务院反垄断执法机构认定的其他垄断协议。

第十八条　禁止经营者与交易相对人达成下列垄断协议：

（一）固定向第三人转售商品的价格；

（二）限定向第三人转售商品的最低价格；

（三）国务院反垄断执法机构认定的其他垄断协议。

对前款第一项和第二项规定的协议，经营者能够证明其不具有排除、限制竞争效果的，不予禁止。

经营者能够证明其在相关市场的市场份额低于国务院反垄断执法机构规定的标准，并符合国务院反垄断执法机构规定的其他条件的，不予禁止。

第十九条　经营者不得组织其他经营者达成垄断协议或者为其他经营者达成垄断协议提供实质性帮助。

第二十条　经营者能够证明所达成的协议属于下列情形之一的，不适用本法第十七条、第十八条第一款、第十九条的规定：

（一）为改进技术、研究开发新产品的；

（二）为提高产品质量、降低成本、增进效率，统一产品规格、标准或者实行专业化分工的；

（三）为提高中小经营者经营效率，增强中小经营者竞争力的；

（四）为实现节约能源、保护环境、救灾救助等社会公共利益的；

（五）因经济不景气，为缓解销售量严重下降或者生产明显过剩的；

（六）为保障对外贸易和对外经济合作中的正当利益的；

（七）法律和国务院规定的其他情形。

属于前款第一项至第五项情形，不适用本法第十七条、第十八条第一款、第十九条规定的，经营者还应当证明所达成的协议不会严重限制相关市场的竞争，并且能够使消费者分享由此产生的利益。

第二十一条　行业协会不得组织本行业的经营者从事本章禁止的垄断行为。

第三章　滥用市场支配地位

第二十二条　禁止具有市场支配地位的经营者从事下列滥用市场支配地位的行为：

（一）以不公平的高价销售商品或者以不公平的低价购买商品；

（二）没有正当理由，以低于成本的价格销售商品；

（三）没有正当理由，拒绝与交易相对人进行交易；

（四）没有正当理由，限定交易相对人只能与其进行交易或者只能与其指定的经营者进行交易；

（五）没有正当理由搭售商品，或者在交易时附加其他不合理的交易条件；

（六）没有正当理由，对条件相同的交易相对人在交易价格等交易条件上实行差别待遇；

（七）国务院反垄断执法机构认定的其他滥用市场支配地位的行为。

具有市场支配地位的经营者不得利用数据和算法、技术以及平台规则等从事前款规定的滥用市场支配地位的行为。

本法所称市场支配地位，是指经营者在相关市场内具有能够控制商品价格、数量或者其他交易条件，或者能够阻碍、影响其他经营者进入相关市场能力的市场地位。

第二十三条　认定经营者具有市场支配地位，应当依据下列因素：

（一）该经营者在相关市场的市场份额，以及相关市场的竞争状况；

（二）该经营者控制销售市场或者原材料采购市场的能力；

（三）该经营者的财力和技术条件；

（四）其他经营者对该经营者在交易上的依赖程度；

（五）其他经营者进入相关市场的难易程度；

（六）与认定该经营者市场支配地位有关的其他因素。

第二十四条　有下列情形之一的，可以推定经营者具有市场支配地位：

（一）一个经营者在相关市场的市场份额达到二分之一的；

（二）两个经营者在相关市场的市场份额合计达到三分之二的；

（三）三个经营者在相关市场的市场份额合计达到四分之三的。

有前款第二项、第三项规定的情形，其中有的经营者市场份额不足十分之一的，不应当推定该经营者具有市场支配地位。

被推定具有市场支配地位的经营者，有证据证明不具有市场支配地位的，不应当认定其具有市场支配地位。

第四章　经营者集中

第二十五条　经营者集中是指下列情形：

（一）经营者合并；

（二）经营者通过取得股权或者资产的方式取得对其他经营者的控制权；

（三）经营者通过合同等方式取得对其他经营者的控制权或者能够对其他经营者施加决定性影响。

第二十六条　经营者集中达到国务院规定的申报标准的，经营者应当事先向国务院反垄断执法机构申报，未申报的不得实施集中。

经营者集中未达到国务院规定的申报标准，但有证据证明该经营者集中具有或者可能具有排除、限制竞争效果的，国务院反垄断执法机构可以要求经营者申报。

经营者未依照前两款规定进行申报的，国务院反垄断执法机构应当依法进行调查。

第二十七条　经营者集中有下列情形之一的，可以不向国务院反垄断执法机构申报：

（一）参与集中的一个经营者拥有其他每个经营者百分之五十以上有表决权的股份或者资产的；

（二）参与集中的每个经营者百分之五十以上有表决权的股份或者资产被同一个未参与集中的经营者拥有的。

第二十八条　经营者向国务院反垄断执法机构申报集中，应当提交下列文件、资料：

（一）申报书；

（二）集中对相关市场竞争状况影响的说明；

（三）集中协议；

（四）参与集中的经营者经会计师事务所审计的上一会计年度财务会计报告；

（五）国务院反垄断执法机构规定的其他文件、资料。

申报书应当载明参与集中的经营者的名称、住所、经营范围、预定实施集中的日期和国务院反垄断执法机构规定的其他事项。

第二十九条　经营者提交的文件、资料不完备的，应当在国务院反垄断执法机构规定的期限内补交文件、资料。经营者逾期未补交文件、资料的，视为未申报。

第三十条　国务院反垄断执法机构应当自收到经营者提交的符合本法第二十八条规定的文件、资料之日起三十日内，对申报的经营者集中进行初步审查，作出是否实施进一步审查的决定，并书面通知经营者。国务院反垄断执法机构作出决定前，经营者不得实施集中。

国务院反垄断执法机构作出不实施进一步审查的决定或者逾期未作出决定的，经营者可以实施集中。

第三十一条　国务院反垄断执法机构决定实施进一步审查的，应当自决定之日起九十日内审查完毕，作出是否禁止经营者集中的决定，并书面通知经营者。作出禁止经营者集中的决定，应当说明理由。审查期间，经营者不得实施集中。

有下列情形之一的，国务院反垄断执法机构经书面通知经营者，可以延长前款规定的审查期限，但最长不得超过六十日：

（一）经营者同意延长审查期限的；

（二）经营者提交的文件、资料不准确，需要进一步核实的；

（三）经营者申报后有关情况发生重大变化的。

国务院反垄断执法机构逾期未作出决定的，经营者可以实施集中。

第三十二条　有下列情形之一的，国务院反垄断执法机构可以决定中止计算经营者集中的审查期限，并书面通知经营者：

（一）经营者未按照规定提交文件、资料，导致审查工作无法进行；

（二）出现对经营者集中审查具有重大影响的新情况、新事实，不经核实将导致审查工作无法进行；

（三）需要对经营者集中附加的限制性条件进一步评估，且经营者提出中止请求。

自中止计算审查期限的情形消除之日起，审查期限继续计算，国务院反垄断执法机构应当书面通知经营者。

第三十三条　审查经营者集中，应当考虑下列因素：

（一）参与集中的经营者在相关市场的市场份额及其对市场的控制力；

（二）相关市场的市场集中度；

（三）经营者集中对市场进入、技术进步的影响；

（四）经营者集中对消费者和其他有关经营者的影响；

（五）经营者集中对国民经济发展的影响；

（六）国务院反垄断执法机构认为应当考虑的影响市场竞争的其他因素。

第三十四条　经营者集中具有或者可能具有排除、限制竞争效果的，国务院反垄断执法机构应当作出禁止经营者集中的决定。但是，经营者能够证明该集中对竞争产生的有利影响明显大于不利影响，或者符合社会公共利益的，国务院反垄断执法机构可以作出对经营者集中不予禁止的决定。

第三十五条　对不予禁止的经营者集中，国务院反垄断执法机构可以决定附加减少集中对竞争产生不利影响的限制性条件。

第三十六条　国务院反垄断执法机构应当将禁止经营者集中的决定或者对经营者集中附加限制性条件的决定，及时向社会公布。

第三十七条　国务院反垄断执法机构应当健全经营者集中分类分级审查制度，依法加强对涉及国计民生等重要领域的经营者集中的审查，提高审查质量和效率。

第三十八条　对外资并购境内企业或者以其他方式参与经营者集中，涉及国家安全的，除依照本法规定进行经营者集中审查外，还应当按照国家有关规定进行国家安全审查。

第五章 滥用行政权力排除、限制竞争

第三十九条 行政机关和法律、法规授权的具有管理公共事务职能的组织不得滥用行政权力，限定或者变相限定单位或者个人经营、购买、使用其指定的经营者提供的商品。

第四十条 行政机关和法律、法规授权的具有管理公共事务职能的组织不得滥用行政权力，通过与经营者签订合作协议、备忘录等方式，妨碍其他经营者进入相关市场或者对其他经营者实行不平等待遇，排除、限制竞争。

第四十一条 行政机关和法律、法规授权的具有管理公共事务职能的组织不得滥用行政权力，实施下列行为，妨碍商品在地区之间的自由流通：

（一）对外地商品设定歧视性收费项目、实行歧视性收费标准，或者规定歧视性价格；

（二）对外地商品规定与本地同类商品不同的技术要求、检验标准，或者对外地商品采取重复检验、重复认证等歧视性技术措施，限制外地商品进入本地市场；

（三）采取专门针对外地商品的行政许可，限制外地商品进入本地市场；

（四）设置关卡或者采取其他手段，阻碍外地商品进入或者本地商品运出；

（五）妨碍商品在地区之间自由流通的其他行为。

第四十二条 行政机关和法律、法规授权的具有管理公共事务职能的组织不得滥用行政权力，以设定歧视性资质要求、评审标准或者不依法发布信息等方式，排斥或者限制经营者参加招标投标以及其他经营活动。

第四十三条 行政机关和法律、法规授权的具有管理公共事务职能的组织不得滥用行政权力，采取与本地经营者不平等待遇等方式，排斥、限制、强制或者变相强制外地经营者在本地投资或者设立分支机构。

第四十四条 行政机关和法律、法规授权的具有管理公共事务职能的组织不得滥用行政权力，强制或者变相强制经营者从事本法规定的垄断行为。

第四十五条 行政机关和法律、法规授权的具有管理公共事务职能的组织不得滥用行政权力，制定含有排除、限制竞争内容的规定。

第六章 对涉嫌垄断行为的调查

第四十六条 反垄断执法机构依法对涉嫌垄断行为进行调查。

对涉嫌垄断行为，任何单位和个人有权向反垄断执法机构举报。反垄断执法机构应当为举报人保密。

举报采用书面形式并提供相关事实和证据的，反垄断执法机构应当进行必要的调查。

第四十七条 反垄断执法机构调查涉嫌垄断行为，可以采取下列措施：

（一）进入被调查的经营者的营业场所或者其他有关场所进行检查；

（二）询问被调查的经营者、利害关系人或者其他有关单位或者个人，要求其说明有关情况；

（三）查阅、复制被调查的经营者、利害关系人或者其他有关单位或者个人的有关单证、协议、会计账簿、业务函电、电子数据等文件、资料；

（四）查封、扣押相关证据；

（五）查询经营者的银行账户。

采取前款规定的措施，应当向反垄断执法机构主要负责人书面报告，并经批准。

第四十八条 反垄断执法机构调查涉嫌垄断行为，执法人员不得少于二人，并应当出示执法证件。

执法人员进行询问和调查，应当制作笔录，并由被询问人或者被调查人签字。

第四十九条 反垄断执法机构及其工作人员对执法过程中知悉的商业秘密、个人隐私和个人信息依法负有保密义务。

第五十条 被调查的经营者、利害关系人或者其他有关单位或者个人应当配合反垄断执法机构依

法履行职责，不得拒绝、阻碍反垄断执法机构的调查。

第五十一条　被调查的经营者、利害关系人有权陈述意见。反垄断执法机构应当对被调查的经营者、利害关系人提出的事实、理由和证据进行核实。

第五十二条　反垄断执法机构对涉嫌垄断行为调查核实后，认为构成垄断行为的，应当依法作出处理决定，并可以向社会公布。

第五十三条　对反垄断执法机构调查的涉嫌垄断行为，被调查的经营者承诺在反垄断执法机构认可的期限内采取具体措施消除该行为后果的，反垄断执法机构可以决定中止调查。中止调查的决定应当载明被调查的经营者承诺的具体内容。

反垄断执法机构决定中止调查的，应当对经营者履行承诺的情况进行监督。经营者履行承诺的，反垄断执法机构可以决定终止调查。

有下列情形之一的，反垄断执法机构应当恢复调查：

（一）经营者未履行承诺的；

（二）作出中止调查决定所依据的事实发生重大变化的；

（三）中止调查的决定是基于经营者提供的不完整或者不真实的信息作出的。

第五十四条　反垄断执法机构依法对涉嫌滥用行政权力排除、限制竞争的行为进行调查，有关单位或者个人应当配合。

第五十五条　经营者、行政机关和法律、法规授权的具有管理公共事务职能的组织，涉嫌违反本法规定的，反垄断执法机构可以对其法定代表人或者负责人进行约谈，要求其提出改进措施。

第七章　法　律　责　任

第五十六条　经营者违反本法规定，达成并实施垄断协议的，由反垄断执法机构责令停止违法行为，没收违法所得，并处上一年度销售额百分之一以上百分之十以下的罚款，上一年度没有销售额的，处五百万元以下的罚款；尚未实施所达成的垄断协议的，可以处三百万元以下的罚款。经营者的法定代表人、主要负责人和直接责任人员对达成垄断协议负有个人责任的，可以处一百万元以下的罚款。

经营者组织其他经营者达成垄断协议或者为其他经营者达成垄断协议提供实质性帮助的，适用前款规定。

经营者主动向反垄断执法机构报告达成垄断协议的有关情况并提供重要证据的，反垄断执法机构可以酌情减轻或者免除对该经营者的处罚。

行业协会违反本法规定，组织本行业的经营者达成垄断协议的，由反垄断执法机构责令改正，可以处三百万元以下的罚款；情节严重的，社会团体登记管理机关可以依法撤销登记。

第五十七条　经营者违反本法规定，滥用市场支配地位的，由反垄断执法机构责令停止违法行为，没收违法所得，并处上一年度销售额百分之一以上百分之十以下的罚款。

第五十八条　经营者违反本法规定实施集中，且具有或者可能具有排除、限制竞争效果的，由国务院反垄断执法机构责令停止实施集中、限期处分股份或者资产、限期转让营业以及采取其他必要措施恢复到集中前的状态，处上一年度销售额百分之十以下的罚款；不具有排除、限制竞争效果的，处五百万元以下的罚款。

第五十九条　对本法第五十六条、第五十七条、第五十八条规定的罚款，反垄断执法机构确定具体罚款数额时，应当考虑违法行为的性质、程度、持续时间和消除违法行为后果的情况等因素。

第六十条　经营者实施垄断行为，给他人造成损失的，依法承担民事责任。

经营者实施垄断行为，损害社会公共利益的，设区的市级以上人民检察院可以依法向人民法院提起民事公益诉讼。

第六十一条　行政机关和法律、法规授权的具有管理公共事务职能的组织滥用行政权力，实施排除、限制竞争行为的，由上级机关责令改正；对直接负责的主管人员和其他直接责任人员依法给予处分。反垄断执法机构可以向有关上级机关提出依法处理的建议。行政机关和法律、法规授权的具有管理公共事务职能的组织应当将有关改正情况书面报告上级机关和反垄断执法机构。

法律、行政法规对行政机关和法律、法规授权的具有管理公共事务职能的组织滥用行政权力实施排除、限制竞争行为的处理另有规定的，依照其规定。

第六十二条 对反垄断执法机构依法实施的审查和调查，拒绝提供有关材料、信息，或者提供虚假材料、信息，或者隐匿、销毁、转移证据，或者有其他拒绝、阻碍调查行为的，由反垄断执法机构责令改正，对单位处上一年度销售额百分之一以下的罚款，上一年度没有销售额或者销售额难以计算的，处五百万元以下的罚款；对个人处五十万元以下的罚款。

第六十三条 违反本法规定，情节特别严重、影响特别恶劣、造成特别严重后果的，国务院反垄断执法机构可以在本法第五十六条、第五十七条、第五十八条、第六十二条规定的罚款数额的二倍以上五倍以下确定具体罚款数额。

第六十四条 经营者因违反本法规定受到行政处罚的，按照国家有关规定记入信用记录，并向社会公示。

第六十五条 对反垄断执法机构依据本法第三十四条、第三十五条作出的决定不服的，可以先依法申请行政复议；对行政复议决定不服的，可以依法提起行政诉讼。

对反垄断执法机构作出的前款规定以外的决定不服的，可以依法申请行政复议或者提起行政诉讼。

第六十六条 反垄断执法机构工作人员滥用职权、玩忽职守、徇私舞弊或者泄露执法过程中知悉的商业秘密、个人隐私和个人信息的，依法给予处分。

第六十七条 违反本法规定，构成犯罪的，依法追究刑事责任。

第八章 附 则

第六十八条 经营者依照有关知识产权的法律、行政法规规定行使知识产权的行为，不适用本法；但是，经营者滥用知识产权，排除、限制竞争的行为，适用本法。

第六十九条 农业生产者及农村经济组织在农产品生产、加工、销售、运输、储存等经营活动中实施的联合或者协同行为，不适用本法。

第七十条 本法自 2008 年 8 月 1 日起施行。

1-4 中华人民共和国反不正当竞争法

（1993 年 9 月 2 日第八届全国人民代表大会常务委员会第三次会议通过，2017 年 11 月 4 日第十二届全国人民代表大会常务委员会第三十次会议修订，根据 2019 年 4 月 23 日第十三届全国人民代表大会常务委员会第十次会议《关于修改〈中华人民共和国建筑法〉等八部法律的决定》修正）

第一章 总 则

第一条 为了促进社会主义市场经济健康发展，鼓励和保护公平竞争，制止不正当竞争行为，保护经营者和消费者的合法权益，制定本法。

第二条 经营者在生产经营活动中，应当遵循自愿、平等、公平、诚信的原则，遵守法律和商业道德。

本法所称的不正当竞争行为，是指经营者在生产经营活动中，违反本法规定，扰乱市场竞争秩序，损害其他经营者或者消费者的合法权益的行为。

本法所称的经营者，是指从事商品生产、经营或者提供服务（以下所称商品包括服务）的自然人、法人和非法人组织。

第三条 各级人民政府应当采取措施，制止不正当竞争行为，为公平竞争创造良好的环境和条件。

国务院建立反不正当竞争工作协调机制，研究决定反不正当竞争重大政策，协调处理维护市场竞争秩序的重大问题。

第四条 县级以上人民政府履行工商行政管理职责的部门对不正当竞争行为进行查处；法律、行政法规规定由其他部门查处的，依照其规定。

第五条 国家鼓励、支持和保护一切组织和个人对不正当竞争行为进行社会监督。

国家机关及其工作人员不得支持、包庇不正当竞争行为。

行业组织应当加强行业自律，引导、规范会员依法竞争，维护市场竞争秩序。

第二章　不正当竞争行为

第六条 经营者不得实施下列混淆行为，引人误认为是他人商品或者与他人存在特定联系：

（一）擅自使用与他人有一定影响的商品名称、包装、装潢等相同或者近似的标识；

（二）擅自使用他人有一定影响的企业名称（包括简称、字号等）、社会组织名称（包括简称等）、姓名（包括笔名、艺名、译名等）；

（三）擅自使用他人有一定影响的域名主体部分、网站名称、网页等；

（四）其他足以引人误认为是他人商品或者与他人存在特定联系的混淆行为。

第七条 经营者不得采用财物或者其他手段贿赂下列单位或者个人，以谋取交易机会或者竞争优势：

（一）交易相对方的工作人员；

（二）受交易相对方委托办理相关事务的单位或者个人；

（三）利用职权或者影响力影响交易的单位或者个人。

经营者在交易活动中，可以以明示方式向交易相对方支付折扣，或者向中间人支付佣金。经营者向交易相对方支付折扣、向中间人支付佣金的，应当如实入账。接受折扣、佣金的经营者也应当如实入账。

经营者的工作人员进行贿赂的，应当认定为经营者的行为；但是，经营者有证据证明该工作人员的行为与为经营者谋取交易机会或者竞争优势无关的除外。

第八条 经营者不得对其商品的性能、功能、质量、销售状况、用户评价、曾获荣誉等作虚假或者引人误解的商业宣传，欺骗、误导消费者。

经营者不得通过组织虚假交易等方式，帮助其他经营者进行虚假或者引人误解的商业宣传。

第九条 经营者不得实施下列侵犯商业秘密的行为：

（一）以盗窃、贿赂、欺诈、胁迫、电子侵入或者其他不正当手段获取权利人的商业秘密；

（二）披露、使用或者允许他人使用以前项手段获取的权利人的商业秘密；

（三）违反保密义务或者违反权利人有关保守商业秘密的要求，披露、使用或者允许他人使用其所掌握的商业秘密；

（四）教唆、引诱、帮助他人违反保密义务或者违反权利人有关保守商业秘密的要求，获取、披露、使用或者允许他人使用权利人的商业秘密。

经营者以外的其他自然人、法人和非法人组织实施前款所列违法行为的，视为侵犯商业秘密。

第三人明知或者应知商业秘密权利人的员工、前员工或者其他单位、个人实施本条第一款所列违法行为，仍获取、披露、使用或者允许他人使用该商业秘密的，视为侵犯商业秘密。

本法所称的商业秘密，是指不为公众所知悉、具有商业价值并经权利人采取相应保密措施的技术信息、经营信息等商业信息。

第十条 经营者进行有奖销售不得存在下列情形：

（一）所设奖的种类、兑奖条件、奖金金额或者奖品等有奖销售信息不明确，影响兑奖；

（二）采用谎称有奖或者故意让内定人员中奖的欺骗方式进行有奖销售；

（三）抽奖式的有奖销售，最高奖的金额超过五万元。

第十一条 经营者不得编造、传播虚假信息或者误导性信息，损害竞争对手的商业信誉、商品声誉。

第十二条　经营者利用网络从事生产经营活动，应当遵守本法的各项规定。

经营者不得利用技术手段，通过影响用户选择或者其他方式，实施下列妨碍、破坏其他经营者合法提供的网络产品或者服务正常运行的行为：

（一）未经其他经营者同意，在其合法提供的网络产品或者服务中，插入链接、强制进行目标跳转；

（二）误导、欺骗、强迫用户修改、关闭、卸载其他经营者合法提供的网络产品或者服务；

（三）恶意对其他经营者合法提供的网络产品或者服务实施不兼容；

（四）其他妨碍、破坏其他经营者合法提供的网络产品或者服务正常运行的行为。

第三章　对涉嫌不正当竞争行为的调查

第十三条　监督检查部门调查涉嫌不正当竞争行为，可以采取下列措施：

（一）进入涉嫌不正当竞争行为的经营场所进行检查；

（二）询问被调查的经营者、利害关系人及其他有关单位、个人，要求其说明有关情况或者提供与被调查行为有关的其他资料；

（三）查询、复制与涉嫌不正当竞争行为有关的协议、账簿、单据、文件、记录、业务函电和其他资料；

（四）查封、扣押与涉嫌不正当竞争行为有关的财物；

（五）查询涉嫌不正当竞争行为的经营者的银行账户。

采取前款规定的措施，应当向监督检查部门主要负责人书面报告，并经批准。采取前款第四项、第五项规定的措施，应当向设区的市级以上人民政府监督检查部门主要负责人书面报告，并经批准。

监督检查部门调查涉嫌不正当竞争行为，应当遵守《中华人民共和国行政强制法》和其他有关法律、行政法规的规定，并应当将查处结果及时向社会公开。

第十四条　监督检查部门调查涉嫌不正当竞争行为，被调查的经营者、利害关系人及其他有关单位、个人应当如实提供有关资料或者情况。

第十五条　监督检查部门及其工作人员对调查过程中知悉的商业秘密负有保密义务。

第十六条　对涉嫌不正当竞争行为，任何单位和个人有权向监督检查部门举报，监督检查部门接到举报后应当依法及时处理。

监督检查部门应当向社会公开受理举报的电话、信箱或者电子邮件地址，并为举报人保密。对实名举报并提供相关事实和证据的，监督检查部门应当将处理结果告知举报人。

第四章　法　律　责　任

第十七条　经营者违反本法规定，给他人造成损害的，应当依法承担民事责任。

经营者的合法权益受到不正当竞争行为损害的，可以向人民法院提起诉讼。

因不正当竞争行为受到损害的经营者的赔偿数额，按照其因被侵权所受到的实际损失确定；实际损失难以计算的，按照侵权人因侵权所获得的利益确定。经营者恶意实施侵犯商业秘密行为，情节严重的，可以在按照上述方法确定数额的一倍以上五倍以下确定赔偿数额。赔偿数额还应当包括经营者为制止侵权行为所支付的合理开支。

经营者违反本法第六条、第九条规定，权利人因被侵权所受到的实际损失、侵权人因侵权所获得的利益难以确定的，由人民法院根据侵权行为的情节判决给予权利人五百万元以下的赔偿。

第十八条　经营者违反本法第六条规定实施混淆行为的，由监督检查部门责令停止违法行为，没收违法商品。违法经营额五万元以上的，可以并处违法经营额五倍以下的罚款；没有违法经营额或者违法经营额不足五万元的，可以并处二十五万元以下的罚款。情节严重的，吊销营业执照。

经营者登记的企业名称违反本法第六条规定的，应当及时办理名称变更登记；名称变更前，由原企业登记机关以统一社会信用代码代替其名称。

第十九条 经营者违反本法第七条规定贿赂他人的，由监督检查部门没收违法所得，处十万元以上三百万元以下的罚款。情节严重的，吊销营业执照。

第二十条 经营者违反本法第八条规定对其商品作虚假或者引人误解的商业宣传，或者通过组织虚假交易等方式帮助其他经营者进行虚假或者引人误解的商业宣传的，由监督检查部门责令停止违法行为，处二十万元以上一百万元以下的罚款；情节严重的，处一百万元以上二百万元以下的罚款，可以吊销营业执照。

经营者违反本法第八条规定，属于发布虚假广告的，依照《中华人民共和国广告法》的规定处罚。

第二十一条 经营者以及其他自然人、法人和非法人组织违反本法第九条规定侵犯商业秘密的，由监督检查部门责令停止违法行为，没收违法所得，处十万元以上一百万元以下的罚款；情节严重的，处五十万元以上五百万元以下的罚款。

第二十二条 经营者违反本法第十条规定进行有奖销售的，由监督检查部门责令停止违法行为，处五万元以上五十万元以下的罚款。

第二十三条 经营者违反本法第十一条规定损害竞争对手商业信誉、商品声誉的，由监督检查部门责令停止违法行为、消除影响，处十万元以上五十万元以下的罚款；情节严重的，处五十万元以上三百万元以下的罚款。

第二十四条 经营者违反本法第十二条规定妨碍、破坏其他经营者合法提供的网络产品或者服务正常运行的，由监督检查部门责令停止违法行为，处十万元以上五十万元以下的罚款；情节严重的，处五十万元以上三百万元以下的罚款。

第二十五条 经营者违反本法规定从事不正当竞争，有主动消除或者减轻违法行为危害后果等法定情形的，依法从轻或者减轻行政处罚；违法行为轻微并及时纠正，没有造成危害后果的，不予行政处罚。

第二十六条 经营者违反本法规定从事不正当竞争，受到行政处罚的，由监督检查部门记入信用记录，并依照有关法律、行政法规的规定予以公示。

第二十七条 经营者违反本法规定，应当承担民事责任、行政责任和刑事责任，其财产不足以支付的，优先用于承担民事责任。

第二十八条 妨害监督检查部门依照本法履行职责，拒绝、阻碍调查的，由监督检查部门责令改正，对个人可以处五千元以下的罚款，对单位可以处五万元以下的罚款，并可以由公安机关依法给予治安管理处罚。

第二十九条 当事人对监督检查部门作出的决定不服的，可以依法申请行政复议或者提起行政诉讼。

第三十条 监督检查部门的工作人员滥用职权、玩忽职守、徇私舞弊或者泄露调查过程中知悉的商业秘密的，依法给予处分。

第三十一条 违反本法规定，构成犯罪的，依法追究刑事责任。

第三十二条 在侵犯商业秘密的民事审判程序中，商业秘密权利人提供初步证据，证明其已经对所主张的商业秘密采取保密措施，且合理表明商业秘密被侵犯，涉嫌侵权人应当证明权利人所主张的商业秘密不属于本法规定的商业秘密。

商业秘密权利人提供初步证据合理表明商业秘密被侵犯，且提供以下证据之一的，涉嫌侵权人应当证明其不存在侵犯商业秘密的行为：

（一）有证据表明涉嫌侵权人有渠道或者机会获取商业秘密，且其使用的信息与该商业秘密实质上相同；

（二）有证据表明商业秘密已经被涉嫌侵权人披露、使用或者有被披露、使用的风险；

（三）有其他证据表明商业秘密被涉嫌侵权人侵犯。

第五章　附　　则

第三十三条　本法自 2018 年 1 月 1 日起施行。

1-5　网络交易监督管理办法

（2021 年 3 月 15 日国家市场监督管理总局令第 37 号公布）

第一章　总　　则

第一条　为了规范网络交易活动，维护网络交易秩序，保障网络交易各方主体合法权益，促进数字经济持续健康发展，根据有关法律、行政法规，制定本办法。

第二条　在中华人民共和国境内，通过互联网等信息网络（以下简称通过网络）销售商品或者提供服务的经营活动以及市场监督管理部门对其进行监督管理，适用本办法。

在网络社交、网络直播等信息网络活动中销售商品或者提供服务的经营活动，适用本办法。

第三条　网络交易经营者从事经营活动，应当遵循自愿、平等、公平、诚信原则，遵守法律、法规、规章和商业道德、公序良俗，公平参与市场竞争，认真履行法定义务，积极承担主体责任，接受社会各界监督。

第四条　网络交易监督管理坚持鼓励创新、包容审慎、严守底线、线上线下一体化监管的原则。

第五条　国家市场监督管理总局负责组织指导全国网络交易监督管理工作。

县级以上地方市场监督管理部门负责本行政区域内的网络交易监督管理工作。

第六条　市场监督管理部门引导网络交易经营者、网络交易行业组织、消费者组织、消费者共同参与网络交易市场治理，推动完善多元参与、有效协同、规范有序的网络交易市场治理体系。

第二章　网络交易经营者

第一节　一般规定

第七条　本办法所称网络交易经营者，是指组织、开展网络交易活动的自然人、法人和非法人组织，包括网络交易平台经营者、平台内经营者、自建网站经营者以及通过其他网络服务开展网络交易活动的网络交易经营者。

本办法所称网络交易平台经营者，是指在网络交易活动中为交易双方或者多方提供网络经营场所、交易撮合、信息发布等服务，供交易双方或者多方独立开展网络交易活动的法人或者非法人组织。

本办法所称平台内经营者，是指通过网络交易平台开展网络交易活动的网络交易经营者。

网络社交、网络直播等网络服务提供者为经营者提供网络经营场所、商品浏览、订单生成、在线支付等网络交易平台服务的，应当依法履行网络交易平台经营者的义务。通过上述网络交易平台服务开展网络交易活动的经营者，应当依法履行平台内经营者的义务。

第八条　网络交易经营者不得违反法律、法规、国务院决定的规定，从事无证无照经营。除《中华人民共和国电子商务法》第十条规定的不需要进行登记的情形外，网络交易经营者应当依法办理市场主体登记。

个人通过网络从事保洁、洗涤、缝纫、理发、搬家、配制钥匙、管道疏通、家电家具修理修配等依法无须取得许可的便民劳务活动，依照《中华人民共和国电子商务法》第十条的规定不需要进行登记。

个人从事网络交易活动，年交易额累计不超过 10 万元的，依照《中华人民共和国电子商务法》第十条的规定不需要进行登记。同一经营者在同一平台或者不同平台开设多家网店的，各网店交易额合并计算。个人从事的零星小额交易须依法取得行政许可的，应当依法办理市场主体登记。

第九条　仅通过网络开展经营活动的平台内经营者申请登记为个体工商户的，可以将网络经营场所登记为经营场所，将经常居住地登记为住所，其住所所在地的县、自治县、不设区的市、市辖区市场监督管理部门为其登记机关。同一经营者有两个以上网络经营场所的，应当一并登记。

第十条　平台内经营者申请将网络经营场所登记为经营场所的，由其入驻的网络交易平台为其出具符合登记机关要求的网络经营场所相关材料。

第十一条　网络交易经营者销售的商品或者提供的服务应当符合保障人身、财产安全的要求和环境保护要求，不得销售或者提供法律、行政法规禁止交易，损害国家利益和社会公共利益，违背公序良俗的商品或者服务。

第十二条　网络交易经营者应当在其网站首页或者从事经营活动的主页面显著位置，持续公示经营者主体信息或者该信息的链接标识。鼓励网络交易经营者链接到国家市场监督管理总局电子营业执照亮照系统，公示其营业执照信息。

已经办理市场主体登记的网络交易经营者应当如实公示下列营业执照信息以及与其经营业务有关的行政许可等信息，或者该信息的链接标识：

（一）企业应当公示其营业执照登载的统一社会信用代码、名称、企业类型、法定代表人（负责人）、住所、注册资本（出资额）等信息；

（二）个体工商户应当公示其营业执照登载的统一社会信用代码、名称、经营者姓名、经营场所、组成形式等信息；

（三）农民专业合作社、农民专业合作社联合社应当公示其营业执照登载的统一社会信用代码、名称、法定代表人、住所、成员出资总额等信息。

依照《中华人民共和国电子商务法》第十条规定不需要进行登记的经营者应当根据自身实际经营活动类型，如实公示以下自我声明以及实际经营地址、联系方式等信息，或者该信息的链接标识：

（一）"个人销售自产农副产品，依法不需要办理市场主体登记"；

（二）"个人销售家庭手工业产品，依法不需要办理市场主体登记"；

（三）"个人利用自己的技能从事依法无须取得许可的便民劳务活动，依法不需要办理市场主体登记"；

（四）"个人从事零星小额交易活动，依法不需要办理市场主体登记"。

网络交易经营者公示的信息发生变更的，应当在十个工作日内完成更新公示。

第十三条　网络交易经营者收集、使用消费者个人信息，应当遵循合法、正当、必要的原则，明示收集、使用信息的目的、方式和范围，并经消费者同意。网络交易经营者收集、使用消费者个人信息，应当公开其收集、使用规则，不得违反法律、法规的规定和双方的约定收集、使用信息。

网络交易经营者不得采用一次概括授权、默认授权、与其他授权捆绑、停止安装使用等方式，强迫或者变相强迫消费者同意收集、使用与经营活动无直接关系的信息。收集、使用个人生物特征、医疗健康、金融账户、个人行踪等敏感信息的，应当逐项取得消费者同意。

网络交易经营者及其工作人员应当对收集的个人信息严格保密，除依法配合监管执法活动外，未经被收集者授权同意，不得向包括关联方在内的任何第三方提供。

第十四条　网络交易经营者不得违反《中华人民共和国反不正当竞争法》等规定，实施扰乱市场竞争秩序，损害其他经营者或者消费者合法权益的不正当竞争行为。

网络交易经营者不得以下列方式，作虚假或者引人误解的商业宣传，欺骗、误导消费者：

（一）虚构交易、编造用户评价；

（二）采用误导性展示等方式，将好评前置、差评后置，或者不显著区分不同商品或者服务的评价等；

（三）采用谎称现货、虚构预订、虚假抢购等方式进行虚假营销；

（四）虚构点击量、关注度等流量数据，以及虚构点赞、打赏等交易互动数据。

网络交易经营者不得实施混淆行为，引人误认为是他人商品、服务或者与他人存在特定联系。

网络交易经营者不得编造、传播虚假信息或者误导性信息，损害竞争对手的商业信誉、商品声誉。

第十五条　消费者评价中包含法律、行政法规、规章禁止发布或者传输的信息的，网络交易经营者可以依法予以技术处理。

第十六条　网络交易经营者未经消费者同意或者请求，不得向其发送商业性信息。

网络交易经营者发送商业性信息时，应当明示其真实身份和联系方式，并向消费者提供显著、简便、免费的拒绝继续接收的方式。消费者明确表示拒绝的，应当立即停止发送，不得更换名义后再次发送。

第十七条　网络交易经营者以直接捆绑或者提供多种可选项方式向消费者搭售商品或者服务的，应当以显著方式提醒消费者注意。提供多种可选项方式的，不得将搭售商品或者服务的任何选项设定为消费者默认同意，不得将消费者以往交易中选择的选项在后续独立交易中设定为消费者默认选择。

第十八条　网络交易经营者采取自动展期、自动续费等方式提供服务的，应当在消费者接受服务前和自动展期、自动续费等日期前五日，以显著方式提请消费者注意，由消费者自主选择；在服务期间内，应当为消费者提供显著、简便的随时取消或者变更的选项，并不得收取不合理费用。

第十九条　网络交易经营者应当全面、真实、准确、及时地披露商品或者服务信息，保障消费者的知情权和选择权。

第二十条　通过网络社交、网络直播等网络服务开展网络交易活动的网络交易经营者，应当以显著方式展示商品或者服务及其实际经营主体、售后服务等信息，或者上述信息的链接标识。

网络直播服务提供者对网络交易活动的直播视频保存时间自直播结束之日起不少于三年。

第二十一条　网络交易经营者向消费者提供商品或者服务使用格式条款、通知、声明等的，应当以显著方式提请消费者注意与消费者有重大利害关系的内容，并按照消费者的要求予以说明，不得作出含有下列内容的规定：

（一）免除或者部分免除网络交易经营者对其所提供的商品或者服务应当承担的修理、重作、更换、退货、补足商品数量、退还货款和服务费用、赔偿损失等责任；

（二）排除或者限制消费者提出修理、更换、退货、赔偿损失以及获得违约金和其他合理赔偿的权利；

（三）排除或者限制消费者依法投诉、举报、请求调解、申请仲裁、提起诉讼的权利；

（四）排除或者限制消费者依法变更或者解除合同的权利；

（五）规定网络交易经营者单方享有解释权或者最终解释权；

（六）其他对消费者不公平、不合理的规定。

第二十二条　网络交易经营者应当按照国家市场监督管理总局及其授权的省级市场监督管理部门的要求，提供特定时段、特定品类、特定区域的商品或者服务的价格、销量、销售额等数据信息。

第二十三条　网络交易经营者自行终止从事网络交易活动的，应当提前三十日在其网站首页或者从事经营活动的主页面显著位置，持续公示终止网络交易活动公告等有关信息，并采取合理、必要、及时的措施保障消费者和相关经营者的合法权益。

第二节　网络交易平台经营者

第二十四条　网络交易平台经营者应当要求申请进入平台销售商品或者提供服务的经营者提交其身份、地址、联系方式、行政许可等真实信息，进行核验、登记，建立登记档案，并至少每六个月核验更新一次。

网络交易平台经营者应当对未办理市场主体登记的平台内经营者进行动态监测，对超过本办法第八条第三款规定额度的，及时提醒其依法办理市场主体登记。

第二十五条　网络交易平台经营者应当依照法律、行政法规的规定，向市场监督管理部门报送有关信息。

网络交易平台经营者应当分别于每年1月和7月向住所地省级市场监督管理部门报送平台内经营

者的下列身份信息：

（一）已办理市场主体登记的平台内经营者的名称（姓名）、统一社会信用代码、实际经营地址、联系方式、网店名称以及网址链接等信息；

（二）未办理市场主体登记的平台内经营者的姓名、身份证件号码、实际经营地址、联系方式、网店名称以及网址链接、属于依法不需要办理市场主体登记的具体情形的自我声明等信息；其中，对超过本办法第八条第三款规定额度的平台内经营者进行特别标示。

鼓励网络交易平台经营者与市场监督管理部门建立开放数据接口等形式的自动化信息报送机制。

第二十六条　网络交易平台经营者应当为平台内经营者依法履行信息公示义务提供技术支持。平台内经营者公示的信息发生变更的，应当在三个工作日内将变更情况报送平台，平台应当在七个工作日内进行核验，完成更新公示。

第二十七条　网络交易平台经营者应当以显著方式区分标记已办理市场主体登记的经营者和未办理市场主体登记的经营者，确保消费者能够清晰辨认。

第二十八条　网络交易平台经营者修改平台服务协议和交易规则的，应当完整保存修改后的版本生效之日前三年的全部历史版本，并保证经营者和消费者能够便利、完整地阅览和下载。

第二十九条　网络交易平台经营者应当对平台内经营者及其发布的商品或者服务信息建立检查监控制度。网络交易平台经营者发现平台内的商品或者服务信息有违反市场监督管理法律、法规、规章，损害国家利益和社会公共利益，违背公序良俗的，应当依法采取必要的处置措施，保存有关记录，并向平台住所地县级以上市场监督管理部门报告。

第三十条　网络交易平台经营者依据法律、法规、规章的规定或者平台服务协议和交易规则对平台内经营者违法行为采取警示、暂停或者终止服务等处理措施的，应当自决定作出处理措施之日起一个工作日内予以公示，载明平台内经营者的网店名称、违法行为、处理措施等信息。警示、暂停服务等短期处理措施的相关信息应当持续公示至处理措施实施期满之日止。

第三十一条　网络交易平台经营者对平台内经营者身份信息的保存时间自其退出平台之日起不少于三年；对商品或者服务信息，支付记录、物流快递、退换货以及售后等交易信息的保存时间自交易完成之日起不少于三年。法律、行政法规另有规定的，依照其规定。

第三十二条　网络交易平台经营者不得违反《中华人民共和国电子商务法》第三十五条的规定，对平台内经营者在平台内的交易、交易价格以及与其他经营者的交易等进行不合理限制或者附加不合理条件，干涉平台内经营者的自主经营。具体包括：

（一）通过搜索降权、下架商品、限制经营、屏蔽店铺、提高服务收费等方式，禁止或者限制平台内经营者自主选择在多个平台开展经营活动，或者利用不正当手段限制其仅在特定平台开展经营活动；

（二）禁止或者限制平台内经营者自主选择快递物流等交易辅助服务提供者；

（三）其他干涉平台内经营者自主经营的行为。

第三章　监　督　管　理

第三十三条　县级以上地方市场监督管理部门应当在日常管理和执法活动中加强协同配合。

网络交易平台经营者住所地省级市场监督管理部门应当根据工作需要，及时将掌握的平台内经营者身份信息与其实际经营地的省级市场监督管理部门共享。

第三十四条　市场监督管理部门在依法开展监督检查、案件调查、事故处置、缺陷消费品召回、消费争议处理等监管执法活动时，可以要求网络交易平台经营者提供有关的平台内经营者身份信息，商品或者服务信息，支付记录、物流快递、退换货以及售后等交易信息。网络交易平台经营者应当提供，并在技术方面积极配合市场监督管理部门开展网络交易违法行为监测工作。

为网络交易经营者提供宣传推广、支付结算、物流快递、网络接入、服务器托管、虚拟主机、云服务、网站网页设计制作等服务的经营者（以下简称其他服务提供者），应当及时协助市场监督管理部门依法查处网络交易违法行为，提供其掌握的有关数据信息。法律、行政法规另有规定的，依照其规定。

市场监督管理部门发现网络交易经营者有违法行为，依法要求网络交易平台经营者、其他服务提供者采取措施制止的，网络交易平台经营者、其他服务提供者应当予以配合。

第三十五条　市场监督管理部门对涉嫌违法的网络交易行为进行查处时，可以依法采取下列措施：

（一）对与涉嫌违法的网络交易行为有关的场所进行现场检查；

（二）查阅、复制与涉嫌违法的网络交易行为有关的合同、票据、账簿等有关资料；

（三）收集、调取、复制与涉嫌违法的网络交易行为有关的电子数据；

（四）询问涉嫌从事违法的网络交易行为的当事人；

（五）向与涉嫌违法的网络交易行为有关的自然人、法人和非法人组织调查了解有关情况；

（六）法律、法规规定可以采取的其他措施。

采取前款规定的措施，依法需要报经批准的，应当办理批准手续。

市场监督管理部门对网络交易违法行为的技术监测记录资料，可以作为实施行政处罚或者采取行政措施的电子数据证据。

第三十六条　市场监督管理部门应当采取必要措施保护网络交易经营者提供的数据信息的安全，并对其中的个人信息、隐私和商业秘密严格保密。

第三十七条　市场监督管理部门依法对网络交易经营者实施信用监管，将网络交易经营者的注册登记、备案、行政许可、抽查检查结果、行政处罚、列入经营异常名录和严重违法失信企业名单等信息，通过国家企业信用信息公示系统统一归集并公示。对存在严重违法失信行为的，依法实施联合惩戒。

前款规定的信息还可以通过市场监督管理部门官方网站、网络搜索引擎、经营者从事经营活动的主页面显著位置等途径公示。

第三十八条　网络交易经营者未依法履行法定责任和义务，扰乱或者可能扰乱网络交易秩序，影响消费者合法权益的，市场监督管理部门可以依职责对其法定代表人或者主要负责人进行约谈，要求其采取措施进行整改。

第四章　法　律　责　任

第三十九条　法律、行政法规对网络交易违法行为的处罚已有规定的，依照其规定。

第四十条　网络交易平台经营者违反本办法第十条，拒不为入驻的平台内经营者出具网络经营场所相关材料的，由市场监督管理部门责令限期改正；逾期不改正的，处一万元以上三万元以下罚款。

第四十一条　网络交易经营者违反本办法第十一条、第十三条、第十六条、第十八条，法律、行政法规有规定的，依照其规定；法律、行政法规没有规定的，由市场监督管理部门依职责责令限期改正，可以处五千元以上三万元以下罚款。

第四十二条　网络交易经营者违反本办法第十二条、第二十三条，未履行法定信息公示义务的，依照《中华人民共和国电子商务法》第七十六条的规定进行处罚。对其中的网络交易平台经营者，依照《中华人民共和国电子商务法》第八十一条第一款的规定进行处罚。

第四十三条　网络交易经营者违反本办法第十四条的，依照《中华人民共和国反不正当竞争法》的相关规定进行处罚。

第四十四条　网络交易经营者违反本办法第十七条的，依照《中华人民共和国电子商务法》第七十七条的规定进行处罚。

第四十五条　网络交易经营者违反本办法第二十条，法律、行政法规有规定的，依照其规定；法律、行政法规没有规定的，由市场监督管理部门责令限期改正；逾期不改正的，处一万元以下罚款。

第四十六条　网络交易经营者违反本办法第二十二条的，由市场监督管理部门责令限期改正；逾期不改正的，处五千元以上三万元以下罚款。

第四十七条 网络交易平台经营者违反本办法第二十四条第一款、第二十五条第二款、第三十一条，不履行法定核验、登记义务，有关信息报送义务，商品和服务信息、交易信息保存义务的，依照《中华人民共和国电子商务法》第八十条的规定进行处罚。

第四十八条 网络交易平台经营者违反本办法第二十七条、第二十八条、第三十条的，由市场监督管理部门责令限期改正；逾期不改正的，处一万元以上三万元以下罚款。

第四十九条 网络交易平台经营者违反本办法第二十九条，法律、行政法规有规定的，依照其规定；法律、行政法规没有规定的，由市场监督管理部门依职责责令限期改正，可以处一万元以上三万元以下罚款。

第五十条 网络交易平台经营者违反本办法第三十二条的，依照《中华人民共和国电子商务法》第八十二条的规定进行处罚。

第五十一条 网络交易经营者销售商品或者提供服务，不履行合同义务或者履行合同义务不符合约定，或者造成他人损害的，依法承担民事责任。

第五十二条 网络交易平台经营者知道或者应当知道平台内经营者销售的商品或者提供的服务不符合保障人身、财产安全的要求，或者有其他侵害消费者合法权益行为，未采取必要措施的，依法与该平台内经营者承担连带责任。

对关系消费者生命健康的商品或者服务，网络交易平台经营者对平台内经营者的资质资格未尽到审核义务，或者对消费者未尽到安全保障义务，造成消费者损害的，依法承担相应的责任。

第五十三条 对市场监督管理部门依法开展的监管执法活动，拒绝依照本办法规定提供有关材料、信息，或者提供虚假材料、信息，或者隐匿、销毁、转移证据，或者有其他拒绝、阻碍监管执法行为，法律、行政法规、其他市场监督管理部门规章有规定的，依照其规定；法律、行政法规、其他市场监督管理部门规章没有规定的，由市场监督管理部门责令改正，可以处五千元以上三万元以下罚款。

第五十四条 市场监督管理部门的工作人员，玩忽职守、滥用职权、徇私舞弊，或者泄露、出售或者非法向他人提供在履行职责中所知悉的个人信息、隐私和商业秘密的，依法追究法律责任。

第五十五条 违反本办法规定，构成犯罪的，依法追究刑事责任。

第五章　附　　则

第五十六条 本办法自 2021 年 5 月 1 日起施行。2014 年 1 月 26 日原国家工商行政管理总局令第 60 号公布的《网络交易管理办法》同时废止。

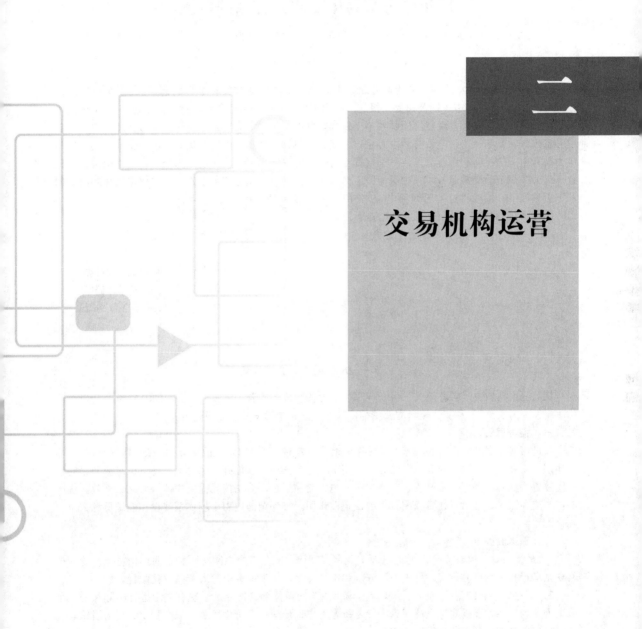

二

交易机构运营

2-1　国家发展改革委　国家能源局关于北京、广州电力交易中心组建方案的复函

（发改经体〔2016〕414号，2016年2月26日国家发展改革委、国家能源局发布）

国家电网公司、南方电网公司：

　　报来《国家电网公司关于报请批准北京电力交易中心组建方案和章程的请示》（国家电网体改〔2016〕57号）和《南方电网公司关于报送〈广州电力交易中心组建工作方案〉的报告》（南方电网市场〔2016〕4号）收悉。经经济体制改革工作部际联席会议（电力专题）审议并通过《北京电力交易中心组建方案》和《广州电力交易中心组建方案》（附后）。请据此加快推进北京电力交易中心、广州电力交易中心的组建和运营工作，尽早发挥交易中心的平台作用，为实现电力资源在更大范围优化配置提供公平规范的交易服务，并确保相关工作与《中共中央　国务院关于进一步深化电力体制改革的若干意见》（中发〔2015〕9号）和电力体制改革配套文件精神相一致。

　　附件：1. 北京电力交易中心组建方案
　　　　　2. 广州电力交易中心组建方案

国家发展改革委
国家能源局
2016年2月26日

附件1：

北京电力交易中心组建方案

　　按照《中共中央　国务院关于进一步深化电力体制改革的若干意见》（中发〔2015〕9号，以下简称"中发9号文件"）和有关配套文件精神，现提出北京电力交易中心组建方案如下：

　　一、指导思想

　　贯彻落实中发9号文件和国家有关改革配套文件精神，坚持市场化改革方向，依托国家电网公司，以实现交易业务与电网企业其他业务分开、规范运行为核心，以加强协商对话、促进信息公开、完善监管监督为保障，搭建规范透明、功能完善的电力交易平台，依法依规提供规范、可靠、高效、优质的电力交易服务，使市场在资源配置中起决定性作用，推动全国电力市场体系建设和能源资源大范围优化配置。

　　二、基本原则

　　1. 遵循规律、确保安全。遵循电力工业客观规律，充分考虑电网实际和电源结构特点，确保电网安全运行和电力可靠供应。打破地区分割和市场壁垒，实现能源资源大范围优化配置。

　　2. 平稳起步、统筹推进。按照我国市场化改革的整体部署，立足于现有电力运行实际和未来全国电力市场体系发展需要，坚持试点先行，统筹考虑市场建设、价格机制、规则制定、交易组织等问题，确保各项工作平稳起步，协调推进。

　　3. 相对独立、规范运行。落实改革要求，将交易业务与电网企业其他业务分开，确保交易机构依据规则、公平公正运营市场，相对独立运行。在政府指导下加强市场协商与沟通，促进形成共识，确保规范运营。

　　4. 公开透明、服务优质。交易机构按照市场规则汇总发布市场交易信息和市场主体有关信息，保障市场信息公开透明。搭建公平规范、功能完善的电力交易平台，完善工作流程和机制，为市场主体提供高效优质的电力交易服务。

三、北京电力交易中心的定位与组织形式

北京电力交易中心按照政府批准的章程和市场规则为电力市场交易提供服务，不以营利为目的。交易机构的日常业务不受市场主体干预，交易业务与电网企业其他业务分开，接受政府有关部门的监管。北京电力交易中心主要负责跨区跨省电力市场的建设和运营，负责落实国家计划、地方政府协议，开展市场化跨区跨省交易，促进清洁能源大范围消纳，逐步推进全国范围内的市场融合，未来开展电力金融交易。北京电力交易中心负责配合政府有关部门研究编制电力交易基本规则，提出电力市场和交易运营有关技术、业务和管理标准。北京电力交易中心与其他交易机构实现协调运营，共同保证能源资源大范围优化配置和有关信息的互联互通。依据中发9号文件和改革配套文件有关精神，北京电力交易中心依托国家电网公司，以国家电网公司的全资子公司形式组建。

北京电力交易中心在财务上独立核算，自负盈亏。近期，资本金规模根据电力交易平台建设等初始资本性支出需求设置，确保交易中心有效运转。电网企业、发电企业、电力用户、售电企业等市场主体通过市场管理委员会，研究讨论交易和运营规则，并监督交易机构对规则的执行情况。

四、北京电力交易中心的业务范围

结合电力交易工作实际，北京电力交易中心应具备下述12项具体业务：

1. 市场建设与规则编制。负责开展电力市场研究，设计电力市场模式和电力交易品种，拟定电力市场准入规则、交易规则等各类规则，推进电力交易体制机制创新。

2. 交易平台建设与运维。负责电力市场技术支持系统的研究、规划、建设和运行维护，以及电力市场服务场所的建设和运行管理。

3. 市场成员注册管理。负责按照准入条件办理市场准入，受理发电企业、电力用户、售电主体等市场成员的注册，与市场成员签订入市协议，管理市场成员注册信息和档案资料，负责电力交易结算计量关口设定，提出结算计量信息要求。

4. 市场分析预测。依据市场供应能力、市场需求情况、输电通道利用等信息对未来市场供需进行分析，以服务电力交易的开展。

5. 交易组织。按照市场规则，通过交易平台组织开展中长期、年度、月度等各类电力交易，接受市场主体的交易申报，出清发布交易结果。

6. 交易合同管理。配合编制交易合同范本，通过交易平台签订各类交易合同，开展电力交易合同的收集、汇总、变更和存档，跟踪交易合同执行情况。

7. 交易计划编制与跟踪。依据各类交易合同，编制年度、月度交易计划，并跟踪交易计划执行情况，确保各类交易合同依据规则得到有效执行。

8. 交易结算。根据交易结果和执行情况，负责各类交易的结算和清算，出具结算依据。

9. 信息发布。负责汇集各市场主体提供的有关信息和电力市场交易相关信息，按规则发布市场信息。

10. 市场评估与风险防控。负责电力市场运营分析和风险评估，当市场出现重大异常时，按照规则采取相应的市场干预措施，防控电力市场风险。

11. 合规管理。负责促进各种交易行为和业务合规开展，按授权对市场主体和相关从业人员违反交易规则，扰乱交易秩序等违规行为进行查处和报告。做好交易机构自身行为的合规自律，配合做好政府部门要求开展的外部审计和业务稽核工作。

12. 市场服务。为发电企业、电力用户和售电公司等电力市场主体提供政策咨询、教育培训、参与交易、投诉管理、电话热线等服务，确保市场主体参与交易过程中接受便捷、高效、优质的服务。开展沟通宣传，树立交易机构公平诚信的市场形象。此外，市场管理委员会秘书处设在北京电力交易中心。北京电力交易中心配合做好市场管理委员会的日常工作。

五、北京电力交易中心的主要业务界面

按照"界面清晰、平台运营、便于监管、优质服务"的思路，实现电力交易业务与电网企业其他业务分开，电力交易核心业务均通过北京电力交易中心电力交易平台，按照市场规则规范透明地开展，

实现业务流程化、环节全透明、操作可追溯、数据可查询，便于政府监管。同时，持续提升对电力市场主体注册、参与交易、信息查询、交易结算等方面的服务水平和效率，努力提供更加优质的市场服务。市场成员注册、市场分析预测、交易组织、交易合同管理、交易计划编制与跟踪、交易结算、信息发布等 7 项交易主要业务与电网企业其他业务的界面：

（一）市场成员注册管理。

北京电力交易中心负责市场主体注册工作。注册过程中，北京电力交易中心与电网企业交互、核验市场主体的核批、结算、用电、并网等信息。售电企业与其服务用户的有关用电信息的绑定、调整由电网企业完成，相关信息提供北京电力交易中心。

（二）市场分析预测。

北京电力交易中心的年度、月（季）度市场分析预测主要用于指导交易的组织开展，需要与电网企业交互新增装机、负荷变化预测、运行方式、输电通道可用容量、电力销售市场分析预测、年度及中长期市场分析预测、短期平衡分析预测等信息。

（三）交易组织。

北京电力交易中心组织年度、月度交易，主要依据市场需求和市场主体申报形成。调度机构负责组织日前等现货交易，并负责年度、月度交易的执行落实。电网企业作为市场主体参与电力交易。在多年、年度、月度交易组织中，北京电力交易中心与电网企业及调度机构交互输配电价、安全约束和检修等信息。

（四）交易合同管理。

北京电力交易中心负责各类交易合同的管理，配合编制交易合同范本，通过交易平台为市场成员提供合同生成、签署等服务，负责合同的汇总归档。

（五）交易计划编制与跟踪。

北京电力交易中心负责根据市场交易结果编制市场交易电量计划，并做好计划执行情况的跟踪。

（六）交易结算。

电网企业负责向北京电力交易中心提供表计信息，交易机构根据交易合同、表计信息进行交易电量结算，出具电量结算依据。交易机构组建初期，电网企业向发电企业、电力用户和售电企业出具电费结算依据，并由电网企业负责向用户收取电费，将电费分解为购电费、输电收入、线损补偿、政府性基金及附加、交叉补贴、售电企业售电服务费等，并进行支付。

（七）信息发布。

北京电力交易中心负责按照市场规则和监管要求做好信息发布的组织工作。北京电力交易中心主要发布电力市场交易、执行的有关信息。电网企业、发电企业、电力用户、售电企业各负其责，向交易平台提供规则要求披露的信息，北京电力交易中心配合监管机构对市场主体信息披露实施监管。

六、交易机构设置

设立北京电力交易中心，作为国家电网公司的子公司。初期，可设立以下 6 个处，一共 30 人（含领导班子职数 5 人）。

1. 市场处（5 人）：主要负责电力市场建设与规则编制、市场成员注册管理、市场服务等工作，承担市场管理委员会秘书处的日常工作；

2. 交易处（5 人）：主要负责市场分析预测、交易组织、交易合同管理、交易计划编制与跟踪等工作；

3. 结算处（4 人）：主要负责交易结算、相关数据统计、信息发布等工作；

4. 技术处（4 人）：主要负责交易平台建设与运维工作，为市场运营提供技术支持；

5. 监察合规处（3 人）：主要负责党群、监察审计、市场评估与风险防控、合规管理等工作；

6. 综合处（4 人）：主要负责综合管理、人资、财务管理及与国家电网公司的财务业务衔接等工作。

七、交易机构公开公平公正运营

为确保交易机构公开公平公正运营，树立交易机构较强的公信力，考虑建立完善以下工作机制：

一是建立完善市场管理委员会议事机制。明确市场管理委员会和交易机构各自定位和职责界限。电力市场管理委员会通过设立合理的议事规则，讨论研究市场运营规则，但不得干预电力市场的具体运营。交易机构按照规则独立运营市场，并接受政府监管和市场成员监督。

二是加大信息公开力度，严格按照政府批准的信息披露规则，发布披露电力市场交易信息，通过交易平台实现各类交易信息和数据的充分共享，确保电力市场公开透明。

三是要建立交易机构自身的合规工作体系和机制，主动配合政府监管和社会监督，同时加强交易机构自律和对市场主体交易行为合规性的引导、监控，促进市场规范健康有序运营。

四是建立年度报告制度。电力交易机构每年向市场成员公示电力市场发展与运行、交易组织、风险防控、重大事项说明等相关情况，让市场主体更好地理解支持交易机构有关工作。

五是加强与社会各界的沟通互动。通过会议座谈、现场参观、媒体宣传等多种方式，加强与社会意见领袖、行业专家、电力用户、新闻媒体等社会各界的交流，坚持公开透明运营，接受社会各界监督。

附件2：

广州电力交易中心组建方案

一、指导思想

贯彻落实《中共中央　国务院关于进一步深化电力体制改革的若干意见》（中发〔2015〕9号，以下简称"中发9号文件"）和国家有关改革配套文件精神，坚持市场化改革方向，依托南方电网公司组建广州电力交易中心，实现交易业务与电网企业其他业务相对独立；以落实国家指令性计划和政府间框架协议为前提，发挥市场在资源配置中的决定性作用，引入市场化机制促进省间余缺协调、区域资源优化配置；搭建公开透明和功能完善的电力交易平台，依法依规提供规范、高效的电力交易服务，推动国家能源战略的落地和南方电力市场建设。

二、基本原则

1．确保安全，遵循规律。遵循电力工业安全生产的客观规律，充分考虑电网运行实际和电源结构特点，确保电网安全运行和电力可靠供应。在贯彻落实国家指令计划或省间框架协议的基础上，大力开展跨区跨省市场化交易，促进清洁能源消纳和省间余缺调剂，促进能源资源在更大范围优化配置。

2．统筹兼顾，平稳起步。充分考虑当前电力平衡工作实际和未来发展需要，在南方区域依托南方电网公司和各省电网公司分别组建广州电力交易中心和省（区）电力交易中心，形成合理分工、协调运作的电力市场和电力交易机构体系。坚持试点先行，统筹考虑省（区）间差异，协调推进市场建设、价格机制、交易规则制定等各项工作，确保平稳起步。

3．规范运行，相对独立。落实中发9号文件和有关配套文件精神，将交易业务与电网企业其他业务分开，确保交易机构依据市场规则、公平公正运营市场，及时发布市场信息，交易过程和结果公开透明。搭建公平规范、功能完善的电力交易平台，完善工作流程和机制，为市场主体提供高效优质的电力交易服务。在政府指导下成立市场管理委员会，强化第三方监督工作，确保交易机构规范运营。

三、广州电力交易中心的定位与组织形式

广州电力交易中心不以营利为目的，按照政府批准的章程和市场规则，在政府监管下为市场主体提供规范、公开、透明的电力交易服务。交易机构的日常业务不受市场主体干预，交易业务与电网其他业务分开。广州电力交易中心主要负责落实国家西电东送战略，落实国家指令性计划、地方政府间框架协议，为跨区跨省市场化交易提供服务，促进省间余缺调剂和清洁能源消纳，逐步推进全国范围的市场融合，在更大范围内优化配置资源。广州电力交易中心按市场规则与其他电力交易机构进行业务协同，确保跨省区交易业务与各省（区）省内市场化交易业务的有效衔接和顺利开展。根据中发9号文件和改革配套文件有关精神，广州电力交易中心依托南方电网公司按照股份制公司模式组建。南方电网公司持股比例66.7%，其他相关企业和第三方机构参股。广州电力交易中心高级管理人员依据公司法的有关规定产生。广州电力交易中心按照公司章程和市场规则对日常运营进行管理。广州电力交易中心独立核算，自负盈亏，在为市场主体提供交易服务的同时，按规定合理收费。

四、广州电力交易中心的业务范围

结合电力交易工作实际，广州电力交易中心应具备以下具体业务：

1．市场建设与策划研究。广州电力交易中心配合政府有关部门，开展电力交易规则、电力市场和交易运行有关技术、业务、管理标准研究，提出有关建议。

2．交易平台建设与运维。负责电力市场技术支持系统的研究、建设、运营和管理。

3．市场成员注册管理。负责按照准入条件办理市场准入，受理发电企业、电力用户、售电主体等市场成员的注册，与市场成员签订入市协议，管理市场成员注册信息和档案资料，负责电力交易结算计量关口设定，提出结算计量信息要求。

4．市场分析预测。根据供应能力、用电需求、通道能力等信息，分析预测电力供需形势，为电力交易的开展提供服务。负责电力市场运营分析，对市场交易过程和执行结果进行评估。

5．交易组织。落实国家指令性计划或政府间框架协议，按市场交易规则为跨区跨省市场化交易提供服务，组织开展电力交易，接受相关市场主体的交易申报，出清发布交易结果。

6．交易合同管理。配合国家相关部门编制并执行电力交易合同范本，通过交易平台组织签订各类交易合同，开展电力交易合同的收集、汇总、变更和存档，跟踪交易合同执行情况。

7．交易计划管理。依据各类交易合同，编制年度、月度交易计划，并跟踪交易计划执行情况，确保各类交易合同得到有效执行。

8．交易结算。根据交易合同、交易计划、调度计划和交易执行等情况，按照结算规则和算法对各类交易进行结算和清算，出具结算依据。

9．市场评估与风险防控。配合电力监管部门加强市场秩序管理工作，配合第三方机构开展市场主体信用评价，确保规范开展交易业务。负责市场风险评估和防范，当市场出现重大异常时，按照规则及时采取相应的市场干预措施，防控电力市场风险。

10．综合服务与信息发布。负责汇集各市场主体提供的有关信息和电力市场交易相关信息，按规则发布市场信息。负责向市场主体提供政策咨询、市场培训、投诉管理等服务。按照行业统计管理要求，向行业统计管理部门报送电力市场相关统计信息。此外，市场管理委员会秘书处设在广州电力交易中心。广州电力交易中心配合做好市场管理委员会日常工作。

五、广州电力交易中心的主要业务界面

按照"规范运营、便于监管"的思路，实现电力交易业务与电网企业其他业务分开，电力交易核心业务均按照市场规则通过电力交易平台规范开展，实现业务流程清晰、操作环节透明、历史可追溯、数据可查询，便于政府监管。广州电力交易中心主要业务与电网企业其他业务的界面如下：

1．市场成员注册管理。广州电力交易中心负责市场主体注册工作。符合准入条件、进入政府公布目录的市场主体自愿选择参与市场，进入或退出电力市场应当办理相应手续。依托统一标准的电力市场技术支持系统实现数据和信息共享，采用统一注册模式，在一地注册，即可参与省内、跨省（区）市场交易。注册过程中，广州电力交易中心与电网企业交互、校核市场主体的核批、结算、用电、并网等信息。售电企业与其服务用户的有关用电信息的绑定、调整由电网企业完成。相关信息提供广州电力交易中心。

2．市场分析预测。广州电力交易中心定期开展年度、月（季）度市场分析预测工作，用于指导电力交易的组织开展。电网企业的中长期、年度、月度和短期电网平衡分析主要用于指导电网规划和电网运行。广州电力交易中心与电网企业在电源装机、用电负荷、运行方式、通道能力、中长期及短时市场分析预测等方面交互信息。

3．交易组织管理。广州电力交易中心重点开展中长期电力交易，负责落实国家指令性计划或地方政府框架协议，依据市场需求和市场主体申报情况组织年度、月度市场化交易。调度机构负责日以内即时交易和实时平衡。待市场逐步完善后，将日前交易职能由调度机构转交广州电力交易中心承担。在交易组织中，广州电力交易中心与电网企业及调度机构交互输配电价、安全约束和检修等信息。

4. 交易合同管理。广州电力交易中心负责各类交易合同的管理，根据政府相关部门确定的合同范本，在交易平台设计固化若干类标准化的合同模板，通过交易平台为市场成员提供合同生成、签署等服务，负责合同的汇总归档。电网企业作为市场主体签署相关交易合同。

5. 交易计划编制和执行。广州电力交易中心负责落实国家指令性计划、地方政府间框架协议，根据市场主体间签订的中长期交易合同、市场交易结果编制市场交易电量计划，并做好计划执行情况的跟踪。电网企业根据国家指令性计划或政府间框架协议，及时签订交易合同并报送广州电力交易中心。广州电力交易中心基于安全约束编制交易计划，用于结算并提供调度机构。调度机构向广州电力交易中心提供安全约束条件和基础数据，对交易计划进行安全校核，形成调度计划并执行，公布实际执行结果，说明计划执行偏差原因。

6. 交易结算。电网企业向广州电力交易中心提供计量相关信息，广州电力交易中心根据交易合同、表计信息进行交易电量结算，出具交易结算依据。交易机构组建初期，电网企业向发电企业、电力用户和售电公司出具电费结算依据，并负责资金结算。

7. 信息发布。广州电力交易中心负责按照市场规则和监管要求做好信息发布组织工作。广州电力交易中心主要发布电力市场交易、执行有关信息。各市场主体各负其责，向交易平台提供规则要求披露的信息，广州电力交易中心配合监管机构对市场主体信息披露实施监管。

六、交易中心机构设置

广州电力交易中心依托南方电网公司组建，根据工作职责设置市场运营部、交易组织部、结算统计部等相关职能部门，以及市场管理委员会秘书处。交易中心初期编制 50 人左右，具体职能部门如下：

1. 市场运营部。主要负责电力市场建设与规则编制、市场成员注册管理等工作。

2. 交易组织部。主要负责市场分析预测、交易组织、交易合同管理、交易计划编制与跟踪等工作。

3. 结算统计部。主要负责交易结算并提供结算依据，负责相关数据统计、信息发布等工作。

4. 技术信息部。主要负责交易平台建设与运维工作，为市场运营提供技术支持。

5. 综合管理部。主要负责综合管理、人资等工作；主要负责市场服务，市场评估与风险防控、合规管理等工作。

6. 财务部。主要负责中心内部财务管理有关工作。

7. 党群部（监察审计部）。主要负责党群、监察审计等工作。

8. 研究中心。主要负责交易机制、交易模式、交易品种等研究，以及市场运营模拟分析等工作。

此外，市场管理委员会在广州电力交易中心设立秘书处，负责市场管理委员会日常工作。

2-2　国家发展改革委　国家能源局关于推进电力交易机构规范化建设的通知

（发改经体〔2018〕1246 号，2018 年 8 月 28 日国家发展改革委、国家能源局发布）

各省、自治区、直辖市、新疆生产建设兵团发展改革委、经信委（工信委、工信厅）、能源局，国家电网公司、南方电网公司：

《中共中央　国务院关于进一步深化电力体制改革的若干意见》（中发〔2015〕9 号，以下简称中发 9 号文件）印发后，北京、广州电力交易中心和各省（区、市）电力交易中心相继成立，在电力市场化交易中发挥了重要作用。但是，目前只有广州电力交易中心和山西、湖北、重庆、广东、广西、云南、贵州、海南等 8 省（区、市）电力交易中心为股份制公司，其他电力交易中心仍为电网企业全资子公司，尚未实现电力交易机构相对独立和规范运行。为全面贯彻党的十九大和十九届二中、三中全会精神，以习近平新时代中国特色社会主义思想为指导，认真落实中发 9 号文件精神，进一步深化电力体制改革，推进电力交易机构规范化建设，为各类市场主体提供规范公开透明的电力交易服务，现就有关事项通知如下。

一、推进电力交易机构股份制改造。国家电网公司、南方电网公司和各省（区、市）要按照多元制衡的原则，对北京电力交易中心、广州电力交易中心和各省（区、市）电力交易中心进行股份制改造，为市场主体搭建公开透明、功能完善的电力交易平台。电力交易机构应体现多方代表性，股东应来自各类交易主体，非电网企业资本股比应不低于20%，鼓励按照非电网企业资本占股50%左右完善股权结构。各省（区、市）发展改革委、经信委（工信委、工信厅）、能源局和国家电网公司、南方电网公司要抓紧制定实施方案，结合实际明确改革目标、细化实施路径、完善配套措施，加快推进电力交易机构股份制改造。实施方案请于2018年9月30日前报国家发展改革委、国家能源局备案。各电力交易机构股份制改造工作应于2018年12月底前完成，并持续推进电力交易机构相对独立工作。

二、充分发挥市场管理委员会作用。市场管理委员会由电网企业、发电企业、售电企业、电力用户等组成。尚未成立市场管理委员会的电力交易机构，要尽快成立市场管理委员会。已成立市场管理委员会的电力交易机构，要进一步规范市场管理委员会主任人选、成员组成、功能定位、议事规则等相关工作机制，保障市场主体的合法权益。

三、进一步规范电力交易机构运行。各省（区、市）发展改革委、经信委（工信委、工信厅）、能源局要加强对电力交易机构的指导，国家能源局各派出机构要加强对电力交易机构的监管，推动交易机构丰富交易品种，提升服务能力，确保电力交易机构的独立性和公正性。北京、广州电力交易中心要按照国家发展改革委、国家能源局有关要求，推进相关工作并接受监管。电力交易机构要不断完善交易机制，及时修订交易规则，尊重市场主体意见，提高市场主体的满意度和认同度；要规范开展信息披露工作，重点对信息披露内容、时间、频次、方式和平台等进行规范，确保披露内容全面、准确、及时，以满足市场主体的交易需求；要推动电力交易系统建设，促进电力交易机构之间信息共享，在市场主体准入与退出方面实现信息交换及信息互认，为电力市场化交易提供优质高效服务，促进电力资源在更大范围优化配置。

特此通知。

国家发展改革委

国家能源局

2018年8月28日

2-3　国家发展改革委　国家能源局印发《关于推进电力交易机构独立规范运行的实施意见》的通知

（发改体改〔2020〕234号，2020年2月18日国家发展改革委、国家能源局发布）

各省、自治区、直辖市、新疆生产建设兵团发展改革委、能源局、经信委（经信厅、工信厅、经信局、工信局），国家能源局各派出能源监管机构，国家电网有限公司、中国南方电网有限责任公司、内蒙古电力（集团）有限责任公司、中国华能集团有限公司、中国大唐集团有限公司、中国华电集团有限公司、国家电力投资集团有限公司、国家能源投资集团有限责任公司：

《关于推进电力交易机构独立规范运行的实施意见》已经中央全面深化改革委员会传批审议通过。现印发你们，请认真贯彻落实。

国家发展改革委

国家能源局

2020年2月18日

附件：

关于推进电力交易机构独立规范运行的实施意见

推进电力交易机构独立规范运行是进一步深化电力体制改革的重要内容，对构建主体多元、竞争有序的电力交易格局，形成适应市场要求的电价机制具有重要意义。为落实党中央、国务院决策部署精神，推进电力交易机构独立规范运行，现提出以下意见：

一、总体要求和主要目标

以习近平新时代中国特色社会主义思想为指导，全面贯彻党的十九大和十九届二中、三中、四中全会精神，按照《中共中央、国务院关于进一步深化电力体制改革的若干意见》和中央经济工作会议部署，坚持安全可靠和市场化改革原则，立足电力工业客观情况，循序渐进、分步实施、尊重规律、科学监管，加快推进电力交易机构（以下简称交易机构）独立规范运行，进一步完善公开透明的电力市场交易平台，加快推进建立市场化电价形成机制，建立电力运行风险防控机制，为逐步实现经营性电力用户发用电计划全面放开创造条件。

2020 年底前，区域性交易机构和省（自治区、直辖市）交易机构的股权结构进一步优化、交易规则有效衔接，与调度机构职能划分清晰、业务配合有序。2022 年底前，各地结合实际情况进一步规范完善市场框架、交易规则、交易品种等，京津冀、长三角、珠三角等地区的交易机构相互融合，适应区域经济一体化要求的电力市场初步形成。2025 年底前，基本建成主体规范、功能完备、品种齐全、高效协同、全国统一的电力交易组织体系。

二、进一步厘清交易机构、市场管理委员会和调度机构的职能定位

交易机构是不以营利为目的、按照政府批准的章程和规则为市场主体提供公平规范电力交易服务的专业机构。交易机构主要负责电力交易平台的建设、运营和管理，组织中长期市场交易，提供结算依据和服务；负责市场主体注册和管理，汇总电力交易合同，披露和发布市场信息等；配合调度机构组织现货交易。结合区域性电力市场建设，鼓励各交易机构开展股权业务融合，完善跨省跨区市场交易机制，允许市场主体自由选择交易机构，推动全国范围内市场融合发展，加快统一电力市场建设，促进电力资源在更大范围优化配置。

市场管理委员会由电网企业、发电企业、售电企业、电力用户、交易机构、第三方机构等各方面代表组成，是独立于交易机构的议事协调机制。市场管理委员会主要负责研究讨论各类交易规则，协调电力市场相关事项，协助政府有关部门监督和纠正交易机构不规范行为；要健全重大事项决策流程和表决机制，确保议事程序公开透明、公平合理，切实保障市场主体的合法权益。每个交易机构须有对应的市场管理委员会，区域性交易机构对应的市场管理委员会主任委员由国家发展改革委、国家能源局提名，省（自治区、直辖市）交易机构对应的市场管理委员会主任委员由国家能源局派出机构和所在地区政府有关部门提名，由各自市场管理委员会投票表决。根据实际需要合理确定主任委员任期，同一主任委员不得连任超过两届任期。

调度机构是电网经营企业和供电企业的重要组成部分，是电网运行的指挥中心，其根本职责是依法行使生产指挥权，对电网运行进行组织、指挥、指导和协调，负责电力电量平衡、发电生产组织、电力系统安全运行、电网运行操作和事故处理，依法依规落实电力市场交易结果，保障电网安全、稳定和优质、经济运行。电网调度工作要坚持"安全第一、预防为主"的方针和"公开、公平、公正"原则，统一调度、分级管理，依靠科技进步和提高人员素质，认真研究社会主义市场经济条件下电网运行管理的新情况，不断完善电网调度管理的措施，保证电网整体最佳效益的实现。

三、完善电力交易规则制定程序

制定交易规则应当公开、公平、公正，符合市场化原则和电力商品技术特性。国家发展改革委、国家能源局、财政部会同区域性交易机构、电网企业、发电企业等方面制定电力交易基本规则和跨省区交易规则；省（自治区、直辖市）内交易细则由国家能源局派出机构和地方政府有关部门组织交易机构在基本规则框架下起草，并由相应的市场管理委员会进行初步审议，经国家能源局派出机构和所

在省（自治区、直辖市）政府有关部门审定后执行。交易规则和细则批准实施后，交易机构无权变更；需要修订的，提请市场管理委员会审议后，报原审定机构和部门批准。交易机构可结合业务实际情况提出完善电力交易规则和细则的建议。

四、加快推进交易机构股份制改造

针对当前交易机构全部采用公司制形式的实际情况，按照"多元制衡"原则依法依规加快推进交易机构股份制改造。股东应具备独立法人资格，可来自不同行业和领域，其中，单一股东持股比例不得超过50%。2020年上半年，北京、广州2家区域性交易机构和省（自治区、直辖市）交易机构中电网企业持股比例全部降至80%以下，2020年底前电网企业持股比例降至50%以下。在股份制改造过程中，交易机构应依法依规修订完善公司章程，规范设立股东会、董事会、监事会和经理层，形成权责分明、相互制衡的公司法人治理结构和灵活高效的经营管理机制，实现作为独立法人和市场主体自主经营。交易机构要健全党建工作体系，把党的领导融入公司治理各环节，推动党建与业务有机融合，为党和国家方针政策的贯彻落实提供坚强政治保证。

国家发展改革委、国家能源局组织国家电网有限公司、中国南方电网有限责任公司分别制定北京、广州2家区域性交易机构股份制改造实施方案。在国家发展改革委、国家能源局会同国家电网有限公司、中国南方电网有限责任公司指导下，各省（自治区、直辖市）人民政府相关部门组织省级电力（电网）公司制定本地交易机构股份制改造方案。

五、规范交易机构的人员、资产和财务管理

交易机构的董事会成员由各股东单位推荐，不得同时兼任市场管理委员会成员；高级管理人员可由股东单位推荐、董事会聘任，也可由董事会市场化选聘；自2020年起，交易机构新进普通工作人员一律市场化选聘。建立各交易机构间的人员交流机制，确保人员能进能出、能上能下，畅通员工的职业发展通道。根据行业实际情况，建立科学合理、具备竞争力的薪酬分配机制，保障交易机构从业人员的专业能力。

交易机构应以当前办公场所及物资设备为基础，综合考虑发展需求，采取划转、借用、租赁等方式明晰资产管理关系。对拟划转至交易机构的资产，按程序经国有资产管理部门批准后完成移交；对交易机构拟借用、租赁的资产，依法履行相关手续，明确责任主体后完成使用权转移。现阶段，经市场管理委员会同意后，交易机构可与电网企业共享信息系统、交易系统等资产。

交易机构应坚持非营利性定位，根据员工薪酬、日常办公、项目建设等实际需要，合理编制经费预算。与电网企业共用资产的交易机构原则上不向市场主体收取费用，所需费用计入输配电环节成本并单列，由电网企业通过专项费用支付。具备条件的交易机构经市场管理委员会同意，也可向市场主体合理收费，经费收支情况应向市场主体公开。

六、共同做好电力市场交易组织实施

交易机构、调度机构负责电力市场运行组织，及时发布市场信息，组织市场交易，根据交易结果制定交易计划。交易机构与调度机构要密切配合，充分考虑电力网架结构、安全供电标准、调度运行体系等实际情况，基于安全约束条件组织电力交易，切实保障电力安全稳定供应。调度机构要严格按照交易规则开展包括日前、日内、实时电量交易及辅助服务在内的现货交易出清和执行，并将出清和执行结果提供交易机构。电力网架结构、技术支持系统、交易机构专业能力等条件较为成熟的地区，适时探索由交易机构组织开展日前交易。

市场交易如可能引发安全风险，调度机构必须按照"安全第一"原则进行调度。当发生重大突发事件或电力供应出现较大缺口等特殊情况时，政府有关部门可依法依规暂停市场交易，组织实施有序用电。

七、健全信息共享和安全保障机制

国家电网有限公司、中国南方电网有限责任公司在各自经营范围内统一交易系统平台，统一建设灾备系统，建立数据共享机制，北京、广州等区域性交易机构负责系统平台维护管理和相关数据汇总。健全交易机构和调度机构信息交换机制，调度机构按照交易规则要求，向交易机构准确及时提供市场交易需要的可公开数据。建立健全交易机构信息安全保障机制，根据交易机构内设部门职能设置信息管理权限，控制关键信息知悉范围，定期开展信息安全薄弱环节排查，制定信息安全事故应急处置预案，做好事前主动防御，确保电力运行信息安全可控。建立电力交易从业人员回避和保密管理制度，避免泄露重要信息。

八、加强专业化监管体系建设

国家发展改革委、国家能源局及派出机构、各省（自治区、直辖市）政府相关部门要建立健全对交易机构的专业化监管制度，发展第三方专业评估机构，形成政府监管与外部监督密切配合的综合监管体系。交易机构应有针对性地制定完善相关规章制度，在政府有关部门指导下，加快行业信用体系建设，协助政府有关部门加强电力交易履约监管，对严重违法失信的市场主体记入信用记录并纳入全国信用信息共享平台，依法公开违法失信行为，并采取警告或限制交易等措施实施联合惩戒；对拒不整改或信用评价为不适合参与交易的市场主体，可取消市场交易资格，强制退出电力市场。

国家发展改革委、国家能源局负责推进交易机构独立规范运行工作，进一步优化市场监管方式，确保任何部门和单位不得干预市场主体的合法交易行为，切实维护电力交易市场安全健康发展。各省（自治区、直辖市）政府有关部门会同国家能源局派出机构按照实施意见精神，制定本地区交易机构独立规范运行实施方案，经国家发展改革委、国家能源局同意后组织实施。电网企业、发电企业等市场主体要积极配合，妥善处理资产重组、股权变更、人员劳动关系变动等重大问题，确保交易机构正常稳定运行，科学制定风险防控预案，有效防范电力供应安全风险，相关情况及时按程序报告国家发展改革委、国家能源局。

2-4 国家能源局关于进一步加强电力市场管理委员会规范运作的指导意见

（国能发监管〔2023〕57 号，2023 年 8 月 21 日国家能源局发布）

各省（自治区、直辖市）能源局，有关省（自治区、直辖市）及新疆生产建设兵团发展改革委，天津、内蒙古、辽宁、上海、重庆、四川、甘肃、广西工业和信息化主管部门，北京市城市管理委员会，各派出机构，国家电网有限公司、中国南方电网有限责任公司，内蒙古电力（集团）有限责任公司，北京电力交易中心有限公司、广州电力交易中心有限责任公司，有关电力企业、交易中心：

为深入贯彻党的二十大精神，全面落实党中央、国务院决策部署，充分发挥电力市场管理委员会协同共治作用，进一步加强行业自律、规范运作机制、形成监管合力，保障电力市场平稳运行，推动电力市场健康发展，提出以下意见。

一、重要意义

组建电力市场管理委员会是电力交易机构实现独立规范运行的重要保障措施。电力市场管理委员会是独立于电力交易机构的自治性议事协调机制，履行建立健全市场成员行为自律职责，与运营机构市场监测、监管机构专业监管共同构建电力市场运行"三道防线"。随着电力市场建设步伐日益加快，主体类别、市场规则、交易品种呈现多样化态势，进一步加强电力市场管理委员会规范运作，有利于促进电力市场健康有序发展，切实维护市场成员合法权益。

二、总体要求

（一）指导思想

以习近平新时代中国特色社会主义思想为指导，深入贯彻党的二十大精神，坚持依法依规、客观中立、公平公正的原则，以构建主体多元、竞争有序的电力交易格局为目标，充分发挥电力市场管理委员会在电力市场建设过程中的议事协调作用，建立科学合理的议事机制，充分体现市场各方意愿，为市场各方积极参与电力市场建设提供平等的议事平台和机制保障，促进电力市场长期健康发展。

（二）工作原则

协调沟通。坚持团结协作、平等沟通，积极发挥电力市场管理委员会平台的协调沟通作用，促进市场成员充分发表意见、交流看法、增进了解。

民主议事。坚持合作共赢，建立科学合理的议事机制，打造公开、公平、公正的交流平台，确保电力市场管理委员会规范、高效运作，维护各类市场成员合法权益。

集体决策。坚持电力市场管理委员会委员的广泛性、代表性，充分体现各方意愿，广泛选择成员代表，充分反映各方诉求。

专业支撑。坚持发挥各类市场成员专业优势，凝聚行业合力，在电力市场相关交易规则、实施细则、实施方案、研讨协调电力市场相关事项等方面提供专业技术支撑和人才队伍保障。

三、规范运作

（一）明确工作职责

电力市场管理委员会工作职责包括：

1.研究讨论电力交易机构章程，审议电力市场管理委员会工作规则、秘书处工作规则，推荐电力交易机构高级管理人员；

2.协调电力市场相关事项，建立听取市场成员诉求的机制，研究讨论市场运行中出现的异常情况、市场成员提出的合理诉求等，提出相关问题的解决建议；

3.研究讨论电力市场相关交易规则、实施细则及实施方案，审议规则、细则、方案和关键市场参数的标准与取值，提出报价或出清价格上下限设置、信息披露相关内容建议；

4.协助国家能源局及其派出机构和政府有关部门监督规范市场运营机构行为，建立市场自律监督工作机制。

（二）优化组织架构

1.电力市场管理委员会应由电网企业（含增量配电网企业）、发电企业、售电企业、电力用户、市场运营机构、第三方机构等各方面代表组成，按照发电方代表、购电方代表（售电企业、电力用户）、输配电方代表、市场运营机构代表（电力交易机构、电力调度机构）、第三方代表分类，按合理比例确定各类别代表人数。发电方代表、购电方代表人数应多于其他代表。

2.电力市场管理委员会设主任委员1名，副主任委员若干名。区域电力市场管理委员会主任委员由国家发展改革委、国家能源局提名，省（自治区、直辖市）电力市场管理委员会主任委员由国家能源局派出机构和所在地区有关政府部门提名，由各自电力市场管理委员会投票表决。主任委员原则上任期不超过三年，同一主任委员不得连任超过两届任期。

3.电力市场管理委员会秘书处负责电力市场管理委员会日常工作。秘书处应配备专业素质的专职人员，工作人员可由成员单位选派，并定期轮换。

4.可以组建成员类别工作组，开展类别领域选举、议事等相关工作。

5.可以组建专业工作组，在各成员单位中择优组成，开展业务领域专项工作。

6.可以组建专家委员会，负责提供电力市场建设专业咨询。专家委员会由相关领域专家和第三方咨询研究机构代表等组成。专家委员会在咨询过程中应遵守客观公正、实事求是的原则。

（三）完善议事规则

1.建立健全议事机制。电力市场管理委员会要建立健全商议事项发起、召集、审议流程，确保议事程序公开透明、公平合理，切实保障市场成员合法权益。

2.明确议题发起流程。秘书处定期收集整理成员代表提出的合理诉求和议题建议，并向电力市场管理委员会成员通报。由多名成员代表联名提议的，或主任委员、副主任委员、市场运营机构认为必要的，由秘书处形成会议议题。议题产生后，超过三分之一的成员代表投票通过的，作为正式会议议题。会议议题需至少提前一周通知各成员单位，并抄送国家能源局及其派出机构和政府有关部门。

3.明确会议召集方式。电力市场管理委员会会议由主任委员根据正式会议议题和工作安排召集成员代表开会。会议应有三分之二以上代表且每类别均有代表出席方可举行。原则上每年至少召开两次全体会议，根据工作需要通过线上或者线下等方式不定期召开专题会议。国家能源局及其派出机构和政府有关部门可根据需要，派员参加有关会议。

4．明确议事审议流程。议题审议原则上采取投票表决的方式确定，三分之二及以上表决同意的则为通过，形成审议结果。市场运营机构代表、第三方代表不参加投票表决。各类交易规则、细则、方案等经电力市场管理委员会审议通过后，按照有关规定，提交国家能源局及其派出机构和政府有关部门审定后执行。需要修订的，应提请电力市场管理委员会审议通过后，报原审定机构和部门批准或备案。

5．议题产生、议题审议的投票工作结束后，秘书处应整理各成员代表的投票结果，并保存归档。

6．国家能源局及其派出机构和政府有关部门对电力市场管理委员会的审议结果可以行使否决权。

四、监督落实

（一）加强自律监督

电力市场管理委员会对参与市场交易的各方实施市场内部自律管理，督促市场成员签订自律公约，充分发挥市场自律和社会监督作用，收集掌握电力市场相关问题线索，协助国家能源局及其派出机构和政府有关部门促进电力交易机构独立规范运行，监督和纠正扰乱电力市场正常秩序的行为。

（二）加强规范指导

国家能源局及其派出机构和政府有关部门应在相关制度中明确对电力市场管理委员会的监督条款，加大对电力市场管理委员会的指导力度，引导电力市场管理委员会规范运作。主任委员履职不到位的，国家能源局及其派出机构可向电力市场管理委员会提出重新推选的意见。

（三）加快组织实施

各电力市场管理委员会应及时按本指导意见制修订相关制度，及时开展换届、完善议事规则、优化决策机制等工作，加快推动组建成员类别工作组、专业工作组和专家委员会。各成员单位应积极参加电力市场管理委员会会议和有关工作。

国家能源局

2023 年 8 月 21 日

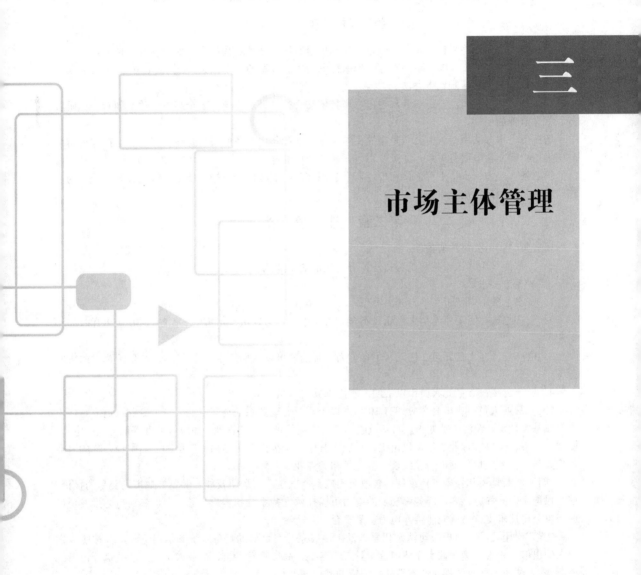

三

市场主体管理

3-1 售电公司管理办法

（发改体改规〔2021〕1595号，2021年11月11日国家发展改革委、国家能源局发布）

第一章 总 则

第一条 为积极稳妥推进售电侧改革，建立健全有序竞争的市场秩序，保护各类市场主体的合法权益，依据《中共中央 国务院关于进一步深化电力体制改革的若干意见》（中发〔2015〕9号）和电力体制改革配套文件，制定本办法。

第二条 售电公司注册、运营和退出，坚持依法合规、开放竞争、安全高效、改革创新、优质服务、常态监管的原则。

第三条 本办法所指售电公司是指提供售电服务或配售电服务的市场主体。售电公司在零售市场与电力用户确立售电服务关系，在批发市场开展购售电业务。

第四条 电力、价格主管部门和市场监督管理部门、能源监管机构等依法对售电公司市场行为实施监管和开展行政执法工作。

第二章 注 册 条 件

第五条 售电公司注册条件。

（一）依照《中华人民共和国公司法》登记注册的企业法人。

（二）资产要求。

1. 资产总额不得低于2千万元人民币。

2. 资产总额在2千万元至1亿元（不含）人民币的，可以从事年售电量不超过30亿千瓦时的售电业务。

3. 资产总额在1亿元至2亿元（不含）人民币的，可以从事年售电量不超过60亿千瓦时的售电业务。

4. 资产总额在2亿元人民币以上的，不限制其售电量。

（三）从业人员。售电公司应拥有10名及以上具有劳动关系的全职专业人员。专业人员应掌握电力系统基本技术、经济专业知识，具备风险管理、电能管理、节能管理、需求侧管理等能力，有电力、能源、经济、金融等行业3年及以上工作经验。其中，至少拥有1名高级职称和3名中级职称的专业管理人员，技术职称包括电力、经济、会计等相关专业。

（四）经营场所和技术支持系统。售电公司应具有固定经营场所及能够满足参加市场交易的报价、信息报送、合同签订、客户服务等功能的电力市场技术支持系统和客户服务平台，参与电力批发市场的售电公司技术支持系统应能接入电力交易平台。

（五）信用要求。售电公司法定代表人及主要股东具有良好的财务状况和信用记录，并按照规定要求做出信用承诺，确保诚实守信经营。董事、监事、高级管理人员、从业人员无失信被执行记录。

（六）法律、行政法规和地方性法规规定的其他条件。

第六条 发电企业、电力建设企业、高新产业园区、经济技术开发区、供水、供气、供热等公共服务行业和节能服务公司所属售电公司（含全资、控股或参股）应当具有独立法人资格，独立运营。上述公司申请经营范围增项开展售电业务的，新开展的同一笔交易中不能同时作为买方和卖方。

第七条 电网企业（含关联企业）所属售电公司（含全资、控股或参股）应当具有独立法人资格并且独立运营，确保售电业务从人员、财务、办公地点、信息等方面与其他业务隔离，不得通过电力交易机构、电力调度机构、电网企业获得售电竞争方面的合同商务信息以及超过其他售电公司的优势权利。

第三章　注　册　程　序

第八条　电力交易机构负责售电公司注册服务，政府部门不得直接办理售电公司注册业务或干预电力交易机构正常办理售电公司注册业务。符合注册条件的售电公司自主选择电力交易机构办理注册，获取交易资格，无需重复注册。已完成注册售电公司按相关交易规则公平参与交易。各电力交易机构按照"一地注册，信息共享"原则，统一售电公司注册服务流程、服务规范、要件清单、审验标准等，明确受理期限、接待日、公示日。其他地区推送的售电公司在售电业务所在行政区域需具备相应的经营场所、技术支持系统后，平等参与当地电力市场化交易。建立售电公司首注负责制。负责首次办理售电公司注册手续的电力交易机构，负责对其按照本办法规定办理业务的有关材料进行完整性审查，必要时组织对售电公司进行现场核验。鼓励网上办理注册手续，对于网上提交的材料，电力交易机构应与当事人进行原件核对。

第九条　售电公司办理注册时，应按固定格式签署信用承诺书，并通过电力交易平台向电力交易机构提交以下资料：工商注册信息、法定代表人信息、统一社会信用代码、资产和从业人员信息、开户信息、营业执照、资产证明、经营场所和技术支持系统证明等材料。

（一）营业执照经营范围必须明确具备电力销售、售电或电力供应等业务事项。

（二）需提供资产证明包括，具备资质、无不良信用记录的会计事务所出具的该售电公司近 3 个月内的资产评估报告，或近 1 年的审计报告，或近 6 个月的验资报告、银行流水，或开户银行出具的实收资本证明。对于成立时间不满 6 个月的售电公司，需提供自市场监督管理部门注册以后到申请市场注册时的资产评估报告，或审计报告，或验资报告、银行流水，或开户银行出具的实收资本证明。

（三）从业人员需提供能够证明售电公司全职在职员工近 3 个月的社保缴费记录、职称证书。从业人员不能同时在两个及以上售电公司重复任职。

（四）经营场所证明需提供商业地产的产权证明或 1 年及以上的房屋出租合同、经营场所照片等。

（五）接入电力交易平台的售电公司技术支持系统，需提供安全等级报告和软件著作权证书以及平台功能截图，对于购买或租赁平台的还需提供购买或租赁合同。拥有配电网运营权的售电公司还需提供配电网电压等级、供电范围、电力业务许可证（供电类）等相关资料。除电网企业存量资产外，现有符合条件的高新产业园区、经济技术开发区和其他企业建设、运营配电网的，履行相应的注册程序后，可自愿转为拥有配电业务的售电公司。

第十条　接受注册后，电力交易机构要通过电力交易平台、"信用中国"网站等政府指定网站，将售电公司满足注册条件的信息、材料和信用承诺书向社会公示，公示期为 1 个月。电力交易机构收到售电公司提交的注册申请和注册材料后，在 7 个工作日内完成材料完整性审查，并在满足注册条件后完成售电公司的注册手续。对于售电公司提交的注册材料不符合要求的，电力交易机构应予以一次性书面告知。

第十一条　公示期满无异议的售电公司，注册手续自动生效。电力交易机构将公示期满无异议的售电公司纳入自主交易市场主体目录，实行动态管理并向社会公布。

第十二条　电力交易机构应对公示期间被提出异议的售电公司的异议情况进行调查核实，并根据核实情况分类处理。

（一）如因公示材料疏漏缺失或公示期间发生人员等变更而产生异议，售电公司可以补充材料申请再公示。

（二）如因材料造假发生异议，售电公司自接到电力交易机构关于异议的告知之日起，5 个工作日内无法作出合理解释，电力交易机构终止其公示，退回售电公司的注册申请，将情况报送地方主管部门。

第十三条　电力交易机构按月汇总售电公司注册情况向地方主管部门、能源监管机构备案，并通过电力交易平台、"信用中国"网站等政府指定网站向社会公布。

第十四条　售电公司注册信息发生变化时，应在 5 个工作日内向首次注册的电力交易机构申请信息变更。法人信息、公司股东、股权结构、从业人员、配电网资质等发生如下变化的，售电公司需重新签署信用承诺书并予以公示，公示期为7天。

（一）企业更名或法定代表人变更。

（二）企业控制权转移，因公司股权转让导致公司控股股东或者实际控制人发生变化。

（三）资产总额发生超出注册条件所规定范围的变更。

（四）企业高级或中级职称的专业人员变更。

（五）配电网运营资质变化。

第四章　权　利　与　义　务

第十五条　售电公司享有以下权利：

（一）可以采取多种方式通过电力市场购售电，可通过电力交易平台开展双边协商交易或集中交易。

（二）售电公司自主选择各级电力交易机构进行跨省跨区购电和省内购电。

（三）多个售电公司可以在同一配电区域内售电。同一售电公司可在多个配电区域内售电。

（四）可向用户提供包括但不限于合同能源管理、综合节能、合理用能咨询和用电设备运行维护等增值服务，并收取相应费用。

（五）可根据用户授权掌握历史用电信息，在电力交易平台进行数据查询和下载。

第十六条　售电公司应履行以下义务：

（一）承担保密义务，不得泄露用户信息。

（二）遵守电力市场交易规则。

（三）与用户签订合同，提供优质专业的售电服务，履行合同规定的各项义务。

（四）受委托代理用户与电网企业的涉网事宜。

（五）按照国家有关规定，在电力交易平台、"信用中国"网站等政府指定网站上公示公司资产、从业人员、场所、技术支持系统、经营状况等信息、证明材料和信用承诺，依法及时对公司重大事项进行公告，并定期公布公司年报。

（六）不得干涉用户自由选择售电公司的权利。

（七）按照可再生能源电力消纳责任权重有关规定，承担与年售电量相对应的可再生能源电力消纳量。

（八）同意电力交易机构对其公司及公司从业人员满足注册条件的信息、证明材料对外公示，以及对其持续满足注册条件开展的动态管理。

第五章　运　营　管　理

第十七条　售电公司应持续满足注册条件。

第十八条　售电公司注册生效后，通过电力交易平台每年3月底前披露其资产、人员、经营场所、技术支持系统等持续满足注册条件的信息和证明材料。电力交易机构根据需要启动对售电公司持续满足注册条件情况的核验。核验结果可以与市场监督管理部门、"信用中国"网站等形成联动机制和信息共享，年度审查次数根据售电公司的信用评级或入市时长确定。

第十九条　售电公司与电力用户在电力交易平台建立零售服务关系。经售电公司与电力用户双方协商一致，在确立绑定关系期限内，任何一方均可在电力交易平台中发起零售服务关系确立，由双方法定代表人（授权代理人）在电力交易平台中确认。

第二十条　电力用户在同一合同周期内仅可与一家售电公司确立零售服务关系，双方在电力交易平台绑定确认后，电力交易机构不再受理新的绑定申请，电力用户全部电量通过该售电公司购买。

第二十一条　售电公司与电力用户零售服务关系在电力交易平台中确认后，即视同不从电网企业购电，电网企业与电力用户的供用电合同中电量、电价等结算相关的条款失效，两者的供用电关系不变，电力用户、售电公司与电网企业应签订三方电费结算补充协议，无需再签订售电公司、电力用户、电网企业三方合同，电力交易机构将电力用户与售电公司零售服务关系信息统一推送给向电力用户供电的电网企业。

第二十二条 售电公司与电力用户按照月为最小单位签订合同，其中新注册用户的合同生效时间为当月实际签订时间。合同应包括但不限于以下内容：电力用户企业名称、电压等级、户号、合同期限、电量及分月计划、费用结算、违约责任、电力用户偏差电量处理方式等内容。售电公司在批发市场与零售市场应考虑电力辅助服务费用和阻塞费用等费用，相关盈亏由售电公司承担。

第二十三条 电力交易机构负责出具售电公司以及零售电力用户等零售侧结算依据，电网企业根据结算依据对零售电力用户进行零售交易资金结算，对售电公司批发、零售价差收益、偏差考核进行资金结算。

第二十四条 售电公司参与批发和（或）零售市场交易前，应通过以下额度的最大值向电力交易机构提交履约保函或者履约保险等履约保障凭证：1.过去12个月批发市场交易总电量，按标准不低于0.8分/千瓦时；2.过去2个月内参与批发、零售两个市场交易电量的大值，按标准不低于5分/千瓦时。现货市场地区，地方主管部门可以根据市场风险状况，适当提高标准，具体标准由各地自行确定。

（一）对于在多个省（区、市）开展售电业务的售电公司，需分别提交履约保函或保险。

（二）电力交易机构应拟定履约保函、保险管理制度，并负责履约保函、保险单的接收、管理、退还、使用申请、执行情况记录、履约额度跟踪和通报程序。制度应经相关市场管理委员会审议后，报地方主管部门备案。

（三）履约保函、保险提交主体为售电公司，受益人为与其签署资金结算协议的电网企业。

（四）售电公司未缴纳或未足额缴纳相关结算费用，电网企业可根据电力交易机构出具的结算依据申请使用履约保函、保险，并由电力交易机构向履约保函、保险开立单位出具原件，要求支付款项，同时向相关市场主体发出执行告知书，说明售电公司欠费情况，并做好相关信用管理和交易工作。

（五）在使用履约保函、保险时，若售电公司所履约保函、保险额度不足以支付应缴相关结算费用，售电公司需根据履约保函、保险执行告知书要求，在规定时限内足额缴纳相关结算费用。

（六）电力交易机构应于履约保函、保险执行前向市场主体公示售电公司欠费情况。

第二十五条 建立售电公司履约额度跟踪预警机制。电力现货市场结算试运行期间，电力交易机构动态监测售电公司运营履约额度与实际提交的履约保函或保险额度，每日上报地方主管部门，按周上报国家主管部门；非电力现货试点地区以及电力现货市场未结算试运行期间，电力交易机构按周动态监测上报地方主管部门，按月上报国家主管部门。发现实际提交的履约保函、保险额度不足时及时通知售电公司补缴。售电公司应在接到电力交易机构通知的3个工作日内，向电力交易机构提交足额履约保函、保险，满足市场交易信用要求。如售电公司提交的履约保函额度超过规定标准，可向电力交易机构申请退还多缴的履约保函。

第二十六条 售电公司未按时足额缴纳履约保函、保险，经电力交易机构书面提醒仍拒不足额缴纳的，应对其实施以下措施：

（一）取消其后续交易资格；

（二）在电力交易平台、"信用中国"网站等政府指定网站公布该售电公司相关信息和行为；

（三）公示结束后按照国家有关规定，对该企业法定代表人、自然人股东、其他相关人员依法依规实施失信惩戒；

（四）其所有已签订但尚未履行的购售电合同由地方主管部门征求合同购售电各方意愿，通过电力交易平台转让给其他售电公司。

第二十七条 连续12个月未进行实际交易的售电公司，电力交易机构征得地方主管部门同意后暂停其交易资格，重新参与交易前须再次进行公示。

第六章 退 出 方 式

第二十八条 售电公司有下列情形之一的，经地方主管部门和能源监管机构调查确认后，启动强制退出程序：

（一）隐瞒有关情况或者以提供虚假申请材料等方式违法违规进入市场，且拒不整改的。

（二）严重违反市场交易规则，且拒不整改的。

（三）依法被撤销、解散，依法宣告破产、歇业的。

（四）企业违反信用承诺且拒不整改的。

（五）被有关部门和社会组织依法依规对其他领域失信行为做出处理的。

（六）连续3年未在任一行政区域开展售电业务的。

（七）出现市场串谋、提供虚假材料误导调查、散布不实市场信息等严重扰乱市场秩序的。

（八）与其他市场主体发生购售电合同纠纷，经法院裁定为售电公司存在诈骗等行为的，或经司法机构或司法鉴定机构裁定伪造公章等行为的。

（九）未持续满足注册条件，且未在规定时间内整改到位的。

（十）法律、法规规定的其他情形。

第二十九条 在地方主管部门确认售电公司符合强制退出条件后，应通过电力交易平台、"信用中国"网站等政府指定网站向社会公示10个工作日。公示期满无异议的，地方主管部门通知电力交易机构对该售电公司实施强制退出。

第三十条 售电公司被强制退出，其所有已签订但尚未履行的购售电合同优先通过自主协商的方式，在10个工作日内完成处理；自主协商期满，退出售电公司未与合同购售电各方就合同解除协商一致的，由地方主管部门征求合同购售电各方意愿，通过电力市场交易平台以转让、拍卖等方式转给其他售电公司；经合同转让、拍卖等方式仍未完成处理的，已签订尚未履行的购售电合同终止履行，零售用户可以与其他售电公司签订新的零售合同，否则由保底售电公司代理该部分零售用户，并按照保底售电公司的相关条款与其签订零售合同，并处理好其他相关事宜。

第三十一条 售电公司可自愿申请退出售电市场，应提前45个工作日向电力交易机构提交退出申请，明确退出原因和计划的终止交易月。终止交易月之前（含当月），购售电合同由该售电公司继续履行，并处理好相关事宜。

第三十二条 对于自愿退出的售电公司，电力交易机构将退出申请及相关材料通过电力交易平台、"信用中国"网站等政府指定网站向社会公示10个工作日。公示期满无异议的，方可办理退出市场手续。

第三十三条 在地方主管部门和能源监管机构协调下，自愿退出售电公司应在终止交易月之前通过自主协商的方式完成购售电合同处理；自愿退出售电公司未与购售电合同各方就合同解除协商一致的，须继续参与市场化交易，直至购售电合同履行完毕或合同各方同意终止履行。对继续履行购售电合同确实存在困难的，其批发合同及电力用户按照有关要求由保底售电公司承接。对购售电合同各方造成的损失由自愿退出售电公司承担。

第三十四条 电力交易机构应及时将强制退出和自愿退出且公示期满无异议的售电公司从市场主体目录删除，向地方主管部门和能源监管机构备案，并通过电力交易平台、"信用中国"网站等政府指定网站向社会公布。拟退出售电公司退出前需结清市场化电费和交易手续费。电力交易机构注销售电公司的电力交易平台账号，但保留其历史信息。

第三十五条 考虑市场化电费差错退补有滞后性，电力交易机构在售电公司退出后保留其履约保函6个月，期满退还。履约保函在退出后6个月内失效的，或售电公司在退出后6个月内办理企业注销、需取回履约保函的，售电公司须与其股东、上级单位或其他有履行能力的第三方协商，由第三方出具连带责任担保并经过公证的承诺书，提交电力交易机构后退还其履约保函。

第七章 保 底 售 电

第三十六条 保底售电公司每年确定一次，具体数量由地方主管部门确定。原则上所有售电公司均可申请成为保底售电公司，地方主管部门负责审批选取其中经营稳定、信用良好、资金储备充足、人员技术实力强的主体成为保底售电公司，并向市场主体公布。

第三十七条　保底售电服务由电力交易机构报地方主管部门和能源监管机构同意后，方可启动：

（一）启动条件。

1．存在售电公司未在截止期限前缴清结算费用。

2．存在售电公司不符合市场履约风险有关要求。

3．存在售电公司自愿或强制退出市场，其购售电合同经自主协商、整体转让未处理完成。

（二）服务内容。确认启动保底售电服务后，电力交易机构书面通知保底售电公司、拟退出售电公司，以及拟退出售电公司的批发合同各方、电力用户。保底售电公司从发出通知的次月起承接批发合同及电力用户服务，其保底服务对应的市场化交易单独结算。电力用户执行保底零售价格，不再另行签订协议。中长期模式下，保底零售价格按照电网企业代理购电价格的 1.5 倍执行，具体价格水平由省级价格主管部门确定。现货结算试运行或正式运行期间，由地方主管部门根据电力市场实际价格及保底成本确定分时保底零售价格，并定期调整。保底成本包括因用户数量不确定导致的成本上升、极端因素导致的风险成本等。原则上，保底电价不得低于实际现货市场均价的 2 倍。

（三）兜底原则。若全部保底售电公司由于经营困难等原因，无法承接保底售电服务，由电网企业提供保底售电服务。

（四）保底售电业务监管。保底售电公司须将保底售电业务单独记账、独立核算，并定期将相关价格水平、盈亏情况上报地方主管部门。

第三十八条　其他事项。

（一）执行保底零售价格满一个月后，电力用户可自主选择与其他售电公司（包括保底售电公司）协商签订新的零售合同，保底售电公司不得以任何理由阻挠。

（二）因触发保底服务对批发合同各方、电力用户造成的损失由拟退出售电公司承担。

（三）售电公司被强制退出或自愿退出，其所有已签订但尚未履行的购售电合同若无保底售电公司承接，可由地方主管部门征求合同购售电各方意愿，通过电力市场交易平台以转让、拍卖等方式交由电网企业保底供电，并处理好其他相关事宜。未能处理好购售电合同相关事宜的，电力交易机构依法依规制定售电公司保函、保险偿付相应市场主体的方案，电网企业按方案完成函、保险使用、偿付工作。

（四）拥有配电网运营权的售电公司申请自愿退出时，应妥善处置配电资产。若无其他公司承担该地区配电业务，由电网企业接收并提供保底供电服务。

第八章　售电公司信用与监管

第三十九条　国家主管部门、国家发展改革委统筹组织地方主管部门授权电力交易机构、第三方征信机构开展售电公司信用评价工作。售电公司信用评价工作不得向售电主体收取费用。

第四十条　依托公共信用综合评价标准体系建立售电公司信用评价体系。依托电力交易平台、"信用中国"网站等政府指定网站，开发建设售电公司信用信息系统。建立企业法人及其法定代表人、董事、监事、高级管理人员信用记录，将其纳入全国信用信息共享平台，确保各类企业的信用状况透明，可追溯、可核查。

第四十一条　建立电力交易机构与全国信用信息共享平台信息共享机制，实现市场主体信用信息双向共享。

第四十二条　售电公司未按要求持续满足注册条件的，电力交易机构应立即通知售电公司限期整改，售电公司限期整改期间，暂停其交易资格，未在规定期限内整改到位的，经地方主管部门同意后予以强制退出，同时将相关信息推送至全国信用信息共享平台。

第四十三条　地方主管部门、能源监管机构根据职责对售电公司进行监管。地方主管部门对售电公司与售电公司、电力用户间发生的违反交易规则和失信行为按规定进行处理，记入信用记录，情节特别严重或拒不整改的，对其违法失信行为予以公开。能源监管机构对售电公司执行交易规则、参与批发市场交易行为进行监管，并按照有关规定对违规行为进行处理。

第九章 附　　则

第四十四条　各省级政府可依据本办法制定实施细则。

第四十五条　本办法由国家发展改革委、国家能源局负责解释。

第四十六条　本办法自发布之日起施行，有效期 5 年。

附件：售电公司信用承诺书（参考范本）（略）

3-2　有序放开配电网业务管理办法

（发改经体〔2016〕2120 号，2016 年 10 月 8 日国家发展改革委、国家能源局发布）

第一章 总　　则

第一条　为落实《中共中央　国务院关于进一步深化电力体制改革的若干意见》（中发〔2015〕9号），鼓励社会资本有序投资、运营增量配电网，促进配电网建设发展，提高配电网运营效率，制定本办法。

第二条　本办法所称的配电网业务是指满足电力配送需要和规划要求的增量配电网投资、建设、运营及以混合所有制方式投资配电网增容扩建。配电网原则上指 110 千伏及以下电压等级电网和 220（330）千伏及以下电压等级工业园区（经济开发区）等局域电网。除电网企业存量资产外，其他企业投资、建设和运营的存量配电网，适用本办法。

第三条　按照管住中间、放开两头的体制架构，结合输配电价改革和电力市场建设，有序放开配电网业务，鼓励社会资本投资、建设、运营增量配电网，通过竞争创新，为用户提供安全、方便、快捷的供电服务。拥有配电网运营权的售电公司，具备条件的要将配电业务和竞争性售电业务分开核算。

第四条　有序放开配电网业务要遵循以下基本原则：

（一）规划引领。增量配电网络应符合省级配电网规划，保证增量配电网业务符合国家电力发展战略、产业政策和市场主体对电能配送的要求。

（二）竞争开放。鼓励社会资本积极参与增量配电网业务，通过市场竞争确定投资主体。

（三）权责对等。社会资本投资增量配电网业务并负责运营管理，应遵守国家有关技术规范标准，在获取合理投资收益同时，履行安全可靠供电、保底供电和社会普遍服务等义务。

（四）创新机制。拥有配电网运营权的售电公司应创新运营机制和服务方式，以市场化、保底供电等多种方式向受托用户售电，并可为用户提供综合能源服务，利用现代信息技术，向用户提供智能用电、科学用电的服务，促进能源消费革命。

第二章 增量配电网项目管理

第五条　增量配电网项目管理包括规划编制、项目论证、项目核准及项目建设等。地方政府能源管理部门负责增量配电网项目管理，制定增量配电网项目管理的相关规章制度，做好项目建设过程中的指导和协调，根据需要开展项目验收和后评价。

第六条　增量配电网项目须纳入地方政府能源管理部门编制的配电网规划。

第七条　符合条件的市场主体依据规划向地方政府能源管理部门申请作为增量配电网项目的业主。地方政府能源管理部门应当通过招标等市场化机制公开、公平、公正优选确定项目业主，明确项目建设内容、工期、供电范围并签订协议。

第八条　项目业主完成可行性论证并获得所有支持性文件，具备核准条件后向地方政府能源管理部门申请项目核准。地方政府能源管理部门按照核准权限核准项目，国家能源局派出机构向项目业主颁发电力业务许可证（供电类）或赋予相应业务资质，不得附加其他前置条件。

第九条 项目业主遵循"整体规划、分步实施"的原则，依据电力建设管理相关规章制度和技术标准，按照项目核准要求组织项目设计、工程招投标、工程施工等，开展项目投资建设。

第十条 电网企业按照电网接入管理的有关规定以及电网运行安全的要求，向项目业主无歧视开放电网，提供便捷、及时、高效的并网服务。

第三章　配电网运营

第十一条 向地方政府能源管理部门申请并获准开展配电网业务的项目业主，拥有配电区域内与电网企业相同的权利，并切实履行相同的责任和义务。符合售电公司准入条件的，履行售电公司准入程序后，可开展售电业务。

第十二条 除电网企业存量资产外，拥有配电网存量资产绝对控股权的公司，包括高新产业园区、经济技术开发区、地方电网、趸售县等，未经营配电网业务的，可向地方政府能源管理部门申请并获准开展配电网业务。符合售电公司准入条件的，履行售电公司准入程序后，可开展售电业务。

第十三条 拥有配电网运营权的项目业主须依法取得电力业务许可证（供电类）。

第十四条 符合准入条件的项目业主，可以只拥有投资收益权，配电网运营权可委托电网企业或符合条件的售电公司，自主签订委托协议。

第十五条 电网企业控股增量配电网拥有其运营权，在配电区域内仅从事配电网业务。其竞争性售电业务，应逐步实现由独立的售电公司承担。鼓励电网企业与社会资本通过股权合作等方式成立产权多元化公司经营配电网。

第十六条 配电网运营者在其配电区域内从事供电服务，包括：

（一）负责配电网络的调度、运行、维护和故障消除。

（二）负责配电网建设与改造。

（三）向各类用户无歧视开放配电网络，负责用户用电设备的报装、接入和增容。

（四）向各类用户提供计量、抄表、收费、开具发票和催缴欠费等服务。

（五）承担其电力设施保护和防窃电义务。

（六）向各类用户提供电力普遍服务。公开配电网络的运行、检修和供电质量、服务质量等信息。受委托承担电力统计工作。

（七）向市场主体提供配电服务、增值服务。

（八）向非市场主体提供保底供电服务。在售电公司无法为其签约用户提供售电服务时，直接启动保底供电服务。

（九）承担代付其配电网内使用的可再生能源电量补贴的责任。

（十）法律、法规、规章规定的其他业务。

第十七条 配电区域内的售电公司或电力用户可以不受配电区域限制购电。配电区域内居民、农业、重要公用事业、公益性服务以外的用电价格，由发电企业或售电公司与电力用户协商确定的市场交易价格、配电网接入电压等级对应的省级电网共用网络输配电价（含线损和政策性交叉补贴）、配电网的配电价格，以及政府性基金及附加组成；居民、农业、重要公用事业、公益性服务等用电，继续执行所在省（区、市）的目录销售电价。配电区域内电力用户承担的国家规定的政府性基金及附加，由配电公司代收、省级电网企业代缴。增量配电区域的配电价格由所在省（区、市）价格主管部门依据国家输配电价改革有关规定制定，并报国家发展改革委备案。配电价格核定前，暂按售电公司或电力用户接入电压等级对应的省级电网共用网络输配电价扣减该配电网接入电压等级对应的省级电网共用网络输配电价执行。

第十八条 配电网运营者向配电区域内用户提供的配电网服务包括：

（一）向市场主体提供配电网络的可用容量、实际容量等必要的市场信息。

（二）与市场主体签订经安全校核的三方购售电合同。

（三）履行合同约定，包括电能量、电力容量、辅助服务、持续时间、供电安全等级、可再生能源配额比例、保底供电服务内容等。

（四）承担配电区域内结算业务，按照政府核定的配电价格收取配电费，按照国家有关规定代收政府性基金和交叉补贴，按合同向各方支付相关费用。

第十九条 配电网运营者向居民、农业、重要公用事业和公益性服务等电力用户，具备市场交易资格选择不参与市场交易的电力用户，售电公司终止经营、无法提供售电服务的电力用户，以及政府规定暂不参与市场交易的其他电力用户实行保底供电服务。包括：

（一）按照国家标准或者电力行业标准提供安全、可靠的电力供应。

（二）履行普遍供电服务义务。

（三）按政府定价或有关价格规则向电力用户收取电费。

（四）按政府定价向发电企业优先购电。

第二十条 配电网运营者可有偿为各类用户提供增值服务。包括但不限于：

（一）用户用电规划、合理用能、节约用能、安全用电、替代方式等服务。

（二）用户智能用电、优化用电、需求响应等。

（三）用户合同能源管理服务。

（四）用户用电设备的运行维护。

（五）用户多种能源优化组合方案，提供发电、供热、供冷、供气、供水等智能化综合能源服务。

第二十一条 配电网运营者不得超出其配电区域从事配电业务。发电企业及其资本不得参与投资建设电厂向用户直接供电的专用线路，也不得参与投资建设电厂与其参与投资的增量配电网络相连的专用线路。

第四章 配电网运营者的权利与义务

第二十二条 配电网运营者拥有以下权利：

（一）享有公平接入电网的权利。

（二）享有配电区域内投资建设、运行和维护配电网络的权利。

（三）享受公平通过市场安全校核、稳定购电的权利。

（四）公平获得电网应有的信息服务。

（五）为用户提供优质专业的配售电服务，获得配电和相关增值服务收入。

（六）参与辅助服务市场。

（七）获取政府规定的保底供电补贴。

第二十三条 配电网运营者须履行以下义务：

（一）满足国家相关技术规范和标准。

（二）遵守电力交易规则和电力交易机构有关规定，按要求向电力交易机构提供电力交易业务所需的各项信息。

（三）执行电网规划，服从并网管理。

（四）服从电力调度管理，遵守调度指令，提供电力调度业务所需的各项信息。

（五）保证配电网安全、可靠供电。

（六）无歧视开放电网，公平提供电源（用户）接入等普遍服务和保底供电服务。

（七）代国家收取政府性基金及政策性交叉补贴。

（八）接受监管机构监管。

第五章 附　　则

第二十四条 本办法由国家发展改革委、国家能源局负责解释。

第二十五条 本办法所称的电网企业特指国家电网公司、中国南方电网有限责任公司和内蒙古电力（集团）有限责任公司和各地方电网企业。

第二十六条 本规则自发布之日起施行，有效期3年。

3-3 电力市场注册基本规则

（国能发监管规〔2024〕76号，2024年9月13日国家能源局发布）

第一章 总 则

第一条 为贯彻落实党中央、国务院进一步深化电力体制改革、加快建设全国统一大市场的有关精神，统一电力市场注册机制，加强和规范电力市场注册工作，维护电力市场秩序和各类经营主体合法权益，根据《中共中央 国务院关于进一步深化电力体制改革的若干意见》《国家发展改革委 国家能源局关于加快建设全国统一电力市场体系的指导意见》（发改体改〔2022〕118号）《电力市场运行基本规则》（中华人民共和国国家发展和改革委员会2024年第20号令）等文件，结合工作实际，制定本规则。

第二条 本规则所称电力市场包含电力中长期、现货、辅助服务市场等。

第三条 本规则所称的经营主体包括参与电力市场交易的发电企业、售电公司、电力用户和新型经营主体（含新型储能企业、虚拟电厂、智能微电网等）。

第四条 电力市场注册应遵循以下原则：

（一）规范入市。拟参与电力市场交易的经营主体应在电力交易机构办理市场注册，对注册业务信息以及相关支撑性材料的真实性、准确性、完整性负责。

（二）公开透明。电力交易机构公平公开受理各类市场注册业务，不得设置不合理和歧视性的条件以限制商品服务、要素资源自由流动，做到服务无差别，信息规范披露，接受公众监督。

（三）全国统一。严格落实"全国一张清单"管理模式，严禁各部门自行发布具有市场准入性质的负面清单，严禁单独设置附加条件。经营主体市场注册业务流程、审验标准、受理期限、公示要求应做到全国统一规范。

（四）信息共享。经营主体可自主选择电力交易机构进行办理，获取交易资格，无需重复注册。电力交易平台应实现互联互通，共享注册信息，实现"一地注册、各方共享"。

第五条 电力交易机构负责开展电力市场注册服务，建设并运维电力交易平台市场注册业务功能，依法依规披露市场注册业务的相关信息。实现与电力调度机构电力调度自动化系统及电网企业营销、新型电力负荷管理系统的市场注册所需信息交互，提升经营主体市场注册业务便捷性。

第六条 本规则适用于全国范围内各类经营主体的电力市场注册，各省、自治区、直辖市统一按照规范执行。

第二章 基 本 条 件

第七条 经营主体应当是财务独立核算、能够独立承担民事责任的企业、经法人单位授权的内部核算主体、个体工商户、执行工商业电价或具有分布式电源的自然人等民事主体，提供有效身份证明证件及相关注册材料，可办理市场注册业务；若存在较严重的不良信用记录或者曾作出虚假承诺等情形的经营主体，在修复后方可办理市场注册业务。

第八条 发电企业基本条件：

（一）依法取得发电项目核准或者备案文件，依法取得、按规定时限正在办理或者豁免电力业务许可证（发电类）；

（二）已与电网企业签订并网调度协议，接入电力调度自动化系统；

（三）具备相应的计量能力或者替代技术手段，满足电力市场计量和结算的要求；

（四）并网自备电厂取得电力业务许可证（发电类），达到能效、环保要求，可作为经营主体直接参与电力市场交易。

第九条　售电公司按照《售电公司管理办法》（发改体改规〔2021〕1595号）（以下简称《售电公司管理办法》）规定执行，如有新规的从其规定。

第十条　电力用户基本条件：

（一）工商业用户原则上全部直接参与电力市场交易，暂未直接参与市场交易的工商业用户按规定由电网企业代理购电；

（二）具备相应的计量能力或者替代技术手段，满足电力市场计量和结算的要求。

第十一条　新型储能企业基本条件：

（一）与电网企业签订并网调度协议，接入电力调度自动化系统；

（二）具备电力、电量数据分时计量与传输条件，数据准确性与可靠性满足结算要求；

（三）满足最大充放电功率、最大调节容量及持续充放电时间等对应的技术条件，具体数值以相关标准或国家、地方有关部门规定为准；

（四）配建新型储能与所属经营主体视为一体，具备独立计量、控制等技术条件，接入电力调度自动化系统可被电网监控和调度，具有法人资格时可选择转为独立新型储能项目，作为经营主体直接参与电力市场交易。

第十二条　虚拟电厂（含负荷聚合商）经营主体基本条件：

（一）与电网企业签订负荷确认协议或并网调度协议，接入新型电力负荷管理系统或电力调度自动化系统；

（二）具备电力、电量数据分时计量与传输条件，数据准确性与可靠性满足结算要求；

（三）具备聚合可调节负荷以及分布式电源、新型储能等资源的能力；

（四）具备对聚合资源的调节或控制能力，拥有具备信息处理、运行监控、业务管理、计量监管、控制执行等功能的软硬件系统；

（五）聚合范围、调节性能等条件应满足相应市场的相关规则规定。

第十三条　分布式电源经营主体基本条件：

（一）依法取得发电项目核准或者备案文件；

（二）与电网企业签订负荷确认协议或并网调度协议，根据电压等级标准接入新型电力负荷管理系统或电力调度自动化系统；

（三）具备相应的计量能力或者替代技术手段，满足电力市场计量和结算的要求。

第十四条　电动汽车充电设施经营主体基本条件：

（一）具备相应的计量能力或者替代技术手段，满足电力市场计量和结算的要求；

（二）有放电能力的电动汽车充电设施，与电网企业签订负荷确认协议，接入新型电力负荷管理系统。

第十五条　智能微电网经营主体基本条件初期参照电力用户基本条件执行，后期视国家有关规定进行调整。

第十六条　当国家政策调整或者交易规则变化导致经营主体类型或进入电力市场基本条件发生变化时，国家能源局按照全国统一标准进行调整。

第三章　市　场　注　册

第十七条　经营主体参与电力市场交易，应当符合基本条件，在电力交易机构办理市场注册。

第十八条　经营主体市场注册按照申请、承诺、审查、公示、生效的流程办理。经营主体应提交身份认证、联系方式等信息以及相关支撑性材料，签订入市协议。售电公司市场注册条件和流程按照《售电公司管理办法》规定执行，虚拟电厂（含负荷聚合商）初期参照《售电公司管理办法》执行。

第十九条　电力交易机构收到经营主体提交的市场注册申请和注册材料后，在5个工作日内进行审查，必要时组织对经营主体进行现场核验。对于市场注册材料不符合要求的，应予以一次性告知。

第二十条　市场注册审查通过的发电企业、电力用户、新型储能企业、分布式电源、电动汽车充电设施经营主体原则上无需公示，注册手续直接生效。

第二十一条　电力交易机构将市场注册生效的经营主体纳入经营主体目录，实行动态管理，按照信息披露要求向社会公布，根据国家能源局派出机构和地方政府主管部门要求备案。

第二十二条　具有多重主体身份的经营主体，应当按经营主体类别分别进行注册。

第二十三条　原则上同一经营主体在同一合同周期内仅可与一家售电公司、虚拟电厂（含负荷聚合商）确立服务关系。

第二十四条　当国家政策调整或者交易规则变化导致市场注册信息发生变化时，电力交易机构应按照全国统一的原则组织经营主体重新注册或补充完善注册信息。

第四章　信　息　变　更

第二十五条　经营主体市场注册信息发生变化后，应在5个工作日内向首次注册的电力交易机构提出信息变更申请。

第二十六条　经营主体市场注册信息变更按照申请、承诺、审查、公示、生效的流程办理。经营主体应提交变更信息以及相关支撑性材料，若办理信息变更时其他注册信息或支撑性材料已过有效期，需要同步进行更新。售电公司市场注册信息变更条件和流程按照《售电公司管理办法》规定执行，虚拟电厂（含负荷聚合商）初期参照《售电公司管理办法》执行。

第二十七条　信息变更主要包含以下内容：

（一）经营主体身份名称变更、法定代表人（或负责人）更换；

（二）公司股东、股权结构的重大变化，因公司股权转让导致公司控股股东或者实际控制人发生变化等；

（三）电力业务许可证变更、延续等；

（四）发电企业机组转让、机组关停退役、机组调度关系调整、机组自备公用性质转换、机组进入及退出商业运营、机组容量调整、其他影响交易组织的关键技术参数变更等；

（五）新型储能企业主体储能项目（单元）转让、储能单元容量调整、其他影响交易组织的关键技术参数变更等；

（六）售电公司、虚拟电厂（含负荷聚合商）资产总额发生影响年度代理电量规模或调节能力的变化、企业高级或中级职称的专业人员变更、配电网运营资质变化、业务范围变更等。

第二十八条　电力交易机构收到经营主体提交的变更申请和变更材料后，在5个工作日内进行审查。对于变更材料不符合要求的，应予以一次性告知。

第二十九条　市场注册信息变更审查通过的发电企业、电力用户、新型储能企业、分布式电源、电动汽车充电设施经营主体原则上无需公示，信息变更手续直接生效。

第三十条　经营主体市场注册信息发生变化未按规定时间进行变更，并造成不良影响或经济损失的，由经营主体承担相应责任。

第三十一条　经营主体在市场注册信息变更期间可正常参与市场交易。

第五章　市　场　注　销

第三十二条　经营主体退出电力市场交易，分为申请注销和自动注销。售电公司市场注销条件和流程按照《售电公司管理办法》规定执行，虚拟电厂（含负荷聚合商）初期参照《售电公司管理办法》执行。

第三十三条　经营主体有下列正当理由之一的，可申请注销：

（一）经营主体宣告破产，或虽未破产但被地方政府主管部门关停或主动拆除，不再发电或者用电；

（二）因国家政策、电力市场规则发生重大调整，导致原有经营主体非自身原因无法继续参加市场的情况；

（三）因电网网架调整，导致经营主体的发用电物理属性无法满足所在地区的电力市场进入条件；

（四）经营主体所有机组关停退役的；

（五）经营主体全部电量不再属于工商业用电性质的。

第三十四条　经营主体申请注销，应当符合正当理由，向首次注册的电力交易机构提出市场注销申请。

第三十五条　经营主体申请注销按照申请、声明、审查、公示、生效的流程办理。经营主体应提交注销申请、合同处理完毕声明以及相关支撑材料。

第三十六条　电力交易机构收到经营主体提交的注销申请和注销材料后，在5个工作日内进行审查。对于注销材料不符合要求的，应予以一次性告知。

第三十七条　电力交易机构每年开展经营主体持续满足注册条件核验，必要时组织对经营主体进行现场核验，发现符合正当理由退出电力市场交易或工商营业执照注销、吊销且未申请市场注销的，予以自动注销处理，并报国家能源局派出机构和地方政府主管部门备案。售电公司持续满足注册条件核验按照《售电公司管理办法》规定执行，虚拟电厂（含负荷聚合商）初期参照《售电公司管理办法》执行。

第三十八条　经营主体自动注销由电力交易机构发起，按照公示、生效的流程办理。售电公司退出电力市场交易条件和流程按照《售电公司管理办法》规定执行，虚拟电厂（含负荷聚合商）初期参照《售电公司管理办法》执行。

第三十九条　对于即将市场注销的经营主体，其所有已签订但未履行的市场交易合同，原则上通过自主协商等方式在下一个合同履行月之前的10个工作日内完成处理。因市场交易合同各方造成的损失由退市的经营主体承担，或自行通过司法程序解决。

第四十条　电力交易机构应通过电力交易平台，将经营主体市场注销信息向社会公示，公示期为10个工作日，公示期满无异议，在电力交易平台中予以注销，保留其历史信息5年。

第四十一条　已市场注销的经营主体再次参与电力市场交易，应在电力交易机构重新办理市场注册。

第六章　异　议　处　理

第四十二条　任何单位或个人对于经营主体电力市场注册存在异议，可通过异议反馈渠道向电力交易机构实名反映，需提供包括但不限于异议内容、有效联系方式等信息。异议反馈应提供相关证明材料，不得捏造事实、虚假举证。

第四十三条　对于公示期间存在异议的经营主体，电力交易机构应根据调查情况分类处理。

（一）如因公示材料疏漏缺失、人员等变更而产生异议，经营主体可以补充材料申请再公示；

（二）如因材料造假发生异议，经营主体自接到电力交易机构关于异议的告知之日起，5个工作日内无法做出合理解释，电力交易机构终止其市场注册业务公示，将情况报送首次注册地国家能源局派出机构和地方政府主管部门；

（三）如对市场注销存在异议，经营主体可向电力交易机构说明情况，电力交易机构根据调查结果予以驳回或撤销公示。

第四十四条　对于公示生效后仍存在异议的经营主体，电力交易机构应继续开展调查，对于调查后不满足电力市场注册条件的经营主体，按照前款要求处理。

第四十五条　电力交易机构应对实名反映人相关身份信息进行保密，不得对外泄露，并及时回复调查处理情况。

第七章　监　督　管　理

第四十六条　国家能源局派出机构和地方政府主管部门按职责分工，对经营主体、电力交易机构开展的电力市场注册工作进行监督管理。

第四十七条　对未及时按本规则办理业务的经营主体，电力交易机构应采取提醒、公告等措施并报国家能源局派出机构和地方政府主管部门。

第四十八条　对于经营主体存在未按规定办理电力市场注册手续、提供虚假注册资料等严重情形的，国家能源局及其派出机构可依照《电力监管条例》第三十一条、《电力市场监管办法》第三十六条有关规定处理。对于电力交易机构存在未按照规定办理电力市场注册等情形的，国家能源局及其派出机构可依照《电力监管条例》第三十三条、《电力市场监管办法》第三十八条有关规定处理。对售电公司在注册过程中存在其他违规行为的，地方政府主管部门可依照《售电公司管理办法》第二十八、二十九、四十二、四十三条有关规定处理。

第四十九条　经营主体在办理电力市场注册业务过程中存在违法违规和失信行为的，纳入电力交易信用评价，国家能源局派出机构和地方政府主管部门可依法依规采取将其纳入失信管理等措施。

第八章　附　　则

第五十条　本规则由国家能源局负责解释。

第五十一条　本规则自发布之日起施行，有效期五年。

3-4　国家能源局关于支持电力领域新型经营主体创新发展的指导意见

（国能发法改〔2024〕93 号，2024 年 11 月 28 日国家能源局发布）

各省（自治区、直辖市）能源局，有关省（自治区、直辖市）及新疆生产建设兵团发展改革委，天津市、辽宁省、上海市、重庆市、四川省、甘肃省经信委（工信委、工信厅），国家能源局各派出机构，国家电网有限公司、中国南方电网有限责任公司、中国华能集团有限公司、中国大唐集团有限公司、中国华电集团有限公司、国家能源投资集团有限责任公司、国家电力投资集团有限公司、中国长江三峡集团有限公司、国家开发投资集团有限公司、中国核工业集团有限公司、中国广核集团有限公司、华润（集团）有限公司、内蒙古电力（集团）有限责任公司，北京、广州电力交易中心：

为深入贯彻党的二十届三中全会关于能源改革的相关部署，充分发挥新型经营主体在提高电力系统调节能力、促进可再生能源消纳、保障电力安全供应等方面的作用，鼓励新模式、新业态创新发展，培育能源领域新质生产力，加快构建新型电力系统，依据《能源法》等有关法律法规，提出以下意见。

一、新型经营主体的概念和范围。新型经营主体是具备电力、电量调节能力且具有新技术特征、新运营模式的配电环节各类资源，分为单一技术类新型经营主体和资源聚合类新型经营主体。其中，单一技术类新型经营主体主要包括分布式光伏、分散式风电、储能等分布式电源和可调节负荷；资源聚合类新型经营主体主要包括虚拟电厂（负荷聚合商）和智能微电网。虚拟电厂是运用数字化、智能化等先进技术，聚合分布式电源和可调节负荷等，协同参与系统运行和市场交易的电力运行组织模式。智能微电网是以新能源为主要电源、具备一定智能调节和自平衡能力、可独立运行也可与大电网联网运行的小型发配用电系统。配电环节具备相应特征的源网荷储一体化项目可视作智能微电网。

二、支持新型经营主体创新发展。新型经营主体应当持续提升技术管理水平和调节能力，更好适应新型电力系统需要。鼓励虚拟电厂聚合分布式光伏、分散式风电、新型储能、可调节负荷等资源，为电力系统提供灵活调节能力。支持具备条件的工业企业、工业园区等开展智能微电网建设，提高新能源就地消纳水平。探索建立通过新能源直连增加企业绿电供给的机制。新型经营主体原则上可豁免申领电力业务许可证，另有规定除外。电网企业要做好新型经营主体并（联）网或平台接入等服务，明确服务流程、可接入容量等信息，提高服务效率。

三、完善新型经营主体调度运行管理。新型经营主体应落实安全生产及涉网安全管理相关政策要求，满足国家、行业有关技术标准。各地加快推动新型经营主体实现可观、可测、可调、可控。鼓励调节容量 5 兆瓦及以上、满足相应技术指标要求的新型经营主体提供电能量和辅助服务。各地可结合电力系统调节需求和电力市场运营能力，进一步降低调节容量要求。电网企业应协助新型经营主体按所提供服务需求接入新型电力负荷管理系统或电力调度自动化系统，满足信息网络安全防护相关要求。新型经营主体应当与电网企业通过协议明确资产、调控、安全等方面的权责边界。当自然灾害、设备故障等突发情况影响电力系统安全稳定运行时，新型经营主体及被聚合资源应接受电力调度机构统一指挥。

四、鼓励新型经营主体平等参与电力市场。新型经营主体参与市场与其他经营主体享有平等的市场地位，并按有关规定公平承担偏差结算和不平衡资金分摊等相关费用，缴纳输配电价、系统运行费用和政府性基金及附加等。鼓励资源聚合类新型经营主体整合调节容量小的资源，整体参与电力市场、实现协同调度。资源聚合类新型经营主体与被聚合资源协商确定权利义务，签订代理服务合同，并在电力交易机构备案。被聚合资源在同一合同周期内，原则上仅可被一家资源聚合类新型经营主体代理。

五、优化新型经营主体市场注册。各地电力交易机构应为新型经营主体设置注册类别，不得增设注册门槛。具备条件的新型经营主体进入或退出电力市场，按照电力市场注册相关规则办理手续。其中，资源聚合类新型经营主体和被聚合资源均应履行注册手续，鼓励资源聚合类新型经营主体集中办理注册手续。

六、完善适应新型经营主体的电力市场交易机制。提升电力中长期交易灵活性，引入分时段标准化交易产品，加快实现分时段交易结算，引导新型经营主体根据自身电力电量平衡需求灵活参与各时间尺度电力中长期交易。加快电力现货市场建设，推动新型经营主体以报量报价或报量不报价等灵活方式参与电力现货市场，探索电力现货市场出清节点向更低电压等级延伸，为新型经营主体响应市场需求提供更加准确的价格信号。完善辅助服务市场，推动新型经营主体公平参与辅助服务市场，研究适时引入备用、爬坡等辅助服务新品种。提高信息披露及时性、准确性，推动电力市场价格信号以适当方式向社会公开披露。

七、做好计量结算工作。新型经营主体按照参与电能量和辅助服务交易类型，依据电能量计量装置进行结算，由电力交易机构出具新型主体结算依据。资源聚合类新型经营主体在批发市场中结算数据由被聚合资源计量数据加总形成。资源聚合类新型经营主体暂由电网企业清分结算到户。

八、加强组织保障。国家能源局会同有关部门及时完善适应新型经营主体发展的市场机制，明确监管要求，加快制修订新型经营主体相关标准。国家能源局派出机构和地方政府有关部门应按照职责分工做好对新型经营主体的监督管理，结合实际及时制定出台适应新型经营主体发展的技术要求、交易细则等，持续规范新型经营主体电力市场交易行为，防止市场操纵。电网企业、电力市场运营机构要持续提升对新型经营主体参与电力交易和系统运行的技术支持能力和服务水平。

国家能源局

2024 年 11 月 28 日

3-5 国家能源局关于促进新型储能并网和调度运用的通知

（国能发科技规〔2024〕26 号，2024 年 4 月 2 日国家能源局发布）

各省（自治区、直辖市）能源局，有关省（自治区、直辖市）及新疆生产建设兵团发展改革委、工业和信息化主管部门、城市管理委，各派出机构，有关中央企业：

为深入贯彻党的二十大精神，加快规划建设新型能源体系，落实《关于加快推动新型储能发展的指导意见》（发改能源规〔2021〕1051 号）、《新型储能项目管理规范（暂行）》（国能发科技规〔2021〕47 号）、《关于进一步推动新型储能参与电力市场和调度运用的通知》（发改办运行〔2022〕475 号）有关要求，规范新型储能并网接入管理，优化调度运行机制，充分发挥新型储能作用，支撑构建新型电力系统，现就有关事项通知如下。

一、总体要求

（一）准确把握新型储能功能定位。新型储能是指除抽水蓄能外，以输出电力为主要形式，并对外提供服务的储能技术，具有建设周期短、布局灵活、响应速度快等优势，可在电力系统运行中发挥调峰、调频、调压、备用、黑启动、惯量响应等多种功能，是构建新型电力系统的重要支撑技术。随着装机规模迅速增长，新型储能在促进新能源开发消纳和电力系统安全稳定运行等方面的作用正在逐步显现。应结合新型储能功能定位和市场化要求，进一步规范新型储能并网管理，持续完善新型储能调度机制，保障新型储能合理高效利用，有力支撑新型电力系统建设。

（二）明确接受电力系统调度新型储能范围。接入电力系统并签订调度协议的新型储能，可分为调度调用新型储能和电站自用新型储能两类。调度调用新型储能指具备独立计量装置，并且按照市场出清结果或电力调度机构指令运行的新型储能，包括独立储能电站、具备条件独立运行的新能源配建储能等；电站自用新型储能指与发电企业、用户等联合运行，由发电企业、用户等根据自身需求进行控制的新型储能，包括未独立运行的新能源配建储能、火电联合调频储能、具备接受调度指令能力的用户侧储能等。

二、加强新型储能并网和调度运行管理

（三）规范新型储能并网接入管理。电网企业及电力调度机构须制定新型储能并网细则及并网服务工作指引等，明确并网流程、相关标准和涉网试验要求。电力调度机构按照平等互利、协商一致和确保电力系统安全运行的原则，组织新型储能开展并网验收并签订并网调度协议，新型储能应在并网后规定时间内完成全部涉网试验。

（四）优化新型储能调度方式。电力调度机构应根据系统需求，制定新型储能调度运行规程，科学确定新型储能调度运行方式，公平调用新型储能调节资源。积极支持新能源＋储能、聚合储能、光储充一体化等联合调用模式发展，优先调用新型储能试点示范项目，充分发挥各类储能价值。调用新型储能时，对于参与电力市场的新型储能，按照市场出清结果安排新型储能运行，对于暂不具备参与电力市场条件的新型储能，通过调度指令进行调用。在发生危及电力系统安全事故（事件）及其他必要情况时，所有调管范围内的新型储能应接受电力调度机构统一直接调用，直接调用期间按照独立储能充放电价格机制执行。

（五）加强新型储能运行管理。各地在制修订电力市场规则或《电力辅助服务管理实施细则》《电力并网运行管理实施细则》时，明确、细化各类新型储能的考核实施细则。新型储能应按电力调度机构要求及时报送运行信息，电力调度机构定期向全国新型储能大数据平台推送新型储能调用情况。

三、明确新型储能并网和调度技术要求

（六）规范新型储能并网接入技术要求。新型储能接入系统应符合电力系统安全稳定运行要求，完成相应性能试验及涉网试验，新型储能设备应满足国家、行业技术标准及管理规范有关要求，确保安全稳定运行。新型储能项目单位需制定详细的运行维护规程、现场操作规程、事故预案及应急管理措施、停运检修计划等，并定期向电力调度机构报备。

（七）明确新型储能调度运行技术要求。新型储能应配备功率控制系统或协调控制系统。所有调管范围内的新型储能应具备按照调度指令进行有功功率和无功功率自动调节的能力，接入所属电力调度机构的 AGC、AVC 等系统，接受并执行调度指令，并具备信息安全防护措施。新能源基地配建新型储能调度原则按照《新能源基地送电配置新型储能规划技术导则》（NB/T 11194—2023）执行。

（八）鼓励存量新型储能技术改造。鼓励存量新型储能开展技术改造，具备接受调度指令能力。满足相应技术条件后，电力调度机构应及时开展新型储能并网及调度工作。

（九）推动新型储能智慧调控技术创新。结合新型储能多场景和市场化运行需求，积极开展新型储能与其他电源协同优化调度技术、规模化储能系统集群智能调度关键技术、基于新型储能的电网主动支撑技术、电动汽车等分布式储能虚拟电厂聚合互动调控技术等研发攻关工作，着力推动新技术应用。

四、强化新型储能并网和调度协调保障

（十）加强新型储能项目管理。省级能源主管部门应会同有关单位加强新型储能项目管理体系建

设，加强本地区新型储能规划、备案、建设、运行、调用管理。

（十一）做好新型储能并网服务。电网企业及电力调度机构应公平无歧视地向新型储能提供电网接入服务，做好技术指导，优化并网接入流程，保障新型储能安全高效并网。

（十二）以市场化方式促进新型储能调用。各地充分考虑新型储能特点，加快推进完善新型储能参与电能量市场和辅助服务市场有关细则，丰富交易品种，考虑配套政策、电力供需情况，通过灵活有效的市场化手段，促进新型储能"一体多用、分时复用"，进一步丰富新型储能的市场化商业模式。

（十三）加强新型储能并网调度监督管理。国家能源局派出机构、省级能源主管部门按照各自职责加强新型储能并网和调度运行的监督与管理，建立健全新型储能并网和调度运行管理协调机制，协调处理有关争议。工作中发现的重大问题及时向国家能源局报告。

本通知自发布之日起施行，有效期五年。

国家能源局

2024 年 4 月 2 日

3-6 新型储能项目管理规范（暂行）

（国能发科技规〔2021〕47 号，2021 年 9 月 24 日国家能源局发布）

第一章 总 则

第一条 为规范新型储能项目管理，促进新型储能有序、安全、健康发展，支撑构建以新能源为主体的新型电力系统，根据《中华人民共和国电力法》《中华人民共和国行政许可法》《电力监管条例》《企业投资项目核准和备案管理条例》《关于加快推动新型储能发展的指导意见》等法律法规，制定本规范。

第二条 本规范适用于除抽水蓄能外以输出电力为主要形式，并对外提供服务的储能项目。

第三条 新型储能项目管理坚持安全第一、规范管理、积极稳妥原则，包括规划布局、备案要求、项目建设、并网接入、调度运行、监测监督等环节管理。

第四条 国务院能源主管部门负责全国新型储能项目规划、指导和监督管理；地方能源主管部门在国务院能源主管部门指导下，建立健全本地区新型储能项目管理体系，负责本地区新型储能项目发展及监督管理；国家能源局派出机构负责对本地区新型储能政策执行、并网调度、市场交易及运行管理进行监管。

第二章 规 划 引 导

第五条 国务院能源主管部门负责编制全国新型储能发展规划。根据国家能源发展规划、电力发展规划、可再生能源发展规划、能源技术创新规划等相关文件，在论证发展基础、发展需求和新型储能技术经济性等的基础上，积极稳妥确定全国新型储能发展目标、总体布局等。

第六条 省级能源主管部门根据国家新型储能发展规划，按照统筹规划、因地制宜，创新引领、示范先行，市场主导、有序发展，立足安全、规范管理的原则，研究本地区重点任务，指导本地区新型储能发展。

第七条 省级能源主管部门组织开展本地区关系电力系统安全高效运行的新型储能发展规模与布局研究，科学合理引导新型储能项目建设。

第三章 备 案 建 设

第八条 地方能源主管部门依据投资有关法律、法规及配套制度对本地区新型储能项目实行备案管理，并将项目备案情况抄送国家能源局派出机构。

第九条 新型储能项目备案内容应包括：项目单位基本情况，项目名称、建设地点、建设规模、建设内容（含技术路线、应用场景、主要功能、技术标准、环保安全等）、项目总投资额，项目符合产业政策声明等。

第十条 新型储能项目完成备案后，应抓紧落实各项建设条件，在办理法律法规要求的其他相关建设手续后及时开工建设。

第十一条 已备案的新型储能项目，项目法人发生变化，项目建设地点、规模、内容发生重大变更，或者放弃项目建设的，项目单位应及时告知项目备案机关，并修改相关信息。

第十二条 新型储能项目的建设应符合相关管理规定和标准规范要求，承担项目设计、咨询、施工和监理的单位应具有国家规定的相应资质。

第十三条 新型储能项目主要设备应满足相关标准规范要求，通过具有相应资质机构的检测认证，涉网设备应符合电网安全运行相关技术要求。

第十四条 新型储能项目相关单位应按照有关法律法规和技术规范要求，严格履行项目安全、消防、环保等管理程序，落实安全责任。

第十五条 新建动力电池梯次利用储能项目，必须遵循全生命周期理念，建立电池一致性管理和溯源系统，梯次利用电池均要取得相应资质机构出具的安全评估报告。已建和新建的动力电池梯次利用储能项目须建立在线监控平台，实时监测电池性能参数，定期进行维护和安全评估，做好应急预案。

第四章 并 网 运 行

第十六条 电网企业应根据新型储能发展规划，统筹开展配套电网规划和建设。配套电网工程应与新型储能项目建设协调进行。各级能源主管部门负责做好协调工作。

第十七条 电网企业应公平无歧视为新型储能项目提供电网接入服务。电网企业应按照积极服务、简捷高效的原则，建立和完善新型储能项目接网程序，向已经备案的新型储能项目提供接网服务。

第十八条 新型储能项目在并网调试前，应按照国家质量、环境、消防有关规定，完成相关手续。电网企业应按有关标准和规范要求，明确并网调试和验收流程，积极配合开展新型储能项目的并网调试和验收工作。

第十九条 电网企业应按照法律法规和技术规范要求，采取系统性措施，优化调度运行机制，科学优先调用，保障新型储能利用率，充分发挥新型储能系统作用。

第二十条 新型储能项目单位应按照相关标准和规范要求，配备必要的通信信息系统，按程序向电网调度部门上传运行信息、接受调度指令。

第二十一条 项目单位应做好新型储能项目运行状态监测工作，实时监控储能系统运行工况，在项目达到设计寿命或安全运行状况不满足相关技术要求时，应及时组织论证评估和整改工作。经整改后仍不满足相关要求的，项目单位应及时采取项目退役措施，并及时报告原备案机关及其他相关单位。

第五章 监 测 监 督

第二十二条 国务院能源主管部门负责建设全国新型储能管理平台，实现全国新型储能项目信息化管理，将新型储能项目的建设、运行实际情况作为制定产业政策、完善行业规范和标准体系的重要依据。

第二十三条 地方能源主管部门会同相关部门加强新型储能项目监测管理体系建设，根据本地区新型储能项目备案、建设、运行、市场交易情况，研究并定期公布新型储能发展规模、建设布局、调度运行等情况，引导新型储能项目科学合理投资和建设。

第六章 附 则

第二十四条 本规范由国家能源局负责解释。

第二十五条 本规范自发布之日起实施。

3-7 国家发展改革委 国家能源局关于加快推动新型储能 发展的指导意见

（发改能源规〔2021〕1051号，2021年7月15日国家发展改革委、国家能源局发布）

各省、自治区、直辖市、新疆生产建设兵团发展改革委、能源局，国家能源局各派出机构：

实现碳达峰碳中和，努力构建清洁低碳、安全高效能源体系，是党中央、国务院作出的重大决策部署。抽水蓄能和新型储能是支撑新型电力系统的重要技术和基础装备，对推动能源绿色转型、应对极端事件、保障能源安全、促进能源高质量发展、支撑应对气候变化目标实现具有重要意义。为推动新型储能快速发展，现提出如下意见。

一、总体要求

（一）指导思想。

以习近平新时代中国特色社会主义思想为指导，全面贯彻党的十九大和十九届二中、三中、四中、五中全会精神，落实"四个革命、一个合作"能源安全新战略，以实现碳达峰碳中和为目标，将发展新型储能作为提升能源电力系统调节能力、综合效率和安全保障能力，支撑新型电力系统建设的重要举措，以政策环境为有力保障，以市场机制为根本依托，以技术革新为内生动力，加快构建多轮驱动良好局面，推动储能高质量发展。

（二）基本原则。

统筹规划、多元发展。加强顶层设计，统筹储能发展各项工作，强化规划科学引领作用。鼓励结合源、网、荷不同需求探索储能多元化发展模式。

创新引领、规模带动。以"揭榜挂帅"方式加强关键技术装备研发，推动储能技术进步和成本下降。建设产教融合等技术创新平台，加快成果转化，有效促进规模化应用，壮大产业体系。

政策驱动、市场主导。加快完善政策机制，加大政策支持力度，鼓励储能投资建设。明确储能市场主体地位，发挥市场引导作用。

规范管理、保障安全。完善优化储能项目管理程序，健全技术标准和检测认证体系，提升行业建设运行水平。推动建立安全技术标准及管理体系，强化消防安全管理，严守安全底线。

（三）主要目标。

到2025年，实现新型储能从商业化初期向规模化发展转变。新型储能技术创新能力显著提高，核心技术装备自主可控水平大幅提升，在高安全、低成本、高可靠、长寿命等方面取得长足进步，标准体系基本完善，产业体系日趋完备，市场环境和商业模式基本成熟，装机规模达3000万千瓦以上。新型储能在推动能源领域碳达峰碳中和过程中发挥显著作用。到2030年，实现新型储能全面市场化发展。新型储能核心技术装备自主可控，技术创新和产业水平稳居全球前列，标准体系、市场机制、商业模式成熟健全，与电力系统各环节深度融合发展，装机规模基本满足新型电力系统相应需求。新型储能成为能源领域碳达峰碳中和的关键支撑之一。

二、强化规划引导，鼓励储能多元发展

（一）统筹开展储能专项规划。研究编制新型储能规划，进一步明确"十四五"及中长期新型储能发展目标及重点任务。省级能源主管部门应开展新型储能专项规划研究，提出各地区规模及项目布局，并做好与相关规划的衔接。相关规划成果应及时报送国家发展改革委、国家能源局。

（二）大力推进电源侧储能项目建设。结合系统实际需求，布局一批配置储能的系统友好型新能源电站项目，通过储能协同优化运行保障新能源高效消纳利用，为电力系统提供容量支撑及一定调峰能力。充分发挥大规模新型储能的作用，推动多能互补发展，规划建设跨区输送的大型清洁能源基地，提升外送通道利用率和通道可再生能源电量占比。探索利用退役火电机组的既有厂址和输变电设施建设储能或风光储设施。

（三）积极推动电网侧储能合理化布局。通过关键节点布局电网侧储能，提升大规模高比例新能源及大容量直流接入后系统灵活调节能力和安全稳定水平。在电网末端及偏远地区，建设电网侧储能或风光储电站，提高电网供电能力。围绕重要负荷用户需求，建设一批移动式或固定式储能，提升应急供电保障能力或延缓输变电升级改造需求。

（四）积极支持用户侧储能多元化发展。鼓励围绕分布式新能源、微电网、大数据中心、5G基站、充电设施、工业园区等其他终端用户，探索储能融合发展新场景。鼓励聚合利用不间断电源、电动汽车、用户侧储能等分散式储能设施，依托大数据、云计算、人工智能、区块链等技术，结合体制机制综合创新，探索智慧能源、虚拟电厂等多种商业模式。

三、推动技术进步，壮大储能产业体系

（五）提升科技创新能力。开展前瞻性、系统性、战略性储能关键技术研发，以"揭榜挂帅"方式调动企业、高校及科研院所等各方面力量，推动储能理论和关键材料、单元、模块、系统中短板技术攻关，加快实现核心技术自主化，强化电化学储能安全技术研究。坚持储能技术多元化，推动锂离子电池等相对成熟新型储能技术成本持续下降和商业化规模应用，实现压缩空气、液流电池等长时储能技术进入商业化发展初期，加快飞轮储能、钠离子电池等技术开展规模化试验示范，以需求为导向，探索开展储氢、储热及其他创新储能技术的研究和示范应用。

（六）加强产学研用融合。完善储能技术学科专业建设，深化多学科人才交叉培养，打造一批储能技术产教融合创新平台。支持建设国家级储能重点实验室、工程研发中心等。鼓励地方政府、企业、金融机构、技术机构等联合组建新型储能发展基金和创新联盟，优化创新资源分配，推动商业模式创新。

（七）加快创新成果转化。鼓励开展储能技术应用示范、首台（套）重大技术装备示范。加强对新型储能重大示范项目分析评估，为新技术、新产品、新方案实际应用效果提供科学数据支撑，为国家制定产业政策和技术标准提供科学依据。

（八）增强储能产业竞争力。通过重大项目建设引导提升储能核心技术装备自主可控水平，重视上下游协同，依托具有自主知识产权和核心竞争力的骨干企业，积极推动从生产、建设、运营到回收的全产业链发展。支持中国新型储能技术和标准"走出去"。支持结合资源禀赋、技术优势、产业基础、人力资源等条件，推动建设一批国家储能高新技术产业化基地。

四、完善政策机制，营造健康市场环境

（九）明确新型储能独立市场主体地位。研究建立储能参与中长期交易、现货和辅助服务等各类电力市场的准入条件、交易机制和技术标准，加快推动储能进入并允许同时参与各类电力市场。因地制宜建立完善"按效果付费"的电力辅助服务补偿机制，深化电力辅助服务市场机制，鼓励储能作为独立市场主体参与辅助服务市场。鼓励探索建设共享储能。

（十）健全新型储能价格机制。建立电网侧独立储能电站容量电价机制，逐步推动储能电站参与电力市场；研究探索将电网替代性储能设施成本收益纳入输配电价回收。完善峰谷电价政策，为用户侧储能发展创造更大空间。

（十一）健全"新能源＋储能"项目激励机制。对于配套建设或共享模式落实新型储能的新能源发电项目，动态评估其系统价值和技术水平，可在竞争性配置、项目核准（备案）、并网时序、系统调度运行安排、保障利用小时数、电力辅助服务补偿考核等方面给予适当倾斜。

五、规范行业管理，提升建设运行水平

（十二）完善储能建设运行要求。以电力系统需求为导向，以发挥储能运行效益和功能为目标，建立健全各地方新建电力装机配套储能政策。电网企业应积极优化调度运行机制，研究制定各类型储能设施调度运行规程和调用标准，明确调度关系归属、功能定位和运行方式，充分发挥储能作为灵活性资源的功能和效益。

（十三）明确储能备案并网流程。明确地方政府相关部门新型储能行业管理职能，协调优化储能备案办理流程、出台管理细则。督促电网企业按照"简化手续、提高效率"的原则明确并网流程，及时出具并网接入意见，负责建设接网工程，提供并网调试及验收等服务，鼓励对用户侧储能提供"一站式"服务。

（十四）健全储能技术标准及管理体系。按照储能发展和安全运行需求，发挥储能标准化信息平台作用，统筹研究、完善储能标准体系建设的顶层设计，开展不同应用场景储能标准制修订，建立健全储能全产业链技术标准体系。加强现行能源电力系统相关标准与储能应用的统筹衔接。推动完善新型储能检测和认证体系。推动建立储能设备制造、建设安装、运行监测等环节的安全标准及管理体系。

六、加强组织领导，强化监督保障工作

（十五）加强组织领导工作。国家发展改革委、国家能源局负责牵头构建储能高质量发展体制机制，协调有关部门共同解决重大问题，及时总结成功经验和有效做法；研究完善新型储能价格形成机制；按照"揭榜挂帅"等方式要求，推进国家储能技术产教融合创新平台建设，逐步实现产业技术由跟跑向并跑领跑转变；推动设立储能发展基金，支持主流新型储能技术产业化示范；有效利用现有中央预算内专项等资金渠道，积极支持新型储能关键技术装备产业化及应用项目。各地区相关部门要结合实际，制定落实方案和完善政策措施，科学有序推进各项任务。国家能源局各派出机构应加强事中事后监管，健全完善新型储能参与市场交易、安全管理等监管机制。

（十六）落实主体发展责任。各省级能源主管部门应分解落实新型储能发展目标，在充分掌握电力系统实际情况、资源条件、建设能力等基础上，按年度编制新型储能发展方案。加大支持新型储能发展的财政、金融、税收、土地等政策力度。

（十七）鼓励地方先行先试。鼓励各地研究出台相关改革举措、开展改革试点，在深入探索储能技术路线、创新商业模式等的基础上，研究建立合理的储能成本分摊和疏导机制。加快新型储能技术和重点区域试点示范，及时总结可复制推广的做法和成功经验，为储能规模化高质量发展奠定坚实基础。

（十八）建立监管长效机制。逐步建立与新型储能发展阶段相适应的闭环监管机制，适时组织开展专项监管工作，引导产业健康发展。推动建设国家级储能大数据平台，建立常态化项目信息上报机制，探索重点项目信息数据接入，提升行业管理信息化水平。

（十九）加强安全风险防范。督促地方政府相关部门明确新型储能产业链各环节安全责任主体，强化消防安全管理。明确新型储能并网运行标准，加强组件和系统运行状态在线监测，有效提升安全运行水平。

国家发展改革委
国家能源局
2021 年 7 月 15 日

3-8 国家能源局关于对拥有配电网运营权的售电公司颁发管理电力业务许可证（供电类）有关事项的通知

（国能资质〔2016〕353 号，2016 年 12 月 8 日国家能源局发布）

各派出能源监管机构，各省、自治区、直辖市、新疆生产建设兵团发展改革委（能源局）、经信委，国家电网公司、南方电网公司、内蒙古电力集团有限责任公司，华能、大唐、华电、国电、国家电投集团公司，有关电力企业：

为落实《中共中央　国务院关于进一步深化电力体制改革的若干意见》（中发〔2015〕9 号）及电

力体制改革配套文件，积极稳妥推进售电侧改革，维护电力市场秩序，依据《电力业务许可证管理规定》、《国家发展改革委 国家能源局关于印发〈售电公司准入与退出管理办法〉和〈有序放开配电网业务管理办法〉的通知》（发改经体〔2016〕2120号）以及相关法律、法规，现就对拥有配电网运营权的售电公司颁发管理电力业务许可证（供电类）有关事项通知如下：

一、许可证颁发

（一）拥有配电网运营权的售电公司，应当依法取得电力业务许可证（供电类）。本通知所指配电网的范围依据《有序放开配电网业务管理办法》确定；除电网企业存量资产外，其他企业投资、建设和运营的存量配电网，适用本通知。

（二）国家能源局派出机构负责组织实施辖区内电力业务许可证（供电类）的颁发和管理工作。国家能源局负责对全国许可实施情况进行监督管理。

（三）取得电力业务许可证（供电类）的拥有配电网运营权售电公司（以下简称被许可人），接受国家能源局及其派出机构（以下简称能源监管机构）的监督管理。被许可人依法开展电力业务，受法律保护。

二、许可条件和申请材料

（四）拥有配电网运营权的售电公司申请电力业务许可证（供电类）的，应当具备下列条件：

1. 具有法人资格；

2. 配电网项目经有关政府主管部门核准或审批；

3. 具有与申请从事的电力业务相适应的财务能力，其中资产总额不得低于2千万元人民币；注册资本不低于总资产的20%；

4. 生产运行负责人、技术负责人、安全负责人和财务负责人具有3年以上与申请从事的电力业务相适应的工作经历，具有中级以上专业技术任职资格或者岗位培训合格证书；

5. 具有配电区域的划分协议书或意见；

6. 具有与申请从事的电力业务相适应的配电网络和营业网点；

7. 履行电力社会普遍服务、保底供电服务和无歧视提供配电服务义务，退出配电业务时履行配电网运营权移交义务；

8. 无严重失信信用记录，并按照规定要求做出信用承诺，确保诚实守信经营；

9. 法律、法规规定的其他条件。

（五）拥有配电网运营权的售电公司申请电力业务许可证（供电类）的，应当提供下列材料：

1. 法定代表人签署的许可证申请表；

2. 法人营业执照副本及其复印件；

3. 配电网项目经有关政府主管部门核准或审批的文件；

4. 企业最近2年的年度财务报告；成立不足2年的，出具企业成立以来的财务报告；

5. 企业生产运行负责人、技术负责人、安全负责人、财务负责人的简历、专业技术任职资格证书等有关证明材料；

6. 配电区域的证明材料及地理平面图；

7. 配电网络分布概况；

8. 设立的配电营业分支机构及其相应的配电营业区域概况；

9. 履行电力社会普遍服务、保底供电服务和无歧视提供配电服务义务的承诺书；退出配电业务时，履行配电网运营权移交义务的承诺书；

10. 信用承诺书。

三、许可申请及审查

（六）拥有配电网运营权的售电公司在正式经营配售电业务前，应当向国家能源局派出机构申请电力业务许可证（供电类），取得许可后方可从事相关电力业务。

（七）拥有配电网运营权的售电公司需要从事竞争性售电业务的，应当在交易机构注册前取得电力业务许可证（供电类）。

（八）拥有配电网运营权的售电公司在提交电力业务许可申请前，应当取得配电区域的划分协议书或意见。

无法达成配电区域划分协议或意见的，由国家能源局派出机构根据配电网项目核准内容、电网实际覆盖范围，并综合考虑电网结构、电网安全、供电能力、供电质量、供电的经济合理性等因素，确定配电区域。

（九）国家能源局派出机构应当对申请人提交的申请材料进行审查，并根据需要对申请材料的实质内容进行核实。

（十）国家能源局派出机构在做出行政许可决定之日起 7 个工作日内，应当通过国家能源局派出机构的门户网站进行公示，并同步将公示内容推送至有关部门的门户网站、能源信用建设平台等。尚未建立相关信息系统或网站的部门，可通过数据拷贝或建立数据接口等方式，与能源信用建设平台保持数据报送与更新。

四、持证企业监督与管理

（十一）能源监管机构对被许可人是否持续符合许可证法定条件的情况实施监督管理。被许可人的注册资本和资产总额、生产经营场所、供电能力、主要管理人员等发生变化，不符合许可证法定条件的，国家能源局派出机构应当责令其限期整改，并对整改情况予以复查。逾期未整改或者整改后仍然不符合许可证法定条件的，撤销许可。

（十二）被许可人不得超越许可范围开展配电业务。

（十三）实行年度自查制度。被许可人应当每年开展自查并向国家能源局派出机构提交以下材料：

1．自查报告，内容包括：基本信息、主要管理人员情况、配售电业务经营情况、安全生产基本情况、配电设施情况、分支机构情况、遵守许可证制度情况等；

2．电力业务许可证副本或副本复印件；

3．企业法人营业执照副本或者营业执照副本复印件；

4．企业上一年度的资产负债表和利润表；

5．受到能源监管机构以及其他政府部门表彰或者行政处罚的证明材料；

6．按照电网企业安全生产标准化规范开展自查的报告；

7．能源监管机构要求报送的其他材料。

（十四）国家能源局派出机构应对被许可人自查情况进行监督和检查。

（十五）被许可人其名称、法定代表人、住所发生变更的应在工商登记变更之日起30日内向国家能源局派出机构申请登记事项变更。

（十六）被许可人配电区域发生变化的，应当自发生变化之日起30日内向国家能源局派出机构申请许可事项变更。

（十七）被许可人所经营的主要配电线路或者变配电设施发生变化的，应及时向国家能源局派出机构报送信息。

（十八）被许可人自愿终止配电业务的，应提前6个月向社会公示，妥善处理配电资产、债权债务及合同约定事项，并与承接其配电网运营权的公司完成交接后，向国家能源局派出机构提出申请，经批准后办理许可证注销手续。

（十九）被许可人有下列行为之一的，能源监管机构和有关部门应责令其整改，对拒不整改的，要将其纳入企业不良信用记录或黑名单，并依法予以处罚。

1．超出许可范围或者超过许可期限从事相关电力业务的；

2．未按照国家规定的电能质量和供电服务质量标准向用户提供服务的；

3．未在规定的期限内申请许可变更的；

4．严重违反市场交易规则的；

5．不再具备许可条件仍从事相关电力业务，且限期未完成整改的；

6. 未经批准，擅自停业、歇业的；

7. 其他违反法律法规和本办法规定的行为。

（二十）对纳入黑名单的售电公司，按照能源信用体系惩戒管理制度，采取惩戒措施。

五、其他事项

（二十一）本通知未尽事宜，按照《中华人民共和国行政许可法》、《中华人民共和国电力法》、《电力监管条例》、《电力业务许可证管理规定》和有关法律、法规及有关规定执行。

国家能源局

2016 年 12 月 8 日

3-9 发电机组进入及退出商业运营办法

（国能发监管规〔2023〕48 号，2023 年 6 月 12 日国家能源局发布）

第一章 总 则

第一条 为规范新建（包括扩建、改建）发电机组和独立新型储能进入及退出商业运营管理，维护市场主体合法权益，促进电力系统安全稳定运行，根据《电力监管条例》等有关规定，制定本办法。

第二条 本办法适用于按照国家有关规定经国家或地方政府主管部门核准或备案的省级及以上电力调度机构调度的发电机组及独立新型储能。省级以下电力调度机构调度的发电机组和独立新型储能参照本办法执行。

第三条 发电机组和独立新型储能进入及退出商业运营相关工作应坚持公开、公平、公正、高效原则。

第二章 并网调试工作条件和程序

第四条 发电机组和独立新型储能并网调试运行工作应遵循《电网运行准则》等有关规定。

第五条 首次并网调试应遵循以下工作程序：

（一）拥有发电机组和独立新型储能的市场主体与电力调度机构、电网企业签订并网调度协议和购售电合同。

（二）拥有自备机组和独立新型储能的电力用户与电网企业签订高压供用电合同。

（三）发电机组和独立新型储能按照《电网运行准则》明确的时间要求向电力调度机构提交并网运行申请书和有关资料。

（四）电力调度机构自接到发电企业申请后 10 个工作日内安排并网调试运行。对涉及电网安全稳定运行的相关试验，原则上抽水蓄能机组应自电力调度机构批准之日起 60 日内完成，其他发电机组应自电力调度机构批准之日起 30 日内完成。电力调度机构因故不能及时安排或不能按时完成并网调试运行的，应书面向并网主体说明原因，并报国家能源局派出机构备案。

（五）发电机组和独立新型储能相关电力工程应符合有关规定，并通过有资质的质监机构监督检查。符合豁免条件的电力工程除外。

（六）独立新型储能应按照国家质量、环境、消防有关规定，完成相关手续。

第三章 进入商业运营条件

第六条 发电机组进入商业运营前应当完成以下工作：火力发电机组按《火力发电建设工程启动试运及验收规程》（DL/T 5437）要求完成分部试运、整套启动试运。水力发电机组按《水电工程验收规程》（NB/T 35048）要求完成带负荷连续运行、可靠性运行。风力发电项目按《风力发电场项目建设工程验收规程》（GB/T 31997）要求完成整套启动试运。光伏发电项目按《光伏发电工程验收规范》（GB/T 50796）要求完成整套启动试运。抽水蓄能机组按照《可逆式抽水蓄能机组启动试运行规程》（GB/T 18482）要求完成全部试验项目并通过 15 天试运行考核。其余类型发电机组和独立新型储能按照相应工程验收规范完成整套启动试运行。

第七条 发电机组进入商业运营应具备下列条件：

（一）签署机组启动验收交接书或鉴定书。

（二）完成并网运行必需的试验项目，电力调度机构已确认发电机组和接入系统设备（装置）满足电网安全稳定运行技术要求和调度管理要求。

（三）签订并网调度协议和购售电合同。

（四）取得电力业务许可证（发电类）。发电机组应在项目完成启动试运工作后 3 个月内（风电、光伏发电项目应当在并网后 6 个月内）取得电力业务许可证（发电类），或按规定变更许可事项，分批投产的发电项目应分批申请。符合许可豁免政策的机组除外。

（五）以发电为主、总装机容量五万千瓦及以上的大、中型水电站大坝已经国家认定的机构安全注册或登记备案。

第八条 独立新型储能进入商业运营应具备下列条件：

（一）签署项目启动验收交接书或鉴定书。

（二）完成并网运行必需的试验项目，电力调度机构已确认接入系统设备（装置）满足电网安全稳定运行技术要求和调度管理要求。

（三）签订并网调度协议、购售电合同或高压供用电合同。

第九条 电网企业负责进入商业运营有关材料的收集、办理、存档等工作。

第四章 进入商业运营程序

第十条 在完成整套设备启动试运行后 3 个月内（风电、光伏发电项目在并网后 6 个月内），拥有发电机组、独立新型储能的市场主体分别具备第七条、第八条商业运营条件后，以正式文件将相关材料报送电网企业，从完成整套设备启动试运行时间点起自动进入商业运营。届时未具备商业运营条件的，属并网主体自身原因的，从具备商业运营条件时间点起进入商业运营，不属并网主体自身原因的，从完成整套设备启动试运行时间点起进入商业运营。

第十一条 火电、水电机组自并网发电之日起参与电力辅助服务费用分摊，自完成整套启动试运行时间点起正式纳入电力并网运行和辅助服务管理范畴，参与电力并网运行和辅助服务管理考核、补偿和分摊。核电机组自完成整套启动试运行时间点起纳入电力并网运行和辅助服务管理。水电以外的可再生能源发电机组、独立新型储能自首台机组或逆变器并网发电之日起纳入电力并网运行和辅助服务管理。

第五章 调试运行期上网电量结算

第十二条 发电机组和独立新型储能在规定时间内自动进入商业运营的，调试运行期自并网时间点起至完成整套设备启动试运行时间点止。未在规定时间内自动进入商业运营的，调试运行期自并网时间点起至进入商业运营时间点止。

第十三条 发电机组和独立新型储能调试运行期上网电量，由电网企业收购，纳入代理购电电量来源。发电机组和独立新型储能自完成整套设备启动试运行时间点起至满足直接参与电力市场交易条件前，上网电量继续由电网企业收购，纳入代理购电电量来源。

第十四条 发电机组和独立新型储能调试运行期上网电量，按照当地同类型机组当月代理购电市场化采购平均价结算。同类型机组当月未形成代理购电市场化采购电量的，按照最近一次同类型机组月度代理购电市场化采购平均价结算。发电机组和独立新型储能在进入商业运营时间点起，执行现行有关电价政策。

第十五条 国家能源局派出机构确定调试运行期的发电机组和独立新型储能，以及退出商业运营但仍然可以发电上网的发电机组（不含煤电应急备用电源）和独立新型储能辅助服务费用分摊标准，分摊标准原则上应当高于商业运营机组分摊标准，但不超过当月调试期电费收入的10%，分摊费用月结月清。

第六章　退出商业运营程序

第十六条 发电机组符合下列条件之一的，自动退出商业运营：

（一）按国家有关文件规定注销电力业务许可证的，从注销时刻起。

（二）发电机组、独立新型储能进行扩建、改建并按规定解网的，从解网时刻起。

（三）属于以发电为主、总装机容量五万千瓦及以上的大、中型水电站，其大坝安全注册登记证逾期失效或被注销、撤销的，从逾期失效或被注销、撤销时刻起；大坝已完成登记备案但未在监督管理部门要求的期限内办理安全注册的，从逾期时刻起。大坝安全注册等级降级且在1年内未达到甲级标准的，从降级满1年次日起；大坝连续两次安全注册等级均为乙级或丙级且在1年内未达到甲级标准的，从第二次注册登记为乙级或丙级满1年次日起。

其中，由于水电站大坝登记备案逾期未办理安全注册、安全注册等级降级、连续两次安全注册等级均为乙级或丙级等原因，发电机组退出商业运营但仍然可以发电上网的，在相关问题完成整改前，不得申请重新进入商业运营。

发电机组退出商业运营的，发电企业应当及时告知相关电网企业和电力调度机构、电力交易机构。

第十七条 发电机组和独立新型储能退出商业运营前，原则上应与有关各方完成相关合同、协议的清算和解除工作。退出商业运营的发电机组和独立新型储能再次进入商业运营的，按照本办法履行相关程序并执行有关结算规定。

第七章　附　　则

第十八条 发电机组和独立新型储能与电网企业、电力调度机构、电力交易机构对进入及退出商业运营发生争议的，应本着平等、自愿、诚信的原则协商解决。不能达成一致意见的，由国家能源局派出机构按本办法等有关规定进行协调解决，或自行通过司法程序解决。

第十九条 国家能源局派出机构可根据本办法，结合辖区实际细化相关条款或制订实施细则。

第二十条 本办法自印发之日起施行，有效期5年。《发电机组进入及退出商业运营管理办法》（电监市场〔2011〕32号）、《国家能源局关于取消新建机组进入商业运营审批有关事项的通知》（国能监管〔2015〕18号）同时废止。已出台文件与本办法不一致的，以本办法为准。

3-10　国家能源局关于进一步规范可再生能源发电项目电力业务许可管理的通知

（国能发资质规〔2023〕67号，2023年10月7日国家能源局发布）

各派出机构，有关电力企业：

为进一步规范可再生能源发电项目电力业务许可管理，助力推动能源绿色低碳高质量发展，现就有关事项通知如下。

一、豁免分散式风电项目电力业务许可

在现有许可豁免政策基础上，将分散式风电项目纳入许可豁免范围，不要求其取得电力业务许可证。

本通知印发前，已取得电力业务许可证的分散式风电项目运营企业，向所在地国家能源局派出机构（以下简称派出机构）申请注销电力业务许可证。

二、明确可再生能源发电项目相关管理人员兼任范围

可再生能源发电项目运营企业申请电力业务许可证时，其生产运行负责人、技术负责人、安全负责人和财务负责人的任职资格和工作经历应符合《电力业务许可证管理规定》要求。项目由专业运维公司或企业（集团）内部关联企业统一管理的上述人员中，技术负责人、财务负责人可在不同省份项目间兼任；生产运行负责人只能在同一省份不同项目间兼任，其他情况不得兼任。可再生能源发电项目运营企业申请电力业务许可证时，应提供上述人员的任职文件及相关工作经历。

已取得电力业务许可证的可再生能源发电项目运营企业，如管理人员不符合上述要求，应在本通知印发后1年内进行变更，逾期未变更的，按照许可条件未保持情况处理。

三、规范可再生能源发电项目许可登记

风电、光伏发电等可再生能源发电项目申请电力业务许可证时，"机组情况登记"同一栏目中可登记单台/个（以下统称台）机组/单元（以下统称机组），也可登记多台机组。登记单台机组的，投产日期为机组首次并网发电的日期；登记多台机组的，投产日期为多台机组中最后一台机组并网的日期。同一批次投产机组因机组型号不同分开登记的，投产日期均登记为该批次最后一台机组的并网日期。项目运营企业应对申请电力业务许可证时填报的投产日期真实性负责。本通知印发前已经取得电力业务许可证的企业，许可证中登记的机组投产日期与上述要求不一致的，应在本通知印发后1年内向发证机关申请登记事项变更，并提供可以证明机组投产日期的有关材料；逾期未变更的，按照企业运营机组实际情况与许可登记不一致情况处理。

光伏发电项目以交流侧容量（逆变器的额定输出功率之和，单位 MW）在电力业务许可证中登记，分批投产的可以分批登记。本通知印发前，以光伏组件的标称功率总和（单位 MWp）在电力业务许可证中登记的，不再进行变更。

四、调整可再生能源发电项目（机组）许可延续政策

达到设计寿命的风电机组，按照《风电场改造升级和退役管理办法》（国能发新能规〔2023〕45号）相关规定及时开展安全性评估。经评估符合安全运行条件且评估结果报当地能源主管部门后，相关运营企业按照《电力业务许可证监督管理办法》第十五条申请许可延续；未开展安全评估或评估结果不符合安全运行要求的，注销（变更）电力业务许可证。

达到设计寿命的生物质、光热发电机组，参照煤电机组许可延续政策和标准执行。

根据目前水电行业管理政策，水电机组暂不纳入许可延续管理。水电机组申请电力业务许可证时，不登记机组设计寿命。

五、明确异地注册企业电力业务许可管理职责

可再生能源发电项目所在地与运营企业注册地不在同一省份的，该发电项目电力业务许可证的申请及变更应向项目所在地派出机构提出。同一企业在不同派出机构辖区运营多个可再生能源发电项目，但未在项目所在地市场监督管理部门登记为公司、非公司企业法人或分支机构，电力业务许可证的申请及许可事项的变更应由项目法人分别向各项目所在地派出机构提出。某个企业（以统一社会信用代码识别）在一个派出机构辖区内，所有项目只能取得一个电力业务许可证。

六、加强可再生能源发电项目许可数据信息管理

建立许可数据信息定期核验机制，持证可再生能源发电项目运营企业应当结合日常业务，每年对运营项目许可相关数据信息进行1次核对，对已发生变化的登记事项和许可事项应在30日内向派出机构申请办理变更手续，并补充完善其他相关数据信息。对于2年内未登录系统进行数据信息完善的企业，派出机构应予以重点关注，加强日常监管，确保许可数据信息动态调整，同时在国家可再生能源发电项目信息管理平台建档立卡系统中予以更新。

本通知自印发之日起施行，有效期五年。

国家能源局

2023 年 10 月 7 日

3-11　电力业务许可证管理规定

（2005年10月13日电监会令第9号公布，根据2015年5月30日国家发展改革委令第26号第一次修订，根据2024年1月4日国家发展改革委令第11号《关于修改部分规章的决定》第二次修订）

第一章　总　　则

第一条　为了加强电力业务许可证的管理，规范电力业务许可行为，维护电力市场秩序，保障电力系统安全、优质、经济运行，根据《中华人民共和国行政许可法》、《电力监管条例》和有关法律、行政法规的规定，制定本规定。

第二条　本规定适用于电力业务许可证的申请、受理、审查、决定和管理。国家另有规定的，从其规定。

第三条　国家能源局负责对电力业务许可进行指导、监督和管理，国家能源局派出机构负责辖区内电力业务许可证的颁发和日常监督管理。国家能源局及其派出机构遵循依法、公开、公正、便民、高效的原则，建立电力业务许可证监督管理制度和组织管理体系。

第四条　在中华人民共和国境内从事电力业务，应当按照本规定取得电力业务许可证。除国家能源局规定的特殊情况外，任何单位或者个人未取得电力业务许可证，不得从事电力业务。本规定所称电力业务，是指发电、输电、供电业务。其中，供电业务包括配电业务和售电业务。

第五条　取得电力业务许可证的单位（以下简称被许可人）按照本规定享有权利、承担义务，接受国家能源局及其派出机构的监督管理。被许可人依法开展电力业务，受法律保护。

第六条　任何单位和个人不得伪造、变造电力业务许可证；被许可人不得涂改、倒卖、出租、出借电力业务许可证，或者以其他形式非法转让电力业务许可。

第二章　类别和条件

第七条　电力业务许可证分为发电、输电、供电三个类别。

从事发电业务的，应当取得发电类电力业务许可证。

从事输电业务的，应当取得输电类电力业务许可证。

从事供电业务的，应当取得供电类电力业务许可证。

从事两类以上电力业务的，应当分别取得两类以上电力业务许可证。

从事配电或者售电业务的许可管理办法，由国家能源局另行规定。

第八条　下列从事发电业务的企业应当申请发电类电力业务许可证：

（一）公用电厂；

（二）并网运行的自备电厂；

（三）国家能源局规定的其他企业。

第九条　下列从事输电业务的企业应当申请输电类电力业务许可证：

（一）跨区域经营的电网企业；

（二）跨省、自治区、直辖市经营的电网企业；

（三）省、自治区、直辖市电网企业；

（四）国家能源局规定的其他企业。

第十条　下列从事供电业务的企业应当申请供电类电力业务许可证：

（一）省辖市、自治州、盟、地区供电企业；

（二）县、自治县、县级市供电企业；

（三）国家能源局规定的其他企业。

第十一条　申请电力业务许可证的，应当具备下列基本条件：

（一）具有法人资格；

（二）具有与申请从事的电力业务相适应的财务能力；

（三）生产运行负责人、技术负责人、安全负责人和财务负责人具有 3 年以上与申请从事的电力业务相适应的工作经历，具有中级以上专业技术任职资格或者岗位培训合格证书；

（四）法律、法规规定的其他条件。

第十二条 申请发电类电力业务许可证的，除具备本规定第十一条所列基本条件外，还应当具备下列条件：

（一）发电项目建设经有关主管部门审批或者核准（备案）；

（二）发电设施具备发电运行的能力；

（三）发电项目符合环境保护的有关规定和要求。

第十三条 申请输电类电力业务许可证的，除具备本规定第十一条所列基本条件外，还应当具备下列条件：

（一）输电项目建设经有关主管部门审批或者核准；

（二）具有与申请从事的输电业务相适应的输电网络；

（三）输电项目按照有关规定通过竣工验收；

（四）输电项目符合环境保护的有关规定和要求。

第十四条 申请供电类电力业务许可证的，除具备本规定第十一条所列基本条件外，还应当具备下列条件：

（一）具有经有关主管部门批准的供电营业区；

（二）具有与申请从事供电业务相适应的供电网络和营业网点；

（三）承诺履行电力社会普遍服务义务；

（四）供电项目符合环境保护的有关规定和要求。

第三章 申 请 和 受 理

第十五条 申请电力业务许可证，应当向国家能源局派出机构提出，并按照规定的要求提交申请材料。

第十六条 本规定第八条、第九条、第十条所列企业，具有法人资格的，由本企业提出申请；不具有法人资格的，按照隶属关系由其法人企业提出申请。

第十七条 申请电力业务许可证的，应当提供下列材料：

（一）法定代表人签署的许可证申请表；

（二）法人营业执照副本及其复印件；

（三）企业最近2年的年度财务报告；成立不足2年的，出具企业成立以来的年度财务报告；

（四）企业生产运行负责人、技术负责人、安全负责人、财务负责人的简历、专业技术任职资格证书等有关证明材料。

第十八条 申请发电类电力业务许可证的，除提供本规定第十七条所列材料外，还应当提供下列材料：

（一）发电项目建设经有关主管部门审批或者核准的证明材料；

（二）发电项目通过竣工验收的证明材料；尚未组织竣工验收的，提供发电机组通过启动验收的证明材料或者有关主管部门认可的质量监督机构同意整套启动的质量监督检查报告；

（三）发电项目符合环境保护有关规定和要求的证明材料。

第十九条 申请输电类电力业务许可证的，除提供本规定第十七条所列材料外，还应当提供下列材料：

（一）输电项目建设经有关主管部门审批或者核准的证明材料；

（二）输电项目通过竣工验收的证明材料；

（三）输电项目符合环境保护有关规定和要求的证明材料；

（四）电能质量和服务质量承诺书。

第二十条 申请供电类电力业务许可证的，除提供本规定第十七条所列材料外，还应当提供下列材料：

（一）供电营业区域的证明材料及其地理平面图；

（二）供电网络分布概况；

（三）设立的供电营业分支机构及其相应的供电营业区域概况；

（四）履行电力社会普遍服务义务的承诺书；

（五）供电项目符合环境保护有关规定和要求的证明材料。

第二十一条 国家能源局派出机构对申请人提出的许可申请，应当按照下列情况分别作出处理：

（一）申请事项不属于国家能源局派出机构职权范围，应当即时作出不予受理的决定，向申请人发出《不予受理通知书》，并告知申请人向有关行政机关申请；

（二）申请材料存在可以当场更正的错误的，应当允许申请人当场更正；

（三）申请材料不齐全或者不符合法定形式的，应当当场或者在 5 日内一次告知申请人需要补正的全部内容，逾期不告知的，自收到申请材料之日起即为受理；

（四）申请材料齐全、符合法定形式的，向申请人发出《受理通知书》。

第四章 审 查 与 决 定

第二十二条 国家能源局派出机构应当对申请人提交的申请材料进行审查。国家能源局派出机构按照需要，可以对申请材料的实质内容进行核实。

第二十三条 国家能源局派出机构作出电力业务许可决定，依法需要举行听证的，应当按照有关规定举行听证。

第二十四条 国家能源局派出机构应当自受理申请之日起 20 日内作出许可决定。20 日内不能作出决定的，经本机关负责人批准，可以延长 10 日，并将延长期限的理由告知申请人。

作出准予许可决定的，自作出决定之日起 10 日内向申请人颁发、送达许可证。

作出不予许可决定的，自作出决定之日起 10 日内以书面形式通知申请人，说明不予许可的理由，并告知申请人享有依法申请行政复议或者提起行政诉讼的权利。

第二十五条 电力业务许可证由正文和附页组成。

正文载明许可证编号、登记名称、住所、法定代表人、许可类别、有效期限、发证机关、发证日期等内容。

附页包括许可证使用规定，被许可人的权利和义务，发电机组、输电网络或者供电营业区情况登记，检查情况记录，特别规定事项等内容。

电力业务许可证的有效期为 20 年。

第五章 变 更 与 延 续

第二十六条 有下列情形之一的，被许可人应当在规定时限内向国家能源局派出机构提出变更申请；经审查符合法定条件的，国家能源局派出机构应当依法办理变更手续：

（一）新建、改建发电机组投入运营，取得或者转让已运营的发电机组，发电机组退役；

（二）新建、改建输电线路或者变电设施投入运营，终止运营输电线路或者变电设施；

（三）供电营业区变更。

第二十七条 因新建、改建发电机组投入运营，申请变更许可事项的，应当提供下列材料：

（一）变更申请表；

（二）电力业务许可证；

（三）发电项目建设经有关主管部门审批或者核准的证明材料；

（四）有关主管部门认可的质量监督机构同意整套启动的质量监督检查报告；

（五）发电项目符合环境保护有关规定和要求的证明材料。

因取得或者转让已运营机组，申请变更许可事项的，除提供前款第（一）项、第（二）项所列材料外，还应当提供机组所有权合法转移的证明材料。

因机组退役，申请变更许可事项的，除提供本条第一款第（一）项、第（二）项所列材料外，还应当提供机组退役符合国家有关规定的证明材料。

第二十八条 因新建、改建输电线路或者变电设施投入运营，申请变更许可事项的，应当提供下列材料：

（一）变更申请表；

（二）电力业务许可证；

（三）输电项目建设经有关主管部门审批或者核准的证明材料；

（四）输电项目通过竣工验收的证明材料；

（五）输电项目符合环境保护有关规定和要求的证明材料。

因终止运营输电线路或者变电设施，申请变更许可事项的，除提供前款第（一）项、第（二）项所列材料外，还应当提供有关主管部门批准终止运营输电线路或者变电设施的证明材料。

第二十九条 因供电营业区变更，申请变更许可事项的，应当提供下列材料：

（一）变更申请表；

（二）电力业务许可证；

（三）供电营业区变更的证明材料；

（四）供电营业区变更的范围图例。

第三十条 电力业务许可证有效期届满需要延续的，被许可人应当在有效期届满30日前向国家能源局派出机构提出申请。

国家能源局派出机构应当在电力业务许可证有效期届满前作出是否准予延续的决定。逾期未作出决定的，视为同意延续并补办相应手续。

第六章 监 督 管 理

第三十一条 国家能源局及其派出机构建立健全电力业务许可监督检查体系和制度，对被许可人按照电力业务许可证确定的条件、范围和义务从事电力业务的情况进行监督检查。

国家能源局及其派出机构依法开展监督检查工作，被许可人应当予以配合。

第三十二条 被许可人应当按照规定的时间，向国家能源局及其派出机构提供反映其从事许可事项活动能力和行为的材料。

国家能源局及其派出机构应当对被许可人所报送的材料进行核查，将核查结果予以记录；对核查中发现的问题，应当责令限期改正。

第三十三条 国家能源局及其派出机构依法对被许可人进行现场检查。检查中发现被许可人有违反本规定和不履行电力业务许可证规定义务的行为，应当责令其改正。

第三十四条 国家能源局及其派出机构进行监督检查工作的人员应当如实记录监督检查情况和处理结果。

国家能源局及其派出机构可以将监督检查情况和处理结果向社会公布。

第三十五条 任何组织和个人发现违反本规定的行为，有权向国家能源局及其派出机构举报，国家能源局及其派出机构应当进行核实，按照有关规定予以处理。

第三十六条 未经国家能源局及其派出机构批准，取得输电类或者供电类电力业务许可的企业不得擅自停业、歇业。

第三十七条 被许可人名称、住所或者法定代表人发生变化的，应当自变化之日起30日内到国家能源局派出机构办理相关手续。

第三十八条 有下列情形之一的，国家能源局派出机构应当按照规定办理电力业务许可证的注销手续：

（一）许可证有效期届满未延续的；

（二）被许可人不再具有发电机组、输电网络或者供电营业区的；

（三）被许可人申请停业、歇业被批准的；

（四）被许可人因解散、破产、倒闭等原因而依法终止的；

（五）电力业务许可证依法被吊销，或者电力业务许可被撤销、撤回的；

（六）经核查，被许可人已丧失从事许可事项活动能力的；

（七）法律、法规规定应当注销的其他情形。

第七章 罚 则

第三十九条 从事颁发和管理电力业务许可证的工作人员，违反法律、行政法规和本规定，擅自颁发电力业务许可证的，应当依法给予处分；构成犯罪的，依法追究刑事责任。

第四十条 未依法取得电力业务许可证非法从事电力业务的，应当责令改正，没收违法所得，可以并处以违法所得 5 倍以下的罚款；构成犯罪的，依法追究刑事责任。

第四十一条 被许可人以欺骗、贿赂等不正当手段获得电力业务许可证的，应当给予警告，处以 1 万元以下的罚款；构成犯罪的，依法追究刑事责任。

第四十二条 被许可人超出许可范围或者超过许可期限，从事电力业务的，应当给予警告，责令改正，并向社会公告；构成犯罪的，依法追究刑事责任。

第四十三条 被许可人有下列情形之一的，应当给予警告，责令改正，并可向社会公告：

（一）未经批准，擅自停业、歇业的；

（二）未在规定的期限内申请变更的。

第四十四条 被许可人有下列情形之一的，应当责令改正；拒不改正的，处以 5 万元以上 50 万元以下的罚款，对直接负责的主管人员和其他直接责任人员，依法给予处分；构成犯罪的，依法追究刑事责任：

（一）拒绝或者阻碍电力监管工作人员依法履行监管职责的；

（二）提供虚假或者隐瞒重要事实的文件、资料的。

第四十五条 涂改、倒卖、出租、出借电力业务许可证或者以其他形式非法转让电力业务许可的，应当依法给予行政处罚；构成犯罪的，依法追究刑事责任。

第八章 附 则

第四十六条 本规定颁布实施前已经从事电力业务的企业，应当按照国家能源局规定的期限申请办理电力业务许可证。

第四十七条 电力业务许可证由国家能源局统一印制和编号。

第四十八条 本规定自 2005 年 12 月 1 日起施行。

四

市场建设运营

4-1 国家发展改革委 国家能源局关于印发电力体制改革配套文件的通知

（发改经体〔2015〕2752号，2015年11月26日国家发展改革委、国家能源局发布）

各省、自治区、直辖市人民政府，新疆生产建设兵团：

为贯彻落实《中共中央 国务院关于进一步深化电力体制改革的若干意见》（中发〔2015〕9号），推进电力体制改革实施工作，经报请国务院同意，现将国家发展改革委、国家能源局和中央编办、工业和信息化部、财政部、环境保护部、水利部、国资委、法制办等部门制定，并经经济体制改革工作部际联席会议（电力专题）审议通过的6个电力体制改革配套文件，印发给你们，请按照执行。

附件：1.《关于推进输配电价改革的实施意见》
　　　2.《关于推进电力市场建设的实施意见》
　　　3.《关于电力交易机构组建和规范运行的实施意见》
　　　4.《关于有序放开发用电计划的实施意见》
　　　5.《关于推进售电侧改革的实施意见》
　　　6.《关于加强和规范燃煤自备电厂监督管理的指导意见》

国家发展改革委
国家能源局
2015年11月26日

附件1

关于推进输配电价改革的实施意见

为贯彻落实《中共中央 国务院关于进一步深化电力体制改革的若干意见》（中发〔2015〕9号）有关要求，理顺电价形成机制，现就推进输配电价改革提出以下意见。

一、总体目标

建立规则明晰、水平合理、监管有力、科学透明的独立输配电价体系，形成保障电网安全运行、满足电力市场需要的输配电价形成机制。还原电力商品属性，按照"准许成本加合理收益"原则，核定电网企业准许总收入和分电压等级输配电价，明确政府性基金和交叉补贴，并向社会公布，接受社会监督。健全对电网企业的约束和激励机制，促进电网企业改进管理，降低成本，提高效率。

二、基本原则

试点先行，积极稳妥。输配电资产庞大，关系复杂，历史遗留的问题很多，各地情况千差万别，要坚持试点先行、积极稳妥的原则，在条件相对较好、矛盾相对较小、地方政府支持的地区先行开展试点，认真总结试点经验，逐步扩大试点范围，确保改革平稳推进。

统一原则，因地制宜。输配电价改革要遵循中发〔2015〕9号文件要求，在国家统一指导下进行，按照"准许成本加合理收益"原则，核定电网企业准许总收入和各电压等级输配电价，改变对电网企业的监管方式。同时，考虑到各地区实际情况，允许在输配电价核定的相关参数、总收入监管方式等方面适当体现地区特点。

完善制度，健全机制。电价改革，要制度先行。需要制订和完善输配电成本监审、价格管理办法，建立健全对电网企业的激励和约束机制，制度和办法要明确、具体、可操作。

突出重点，着眼长远。输配电价改革的重点是改革和规范电网企业运营模式。电网企业按照政府核定的输配电价收取过网费，不再以上网电价和销售电价价差作为主要收入来源。在输配电价核定过程中，既要满足电网正常合理的投资需要，保证电网企业稳定的收入来源和收益水平，又要加强成本约束，对输配电成本进行严格监审，促进企业加强管理，降低成本，提高效率。在研究制定具体试点方案时，要着眼长远，为未来解决问题适当留有余地。

三、主要措施

（一）逐步扩大输配电价改革试点范围。在深圳市、内蒙古西部率先开展输配电价改革试点的基础上，将安徽、湖北、宁夏、云南、贵州省（区）列入先期输配电价改革试点范围，按"准许成本加合理收益"原则核定电网企业准许总收入和输配电价。凡开展电力体制改革综合试点的地区，直接列入输配电价改革试点范围。鼓励具备条件的其他地区开展试点，尽快覆盖到全国。

输配电价改革试点工作主要可分为调研摸底、制定试点方案、开展成本监审、核定电网准许收入和输配电价四个阶段。鼓励试点地区在遵循中发〔2015〕9号文件明确的基本原则基础上，根据本地实际情况和市场需求，积极探索，勇于创新，提出针对性强、可操作性强的试点方案。试点方案不搞一刀切，允许在输配电价核定的相关参数、价格调整周期、总收入监管方式等方面适当体现地区特点。

（二）认真开展输配电价测算工作。各地要按照国家发展改革委和国家能源局联合下发的《输配电定价成本监审办法》（发改价格〔2015〕1347号），扎实做好成本监审和成本调查工作。其中，国家发展改革委统一组织对各试点地区开展输配电定价成本监审。各试点地区要配合做好成本监审具体工作，严格核减不相关、不合理的投资和成本费用。非试点地区同步开展成本调查，全面调查摸清电网输配电资产、成本和企业效益情况。在此基础上，以有效资产为基础测算电网准许总收入和分电压等级输配电价。试点地区建立平衡账户，实施总收入监管与价格水平监管。非试点地区研究测算电网各电压等级输配电价，为全面推进电价改革做好前期准备工作。

（三）分类推进交叉补贴改革。结合电价改革进程，配套改革不同种类电价之间的交叉补贴，逐步减少工商业内部交叉补贴，妥善处理居民、农业用户交叉补贴。过渡期间，由电网企业申报现有各类用户电价间交叉补贴数额，经政府价格主管部门审核后通过输配电价回收；输配电价改革后，根据电网各电压等级的资产、费用、电量、线损率等情况核定分电压等级输配电价，测算并单列居民、农业等享受的交叉补贴以及工商业用户承担的交叉补贴。鼓励试点地区积极探索，采取多种措施保障交叉补贴资金来源。各地全部完成交叉补贴测算和核定工作后，统一研究提出妥善处理交叉补贴的政策措施。

（四）明确过渡时期电力直接交易的输配电价政策。已制定输配电价的地区，电力直接交易按照核定的输配电价执行；暂未单独核定输配电价的地区，可采取保持电网购销差价不变的方式，即发电企业上网电价调整多少，销售电价调整多少，差价不变。

四、组织实施

（一）建立输配电价改革协调工作机制。国家发展改革委会同财政部、国资委、能源局等有关部门和单位成立输配电价改革专项工作组。专项工作组要定期沟通情况，对改革涉及的重点难点问题充分讨论，提出措施建议。

（二）加强培训指导。国家发展改革委加强对各地输配电价改革的指导，统一组织成本监审，审核试点方案和输配电准许收入、水平，对试点效果及时总结，完善政策。同时，组织集中培训、调研交流，提高各地价格主管部门业务能力，为顺利推进改革奠定基础。

（三）正确引导舆论。根据党中央、国务院确定的改革方向，在中发〔2015〕9号文件框架内加强输配电价改革宣传和政策解释工作，灵活采取多种方式进行宣传，正确引导社会舆论，凝聚共识，稳定预期，在全社会形成推进改革的浓厚氛围。

（四）夯实工作基础。各地价格主管部门要加强与电力投资、运行及国家能源局派出机构等部门的合作，充分听取各方意见，集中力量做好改革试点工作。加强上下沟通，健全信息沟通机制，对在方案研究、成本监审、电价测算等过程中遇到的重要情况和问题，及时向国家发展改革委反映。电网企业要积极配合输配电价改革工作，客观真实提供输配电成本监审和价格核定所需的各种财务报表、资产清单等，主动适应输配电价改革要求，改进核算方式，接受政府有关部门监督。

附件 2

关于推进电力市场建设的实施意见

为贯彻落实《中共中央　国务院关于进一步深化电力体制改革的若干意见》(中发〔2015〕9 号)有关要求,推动电力供应使用从传统方式向现代交易模式转变,现就推进电力市场建设提出以下意见。

一、总体要求和实施路径

(一)总体要求。

遵循市场经济基本规律和电力工业运行客观规律,积极培育市场主体,坚持节能减排,建立公平、规范、高效的电力交易平台,引入市场竞争,打破市场壁垒,无歧视开放电网。具备条件的地区逐步建立以中长期交易为主、现货交易为补充的市场化电力电量平衡机制;逐步建立以中长期交易规避风险,以现货市场发现价格,交易品种齐全、功能完善的电力市场。在全国范围内逐步形成竞争充分、开放有序、健康发展的市场体系。

(二)实施路径。

有序放开发用电计划、竞争性环节电价,不断扩大参与直接交易的市场主体范围和电量规模,逐步建立市场化的跨省跨区电力交易机制。选择具备条件地区开展试点,建成包括中长期和现货市场等较为完整的电力市场;总结经验、完善机制、丰富品种,视情况扩大试点范围;逐步建立符合国情的电力市场体系。

非试点地区按照《关于有序放开发用电计划的实施意见》开展市场化交易。试点地区可根据本地实际情况,另行制定有序放开发用电计划的路径。零售市场按照《关于推进售电侧改革的实施意见》开展市场化交易。

二、建设目标

(一)电力市场构成。

主要由中长期市场和现货市场构成。中长期市场主要开展多年、年、季、月、周等日以上电能量交易和可中断负荷、调压等辅助服务交易。现货市场主要开展日前、日内、实时电能量交易和备用、调频等辅助服务交易。条件成熟时,探索开展容量市场、电力期货和衍生品等交易。

(二)市场模式分类。

主要分为分散式和集中式两种模式。其中,分散式是主要以中长期实物合同为基础,发用双方在日前阶段自行确定日发用电曲线,偏差电量通过日前、实时平衡交易进行调节的电力市场模式;集中式是主要以中长期差价合同管理市场风险,配合现货交易采用全电量集中竞价的电力市场模式。

各地应根据地区电力资源、负荷特性、电网结构等因素,结合经济社会发展实际选择电力市场建设模式。为保障市场健康发展和有效融合,电力市场建设应在市场总体框架、交易基本规则等方面保持基本一致。

(三)电力市场体系。

分为区域和省(区、市)电力市场,市场之间不分级别。区域电力市场包括在全国较大范围内和一定范围内资源优化配置的电力市场两类。其中,在全国较大范围内资源优化配置的功能主要通过北京电力交易中心(依托国家电网公司组建)、广州电力交易中心(依托南方电网公司组建)实现,负责落实国家计划、地方政府协议,促进市场化跨省跨区交易;一定范围内资源优化配置的功能主要通过中长期交易、现货交易,在相应区域电力市场实现。省(区、市)电力市场主要开展省(区、市)内中长期交易、现货交易。同一地域内不重复设置开展现货交易的电力市场。

三、主要任务

(一)组建相对独立的电力交易机构。按照政府批准的章程和规则,组建电力交易机构,为电力交易提供服务。

(二)搭建电力市场交易技术支持系统。满足中长期、现货市场运行和市场监管要求,遵循国家明确的基本交易规则和主要技术标准,实行统一标准、统一接口。

（三）建立优先购电、优先发电制度。保障公益性、调节性发用电优先购电、优先发电，坚持清洁能源优先上网，加大节能减排力度，并在保障供需平衡的前提下，逐步形成以市场为主的电力电量平衡机制。

（四）建立相对稳定的中长期交易机制。鼓励市场主体间开展直接交易，自行协商签订合同，或通过交易机构组织的集中竞价交易平台签订合同。优先购电和优先发电视为年度电能量交易签订合同。可中断负荷、调压等辅助服务可签订中长期交易合同。允许按照市场规则转让或者调整交易合同。

（五）完善跨省跨区电力交易机制。以中长期交易为主、临时交易为补充，鼓励发电企业、电力用户、售电主体等通过竞争方式进行跨省跨区买卖电。跨省跨区送受电中的国家计划、地方政府协议送电量优先发电，承担相应辅助服务义务，其他跨省跨区送受电参与电力市场。

（六）建立有效竞争的现货交易机制。不同电力市场模式下，均应在保证安全、高效、环保的基础上，按成本最小原则建立现货交易机制，发现价格，引导用户合理用电，促进发电机组最大限度提供调节能力。

（七）建立辅助服务交易机制。按照"谁受益、谁承担"的原则，建立电力用户参与的辅助服务分担共享机制，积极开展跨省跨区辅助服务交易。在现货市场开展备用、调频等辅助服务交易，中长期市场开展可中断负荷、调压等辅助服务交易。用户可以结合自身负荷特性，自愿选择与发电企业或电网企业签订保供电协议、可中断负荷协议等合同，约定各自的辅助服务权利与义务。

（八）形成促进可再生能源利用的市场机制。规划内的可再生能源优先发电，优先发电合同可转让，鼓励可再生能源参与电力市场，鼓励跨省跨区消纳可再生能源。

（九）建立市场风险防范机制。不断完善市场操纵力评价标准，加强对市场操纵力的预防与监管。加强调度管理，提高电力设备管理水平，确保市场在电力电量平衡基础上正常运行。

四、市场主体

（一）市场主体的范围。

市场主体包括各类发电企业、供电企业（含地方电网、趸售县、高新产业园区和经济技术开发区等，下同）、售电企业和电力用户等。各类市场主体均应满足国家节能减排和环保要求，符合产业政策要求，并在交易机构注册。参与跨省跨区交易时，可在任何一方所在地交易平台参与交易，也可委托第三方代理。现货市场启动前，电网企业可参加跨省跨区交易。

（二）发电企业和用户的基本条件。

1. 参与市场交易的发电企业，其项目应符合国家规定，单位能耗、环保排放、并网安全应达到国家和行业标准。新核准的发电机组原则上参与电力市场交易。

2. 参与市场交易的用户应为接入电压在一定电压等级以上，容量和用电量较大的电力用户。新增工业用户原则上应进入市场交易。符合准入条件的用户，选择进入市场后，应全部电量参与市场交易，不再按政府定价购电。对于符合准入条件但未选择参与直接交易或向售电企业购电的用户，由所在地供电企业提供保底服务并按政府定价购电。用户选择进入市场后，在一定周期内不可退出。适时取消目录电价中相应用户类别的政府定价。

五、市场运行

（一）交易组织实施。电力交易、调度机构负责市场运行组织工作，及时发布市场信息，组织市场交易，根据交易结果制定交易计划。

（二）中长期交易电能量合同的形成。交易各方根据优先购电发电、直接交易（双边或集中撮合）等交易结果，签订中长期交易合同。其中，分散式市场以签订实物合同为主，集中式市场以签订差价合同为主。

（三）日前发电计划。分散式市场，次日发电计划由交易双方约定的次日发用电曲线、优先购电发电合同分解发用电曲线和现货市场形成的偏差调整曲线叠加形成。集中式市场，次日发电计划由发电企业、用户和售电主体通过现货市场竞价确定次日全部发用电量和发用电曲线形成。日前发电计划编制过程中，应考虑辅助服务与电能量统一出清、统一安排。

（四）日内发电计划。分散式市场以 5—15 分钟为周期开展偏差调整竞价，竞价模式为部分电量竞价，优化结果为竞价周期内的发电偏差调整曲线、电量调整结算价格、辅助服务容量、辅助服务价格等。集中式市场以 5—15 分钟为周期开展竞价，竞价模式为全电量竞价，优化结果为竞价周期内的发电曲线、结算价格、辅助服务容量、辅助服务价格等。

（五）竞争性环节电价形成。初期主要实行单一电量电价。现货市场电价由市场主体竞价形成分时电价，根据地区实际可采用区域电价或节点边际电价。为有效规避市场风险，对现货市场以及集中撮合的中长期交易实施最高限价和最低限价。

（六）市场结算。交易机构根据市场主体签订的交易合同及现货平台集中交易结果和执行结果，出具电量电费、辅助服务费及输电服务费等结算依据。建立保障电费结算的风险防范机制。

（七）安全校核。市场出清应考虑全网安全约束。电力调度机构负责安全校核，并按时向规定机构提供市场所需的安全校核数据。

（八）阻塞管理。电力调度机构应按规定公布电网输送能力及相关信息，负责预测和检测可能出现的阻塞问题，并通过市场机制进行必要的阻塞管理。因阻塞管理产生的盈利或费用按责任分担。

（九）应急处置。当系统发生紧急事故时，电力调度机构应按安全第一的原则处理事故，无需考虑经济性。由此带来的成本由相关责任主体承担，责任主体不明的由市场主体共同分担。当面临严重供不应求情况时，政府有关部门可依照相关规定和程序暂停市场交易，组织实施有序用电方案。当出现重大自然灾害、突发事件时，政府有关部门、国家能源局及其派出机构可依照相关规定和程序暂停市场交易，临时实施发用电计划管理。当市场运营规则不适应电力市场交易需要，电力市场运营所必需的软硬件条件发生重大故障导致交易长时间无法进行，以及电力市场交易发生恶意串通操纵行为并严重影响交易结果等情况时，国家能源局及其派出机构可依照相关规定和程序暂停市场交易。

（十）市场监管。切实加强电力行业及相关领域科学监管，完善电力监管组织体系，创新监管措施和手段。充分发挥和加强国家能源局及其派出机构在电力市场监管方面的作用。国家能源局依法组织制定电力市场规划、市场规则、市场监管办法，会同地方政府对区域电力市场及区域电力交易机构实施监管；国家能源局派出机构和地方政府电力管理部门根据职能依法履行省（区、市）电力监管职责，对市场主体有关市场操纵力、公平竞争、电网公平开放、交易行为等情况实施监管，对电力交易机构和电力调度机构执行市场规则的情况实施监管。

六、信用体系建设

（一）建立完善市场主体信用评价制度。开展电力市场交易信用信息系统和信用评价体系建设。针对发电企业、供电企业、售电企业和电力用户等不同市场主体建立信用评价指标体系。建立企业法人及其负责人、从业人员信用记录，将其纳入统一的信息平台，使各类企业的信用状况透明、可追溯、可核查。

（二）建立完善市场主体年度信息公示制度。推动市场主体信息披露规范化、制度化、程序化，在指定网站按照指定格式定期发布信息，接受市场主体的监督和政府部门的监管。

（三）建立健全守信激励和失信惩戒机制。加大监管力度，对于不履约、欠费、滥用市场操纵力、不良交易行为、电网歧视、未按规定披露信息等失信行为，要进行市场内部曝光，对有不守信行为的市场主体，要予以警告。建立并完善黑名单制度，严重失信行为直接纳入不良信用记录，并向社会公示；严重失信且拒不整改、影响电力安全的，必要时可实施限制交易行为或强制性退出，并纳入国家联合惩戒体系。

七、组织实施

在电力体制改革工作小组的领导下，国家发展改革委、工业和信息化部、财政部、国务院国资委、国家能源局等有关部门，充分发挥部门联合工作机制作用，组织协调发电企业、电网企业和电力用户，通过联合工作组等方式，切实做好电力市场建设试点工作。

（一）市场筹建。由电力体制改革工作小组根据电力体制改革的精神，制定区域交易机构设置的有关原则，由国家发展改革委、国家能源局会同有关省（区、市），拟定区域市场试点方案；省级人民政府确定牵头部门并提出省（区、市）市场试点方案。试点方案经国家发展改革委、国家能源局组织专家论证后，修改完善并组织实施。

试点地区应建立领导小组和专项工作组，做好试点准备工作。根据实际情况选择市场模式，选取组建区域交易机构或省（区、市）交易机构，完成电力市场（含中长期市场和现货市场，下同）框架方案设计、交易规则和技术支持系统基本规范制定，电力市场技术支持系统建设，并探索通过电力市场落实优先购电、优先发电的途径。适时启动电力市场试点模拟运行和试运行，开展输电阻塞管理。加强对市场运行情况的跟踪了解和分析，及时修订完善有关规则、技术规范。

（二）规范完善。一是对比分析不同试点面临的问题和取得的经验，对不同市场模式进行评估，分析适用性及资源配置效率，完善电力市场。二是继续放开发用电计划，进一步放开跨省跨区送受电，发挥市场机制自我调节资源配置的作用。三是视情况扩大试点范围，逐步开放融合。满足条件的地区，可试点输电权交易。长期发电容量存在短缺风险的地区，可探索建设容量市场。

（三）推广融合。一是在试点地区建立规范、健全的电力市场体系，在其他具备条件的地区，完善推广电力市场体系。进一步放开竞争性环节电价，在具备条件的地区取消销售电价和上网电价的政府定价；进一步放开发用电计划，并完善应急保障机制。二是研究提出促进全国范围内市场融合实施方案并推动实施，实现不同市场互联互通，在全国范围内形成竞争充分、开放有序、健康发展的市场体系。三是探索在全国建立统一的电力期货、衍生品市场。

附件3

关于电力交易机构组建和规范运行的实施意见

为贯彻落实《中共中央　国务院关于进一步深化电力体制改革的若干意见》（中发〔2015〕9号）有关要求，推进构建有效竞争的市场结构和市场体系，建立相对独立、规范运行的电力交易机构（以下简称交易机构），现就电力交易机构组建和规范运行提出以下意见。

一、总体要求

（一）指导思想。

坚持市场化改革方向，适应电力工业发展客观要求，以构建统一开放、竞争有序的电力市场体系为目标，组建相对独立的电力交易机构，搭建公开透明、功能完善的电力交易平台，依法依规提供规范、可靠、高效、优质的电力交易服务，形成公平公正、有效竞争的市场格局，促进市场在能源资源优化配置中发挥决定性作用和更好发挥政府作用。

（二）基本原则。

平稳起步，有序推进。根据目前及今后一段时期我国电力市场建设目标、进程及重点任务，立足于我国现有网架结构、电源和负荷分布及其未来发展，着眼于更大范围内资源优化配置，统筹规划、有序推进交易机构组建工作，建立规范运行的全国电力交易机构体系。

相对独立，依规运行。将原来由电网企业承担的交易业务与其他业务分开，实现交易机构管理运营与各类市场主体相对独立。依托电网企业现有基础条件，发挥各类市场主体积极性，鼓励具有相应技术与业务专长的第三方参与，建立健全科学的治理结构。各交易机构依规自主运行。

依法监管，保障公平。交易机构按照政府批准的章程和规则，构建保障交易公平的机制，为各类市场主体提供公平优质的交易服务，确保信息公开透明，促进交易规则完善和市场公平。政府有关部门依法对交易机构实施监管。

二、组建相对独立的交易机构

（一）职能定位。

交易机构不以营利为目的，在政府监管下为市场主体提供规范公开透明的电力交易服务。交易机构主要负责市场交易平台的建设、运营和管理；负责市场交易组织，提供结算依据和相关服务，汇总电力用户与发电企业自主签订的双边合同；负责市场主体注册和相应管理，披露和发布市场信息等。

（二）组织形式。

将原来由电网企业承担的交易业务与其他业务分开，按照政府批准的章程和规则组建交易机构。交易机构可以采取电网企业相对控股的公司制、电网企业子公司制、会员制等组织形式。其中，电网企业相对控股的公司制交易机构，由电网企业相对控股，第三方机构及发电企业、售电企业、电力用户等市场主体参股。会员制交易机构由市场主体按照相关规则组建。

（三）市场管理委员会。

为维护市场的公平、公正、公开，保障市场主体的合法权益，充分体现各方意愿，可建立由电网企业、发电企业、售电企业、电力用户等组成的市场管理委员会。按类别选派代表组成，负责研究讨论交易机构章程、交易和运营规则，协调电力市场相关事项等。市场管理委员会实行按市场主体类别投票表决等合理议事机制，国家能源局及其派出机构和政府有关部门可以派员参加市场管理委员会有关会议。市场管理委员会审议结果经审定后执行，国家能源局及其派出机构和政府有关部门可以行使否决权。

（四）体系框架。

有序组建相对独立的区域和省（区、市）交易机构。区域交易机构包括北京电力交易中心（依托国家电网公司组建）、广州电力交易中心（依托南方电网公司组建）和其它服务于有关区域电力市场的交易机构。鼓励交易机构不断扩大交易服务范围，推动市场间相互融合。

（五）人员和收入来源。

交易机构应具有与履行交易职责相适应的人、财、物，日常管理运营不受市场主体干预，接受政府监管。交易机构人员可以电网企业现有人员为基础，根据业务发展需要，公开选聘，择优选取，不断充实；高级管理人员由市场管理委员会推荐，依法按组织程序聘任。交易机构可向市场主体合理收费，主要包括注册费、年费、交易手续费。

（六）与调度机构的关系。

交易机构主要负责市场交易组织，调度机构主要负责实时平衡和系统安全。日以内即时交易和实时平衡由调度机构负责。日前交易要区别不同情形，根据实践运行的情况和经验，逐步明确、规范交易机构和调度机构的职能边界。

交易机构按照市场规则，基于安全约束，编制交易计划，用于结算并提供调度机构。调度机构向交易机构提供安全约束条件和基础数据，进行安全校核，形成调度计划并执行，公布实际执行结果，并向市场主体说明实际执行与交易计划产生偏差的原因。交易机构根据市场规则确定的激励约束机制要求，通过事后结算实现经济责任分担。

三、形成规范运行的交易平台

（一）拟定交易规则。

根据市场建设目标和市场发展情况，设计市场交易品种。编制市场准入、市场注册、市场交易、交易合同、交易结算、信息披露等规则。

（二）交易平台建设与运维。

逐步提高交易平台自动化、信息化水平，根据市场交易实际需要，规划、建设功能健全、运行可靠的电力交易技术支持系统。加强技术支持系统的运维，支撑市场主体接入和各类交易开展。

（三）市场成员注册管理。

省级政府或由省级政府授权的部门，按年度公布当地符合标准的发电企业和售电主体，对用户目录实施动态监管。进入目录的发电企业、售电主体和用户可自愿到交易机构注册成为市场交易主体。交易机构按照电力市场准入规定，受理市场成员递交的入市申请，与市场成员签订入市协议和交易平台使用协议，办理交易平台使用账号和数字证书，管理市场成员注册信息和档案资料。注册的市场成员可通过交易平台在线参与各类电力交易，签订电子合同，查阅交易信息等。

（四）交易组织。

发布交易信息，提供平台供市场成员开展双边、集中等交易。按照交易规则，完成交易组织准备，发布电力交易公告，通过交易平台组织市场交易，发布交易结果。

（五）交易计划编制与跟踪。

根据各类交易合同编制日交易等交易计划，告知市场成员，并提交调度机构执行，跟踪交易计划执行情况，确保交易合同和优先发用电合同得到有效执行。

（六）交易结算。

根据市场交易发展情况及市场主体意愿，逐步细化完善交易结算相关办法，规范交易结算职能。交易机构根据交易结果和执行结果，出具电量电费、辅助服务费及输电服务费等结算凭证。交易机构组建初期，可在交易机构出具结算凭证的基础上，保持电网企业提供电费结算服务的方式不变。

（七）信息发布。

按照信息披露规则，及时汇总、整理、分析和发布电力交易相关数据及信息。

（八）风险防控。

采取有效风险防控措施，加强对市场运营情况的监控分析，当市场出现重大异常时，按规则采取相应的市场干预措施，并及时报告。

四、加强对交易机构的监管

（一）市场监管。

切实加强电力行业及相关领域科学监管，完善电力监管组织体系，创新监管措施和手段。充分发挥和加强国家能源局及其派出机构在电力市场监管方面的作用。国家能源局依法组织制定电力市场规划、市场规则、市场监管办法，会同地方政府对区域电力市场及区域电力交易机构实施监管；国家能源局派出机构和地方政府电力管理部门根据职能依法履行省（区、市）电力监管职责，对市场主体有关市场操纵力、公平竞争、电网公平开放、交易行为等情况实施监管，对电力交易机构和电力调度机构执行市场规则的情况实施监管。

（二）外部审计。

试点交易机构应依法依规建立完善的财务管理制度，按年度经具有证券、期货相关业务资格的会计师事务所进行外部财务审计，财务审计报告应向社会发布。

（三）业务稽核。

可根据实际需要，聘请第三方机构对交易开展情况进行业务稽核，并提出完善规则等相关建议。

五、组织实施

（一）加强领导。

为促进不同电力市场的有机融合，逐步形成全国电力市场体系，在电力体制改革工作小组的领导下，国家发展改革委、工业和信息化部、财政部、国务院国资委、国家能源局等有关部门和企业，发挥好部门联合工作机制作用，切实做好交易机构组建试点工作。

（二）试点先行。

在试点地区，结合试点工作，组建相对独立的交易机构，明确试点交易机构发起人及筹备组班子人选。筹备组参与拟定交易机构组建方案，试点方案经国家发展改革委、国家能源局组织论证后组织实施。

（三）组织推广。

总结交易机构组建试点经验，根据各地市场建设实际进展，有序推动其他交易机构相对独立、规范运行相关工作。

附件4

关于有序放开发用电计划的实施意见

为贯彻落实《中共中央 国务院关于进一步深化电力体制改革的若干意见》（中发〔2015〕9号）有关要求，推进发用电计划改革，更多发挥市场机制的作用，逐步建立竞争有序、保障有力的电力运行机制，现就有序放开发用电计划提出以下意见。

一、总体思路和主要原则

（一）总体思路。

通过建立优先购电制度保障无议价能力的用户用电，通过建立优先发电制度保障清洁能源发电、调节性电源发电优先上网，通过直接交易、电力市场等市场化交易方式，逐步放开其他的发用电计划。在保证电力供需平衡、保障社会秩序的前提下，实现电力电量平衡从以计划手段为主平稳过渡到以市场手段为主，并促进节能减排。

（二）主要原则。

坚持市场化。在保证电力安全可靠供应的前提下，通过有序缩减发用电计划、开展发电企业与用户直接交易，逐步扩大市场化电量的比例，加快电力电量平衡从以计划手段为主向以市场手段为主转变，为建设电力市场提供空间。

坚持保障民生。政府保留必要的公益性、调节性发用电计划，以确保居民、农业、重要公用事业和公益性服务等用电。在有序放开发用电计划的过程中，充分考虑企业和社会的承受能力，保障基本公共服务的供给。常态化、精细化开展有序用电工作，有效保障供需紧张情况下居民等重点用电需求不受影响。

坚持节能减排和清洁能源优先上网。在确保供电安全的前提下，优先保障水电和规划内的风能、太阳能、生物质能等清洁能源发电上网，促进清洁能源多发满发。

坚持电力系统安全和供需平衡。按照市场化方向，改善电力运行调节，统筹市场与计划两种手段，引导供应侧、需求侧资源积极参与调峰调频，保障电力电量平衡，提高电力供应的安全可靠水平，确保社会生产生活秩序。

坚持有序推进。各地要综合考虑经济结构、电源结构、电价水平、送受电规模、市场基础等因素，结合本地实际情况，制定发用电计划改革实施方案，分步实施、有序推进。

二、建立优先购电制度

（一）优先购电基本内容。优先购电是指按照政府定价优先购买电力电量，并获得优先用电保障。优先购电用户在编制有序用电方案时列入优先保障序列，原则上不参与限电，初期不参与市场竞争。

（二）优先购电适用范围。一产用电，三产中的重要公用事业、公益性服务行业用电，以及居民生活用电优先购电。重要公用事业、公益性服务包括党政军机关、学校、医院、公共交通、金融、通信、邮政、供水、供气等涉及社会生活基本需求，或提供公共产品和服务的部门和单位。

（三）优先购电保障措施。一是发电机组共同承担。优先购电对应的电力电量由所有公用发电机组共同承担，相应的销售电价、上网电价均执行政府定价。二是加强需求侧管理。在负荷控制系统、用电信息采集系统基础上，推广用电用能在线监测和需求侧管理评价，积极培育电能服务，建立完善国家电力需求侧管理平台。在前期试点基础上，推广需求响应，参与市场竞争，逐步形成占最大用电负荷3%左右的需求侧机动调峰能力，保障轻微缺电情况下的电力供需平衡。三是实施有序用电。常态化、精细化开展有序用电工作。制定有序用电方案，进行必要演练，增强操作能力。出现电力缺口或重大突发事件时，对优先购电用户保障供电，其他用户按照有序用电方案确定的顺序及相应比例分担限电义务。通过实施有序用电方案，保障严重缺电情况下的社会秩序稳定。四是加强老少边穷地区电力供应保障。加大相关投入，确保无电人口用电全覆盖。

三、建立优先发电制度

（一）优先发电基本内容。优先发电是指按照政府定价或同等优先原则，优先出售电力电量。优先发电容量通过充分安排发电量计划并严格执行予以保障，拥有分布式风电、太阳能发电的用户通过供电企业足额收购予以保障，目前不参与市场竞争。

（二）优先发电适用范围。为便于依照规划认真落实可再生能源发电保障性收购制度，纳入规划的风能、太阳能、生物质能等可再生能源发电优先发电；为满足调峰调频和电网安全需要，调峰调频电量优先发电；为保障供热需要，热电联产机组实行"以热定电"，供热方式合理、实现在线监测并符合环保要求的在采暖期优先发电,以上原则上列为一类优先保障。为落实国家能源战略、确保清洁能源送出,跨省跨区送受电中的国家计划、地方政府协议送电量优先发电;为减少煤炭消耗和污染物排放,水电、核电、余热余压余气发电、超低排放燃煤机组优先发电,以上原则上列为二类优先保障。各省(区、市)可根据本地区实际情况,按照确保安全、兼顾经济性和调节性的原则,合理确定优先顺序。

(三)优先发电保障措施。一是留足计划空间。各地安排年度发电计划时,充分预留发电空间。其中,风电、太阳能发电、生物质发电、余热余压余气发电按照资源条件全额安排发电,水电兼顾资源条件、历史均值和综合利用要求确定发电量,核电在保证安全的情况下兼顾调峰需要安排发电。二是加强电力外送和消纳。跨省跨区送受电中原则上应明确可再生能源发电量的比例。三是统一预测出力。调度机构统一负责调度范围内风电、太阳能发电出力预测,并充分利用水电预报调度成果,做好电力电量平衡工作,科学安排机组组合,充分挖掘系统调峰潜力,合理调整旋转备用容量,在保证电网安全运行的前提下,促进清洁能源优先上网;面临弃水弃风弃光情况时,及时预告有关情况,及时公开相关调度和机组运行信息。可再生能源发电企业应加强出力预测工作,并将预测结果报相应调度机构。四是组织实施替代,同时实现优先发电可交易。修订火电运行技术规范,提高调峰灵活性,为消纳可再生能源腾出调峰空间。鼓励开展替代发电、调峰辅助服务交易。

四、切实保障电力电量平衡

未建立现货市场的地区,应以现有发用电计划工作为基础,坚持公开、公平、公正,参照以下步骤做好年度电力电量平衡工作。

(一)做好供需平衡预测。每年年底,各地预测来年本地区电力供需平衡情况,预测总发用电量,测算跨省跨区送受电电量(含优先发电部分、市场交易部分),测算本地区平均发电利用小时数,点对网发电机组视同为受电地区发电企业。

(二)安排优先发电。优先安排风能、太阳能、生物质能等可再生能源保障性发电;根据电网调峰调频需要,合理安排调峰调频电量;按照以热定电原则安排热电联产机组发电;兼顾资源条件、系统需要,合理安排水电发电;兼顾调峰需要,合理安排核电发电;安排余热余压余气发电;考虑节能环保水平,安排高效节能、超低排放的燃煤机组发电。

(三)组织直接交易。组织符合条件的电力用户和发电企业,通过双边交易或多边交易等方式,确定交易电量和交易价格;尽可能确保用户用电负荷特性不得恶化,避免加大电网调峰压力;尽可能避免非理性竞争,保障可持续发展。其中,供热比重大的地区,直接交易不得影响低谷电力平衡和保障供热需要;水电比重大的地区,直接交易应区分丰水期、枯水期电量。

(四)扣除相应容量。为促进直接交易价格合理反映电力资源产品价值,在安排计划电量时,原则上应根据直接交易情况,相应扣除发电容量。为调动发电企业参与积极性,直接交易电量折算发电容量时,可根据对应用户最大负荷利用小时数、本地工业用户平均利用小时数或一定上限等方式折算。

(五)安排好年度电力电量平衡方案。扣除直接交易的发电量、发电容量后,剩余发电量、发电容量可以按照现行的差别电量计划制定规则,考虑年度检修计划后,确定发电计划。计划电量执行政府定价。电力企业应根据年度电力电量平衡方案协商签订购售电合同。

(六)实施替代发电。发电计划确定后,在满足安全和供热等约束条件下,组织发电企业通过自主协商或集中撮合等方式实施替代发电,促进节能减排。计划电量和直接交易电量,均可按照有关规定实施替代发电。

(七)保障电力平衡。所有统调发电机组均承担电力平衡和调峰调频任务,对应的电量为调峰调频电量,计入计划电量,原调度方式不变。

(八)适时调整年度电力电量平衡方案。通过调整方案,确保交易电量得以执行。可于四季度,根据直接交易电量变化、用电增速变化,以及有关奖惩因素等,按照上述规则调整年度电力电量平衡方案,并签订调整补充协议。

五、积极推进直接交易

通过建立、规范和完善直接交易机制，促进中长期电力交易的发展，加快市场化改革进程。

（一）用户准入范围。允许一定电压等级或容量的用户参与直接交易；允许售电公司参与；允许地方电网和趸售县参与；允许产业园区和经济技术开发区等整体参与。落后产能、违规建设和违法排污项目不得参与。各地可结合本地区实际情况、产业政策，以及能耗、环保水平等完善准入条件，并尽可能采用负面清单、注册制方式。选择直接交易的用户，原则上应全部电量参与市场交易，不再按政府定价购电。

（二）发电准入范围。允许火电、水电参与直接交易；鼓励核电、风电、太阳能发电等尝试参与；火电机组中，超低排放的燃煤发电机组优先参与。不符合国家产业政策、节能节水指标未完成、污染物排放未达到排放标准和总量控制要求、违规建设等电源项目不得参与。各地可结合本地区实际情况、发电产业政策，以及发电机组容量、能耗、环保水平等完善准入条件，并尽可能采用负面清单方式。发电机组参与直接交易的容量应保持合理比例，以便保持调峰调频能力、避免影响供需平衡。

（三）交易方式和期限。符合条件的发电企业、售电企业和用户可以自愿参与直接交易，协商确定多年、年度、季度、月度、周交易量和交易价格。既可以通过双边交易，也可以通过多边撮合交易实现；一旦参与，不得随意退出。年度交易量确定后，可以根据实际情况进行月度电量调整。直接交易合同原则上至少为期一年，双方必须约定违约责任，否则合同不得中途中止。具备条件的，允许部分或全部转让合同，即卖电方可以买电、买电方也可以卖电，以降低参与方的违约风险。

（四）直接交易价格。对于发电企业与用户、售电企业直接交易的电量，上网电价和销售电价初步实现由市场形成，即通过自愿协商、市场竞价等方式自主确定上网电价，按照用户、售电主体接入电网的电压等级支付输配电价（含线损、交叉补贴）、政府性基金等。暂未单独核定输配电价的地区、扩大电力直接交易参与范围的地区，可采取保持电网购销差价不变的方式，即发电企业上网电价调整多少，销售电价调整多少，差价不变。

（五）保持用电负荷特性。为保持用户用电特性，避免加大系统调峰压力，初期，直接交易电量应区分峰谷电量，实行峰谷电价，峰谷电价比值应不低于所在省份峰谷电价比值；有条件的地区，鼓励发用电双方提供负荷曲线。中期，在直接交易中努力实现电力基本匹配，发用电双方均需提供负荷曲线，但不严格要求兑现。后期，所有卖电方均需提供预计出力曲线；所有买电方均需提供预计用电曲线。

（六）避免非理性竞争。为了建立长期稳定的交易关系，促进可持续发展，参与直接交易的发电能力和用电量应保持合理比例、基本匹配，避免出现非理性竞争，影响市场化改革进程。具体比例可参考本地区可供电量与用电量的比值确定。

六、有序放开发用电计划

根据实际需要，在不影响电力系统安全、供需平衡和保障优先购电、优先发电的前提下，全国各地逐步放开一定比例的发用电计划，参与直接交易，促进电力市场建设。

（一）逐步放大直接交易比例。

用电逐步放开。现阶段可以放开 110 千伏（66 千伏）及以上电压等级工商业用户、部分 35 千伏电压等级工商业用户参与直接交易。下一步可以放开全部 35 千伏及以上电压等级工商业用户，甚至部分 10 千伏及以上电压等级工商业用户参与；允许部分优先购电的企业和用户自愿进入市场。具备条件时，可以放开全部千伏及以上电压等级用户，甚至允许所有优先购电的企业和用户自愿进入市场；也可以通过保留一定交叉补贴，使得无议价能力用户价格比较合理，在市场上具有一定竞争力，通过市场解决；供电企业仍承担保底供电责任，确保市场失灵时的基本保障。

发电相应放开。随着用电逐步放开，相应放开一定比例的发电容量参与直接交易。目前保留各类优先发电，鼓励优先发电的企业和用户自愿进入市场。具备条件时，调峰调频电量、供热发电、核电、余热余压余气发电等优先发电尽可能进入电力市场。

跨省跨区送受电逐步放开。现阶段，国家计划、地方政府协议送电量优先发电；其他跨省跨区送受电可给予一定过渡期，在历史均值基础上，年电量变化幅度应控制在一定比例范围内，或可通过跨省跨区替代发电实现利益调节。下一步，鼓励将国家计划、地方政府协议送电量转变为中长期合同；其他跨省跨区送受电由送受电各方自行协商确定，鼓励签订中长期合同。逐步过渡到主要通过中长期交易、临时交易实现；既可以是政府间中长期交易，电力企业、用户间中长期交易，也可以是电力企业、用户间临时交易。

（二）促进建立电力市场体系。

通过建立、规范和完善直接交易机制，促进电力中长期交易的发展。首先，选取试点地区开展现货市场试点，探索建立电力电量平衡新机制。然后，在现货市场试点基础上，丰富完善市场品种，探索实施途径、积累经验、完善规则，尝试建立比较完整的电力市场体系，为全国范围推广奠定基础。鼓励需求侧资源参与各类市场竞争，促进分布式发电、电动汽车、需求响应等的发展。后期，进一步完善各类电力市场和交易品种，并逐步在全国范围推广、建立比较完善的电力市场体系，使得电力电量平衡能够主要依靠电力市场实现，市场在配置资源中发挥决定性作用。

结合直接交易用户的放开，适时取消相应类别用户目录电价，即用户必须自行参与市场或通过售电公司购电。逐步取消部分上网电量的政府定价。除优先发电、优先购电对应的电量外，发电企业其他上网电量价格主要由用户、售电主体与发电企业通过自主协商、市场竞价等方式确定。在电力市场体系比较健全的前提下，全部放开上网电价和销售电价。

（三）不断完善应急保障机制。

通过实施需求响应和有序用电方案，完善电力电量平衡的应急保障机制和体系。在面临重大自然灾害和突发事件时，省级以上人民政府依法宣布进入应急状态或紧急状态，暂停市场交易，全部或部分免除市场主体的违约责任，发电全部或部分执行指令性交易，包括电量、电价，用电执行有序用电方案。

七、因地制宜组织实施

（一）切实加强组织领导。各地区要建立工作机制，有关部门要分工协作、相互配合，结合本地区实际情况，制定实施方案并报国家发展改革委和国家能源局；对于过渡时期可能出现的各种问题，早做考虑、早做预案；认真落实本指导意见提出的各项任务，遇有重大问题及时反映。国家发展改革委和国家能源局将会同有关部门加强对各地区实施方案制定和具体工作推进的指导和监督；适时组织评估有序放开发用电计划工作，总结经验、分析问题、完善政策。

（二）因地制宜开展工作。鉴于我国不同地区间电源电网结构、实际运行特点以及经济结构等均存在较大差异，改革过程中面临的困难各不相同、同步实施难度较大，各地可根据工作基础、实施难度和实际进展等因素，在本地区实施方案中确定主要时间节点，并制定不同阶段的放开比例和具体工作方案。建立现货市场的试点地区，可以根据需要另行设计发用电计划改革路径。

（三）充分发挥市场作用。无论是制定、实施本地区实施方案，还是组织开展试点工作，各地都要坚持发挥市场的作用，注重制定完善规则，按规则办事，避免自由裁量空间过大。特别是在直接交易等实施过程中，不得指定交易对象、交易电量、交易价格。国家能源局派出机构应加强对此类情况的监督检查。如经核实出现类似情况，将暂停该地区试点工作或改革推进工作，待整改完毕后再行推进。

附件5

关于推进售电侧改革的实施意见

为认真贯彻《中共中央　国务院关于进一步深化电力体制改革的若干意见》（中发〔2015〕9号）精神，现就推进售电侧改革提出以下意见。

一、指导思想和基本原则、工作目标

（一）指导思想。

向社会资本开放售电业务，多途径培育售电侧市场竞争主体，有利于更多的用户拥有选择权，提升售电服务质量和用户用能水平。售电侧改革与电价改革、交易体制改革、发用电计划改革等协调推进，形成有效竞争的市场结构和市场体系，促进能源资源优化配置，提高能源利用效率和清洁能源消纳水平，提高供电安全可靠性。

（二）基本原则。

坚持市场方向。通过逐步放开售电业务，进一步引入竞争，完善电力市场运行机制，充分发挥市场在资源配置中的决定性作用，鼓励越来越多的市场主体参与售电市场。

坚持安全高效。售电侧改革应满足供电安全和节能减排要求，优先开放能效高、排放低、节水型的发电企业，以及单位能耗、环保排放符合国家标准、产业政策的用户参与交易。

鼓励改革创新。参与交易的市场主体采用公示和信用承诺制度，不实行行政审批。整合互联网、分布式发电、智能电网等新兴技术，促进电力生产者和消费者互动，向用户提供智能综合能源服务，提高服务质量和水平。

完善监管机制。保证电力市场公平开放，建立规范的购售电交易机制，在改进政府定价机制、放开发电侧和售电侧两端后，对电网输配等自然垄断环节和市场其他主体严格监管，进一步强化政府监管。

二、售电侧市场主体及相关业务

（一）电网企业。

电网企业是指拥有输电网、配电网运营权（包括地方电力公司、趸售县供电公司），承担其供电营业区保底供电服务的企业，履行确保居民、农业、重要公用事业和公益性服务等用电的基本责任。当售电公司终止经营或无力提供售电服务时，电网企业在保障电网安全和不影响其他用户正常供电的前提下，按照规定的程序、内容和质量要求向相关用户供电，并向不参与市场交易的工商业用户和无议价能力用户供电，按照政府规定收费。若营业区内社会资本投资的配电公司无法履行责任时，由政府指定其他电网企业代为履行。

电网企业对供电营业区内的各类用户提供电力普遍服务，保障基本供电；无歧视地向市场主体及其用户提供报装、计量、抄表、维修、收费等各类供电服务；保障电网公平无歧视开放，向市场主体提供输配电服务，公开输配电网络的可用容量和实际使用容量等信息；在保证电网安全运行的前提下，按照有关规定收购分布式电源发电；受委托承担供电营业区内的有关电力统计工作。

电网企业按规定向交易主体收取输配电费用（含线损和交叉补贴），代国家收取政府性基金；按照交易中心出具的结算依据，承担市场主体的电费结算责任，保障交易电费资金安全。

鼓励以混合所有制方式发展配电业务。向符合条件的市场主体放开增量配电投资业务。社会资本投资增量配电网绝对控股的，即拥有配电网运营权，同时拥有供电营业区内与电网企业相同的权利，并切实履行相同的责任和义务。

（二）售电公司。

售电公司分三类，第一类是电网企业的售电公司。第二类是社会资本投资增量配电网，拥有配电网运营权的售电公司。第三类是独立的售电公司，不拥有配电网运营权，不承担保底供电服务。

售电公司以服务用户为核心，以经济、优质、安全、环保为经营原则，实行自主经营，自担风险，自负盈亏，自我约束。鼓励售电公司提供合同能源管理、综合节能和用电咨询等增值服务。同一供电营业区内可以有多个售电公司，但只能有一家公司拥有该配电网经营权，并提供保底供电服务。同一售电公司可在多个供电营业区内售电。

发电公司及其他社会资本均可投资成立售电公司。拥有分布式电源的用户，供水、供气、供热等公共服务行业，节能服务公司等均可从事市场化售电业务。

（三）用户。

符合市场准入条件的电力用户，可以直接与发电公司交易，也可以自主选择与售电公司交易，或选择不参与市场交易。

三、售电侧市场主体准入与退出

（一）售电公司准入条件。

1. 按照《中华人民共和国公司法》，进行工商注册，具有独立法人资格。

2. 资产要求。

（1）资产总额在 2 千万元至 1 亿元人民币的，可以从事年售电量不超过 6 至 30 亿千瓦时的售电业务。

（2）资产总额在 1 亿元至 2 亿元人民币的，可以从事年售电量不超过 30 至 60 亿千瓦时的售电业务。

（3）资产总额在 2 亿元人民币以上的，不限制其售电量。

（4）拥有配电网经营权的售电公司其注册资本不低于其总资产的 20%。

3. 拥有与申请的售电规模和业务范围相适应的设备、经营场所，以及具有掌握电力系统基本技术经济特征的相关专职专业人员，有关要求另行制定。

4. 拥有配电网经营权的售电公司应取得电力业务许可证（供电类）。

（二）直接交易用户准入条件。

1. 符合国家产业政策，单位能耗、环保排放均应达到国家标准。

2. 拥有自备电源的用户应按规定承担国家依法合规设立的政府性基金，以及与产业政策相符合的政策性交叉补贴和系统备用费。

3. 微电网用户应满足微电网接入系统的条件。

（三）市场主体准入。

1. 符合准入条件的市场主体应向省级政府或由省级政府授权的部门申请，并提交相关资料。

2. 省级政府或由省级政府授权的部门通过政府网站等媒体将市场主体是否满足准入条件的信息及相关资料向社会公示。

3. 省级政府或由省级政府授权的部门将公示期满无异议的市场主体纳入年度公布的市场主体目录，并实行动态管理。

4. 列入目录的市场主体可在组织交易的交易机构注册，获准参与交易。在新的交易机构组建前，市场主体可先行在省级政府或由省级政府授权的部门登记。

有关市场主体准入、退出办法另行制定。

（四）市场主体退出。

1. 市场主体违反国家有关法律法规、严重违反交易规则和破产倒闭的须强制退出市场，列入黑名单，不得再进入市场。退出市场的主体由省级政府或由省级政府授权的部门在目录中删除，交易机构取消注册，向社会公示。

2. 市场主体退出之前应将所有已签订的购售电合同履行完毕或转让，并处理好相关事宜。

四、市场化交易

（一）交易方式。

市场交易包括批发和零售交易。在交易机构注册的发电公司、售电公司、用户等市场主体可以自主双边交易，也可以通过交易中心集中交易。拥有分布式电源或微网的用户可以委托售电公司代理购售电业务。有关交易方式另行制定。

（二）交易要求。

参与交易的有关各方应符合电力市场建设的有关规定，到交易机构注册成为市场交易主体。市场有关各方应依法依规签订合同，明确相应的权利义务关系，约定交易、服务等事项。参与双边交易的买卖双方应符合交易的有关规定，交易结果应报有关交易机构备案。

（三）交易价格。

放开的发用电计划部分通过市场交易形成价格，未放开的发用电计划部分执行政府规定的电价。市场交易价格可以通过双方自主协商确定或通过集中撮合、市场竞价的方式确定。参与市场交易的用户购电价格由市场交易价格、输配电价（含线损和交叉补贴）、政府性基金三部分组成。

输配电价由政府核定，暂未单独核定输配电价的地区，可按现行电网购销价差作为电力市场交易输配电价。

（四）结算方式。

发电公司、电网企业、售电公司和用户应根据有关电力交易规则，按照自愿原则签订三方合同。电力交易机构负责提供结算依据，电网企业负责收费、结算，负责归集交叉补贴，代收政府性基金，并按规定及时向有关发电公司和售电公司支付电费。

五、信用体系建设与风险防范

（一）信息披露。

建立信息公开机制，省级政府或由省级政府授权的部门定期公布市场准入退出标准、交易主体目录、负面清单、黑名单、监管报告等信息。市场主体在省级政府指定网站和"信用中国"网站上公示公司有关情况和信用承诺，对公司重大事项进行公告，并定期公布公司年报。

（二）信用评价。

建立市场主体信用评价机制，省级政府或由省级政府授权的部门依据企业市场履约情况等市场行为建立市场主体信用评价制度，评价结果应向社会公示。建立黑名单制度，对严重违法、违规的市场主体，提出警告，勒令整改。拒不整改的列入黑名单，不得再进入市场。

（三）风险防范。

强化信用评价结果应用，加强交易监管等综合措施，努力防范售电业务违约风险。市场发生严重异常情况时，政府可对市场进行强制干预。

（四）强化监管。

国家能源局和省级政府应加强市场主体和交易机构的市场行为的监管，建立完善的监管组织体系，及时研究、分析交易情况和信息以及公布违反规则的行为。

六、组织实施

（一）分步推进。

在已核定输配电价的地区，鼓励社会资本组建售电公司，开展试点工作。在未核定输配电价的地区，因地制宜放开售电业务，可采取电网购销差价不变的方式开展用户直接交易。在及时对改革试点工作进行总结的基础上，逐步在全国范围内放开所有售电业务。

（二）加强组织指导。

国家发展改革委、工业和信息化部、财政部、环境保护部、国家能源局等有关部门加强与试点地区的联系与沟通，通力合作、密切配合，切实做好售电侧改革试点相关工作。各省级政府要高度重视，加强领导，建立健全工作机制，全面负责本地区改革试点工作，协调解决改革工作中的重大问题。

试点地区要按照电力体制改革总体部署，编制工作方案、配套细则，报国家发展改革委、国家能源局备案。要对改革试点情况定期总结，及时上报，推动改革不断深入。国家发展改革委会同国家能源局要对全国试点地区改革工作总体情况进行及时总结，宣传典型做法，推广改革成功经验。

（三）强化监督检查。

国家发展改革委、国家能源局会同有关部门及时掌握试点地区改革动态，加强指导、协调和督促检查，依据相关法律法规和监管要求对售电市场公平竞争、信息公开、合同履行、合同结算及信用情况实施监管。对改革不到位或政策执行有偏差的及时进行纠正，防止供应侧和需求侧能耗、排放双增高。

试点地区要及时检查指导各项试点探索工作。对在改革过程中出现的新情况、新问题，要积极研究探索解决的办法和途径，重大问题及时报告，确保改革的顺利进行。

建立电力交易督查机制，对各类准入交易企业的能耗、电耗、环保排污水平定期开展专项督查，及时查处违规交易行为，情节严重的要追究相关责任。

国家能源局派出机构和省级有关部门依据相关法律法规，对市场主体准入、电网公平开放、市场秩序、市场主体交易行为、电力普遍服务等实施监管，依法查处违法违规行为。

附件6

关于加强和规范燃煤自备电厂监督管理的指导意见

关于加强和规范燃煤自备电厂监督管理的指导意见为贯彻落实《中共中央　国务院关于进一步深化电力体制改革的若干意见》（中发〔2015〕9号）精神，加强和规范燃煤自备电厂监督管理，现提出如下意见：

一、重要意义

燃煤自备电厂（以下简称"自备电厂"）是我国火电行业的重要组成部分，在为工业企业生产运营提供动力供应、降低企业生产成本的同时，还可兼顾周边企业和居民用电用热需求。随着自备电厂装机规模持续扩大和火电行业能效、环保标准不断提高，进一步加强和规范自备电厂监督管理，逐步推进自备电厂与公用电厂同等管理，有利于加强电力统筹规划，推动自备电厂有序发展；有利于促进清洁能源消纳，提升电力系统安全运行水平；有利于提高能源利用效率，降低大气污染物排放；有利于维护市场公平竞争，实现资源优化配置。

二、基本原则

坚持统筹规划的原则。强化电力发展规划的引领约束作用，统筹能源资源和市场需求，科学规划建设自备电厂。

坚持安全可靠的原则。严格执行电力行业相关规章，提升自备电厂运行水平，维护电力系统安全稳定运行。

坚持节能减排的原则。严格新建机组能效、环保准入门槛，落实水资源管理"三条红线"控制指标。持续升级改造和淘汰落后火电机组，切实提升自备电厂能效、环保水平。

坚持公平竞争的原则。执行统一的产业政策和市场规则，推动自备电厂成为合格市场主体，公平参与市场交易。

坚持科学监管的原则。构建"规划、政策、规则、监管"协调一致的监管体系，强化对自备电厂的监督管理，维护电力建设运行秩序。

三、强化规划引导，科学规范建设

（一）统筹纳入规划。新（扩）建燃煤自备电厂项目（除背压机组和余热、余压、余气利用机组外）要统筹纳入国家依据总量控制制定的火电建设规划，由地方政府依据《政府核准的投资项目目录》核准，禁止以各种名义在总量控制规模外核准。

（二）公平参与优选。新（扩）建燃煤自备电厂要符合国家能源产业政策和电力规划布局要求，与公用火电项目同等条件参与优选。京津冀、长三角、珠三角等区域禁止新建燃煤自备电厂。装机明显冗余、火电利用小时数偏低地区，除以热定电的热电联产项目外，原则上不再新（扩）建自备电厂项目。

（三）科学规范建设。自备电厂要按照以热定电、自发自用为主的原则合理选择机型和装机规模。开工建设前要按规定取得核准文件和必要的支持性文件，建设过程中要严格执行火电建设相关产业政策和能效、水效、环保、安全质量等各项标准。严禁未批先建、批建不符及以余热、余压、余气名义建设常规燃煤机组等违规行为。禁止公用电厂违规转为企业自备电厂。

（四）做好电网接入。电网企业应对符合规定的自备电厂无歧视开放电网，做好系统接入服务。并网自备电厂应按要求配置必要的继电保护与安全自动装置以及调度自动化、通信和电量计量等设备，切实做好并网安全等相关工作。鼓励有条件并网的自备电厂按自愿原则并网运行。

四、加强运行管理，参与辅助服务

（一）加强运行管理。并网自备电厂要严格执行调度纪律，服从电力调度机构的运行安排，合理组织设备检修和机组启停。全面落实电力行业相关规章和标准，进一步加强设备维护，做好人员培训，主动承担维护电力系统安全稳定运行的责任和义务。

（二）参与辅助服务。并网自备电厂要按照"两个细则"参与电网辅助服务考核与补偿，根据自身负荷和机组特性提供调峰等辅助服务，并按照相关规定参与分摊，获得收益。

五、承担社会责任，缴纳各项费用

（一）承担社会责任。企业自备电厂自发自用电量应承担并足额缴纳国家重大水利工程建设基金、农网还贷资金、可再生能源发展基金、大中型水库移民后期扶持基金和城市公用事业附加等依法合规设立的政府性基金以及政策性交叉补贴，各级地方政府均不得随意减免或选择性征收。

（二）合理缴纳备用费。拥有并网自备电厂的企业应与电网企业协商确定备用容量，并按约定的备用容量向电网企业支付系统备用费。备用费标准分省统一制定，由省级价格主管部门按合理补偿的原则制定，报国家发展改革委备案。向企业自备电厂收取的系统备用费计入电网企业收入，并由政府价格主管部门在核定电网企业准许收入和输配电价水平时统筹平衡。随着电力市场化改革逐步推进，探索取消系统备用费，以市场化机制代替。

六、加强综合利用，推动燃煤消减

（一）加强综合利用。鼓励企业回收利用工业生产过程中产生可利用的热能、压差以及余气等建设相应规模的余热、余压、余气自备电厂。此类项目不占用当地火电建设规模，可按有关规定减免政策性交叉补贴和系统备用费。

（二）鼓励对外供热供电。余热、余压、余气自备电厂生产的电力、热力，在满足所属企业自身需求的基础上，鼓励其按有关规定参与电力交易并向周边地区供热。

（三）推动燃煤消减。推动可再生能源替代燃煤自备电厂发电。在风、光、水等资源富集地区，采用市场化机制引导拥有燃煤自备电厂的企业减少自发自用电量，增加市场购电量，逐步实现可再生能源替代燃煤发电。

七、推进升级改造，淘汰落后机组

（一）推进环保改造。自备电厂应安装脱硫、脱硝、除尘等环保设施，确保满足大气污染物排放标准和总量控制要求，并安装污染物自动监控设备，与当地环保、监管和电网企业等部门联网。污染物排放不符合环保要求的自备电厂要采取限制生产、停产改造等措施，限期完成环保设施升级改造。对于国家要求实施超低排放改造的自备燃煤机组，要在规定期限内完成相关改造工作。鼓励其他有条件的自备电厂实施超低排放改造。

（二）提高能效水平。自备电厂运行要符合相关产业政策规定的能效标准要求。供电煤耗、水耗高于本省同类型机组平均水平 5 克/千瓦时、0.5 千克/千瓦时及以上的自备燃煤发电机组，要因厂制宜，实施节能节水升级改造。

（三）淘汰落后机组。对机组类型属于《产业结构调整目录》等相关产业政策规定淘汰类的，由地方政府明确时间表，予以强制淘汰关停。能耗和污染物排放不符合国家和地方最新标准的自备电厂应实施升级改造，拒不改造或不具备改造条件的由地方政府逐步淘汰关停。淘汰关停后的机组不得转供电或解列运行，不得易地建设。主动提前淘汰自备机组的企业，淘汰机组容量和电量可按有关规定参与市场化交易。

八、确定市场主体，参与市场交易

（一）确定市场主体。满足下列条件的拥有并网自备电厂的企业，可成为合格发电市场主体。

1．符合国家产业政策，达到能效、环保要求；

2．按规定承担国家依法合规设立的政府性基金，以及与产业政策相符合的政策性交叉补贴；

3．公平承担发电企业社会责任；

4．进入各级政府公布的交易主体目录并在交易机构注册；

5．满足自备电厂参与市场交易的其他相关规定。

（二）有序参与市场交易。拥有自备电厂的企业成为合格发电市场主体后，有序推进其自发自用以外电量按交易规则与售电主体、电力用户直接交易，或通过交易机构进行交易。

（三）平等参与购电。拥有自备电厂但无法满足自身用电需求的企业，按规定承担国家依法合规设立的政府性基金，以及与产业政策相符合的政策性交叉补贴后，可视为普通电力用户，平等参与市场购电。

九、落实责任主体，加强监督管理

（一）明确主体责任。拥有自备电厂的企业，要承担加强和规范自备电厂管理的主体责任，强化自备电厂内部管理，严格执行能效、环保标准，切实维护电力系统安全稳定运行，公平承担社会责任。

（二）加强组织协调。各省级发改（能源）、经信（工信）、价格、环保等相关部门以及国家能源局派出机构要进一步明确责任分工，加强协调，齐抓共管，形成工作合力，确保自备电厂规范有序发展。

（三）开展专项监管。国家能源局会同有关部门按规定开展自备电厂专项监管和现场检查，形成监管报告，对存在的问题要求限期整改，将拒不整改的企业纳入黑名单，并向社会公布。

（四）强化项目管理。各省级能源主管部门要进一步加强对本地区新（扩）建自备电厂项目的管理。国家能源局及其派出机构要加强对未核先建、批建不符、越权审批等违规建设项目及以余热、余压、余气名义建设常规燃煤机组等问题的监管，一经发现，交由地方能源主管部门责令其停止建设，并会同相关部门依法依规予以处理。

（五）规范运行改造。各省级发改（能源）、经信（工信）、环保等主管部门会同国家能源局派出机构，按照职责分工对燃煤自备电厂安全生产运行、节能减排、淘汰落后产能等工作以及余热、余压、余气自备电厂运行中的弄虚作假行为开展有效监管。对安全生产运行不合规，能效、环保指标不达标，未按期开展升级改造和淘汰落后等工作的自备电厂，要依法依规予以严肃处理，并视情况限批其所属企业新建项目。

（六）加强监督检查。财政部驻各省（区、市）监察专员办事处加强对拥有自备电厂企业缴纳政府性基金情况的监督检查。各省级价格、能源主管部门及国家能源局派出机构加强对拥有自备电厂缴纳政策性交叉补贴情况的监督检查。对存在欠缴、拒缴问题的，要通报批评、限期整改，并依法依规予以处理。

4-2　国家发展改革委　国家能源局关于加快建设全国统一电力市场体系的指导意见

（发改体改〔2022〕118号，2022年1月18日国家发展改革委、国家能源局发布）

各省、自治区、直辖市人民政府，国务院各部委、各直属机构，国家电网有限公司、中国南方电网有限责任公司、内蒙古电力（集团）有限责任公司，中国核工业集团有限公司、中国华能集团有限公司、中国大唐集团有限公司、中国华电集团有限公司、国家电力投资集团有限公司、中国长江三峡集团有限公司、国家能源投资集团有限责任公司、国家开发投资集团有限公司、华润（集团）有限公司、中国广核集团有限公司：

党中央、国务院部署实施新一轮电力体制改革以来，我国电力市场建设稳步有序推进，多元竞争主体格局初步形成，市场在资源优化配置中作用明显增强，市场化交易电量比重大幅提升。同时，电力市场还存在体系不完整、功能不完善、交易规则不统一、跨省跨区交易存在市场壁垒等问题。为加快建设全国统一电力市场体系，实现电力资源在更大范围内共享互济和优化配置，提升电力系统稳定性和灵活调节能力，推动形成适应中国国情、有更强新能源消纳能力的新型电力系统，经国务院同意，现提出以下意见。

一、总体要求

（一）指导思想。以习近平新时代中国特色社会主义思想为指导，全面贯彻党的十九大和十九届历次全会精神，完整、准确、全面贯彻新发展理念，遵循电力运行规律和市场经济规律，适应碳达峰碳中和目标的新要求，更好统筹发展和安全，优化电力市场总体设计，健全多层次统一电力市场体系，统一交易规则和技术标准，破除市场壁垒，推进适应能源结构转型的电力市场机制建设，加快形成统一开放、竞争有序、安全高效、治理完善的电力市场体系。

（二）工作原则。

总体设计，稳步推进。做好电力市场功能结构的总体设计，实现不同层次市场的高效协同、有机衔接。坚持问题导向，积极稳妥推进市场建设，鼓励因地制宜开展探索。

支撑转型，安全可靠。完善体制机制，创新市场模式，促进新能源的投资、生产、交易、消纳，发挥电力市场对能源清洁低碳转型的支撑作用。协同推进市场建设与电网运行管理，防范市场建设风险，确保电力系统安全稳定运行。

立足国情，借鉴国际。立足我国能源资源禀赋、经济社会发展等实际国情，借鉴国际成熟电力市场建设经验，发挥国内市场优势，适应电力行业生产运行规律和发展需要，科学合理设计市场模式和路径。

统筹兼顾，做好衔接。统筹考虑企业和社会的电力成本承受能力，做好基本公共服务供给和电力市场建设的衔接，保障电力公共服务供给和居民、农业等用电价格相对稳定。

（三）总体目标。到2025年，全国统一电力市场体系初步建成，国家市场与省（区、市）/区域市场协同运行，电力中长期、现货、辅助服务市场一体化设计、联合运营，跨省跨区资源市场化配置和绿色电力交易规模显著提高，有利于新能源、储能等发展的市场交易和价格机制初步形成。到2030年，全国统一电力市场体系基本建成，适应新型电力系统要求，国家市场与省（区、市）/区域市场联合运行，新能源全面参与市场交易，市场主体平等竞争、自主选择，电力资源在全国范围内得到进一步优化配置。

二、健全多层次统一电力市场体系

（一）加快建设国家电力市场。充分发挥北京、广州电力交易中心作用，完善电力交易平台运营管理和跨省跨区市场交易机制。根据电力基础设施建设布局和互联互通情况，研究推动适时组建全国电力交易中心，引入发电企业、售电公司、用户等市场主体和有关战略投资者，建立依法规范、权责分明的公司法人治理体系和运营机制；成立相应的市场管理委员会，完善议事协调和监督机制。

（二）稳步推进省（区、市）/区域电力市场建设。充分发挥省（区、市）市场在全国统一电力市场体系的基础作用，提高省域内电力资源配置效率，保障地方电力基本平衡。贯彻京津冀协同发展、长三角一体化、粤港澳大湾区建设等国家区域重大战略，鼓励建设相应的区域电力市场，开展跨省跨区电力中长期交易和调频、备用等辅助服务交易，优化区域电力资源配置。

（三）引导各层次电力市场协同运行。有序推动国家市场、省（区、市）/区域电力市场建设，加强不同层次市场的相互耦合、有序衔接。条件成熟时支持省（区、市）市场与国家市场融合发展，或多省（区、市）联合形成区域市场后再与国家市场融合发展。推动探索组建电力交易中心联营体，并建立完善的协同运行机制。

（四）有序推进跨省跨区市场间开放合作。在落实电网安全保供支撑电源电量的基础上，按照先增量、后存量原则，分类放开跨省跨区优先发电计划，推动将国家送电计划、地方政府送电协议转化为政府授权的中长期合同。建立多元市场主体参与跨省跨区交易的机制，鼓励支持发电企业与售电公司、用户等开展直接交易。加强跨省跨区与省内市场在经济责任、价格形成机制等方面的动态衔接。加快建立市场化的跨省跨区输电权分配和交易机制，最大程度利用跨省跨区富裕通道优化电力资源配置。

三、完善统一电力市场体系的功能

（一）持续推动电力中长期市场建设。进一步发挥中长期市场在平衡长期供需、稳定市场预期的基础作用。完善中长期合同市场化调整机制，缩短交易周期，提升交易频次，丰富交易品种，鼓励开展较长期限的中长期交易，规范中长期交易组织、合同签订等流程。推动市场主体通过市场交易方式在各层次市场形成分时段电量电价，更好拉大峰谷价差，引导用户削峰填谷。

（二）积极稳妥推进电力现货市场建设。引导现货市场更好发现电力实时价格，准确反映电能供需关系。组织实施好电力现货市场试点，支持具备条件的试点不间断运行，逐渐形成长期稳定运行的电力现货市场。推动各类优先发电主体、用户侧共同参与现货市场，加强现货交易与放开优先发用电计划、中长期交易的衔接，建立合理的费用疏导机制。

（三）持续完善电力辅助服务市场。推动电力辅助服务市场更好体现灵活调节性资源的市场价值，建立健全调频、备用等辅助服务市场，探索用户可调节负荷参与辅助服务交易，推动源网荷储一体化建设和多能互补协调运营，完善成本分摊和收益共享机制。统筹推进电力中长期、现货、辅助服务市场建设，加强市场间有序协调，在交易时序、市场准入、价格形成机制等方面做好衔接。

（四）培育多元竞争的市场主体。有序放开发用电计划，分类推动燃气、热电联产、新能源、核电等优先发电主体参与市场，分批次推动经营性用户全面参与市场，推动将优先发电、优先购电计划转化为政府授权的中长期合同。严格售电公司准入标准和条件，引导社会资本有序参与售电业务，发挥好电网企业和国有售电公司重要作用，健全确保供电可靠性的保底供电制度，鼓励售电公司创新商业模式，提供综合能源管理、负荷集成等增值服务。引导用户侧可调负荷资源、储能、分布式能源、新能源汽车等新型市场主体参与市场交易，充分激发和释放用户侧灵活调节能力。

四、健全统一电力市场体系的交易机制

（一）规范统一市场基本交易规则和技术标准。发展改革委、能源局组织有关方面制定市场准入退出、交易品种、交易时序、交易执行结算等基本交易规则，以及统一的交易技术标准和数据接口标准。各地组织省（区、市）电力交易中心依照基本交易规则制定本地交易细则。推动交易中心之间在技术和数据标准方面有效衔接、总体一致。

（二）完善电力价格形成机制。改革完善煤电价格市场化形成机制，完善电价传导机制，统一规范各地电力市场价格规则，有效平衡电力供需。有序推动工商业用户全部进入电力市场，确保居民、农业、公益性事业等用电价格相对稳定。鼓励清洁取暖用户通过参与电力市场降低采暖成本。强化电网输配电准许收入监管，推动电网企业输配电业务和购售电业务分开核算，妥善处理政策性交叉补贴。提升跨省跨区输电价格机制灵活性，探索跨省跨区交易按最优路径组合等方式收取输电费用。

（三）做好市场化交易与调度运行的高效衔接。在保障电网安全运行和电力可靠供应的前提下，统筹优化电力市场运行与电网调度运行，健全完善电网企业相关业务流程和制度标准。加强电力交易中心与电网企业业务协同，推动规划、营销、计量、财务、调度等信息的互通共享。提升电网智能化水平，加强电力运行调度和安全管理，依法依规落实电力市场交易结果。

（四）加强信息共享和披露。推动全国电力市场主体注册信息共享。落实信息披露制度要求，规范披露流程，依法依规披露电网安全约束条件、跨省跨区可用输电能力等关键信息。建设统一信息披露平台，健全信息安全保障机制，确保电力运行信息安全可控。

五、加强电力统筹规划和科学监管

（一）健全适应市场化环境的电力规划体系。统筹可再生能源和常规电源规划布局，加强全国电力规划与地方电力规划、电源规划与电网规划、电力规划与市场建设之间的衔接，注重发挥市场价格信号对电力规划建设的引导作用。

（二）完善现代电力市场监管体制。提升对电力市场科学监管能力，加强监测预警，强化电力交易机构和调度机构的运营监控和风险防控责任，做好对电力市场信息披露情况的监督和评价。加强对电网企业自然垄断性业务的监管，健全电网公平开放监管制度，强化运行安全和服务质量评价。

（三）健全电力市场信用体系。健全市场主体自律和社会监督机制，完善电力市场信用评价体系，开展市场主体信用评价工作，推动分级分类监管，实现市场主体信用信息共享，健全守信激励和失信惩戒机制，构建以信用为基础的新型监管机制。

（四）完善电力应急保供机制。加快应急备用和调峰电源能力建设，建立健全成本回收机制，通过容量成本回收机制、辅助服务市场等实现合理经济补偿。健全市场应急处置机制，优先保障民生用电供应，确保电力供应安全。

六、构建适应新型电力系统的市场机制

（一）提升电力市场对高比例新能源的适应性。严格落实支持新能源发展的法律法规和政策措施，完善适应高比例新能源的市场机制，有序推动新能源参与电力市场交易，以市场化收益吸引社会资本，促进新能源可持续投资。建立与新能源特性相适应的中长期电力交易机制，引导新能源签订较长期限的中长期合同。鼓励新能源报量报价参与现货市场，对报价未中标电量不纳入弃风弃光电量考核。在现货市场内推动调峰服务，新能源比例较高的地区可探索引入爬坡等新型辅助服务。

（二）因地制宜建立发电容量成本回收机制。引导各地区根据实际情况，建立市场化的发电容量成本回收机制，探索容量补偿机制、容量市场、稀缺电价等多种方式，保障电源固定成本回收和长期电力供应安全。鼓励抽水蓄能、储能、虚拟电厂等调节电源的投资建设。

（三）探索开展绿色电力交易。创新体制机制，开展绿色电力交易试点，以市场化方式发现绿色电力的环境价值，体现绿色电力在交易组织、电网调度等方面的优先地位。引导有需求的用户直接购买绿色电力，推动电网企业优先执行绿色电力的直接交易结果。做好绿色电力交易与绿证交易、碳排放权交易的有效衔接。

（四）健全分布式发电市场化交易机制。鼓励分布式光伏、分散式风电等主体与周边用户直接交易，完善微电网、存量小电网、增量配电网与大电网间的交易结算、运行调度等机制，增强就近消纳新能源和安全运行能力。

七、加强组织实施

（一）强化组织落实。要始终坚持和加强党的领导，把党的领导贯穿全国统一电力市场体系建设全过程。要加强电力统筹规划、政策法规、科学监测等工作，科学指导电力规划和有效投资。发展改革委、能源局要加强对统一电力市场体系建设的总体指导，统筹考虑能源资源禀赋、电价水平、电网安全运行等条件，加强系统研究、协调推进，健全应急调控预案和保障供应机制，完善相关配套政策，强化组织协调、监督管理和风险防范。各省（区、市）政府要明确牵头部门和任务分工，按照总体部署扎实做好本地电力市场建设，推进综合协同监管。

（二）营造改革氛围。组织开展电力市场建设的专项研究培训，鼓励引导相关市场主体发挥各自优势，主动适应新型电力系统建设和市场化方向，积极参与电力市场建设。通过新闻发布会等形式，加强对全国统一电力市场体系建设的宣传引导和政策解读，凝聚电力市场发展共识，营造良好改革氛围。

（三）及时跟踪评估。电力交易机构和调度机构按照职责分工做好市场运行信息的记录、汇总、分析和披露等工作，及时准确反映电力市场运行状况。发展改革委、能源局对电力市场运行状况开展定期评估，及时总结经验，加强对各地电力市场建设的督促指导。

国家发展改革委

国家能源局

2022 年 1 月 18 日

4-3　电力中长期交易基本规则

（发改能源规〔2020〕889 号，2020 年 6 月 10 日国家发展改革委、国家能源局发布）

第一章　总　　则

第一条　为规范电力中长期交易，依法维护电力市场主体的合法权益，推进统一开放、竞争有序的电力市场体系建设，根据《中共中央　国务院关于进一步深化电力体制改革的若干意见》（中发〔2015〕9 号）及其配套文件和有关法律、法规规定，制定本规则。

第二条　未开展电力现货交易的地区，电力中长期交易执行本规则。开展电力现货交易的地区，可结合实际，制定与现货交易相衔接的电力中长期交易规则。

第三条　本规则所称电力中长期交易指发电企业、电力用户、售电公司等市场主体，通过双边协商、集中交易等市场化方式，开展的多年、年、季、月、周、多日等电力批发交易。

执行政府定价的优先发电电量和分配给燃煤（气）机组的基数电量（二者统称为计划电量）视为厂网间双边交易电量，签订厂网间购售电合同，相应合同纳入电力中长期交易合同管理范畴，其执行和结算均须遵守本规则。

电力辅助服务市场（补偿）机制相关规则另行制定。

第四条 电力市场成员应当严格遵守市场规则，自觉自律，不得操纵市场价格、损害其他市场主体的合法权益。

任何单位和个人不得非法干预市场正常运行。

第五条 国家发展改革委和国家能源局会同有关部门加强对各地发用电计划放开实施方案制定和具体工作推进的指导和监督；适时组织评估有序放开发用电计划工作，总结经验、分析问题、完善政策。

国家能源局依法组织制定电力市场规划、市场规则、市场监管办法，区域派出机构会同地方政府对区域电力市场和区域电力交易机构实施监管。

国家能源局派出机构和地方政府电力管理部门根据职能依法履行省（区、市）电力中长期交易监管职责。

第二章 市 场 成 员

第六条 市场成员包括各类发电企业、电网企业、配售电企业、电力交易机构、电力调度机构、电力用户、储能企业等。

第一节 权 利 与 义 务

第七条 发电企业的权利和义务：

（一）按照规则参与电力交易，签订和履行各类交易合同，按时完成电费结算；

（二）获得公平的输电服务和电网接入服务；

（三）签订并执行并网调度协议，服从电力调度机构的统一调度；

（四）按照电力企业信息披露和报送等有关规定披露和提供信息，获得市场化交易和输配电服务等相关信息；

（五）具备满足参与市场化交易要求的技术支持手段；

（六）法律法规规定的其他权利和义务。

第八条 电力用户的权利和义务：

（一）按照规则参与电力市场化交易，签订和履行购售电合同、输配电服务合同，提供市场化交易所必需的电力电量需求、典型负荷曲线以及相关生产信息；

（二）获得公平的输配电服务和电网接入服务，按时支付购电费、输配电费、政府性基金及附加等；

（三）依法依规披露和提供信息，获得市场化交易和输配电服务等相关信息；

（四）服从电力调度机构的统一调度，在系统特殊运行状况下（如事故、严重供不应求等）按照电力调度机构要求安排用电；

（五）遵守政府电力管理部门有关电力需求侧管理规定，执行有序用电管理，配合开展错避峰；

（六）依法依规履行清洁能源消纳责任；

（七）具备满足参与市场化交易要求的技术支持手段；

（八）法律法规规定的其他权利和义务。

第九条 售电公司的权利和义务：

（一）按照规则参与电力市场化交易，签订和履行市场化交易合同，按时完成电费结算；

（二）依法依规披露和提供信息，在政府指定网站上公示公司资产、经营状况等情况和信用承诺，依法对公司重大事项进行公告，并定期公布公司年报；

（三）按照规则向电力交易机构、电力调度机构提供签约零售用户的交易电力电量需求、典型负荷曲线以及其他生产信息，获得市场化交易、输配电服务和签约市场主体的基础信息等相关信息，承担用户信息保密义务；

（四）依法依规履行清洁能源消纳责任；

（五）具备满足参与市场化交易要求的技术支持手段；

（六）拥有配电网运营权的售电公司承担配电区域内电费收取和结算业务；

（七）法律法规规定的其他权利和义务。

第十条 电网企业的权利和义务：

（一）保障电网以及输配电设施的安全稳定运行；

（二）为市场主体提供公平的输配电服务和电网接入服务，提供报装、计量、抄表、收费等各类供电服务；

（三）建设、运行、维护和管理电网配套技术支持系统，服从电力调度机构的统一调度；

（四）按照电力企业信息披露和报送等有关规定披露和提供信息，向电力交易机构提供支持市场化交易和市场服务所需的相关数据，按照国家网络安全有关规定实现与电力交易机构的数据交互；

（五）收取输配电费，代收代付电费和政府性基金及附加等，按时完成电费结算；

（六）按照政府定价或者政府相关规定向优先购电用户以及其他不参与市场化交易的电力用户（以下统称"非市场用户"）提供供电服务，签订供用电合同；

（七）预测非市场用户的电力、电量需求等；

（八）依法依规履行清洁能源消纳责任；

（九）法律法规规定的其他权利和义务。

第十一条 电力交易机构的权利和义务：

（一）参与拟定相应电力交易规则；

（二）提供各类市场主体的注册服务；

（三）按照规则组织电力市场交易，并负责交易合同的汇总管理；

（四）提供电力交易结算依据以及相关服务，按照规定收取交易服务费；

（五）建设、运营和维护电力市场化交易技术支持系统（以下简称"电力交易平台"）；

（六）按照电力企业信息披露和报送等有关规定披露和发布信息，提供信息发布平台，为市场主体信息发布提供便利，获得市场成员提供的支撑市场化交易以及服务需求的数据等；

（七）配合国家能源局及其派出机构和政府电力管理部门对市场规则进行分析评估，提出修改建议；

（八）监测和分析市场运行情况，依法依规干预市场，预防市场风险，并于事后向监管机构和政府相关部门及时报告；

（九）对市场主体违反交易规则、扰乱市场秩序等违规行为进行报告并配合调查；

（十）法律法规规定的其他权利和义务。

第十二条 电力调度机构的权利和义务：

（一）负责安全校核；

（二）按照调度规程实施电力调度，负责系统实时平衡，保障电网安全稳定运行；

（三）向电力交易机构提供安全约束边界和必开机组组合、必开机组发电量需求、影响限额的停电检修、关键通道可用输电容量等数据，配合电力交易机构履行市场运营职能；

（四）合理安排电网运行方式，保障电力交易结果的执行（因电力调度机构自身原因造成实际执行与交易结果偏差时，由电力调度机构所在电网企业承担相应的经济责任），保障电力市场正常运行；

（五）按照电力企业信息披露和报送等有关规定披露和提供电网运行的相关信息，提供支持市场化交易以及市场服务所需的相关数据，按照国家网络安全有关规定实现与电力交易机构的数据交互；

（六）法律法规规定的其他权利和义务。

第二节　准　入　与　退　出

第十三条　市场主体应当是具有法人资格、财务独立核算、信用良好、能够独立承担民事责任的经济实体。内部核算的市场主体经法人单位授权，可参与相应电力交易。

第十四条　市场准入基本条件：

（一）发电企业

1．依法取得发电项目核准或者备案文件，依法取得或者豁免电力业务许可证（发电类）；

2．并网自备电厂公平承担发电企业社会责任、承担国家依法依规设立的政府性基金及附加以及与产业政策相符合的政策性交叉补贴，取得电力业务许可证（发电类），达到能效、环保要求，可作为市场主体参与市场化交易；

3．分布式发电企业符合分布式发电市场化交易试点规则要求。

（二）电力用户

1．符合电网接入规范、满足电网安全技术要求，与电网企业签订正式供用电协议（合同）；

2．经营性电力用户的发用电计划原则上全部放开。不符合国家产业政策的电力用户暂不参与市场化交易，产品和工艺属于淘汰类和限制类的电力用户严格执行现有差别电价政策；

3．拥有燃煤自备电厂的用户应当按照国家规定承担政府性基金及附加、政策性交叉补贴；

4．具备相应的计量能力或者替代技术手段，满足市场计量和结算的要求。

（三）售电公司准入条件按照国家对售电公司准入与退出有关规定执行。拥有配电网运营权的售电公司应当取得电力业务许可证（供电类）。

第十五条　参加批发交易的市场主体以及参加零售交易的电力用户均实行市场注册。其中，参加零售交易的电力用户的注册手续和程序可以适当简化。

第十六条　参加市场化交易（含批发、零售交易）的电力用户全部电量需通过批发或者零售交易购买，且不得同时参加批发交易和零售交易。所有参加市场化交易的电力用户均不再执行目录电价。

参加市场化交易的电力用户，允许在合同期满的下一个年度，按照准入条件选择参加批发或者零售交易。

第十七条　已经选择市场化交易的发电企业和电力用户，原则上不得自行退出市场。有下列情形之一的，可办理正常退市手续：

1．市场主体宣告破产，不再发电或者用电；

2．因国家政策、电力市场规则发生重大调整，导致原有市场主体非自身原因无法继续参加市场的情况；

3．因电网网架调整，导致发电企业、电力用户的发用电物理属性无法满足所在地区的市场准入条件。

上述市场主体，在办理正常退市手续后，执行国家有关发用电政策。售电公司退出条件按照国家有关售电公司准入与退出管理规定执行。

第十八条　对于滥用市场操纵力、不良交易行为等违反电力市场秩序的行为，可进行市场内部曝光；对于严重违反交易规则的行为，可依据《电力监管条例》等有关规定处理。

第十九条　退出市场的市场主体需妥善处理其全部合同义务。无正当理由退市的市场主体，原则上原法人以及其法人代表三年内均不得再选择市场化交易。

第二十条　无正当理由退市的电力用户，由为其提供输配电服务的电网企业承担保底供电责任。电网企业与电力用户交易的保底价格在电力用户缴纳输配电价的基础上，按照政府核定的目录电价的1.2—2倍执行。保底价格具体水平由各省（区、市）价格主管部门按照国家确定的上述原则确定。

第二十一条　完成市场注册且已开展交易的电力用户，合同期满后未签订新的交易合同但发生实际用电时，不再按照政府目录电价结算。其中，参加批发交易的用户按照各地规则进行偏差结算，参加零售交易的用户按照保底价格进行结算。

完成市场注册但未开展交易的电力用户，可探索公开招标确定售电公司提供零售服务等市场价格形成机制，也可执行政府目录电价。

第三章 市场注册、变更与注销

第二十二条 市场注册业务包括注册、信息变更、市场注销以及零售用户与售电公司业务关系确定等。

第二十三条 市场主体参与电力市场化交易，应当符合准入条件，在电力交易机构办理市场注册，按照有关规定履行承诺、公示、注册、备案等相关手续。市场主体应当保证注册提交材料的真实性、完整性。

第二十四条 企事业单位、机关团体等办理注册手续时应当关联用电户号等实际用电信息，并提供必要的单位名称、法人代表、联系方式等。

参与批发交易的市场主体，应当办理数字安全证书或者采取同等安全等级的身份认证手段。

第二十五条 办理售电增项业务的发电企业，应当分别以发电企业和售电公司的市场主体类别进行注册。

第二十六条 当国家政策调整或者交易规则发生重大变化时，电力交易机构可组织已注册市场主体重新办理注册手续。

第二十七条 市场主体注册信息发生变更时，应当及时向电力交易机构提出变更申请。市场主体类别、法人、业务范围、公司主要股东等有重大变化的，市场主体应当再次予以承诺、公示。公示期满无异议的，电力交易机构向社会发布。

第二十八条 电力用户或者售电公司关联的用户发生并户、销户、过户、改名或者用电类别、电压等级等信息发生变化时，市场主体应当在电网企业办理变更的同时，在电力交易机构办理注册信息变更手续。业务手续办理期间，电网企业需向电力交易机构提供分段计量数据。电力交易机构完成注册信息变更后，对其进行交易结算，提供结算依据。

第二十九条 退出市场的市场主体，应当及时向电力交易机构提出注销申请，按照要求进行公示，履行或者处理完成交易合同有关事项后予以注销。

第三十条 发电企业、电力用户、配售电企业根据交易需求和调度管理关系在相应的电力交易机构办理注册手续；售电公司自主选择一家电力交易机构办理注册手续。各电力交易机构共享注册信息，无须重复注册，按照相应省区的准入条件和市场规则参与交易。电力交易机构根据市场主体注册情况向国家能源局及其派出机构、省级政府有关部门和政府引入的第三方征信机构备案，并通过政府指定网站和电力交易机构网站向社会公布。

第四章 交易品种和交易方式

第三十一条 电力中长期交易现阶段主要开展电能量交易，灵活开展发电权交易、合同转让交易，根据市场发展需要开展输电权、容量等交易。

第三十二条 根据交易标的物执行周期不同，中长期电能量交易包括年度（多年）电量交易（以某个或者多个年度的电量作为交易标的物，并分解到月）、月度电量交易（以某个月度的电量作为交易标的物）、月内（多日）电量交易（以月内剩余天数的电量或者特定天数的电量作为交易标的物）等针对不同交割周期的电量交易。

第三十三条 电能量交易包括集中交易和双边协商交易两种方式。其中集中交易包括集中竞价交易、滚动撮合交易和挂牌交易三种形式。

集中竞价交易指设置交易报价提交截止时间，电力交易平台汇总市场主体提交的交易申报信息，按照市场规则进行统一的市场出清，发布市场出清结果。

滚动撮合交易是指在规定的交易起止时间内，市场主体可以随时提交购电或者售电信息，电力交易平台按照时间优先、价格优先的原则进行滚动撮合成交。

挂牌交易指市场主体通过电力交易平台，将需求电量或者可供电量的数量和价格等信息对外发布要约，由符合资格要求的另一方提出接受该要约的申请。

第三十四条　以双边协商和滚动撮合形式开展的电力中长期交易鼓励连续开市，以集中竞价交易形式开展的电力中长期交易应当实现定期开市。双边合同在双边交易申报截止时间前均可提交或者修改。

第三十五条　同一市场主体可根据自身电力生产或者消费需要，购入或者售出电能量。

为降低市场操纵风险，发电企业在单笔电力交易中的售电量不得超过其剩余最大发电能力，购电量不得超过其售出电能量的净值（指多次售出、购入相互抵消后的净售电量）。电力用户和售电公司在单笔电力交易中的售电量不得超过其购入电能量的净值（指多次购入、售出相互抵消后的净购电量）。

除电网安全约束外，不得限制发电企业在自身发电能力范围内的交易电量申报；发电权交易、合同转让交易应当遵循购售双方的意愿，不得人为设置条件，原则上鼓励清洁、高效机组替代低效机组发电。

第三十六条　在优先安排优先发电合同输电容量的前提下，鼓励发电企业、电力用户、售电公司利用剩余输电容量直接进行跨区跨省交易。

跨区跨省交易可以在区域交易平台开展，也可以在相关省交易平台开展；点对网专线输电的发电机组（含网对网专线输电但明确配套发电机组的情况）视同为受电地区发电机组，纳入受电地区电力电量平衡，根据受电地区发电计划放开情况参与受电地区电力市场化。

第三十七条　对于未来电力供应存在短缺风险的地区，可探索建立容量市场，保障长期电力供应安全。对于燃煤机组利用小时严重偏低的省份，可建立容量补偿机制。

第五章　价　格　机　制

第三十八条　除计划电量执行政府确定的价格外，电力中长期交易的成交价格应当由市场主体通过双边协商、集中交易等市场化方式形成，第三方不得干预。

电能量市场化交易（含省内和跨区跨省）价格包括脱硫、脱硝、除尘和超低排放电价。

第三十九条　因电网安全约束必须开启的机组，约束上电量超出其合同电量（含优先发电合同、基数电量合同、市场交易合同）的部分，由各地根据实际情况在交易细则中明确，鼓励采用市场化机制确定价格。加强对必开机组组合和约束上电量的监管，保障公开、公平、公正。

新投产发电机组的调试电量按照调试电价政策进行结算。

第四十条　市场用户的用电价格由电能量交易价格、输配电价格、辅助服务费用、政府性基金及附加等构成，促进市场用户公平承担系统责任。输配电价格、政府性基金及附加按照国家有关规定执行。

第四十一条　双边交易价格按照双方合同约定执行。集中交易价格机制具体由各地区市场规则确定。其中，集中竞价交易可采用边际出清或者高低匹配等价格形成机制；滚动撮合交易可采用滚动报价、撮合成交的价格形成机制；挂牌交易采用一方挂牌、摘牌成交的价格形成机制。

第四十二条　跨区跨省交易受电地区落地价格由电能量交易价格（送电侧）、输电价格、辅助服务费用、输电损耗构成。输电损耗在输电价格中已明确包含的，不再单独收取；未明确的，暂按该输电通道前三年输电损耗的平均值计算，报国家能源局备案后执行。输电损耗原则上由买方承担，也可由市场主体协商确定承担方式。

第四十三条　执行峰谷电价的用户，在参加市场化交易后应当继续执行峰谷电价。各地应当进一步完善峰谷分时交易机制和调峰补偿机制，引导发电企业、电网企业和电力用户等主动参与调峰。

第四十四条　除国家有明确规定的情况外，双边协商交易原则上不进行限价。集中竞价交易中，为避免市场操纵以及恶性竞争，可对报价或者出清价格设置上、下限。价格上、下限原则上由相应电力市场管理委员会提出，经国家能源局派出机构和政府有关部门审定，应当避免政府不当干预。

第六章 交易组织

第一节 总体原则

第四十五条 政府部门应当在每年11月底前确定并下达次年跨区跨省优先发电计划、省内优先发电计划和基数电量。各地按照年度（多年）、月度、月内（多日）的顺序开展电力交易。

第四十六条 市场主体通过年度（多年）交易、月度交易和月内（多日）等交易满足发用电需求，促进供需平衡。

第四十七条 对于定期开市和连续开市的交易，交易公告应当提前至少1个工作日发布；对于不定期开市的交易，应当提前至少5个工作日发布。交易公告发布内容应当包括：

（一）交易标的（含电力、电量和交易周期）、申报起止时间；

（二）交易出清方式；

（三）价格形成机制；

（四）关键输电通道可用输电容量情况。

第四十八条 交易的限定条件必须事前在交易公告中明确，原则上在申报组织以及出清过程中不得临时增加限定条件，确有必要的应当公开说明原因。

第四十九条 电力交易机构基于电力调度机构提供的安全约束条件开展电力交易出清。

第五十条 对于签订市场化交易合同的机组，分配基数电量时原则上不再进行容量剔除。

第五十一条 各电力交易机构负责组织开展可再生能源电力相关交易，指导参与电力交易的承担消纳责任的市场主体优先完成可再生能源电力消纳相应的电力交易，在中长期电力交易合同审核、电力交易信息公布等环节对承担消纳责任的市场主体给予提醒。各承担消纳责任的市场主体参与电力市场交易时，应当向电力交易机构作出履行可再生能源电力消纳责任的承诺。

第二节 年度（多年）交易

第五十二条 年度（多年）交易的标的物为次年（多年）的电量（或者年度分时电量）。年度（多年）交易可通过双边协商或者集中交易的方式开展。

第五十三条 市场主体经过双边协商形成的年度（多年）意向协议，需要在年度双边交易申报截止前，通过电力交易平台提交至电力交易机构。电力交易机构根据电力调度机构提供的关键通道年度可用输电容量，形成双边交易预成交结果。

第五十四条 采用集中交易方式开展年度（多年）交易时，发电企业、售电公司和电力用户在规定的报价时限内通过电力交易平台申报报价数据。电力交易机构根据电力调度机构提供的关键通道年度可用输电容量进行市场出清，形成集中交易预成交结果。

第五十五条 年度交易结束后，电力交易机构汇总每类交易的预成交结果，并提交电力调度机构统一进行安全校核。电力调度机构在5个工作日内返回安全校核结果，由电力交易机构发布。安全校核越限时，由相关电力交易机构根据市场规则协同进行交易削减和调整。

第五十六条 市场主体对交易结果有异议的，应当在结果发布1个工作日内向电力交易机构提出，由电力交易机构会同电力调度机构在1个工作日内给予解释。逾期未提出异议的，电力交易平台自动确认成交。

第三节 月度交易

第五十七条 月度交易的标的物为次月电量（或者月度分时电量），条件具备的地区可组织开展针对年度内剩余月份的月度电量（或者月度分时电量）交易。月度交易可通过双边协商或者集中交易的方式开展。

第五十八条 市场主体经过双边协商形成的意向协议，需要在月度双边交易申报截止前，通过电力交易平台提交至电力交易机构。电力交易机构根据电力调度机构提供的关键通道月度可用输电容量，形成双边交易预成交结果。

第五十九条 采用集中交易方式开展月度交易时，发电企业、售电公司和电力用户在规定的报价时限内通过电力交易平台申报报价数据。电力交易机构根据电力调度机构提供的关键通道月度可用输电容量进行市场出清，形成集中交易预成交结果。

第六十条 月度交易结束后，电力交易机构汇总每类交易的预成交结果，并提交给电力调度机构统一进行安全校核。电力调度机构在 2 个工作日内返回安全校核结果，由电力交易机构发布。安全校核越限时，由相关电力交易机构根据市场规则协同进行交易削减和调整。

第六十一条 市场主体对交易结果有异议的，应当在结果发布 1 个工作日内向电力交易机构提出，由电力交易机构会同电力调度机构在 1 个工作日内给予解释。逾期未提出异议的，电力交易平台自动确认成交。

第六十二条 电力交易机构应当根据经安全校核后的交易结果，对年度交易分月结果和月度交易结果进行汇总，于每月月底前发布汇总后的交易结果。

第四节 月内（多日）交易

第六十三条 月内（多日）交易的标的物为月内剩余天数或者特定天数的电量（或者分时电量）。月内交易主要以集中交易方式开展。根据交易标的物不同，月内交易可定期开市或者连续开市。

第六十四条 月内集中交易中，发电企业、售电公司和电力用户在规定的报价时限内通过电力交易平台申报报价数据。电力交易机构根据电力调度机构提供的关键通道月内可用输电容量进行市场出清，形成集中交易预成交结果。

第六十五条 电力交易机构将月内集中交易的预成交结果提交给电力调度机构进行安全校核。电力调度机构应当在 1 个工作日内返回安全校核结果，由电力交易机构发布。市场主体对交易结果有异议的，应当在结果发布 1 个工作日内向电力交易机构提出，由电力交易机构会同电力调度机构在 1 个工作日内给予解释。

第六十六条 月内集中交易结束后，电力交易机构应当根据经安全校核后的交易结果，对分月交易计划进行调整、更新和发布。

第五节 偏差电量处理机制

第六十七条 允许发用双方在协商一致的前提下，可在合同执行一周前进行动态调整。鼓励市场主体通过月内（多日）交易实现月度发用电计划调整，减少合同执行偏差。

第六十八条 系统月度实际用电需求与月度发电计划存在偏差时，可通过发电侧上下调预挂牌机制进行处理，也可根据各地实际采用偏差电量次月挂牌、合同电量滚动调整等偏差处理机制。

第六十九条 发电侧上下调预挂牌机制采用"报价不报量"方式，具有调节能力的机组均应当参与上下调报价。发电侧上下调预挂牌机制可采用如下组织方式：

（一）月度交易结束后，发电机组申报上调报价（单位增发电量的售电价格）和下调报价（单位减发电量的购电价格）。允许发电机组在规定的月内截止日期前，修改其上调和下调报价。

（二）电力交易机构按照上调报价由低到高排序形成上调机组调用排序列表，按照下调报价由高到低排序形成下调机组调用排序列表。价格相同时按照发电侧节能低碳电力调度的优先级进行排序。

（三）月度最后七个自然日，根据电力电量平衡预测，各类合同电量的分解执行无法满足省内供需平衡时，电力调度机构参考上下调机组排序，在满足电网安全约束的前提下，预先安排机组提供上调或者下调电量、调整相应机组后续发电计划，实现供需平衡。机组提供的上调或者下调电量根据电力调度机构的实际调用量进行结算。

第七十条 偏差电量次月挂牌机制可采用如下组织方式：

（一）电力调度机构在保证电网安全运行的前提下，根据全网机组运行负荷率确定预挂牌机组负荷率上限和下限，并在月初公布。各机组上调、下调电量的限额按照负荷率上下限对应发电量与机组当月计划发电量的差额确定。

（二）在满足电网安全约束的前提下，将上月全网实际完成电量与全网计划发电量的差额，按照各机组上月申报的预挂牌价格（上调申报增发价格、下调申报补偿价格）排序确定机组上调、下调电量，作为月度调整电量累加至机组本月计划发电量。其中，下调电量按照机组月度集中交易电量、月度双边交易电量、年度分月双边交易电量、计划电量的顺序扣减相应合同电量。

（三）月度发电计划执行完毕后，发电侧首先结算机组上调电量或者下调电量，其余电量按照各类合同电量结算顺序以及对应电价结算；用户侧按照当月实际用电量和合同电量加权价结算电费，实际用电量与合同电量的偏差予以考核。

第七十一条　合同电量滚动调整机制可采用发电侧合同电量按月滚动调整，用户侧合同电量月结月清或者按月滚动调整。

第七章　安　全　校　核

第七十二条　各类交易应当通过电力调度机构安全校核。涉及跨区跨省的交易，须提交相关电力调度机构共同进行安全校核，各级电力调度机构均有为各电力交易机构提供电力交易（涉及本电力调度机构调度范围的）安全校核服务的责任。安全校核的主要内容包括：通道输电能力限制、机组发电能力限制、机组辅助服务限制等内容。

第七十三条　电力调度机构应当及时向电力交易机构提供或者更新各断面（设备）、各路径可用输电容量，以及交易在不同断面、路径上的分布系数，并通过交易平台发布必开机组组合和发电量需求、影响断面（设备）限额变化的停电检修等。

电力交易机构以各断面、各路径可用输电容量等为约束，对集中交易进行出清，并与同期组织的双边交易一并提交电力调度机构进行安全校核。

第七十四条　为保障系统整体的备用和调峰调频能力，在各类市场化交易开始前，电力调度机构可以根据机组可调出力、检修天数、系统负荷曲线以及电网约束情况，折算得出各机组的电量上限，对参与市场化交易的机组发电利用小时数提出限制建议，并及时提供关键通道可用输电容量、关键设备检修计划等电网运行相关信息，由电力交易机构予以公布。

其中，对于年度交易，应当在年度电力电量预测平衡的基础上，结合检修计划，按照不低于关键通道可用输电容量的80%下达交易限额。

对于月度交易，应当在月度电力电量预测平衡的基础上，结合检修计划和发电设备利用率，按照不低于关键通道可用输电容量的90%下达交易限额；发电设备利用率应当结合调峰调频需求制定，并向市场主体公开设备利用率。

对于月度内的交易，参考月度交易的限额制定方法，按照不低于关键通道可用输电容量的95%下达交易限额。

第七十五条　安全校核未通过时，由电力交易机构进行交易削减。对于双边交易，可按照时间优先、等比例等原则进行削减；对于集中交易，可按价格优先原则进行削减，价格相同时按照发电侧节能低碳电力调度的优先级进行削减。

执行过程中，电力调度机构因电网安全和清洁能源消纳原因调整中长期交易计划后，应当详细记录原因并向市场主体说明。

第七十六条　安全校核应当在规定的期限内完成。安全校核未通过时，电力调度机构需出具书面解释，由电力交易机构予以公布。

第八章　合同签订与执行

第一节　合　同　签　订

第七十七条　各市场成员应当根据交易结果或者政府下达的计划电量，参照合同示范文本签订购售电合同，并在规定时间内提交至电力交易机构。购售电合同中应当明确购电方、售电方、输电方、电量（电力）、电价、执行周期、结算方式、偏差电量计量、违约责任、资金往来信息等内容。

第七十八条　购售电合同原则上应当采用电子合同签订，电力交易平台应当满足国家电子合同有关规定的技术要求，市场成员应当依法使用可靠的电子签名，电子合同与纸质合同具备同等效力。

第七十九条　在电力交易平台提交、确认的双边协商交易以及参与集中交易产生的结果，各相关市场成员可将电力交易机构出具的电子交易确认单（视同为电子合同）作为执行依据。

第二节　优先发电合同

第八十条　跨区跨省的政府间协议原则上在上一年度的月底前预测和下达总体电力电量规模和分月计划，由购售双方签订相应的购售电合同。合同需约定年度电量规模以及分月计划、送受电曲线或者确定曲线的原则、交易价格等，纳入送、受电省优先发电计划，并优先安排输电通道。年度电量规模以及分月计划可根据实际执行情况，由购售双方协商调整。

第八十一条　对于省内优先发电计划，各地区结合电网安全、供需形势、电源结构等因素，科学安排本地优先发电电量，不得将上述电量安排在指定时段内集中执行，也不得将上述电量作为调节市场自由竞争的手段。

第八十二条　各地区确定的省内优先发电电量，原则上在每年年度双边交易开始前，对执行政府定价的电量签订厂网间年度购售电合同，约定年度电量规模以及分月计划、交易价格等。

年度交易开始前仍未确定优先发电的，可参考历史情况测算，预留优先发电空间，确保市场交易正常开展。

第八十三条　各地区根据非市场用户年度用电预测情况，扣除各环节优先发电电量后，作为年度基数电量在燃煤（气）等发电企业中进行分配。

第八十四条　优先发电电量和基数电量的分月计划可由合同签订主体在月度执行前进行调整和确认，其执行偏差可通过预挂牌上下调机制（或者其他偏差处理机制）处理。

第八十五条　采用"保量保价"和"保量竞价"相结合的方式，推动优先发电参与市场，不断提高跨区跨省优先发电中"保量竞价"的比例，应放尽放，实现优先发电与优先购电规模相匹配。

第三节　合同执行

第八十六条　各省电力交易机构汇总省内市场成员参与的各类交易合同（含优先发电合同、基数电量合同、市场交易合同），形成省内发电企业的月度发电计划，并依据月内（多日）交易，进行更新和调整。电力调度机构应当根据经安全校核后的月度（含调整后的）发电计划以及清洁能源消纳需求，合理安排电网运行方式和机组开机方式。相关电力交易机构汇总跨区跨省交易合同，形成跨区跨省发电企业的月度发电计划，并依据月内（多日）交易，进行更新和调整。

第八十七条　年度合同的执行周期内，次月交易开始前，在购售双方一致同意且不影响其他市场主体交易合同执行的基础上，允许通过电力交易平台调整后续各月的合同分月计划（合同总量不变），调整后的分月计划需通过电力调度机构安全校核。

第八十八条　电力交易机构定期跟踪和公布月度（含多日交易调整后的）发电计划完成进度情况。市场主体对发电计划完成进度提出异议时，电力调度机构负责出具说明，电力交易机构负责公布相关信息。

第八十九条　全部合同约定交易曲线的，按照合同约定曲线形成次日发电计划；部分合同约定交易曲线的，由电力调度机构根据系统运行需要，安排无交易曲线部分的发电曲线，与约定交易曲线的市场化交易合同共同形成次日发电计划。

第九十条　电力系统发生紧急情况时，电力调度机构可基于安全优先的原则实施调度，事后向国家能源局派出机构、地方政府电力管理部门报告事件经过，并向市场主体进行相关信息披露。

第九章 计量和结算

第一节 计 量

第九十一条 电网企业应当根据市场运行需要为市场主体安装符合技术规范的计量装置；计量装置原则上安装在产权分界点，产权分界点无法安装计量装置的，考虑相应的变（线）损。电网企业应当在跨区跨省输电线路两端安装符合技术规范的计量装置，跨区跨省交易均应当明确其结算对应计量点。

第九十二条 计量周期和抄表时间应当保证最小交易周期的结算需要，保证计量数据准确、完整。

第九十三条 发电企业、跨区跨省交易送受端计量点应当安装相同型号、相同规格、相同精度的主、副电能表各一套，主、副表应当有明确标志，以主表计量数据作为结算依据，副表计量数据作为参照，当确认主表故障后，副表计量数据替代主表计量数据作为电量结算依据。

第九十四条 多台发电机组共用计量点且无法拆分，各发电机组需分别结算时，按照每台机组的实际发电量等比例计算各自上网电量。对于风电、光伏发电企业处于相同运行状态的不同项目批次共用计量点的机组，可按照额定容量比例计算各自上网电量。

处于调试期的机组，如果和其他机组共用计量点，按照机组调试期的发电量等比例拆分共用计量点的上网电量，确定调试期的上网电量。

第九十五条 电网企业应当按照电力市场结算要求定期抄录发电企业（机组）和电力用户电能计量装置数据，并将计量数据提交电力交易机构。对计量数据存在疑义时，由具有相应资质的电能计量检测机构确认并出具报告，由电网企业组织相关市场成员协商解决。

第二节 结 算

第九十六条 电力交易机构负责向市场成员出具结算依据，市场成员根据相关规则进行电费结算。其中，跨区跨省交易由组织该交易的电力交易机构会同送受端电力交易机构向市场成员出具结算依据。

第九十七条 电网企业（含地方电网企业和配售电企业）之间结算的输配电费用，按照政府价格主管部门核定的输配电价和实际物理计量电量结算。

第九十八条 发电企业上网电量电费由电网企业支付；电力用户向电网企业缴纳电费，并由电网企业承担电力用户侧欠费风险；售电公司按照电力交易机构出具的结算依据与电网企业进行结算。市场主体可自行约定结算方式，未与电网企业签订委托代理结算业务的，电网企业不承担欠费风险。

第九十九条 电力用户的基本电价、政府性基金及附加、峰谷分时电价、功率因数调整等按照电压等级和类别按实收取，上述费用均由电网企业根据国家以及省有关规定进行结算。

第一百条 电力交易机构向各市场成员提供的结算依据包括以下内容：

（一）实际结算电量；

（二）各类交易合同（含优先发电合同、基数电量合同、市场交易合同）电量、电价和电费；

（三）上下调电量、电价和电费，偏差电量、电价和电费，分摊的结算资金差额或者盈余等信息（采用发电侧预挂牌上下调偏差处理机制的地区）；

（四）新机组调试电量、电价、电费；

（五）接受售电公司委托出具的零售交易结算依据。

第一百零一条 市场主体因偏差电量引起的电费资金，暂由电网企业收取和支付，并应当在电费结算依据中单项列示。

第一百零二条 市场主体的合同电量和偏差电量分开结算。以年度交易和月度交易为主的地区，按月清算、结账；开展多日交易的地区，按照多日交易规则清算，按月结账。

第一百零三条 采用发电侧预挂牌上下调偏差处理机制的地区，偏差电量电费结算可采用如下方法：

（一）批发交易用户（包括电力用户、售电公司）偏差电量分为超用电量和少用电量，超用电量支付购电费用，少用电量获得售电收入。

批发交易用户偏差电量＝用户实际网供电量－（各类交易合同购入电量－各类交易合同售出电量）

超用电量的结算价格＝发电侧上调服务电量的加权平均价×U1。U1为用户侧超用电量惩罚系数，U1≥1。当月系统未调用上调服务时，以月度集中竞价交易最高成交价（或者统一出清价）乘以惩罚系数结算超用电量。

少用电量的结算价格＝发电侧下调服务电量的加权平均价×U2。U2为用户侧少用电量惩罚系数，U2≤1。当月系统未调用下调服务时，以月度集中竞价交易最低成交价（或者统一出清价）乘以惩罚系数结算少用电量。

根据超用电量或者少用电量的区间范围，可设置分段的惩罚系数。

当售电公司所有签约用户月度实际总用量偏离售电公司月度交易计划时，售电公司承担偏差电量电费。

（二）发电企业偏差电量指发电企业因自身原因引起的超发或者少发电量，超发电量获得售电费用，少发电量支付购电费用。

超发电量结算价格＝发电侧下调服务电量的加权平均价×K1。K1为发电侧超发电量惩罚系数，K1≤1。当月系统未调用下调服务时，以月度集中竞价交易最低成交价（或者统一出清价）乘以惩罚系数结算超发电量。

少发电量结算价格＝发电侧上调服务电量的加权平均价×K2。K2为发电侧少发电量惩罚系数，K2≥1。当月系统未调用上调服务时，以月度集中竞价交易最高成交价（或者统一出清价）乘以惩罚系数结算少发电量。

根据超发电量或者少发电量的区间范围，可设置分段的惩罚系数。

第一百零四条 电力用户拥有储能，或者电力用户参加特定时段的需求侧响应，由此产生的偏差电量，由电力用户自行承担。

第一百零五条 拥有配电网运营权的售电公司，与省级电网企业进行电费结算，并按照政府价格主管部门的相关规定，向省级电网企业支付输电费用。

第一百零六条 电力调度机构应当对结算周期内发电企业的偏差电量进行记录，包括偏差原因、起止时间、偏差电量等。在发电企业实际上网电量基础上，扣除各类合同电量、偏差电量后，视为发电企业的上下调电量。

发电企业的上下调电量，按照其申报价格结算。

第一百零七条 风电、光伏发电企业的电费结算：

（一）未核定最低保障收购年利用小时数的地区，按照当月实际上网电量以及政府批复的价格水平或者价格机制进行结算。

（二）核定最低保障收购年利用小时数的地区，最低保障收购年利用小时数内的电量按照政府批复的价格水平或者价格机制进行结算。超出最低保障收购年利用小时数的部分应当通过市场交易方式消纳和结算。

第一百零八条 风电、光伏发电量参与市场交易，结算涉及中央财政补贴时，按照《可再生能源电价附加资金管理办法》（财建〔2020〕5号）等补贴管理规定执行。

第一百零九条 非市场用户月度实际用电量与电网企业月度购电量（含年分月电量，扣除系统网损电量）存在偏差时，由为非市场用户供电的电网企业代为结算偏差电量费用，由此造成的电网企业购电成本损益单独记账，按照当月上网电量占比分摊或者返还给所有机组，月结月清。

第一百一十条 电力用户侧（包括批发交易电力用户、售电公司、非市场用户）的偏差电量费用与发电侧的上下调费用、偏差电量费用等之间的差额，按照当月上网电量或者用网电量占比分摊或者返还给所有市场主体，月结月清。

第十章　信 息 披 露

第一百一十一条　市场信息分为社会公众信息、市场公开信息和私有信息。社会公众信息是指向社会公众披露的信息；市场公开信息是指向所有市场主体披露的信息；私有信息是指向特定的市场主体披露的信息。

第一百一十二条　社会公众信息包括但不限于：

（一）电力交易适用的法律、法规以及相关政策文件，电力交易业务流程、管理办法等；

（二）国家批准的发电侧上网电价、销售目录电价、输配电价、各类政府性基金及附加、系统备用费以及其他电力交易相关收费标准等；

（三）电力市场运行基本情况，包括各类市场主体注册情况，电力交易总体成交电量、价格情况等；

（四）电网运行基本情况，包括电网主要网络通道的示意图、各类型发电机组装机总体情况，发用电负荷总体情况等；

（五）其他政策法规要求向社会公众公开的信息。

第一百一十三条　市场公开信息包括但不限于：

（一）市场主体基本信息，市场主体注册准入以及退出情况，包括企业名称、统一社会信用代码、联系方式、信用评价信息等；

（二）发电设备信息，包括发电企业的类型、所属集团、装机容量、检修停运情况，项目投产（退役）计划、投产（退役）情况等；

（三）电网运行信息，电网安全运行的主要约束条件、电网重要运行方式的变化情况，电网各断面（设备）、各路径可用输电容量，必开必停机组组合和发电量需求，以及导致断面（设备）限额变化的停电检修等；

（四）市场交易类信息，包括年、季、月电力电量平衡预测分析情况，非市场化电量规模以及交易总电量安排、计划分解，各类交易的总成交电量和成交均价，安全校核结果以及原因等；

（五）交易执行信息，包括交易计划执行总体情况，计划执行调整以及原因，市场干预情况等；

（六）结算类信息，包括合同结算总体完成情况，差额资金每月的盈亏和分摊情况；

（七）其他政策法规要求对市场主体公开的信息。

第一百一十四条　市场私有信息主要包括：

（一）发电机组的机组特性参数、性能指标，电力用户用电特性参数和指标；

（二）各市场主体的市场化交易申报电量、申报电价等交易申报信息；

（三）各市场主体的各类市场化交易的成交电量以及成交价格等信息；

（四）各市场主体的市场化交易合同以及结算明细信息。

第一百一十五条　市场成员应当遵循及时、准确、完整的原则披露电力市场信息，对其披露信息的真实性负责。对于违反信息披露有关规定的市场成员，可依法依规纳入失信管理，问题严重的可按照规定取消市场准入资格。

第一百一十六条　电力交易机构、电力调度机构应当公平对待市场主体，无歧视披露社会公众信息和市场公开信息。市场成员严禁超职责范围获取私有信息，不得泄露影响公平竞争和涉及用户隐私的相关信息。

第一百一十七条　电力交易机构负责市场信息的管理和发布，会同电力调度机构按照市场信息分类及时向社会以及市场主体、政府有关部门发布相关信息。市场主体、电力调度机构应当及时向电力交易机构提供支撑市场化交易开展所需的数据和信息。

第一百一十八条　在确保安全的基础上，市场信息主要通过电力交易平台、电力交易机构网站进行披露。电力交易机构负责电力交易平台、电力交易机构网站的建设、管理和维护，并为其他市场主体通过电力交易平台、电力交易机构网站披露信息提供便利。电力交易平台、电力交易机构网站安全等级应当满足国家信息安全三级等级防护要求。

第一百一十九条　市场主体如对披露的相关信息有异议或者疑问，可向电力交易机构、电力调度机构提出，由电力交易机构会同电力调度机构负责解释。

第一百二十条　国家能源局派出机构、地方政府电力管理部门根据各地实际制定电力市场信息披露管理办法并监督实施。

第十一章　市场监管和风险防控

第一百二十一条　国家能源局及其派出机构应当建立健全交易机构专业化监管制度，推动成立独立的电力交易机构专家委员会，积极发展第三方专业机构，形成政府监管与外部专业化监督密切配合的有效监管体系。

第一百二十二条　电力交易机构、电力调度机构根据有关规定，履行市场运营、市场监控和风险防控等职责。根据国家能源局及其派出机构的监管要求，将相关信息系统接入电力监管信息系统，按照"谁运营、谁防范，谁运营、谁监控"的原则，采取有效风险防控措施，加强对市场运营情况的监控分析，按照有关规定定期向国家能源局及其派出机构、地方政府电力管理部门提交市场监控分析报告。

第一百二十三条　当出现以下情况时，电力交易机构、电力调度机构可依法依规采取市场干预措施：

（一）电力系统内发生重大事故危及电网安全的；

（二）发生恶意串通操纵市场的行为，并严重影响交易结果的；

（三）市场技术支持系统发生重大故障，导致交易无法正常进行的；

（四）因不可抗力电力市场化交易不能正常开展的；

（五）国家能源局及其派出机构作出暂停市场交易决定的；

（六）市场发生其他严重异常情况的。

第一百二十四条　电力交易机构、电力调度机构应当详细记录市场干预期间的有关情况，并向国家能源局派出机构、地方政府电力管理部门提交报告。

第一百二十五条　电力批发交易发生争议时，市场成员可自行协商解决，协商无法达成一致时可提交国家能源局派出机构、地方政府电力管理部门调解处理，也可提交仲裁委员会仲裁或者向人民法院提起诉讼。

第十二章　附　　则

第一百二十六条　国家能源局及其派出机构会同地方政府电力管理等部门组织区域电力交易机构根据本规则拟定区域电力交易实施细则。国家能源局派出机构会同地方政府电力管理等部门根据本规则拟定或者修订各省（区、市）电力交易实施细则。

第一百二十七条　本规则由国家发展改革委、国家能源局负责解释。

第一百二十八条　本规则自发布之日起施行，有效期五年。

4-4　电力市场运行基本规则

（2024 年 4 月 25 日国家发展改革委令第 20 号公布）

第一章　总　　则

第一条　为规范电力市场行为，依法保护市场成员的合法权益，保证电力市场的统一、开放、竞争、有序，按照《中共中央　国务院关于进一步深化电力体制改革的若干意见》《中共中央　国务院关于加快建设全国统一大市场的意见》等有关精神，根据有关法律和《电力监管条例》等行政法规，制定本规则。

第二条　本规则适用于各类电力市场。

第三条　国家能源局及其派出机构（以下简称电力监管机构）、国务院有关部门根据职能对电力市场实施监督管理。

第二章 电力市场成员

第四条 本规则所称的电力市场成员包括经营主体、电力市场运营机构和提供输配电服务的电网企业等。其中，经营主体包括参与电力市场交易的发电企业、售电企业、电力用户和新型经营主体（含储能企业、虚拟电厂、负荷聚合商等）；电力市场运营机构包括电力交易机构、电力调度机构。

第五条 电力市场实行注册制度。电力交易机构根据国家有关规定建立市场注册制度，具体负责电力市场注册管理工作。经营主体进入或者退出电力市场应当办理相应的注册手续。

第六条 电力市场运营机构按职责负责电力市场交易、电力调度和交易结果执行，以及配套的准入注册、计量结算、信息披露等，维护电力系统的安全稳定运行。

第七条 电网企业应当公平开放输电网、配电网，根据交易结果为经营主体提供安全、优质、经济的输配电服务，根据结算依据向经营主体结算相关费用。严格执行国家规定的输配电价，并接受相关电力监管机构的监督检查。

第八条 经营主体应当按照有关规定履行交易结果，根据交易结果使用输配电网。

第九条 电力市场应当按照国家有关规定组建电力市场管理委员会，作为独立于电力交易机构的自治性议事协调机制，对电力市场成员实施自律管理。

第三章 交易类型与方式

第十条 电力市场交易类型包括电能量交易、电力辅助服务交易、容量交易等。

第十一条 电能量交易按照交易周期分为电力中长期交易和电力现货交易。

电力中长期交易，是指对未来某一时期内交割电力产品或服务的交易，包含数年、年、月、周、多日等不同时间维度的交易。

电力现货交易，是指通过现货交易平台在日前及更短时间内集中开展的次日、日内至实时调度之前电力交易活动的总称。

第十二条 电力辅助服务交易是指由经营主体通过市场化方式提供调频、备用和调峰等有偿电力辅助服务。

第十三条 容量交易的标的是在未来一定时期内，由发电机组、储能等提供的能够可靠支撑最大负荷的出力能力。根据新型电力系统建设需要，逐步推动建立市场化的容量成本回收机制，探索通过容量补偿、容量市场等方式，引导经营主体合理投资，保障电力系统长期容量充裕。

第十四条 国家统筹推进全国统一电力市场体系建设，持续完善电力市场功能，发挥市场机制作用。

第四章 电能量交易

第十五条 电能量交易由电力市场运营机构按照电力市场运行规则组织实施，也可以由电力交易双方协商。

第十六条 经营主体在履行市场注册程序后，参与电能量市场交易。

经营主体之间不得实行串通报价、哄抬价格以及扰乱市场秩序等行为。经营主体进行电能量交易，不得滥用市场支配地位操纵市场价格；有多个发电厂组成的发电企业进行电能量交易，不得集中报价。

第十七条 电能量交易应通过电力市场运营机构校核后执行。

第五章 电力辅助服务交易

第十八条 经营主体应当按照有关规定提供用以维护电压、频率稳定和电网故障恢复等方面的电力辅助服务。

第十九条 电力辅助服务分为基本电力辅助服务和有偿电力辅助服务。其中，基本电力辅助服务是经营主体应当无偿提供的电力辅助服务。有偿电力辅助服务是经营主体在基本电力辅助服务之外提供的其他电力辅助服务。具备条件的辅助服务采用市场竞争方式确定提供者。

第二十条　各地按照国家有关规定确定参与辅助服务市场的准入条件时，应当实行公平准入，不得指定特定主体或对特定主体作出歧视性规定。

第二十一条　国家能源局会同国家发展改革委负责制定电力辅助服务管理办法及基本交易规则，明确电力辅助服务的具体内容、技术标准、提供方式、考核方式。

第二十二条　承诺按照要求提供电力辅助服务的经营主体，在实际运行中，电力调度机构按照有关规定进行考核。

第六章　电能计量与结算

第二十三条　经营主体应当安装符合国家标准的电能计量装置，由电能计量检测机构检定后投入使用。

本规则所称电能计量检测机构，是指经政府计量行政部门认可、电能交易双方确认的电能计量检测机构。

第二十四条　电能计量检测机构对电能计量装置实行定期校核。经营主体可以申请校核电能计量装置，经校核，电能计量装置误差达不到规定精度的，由此发生的费用由该电能计量装置的产权方承担；电能计量装置误差达到规定精度的，由此发生的费用由申请方承担。

第二十五条　参与电能量交易的经营主体，应当明确各自电能计量点。电能计量点位于经营主体与电网企业的产权分界点，产权分界点不能安装电能计量装置的，由双方协商确定电能计量点。法定或者约定的计量点计量的电能作为电费结算的依据。经营主体以计量点为分界承担电能损耗和相关责任，国家另有规定的除外。

第二十六条　电网企业应当建立并维护电能计量数据库，并按照有关规定向经营主体公布相关的电能计量数据。

第二十七条　电力市场结算包括电能量交易结算、电力辅助服务交易结算、容量交易结算等。

第二十八条　电网企业和电力调度机构负责向电力交易机构提供相关数据，电力交易机构负责提供电力市场交易结算依据和服务，电网企业受经营主体委托提供相关结算服务。

第二十九条　电力市场成员应当按照政策要求和电力市场运行规则规定的电费结算方式和期限结算电费。

第七章　系　统　安　全

第三十条　经营主体应当执行有关电网运行管理的规程、规定，服从统一调度，加强设备维护，按照并网协议配备必要的安全设施，提供电力辅助服务，维护电力系统的安全稳定运行。

第三十一条　电力调度机构应当严格执行电力调度规则，合理安排系统运行方式，及时预报或者通报影响电力系统安全运行的信息，防止电网事故，保障电网运行安全。负责电力市场交易的安全校核，并公布校核方法、参数。根据电力供需形势、设备运行状况、安全约束条件和系统运行状况，统筹安排电力设备检修计划。电力并网运行管理规定及实施细则由电力监管机构制定。

第三十二条　电力市场技术支持系统建设应当符合规定的性能指标要求，具备能量管理、交易管理、电能计量、结算系统、合同管理、报价处理、市场分析与预测、交易信息、监管系统等功能。

第三十三条　电力市场运营机构负责管理和维护电力市场技术支持系统，保障电力市场运营所需的交易安全、数据安全和网络安全。电力市场技术支持系统建设应当符合规定的性能指标要求，以电力市场运行规则为基础，统一规划、统一设计、统一管理、同步实施、分别维护，根据电力市场发展的需要及时更新。

第八章　市场风险防控和监管

第三十四条　国家发展改革委、国家能源局会同有关部门依职责开展市场监管，引导市场价格运行在合理区间。电力市场应建立健全电力市场风险防控机制，防范市场风险，保障电力系统安全和市场平稳运行，维护经营主体合法权益和社会公共利益。

第三十五条 电力监管机构根据维护电力市场正常运作和电力系统安全的需要，制定电力市场暂停、中止、恢复等干预规则，规定电力市场干预措施实施条件和相关处理方法。

第三十六条 电力市场运营机构按照"谁运营、谁防范，谁运营、谁监控"的原则，履行市场监控和风险防控责任，对市场依规开展监测，接受电力监管机构监管。市场成员应共同遵守并按规定落实电力市场风险防控职责。

第三十七条 任何单位和个人不得非法干预电力市场正常运行，不得实施地方保护、市场分割、指定交易、区域壁垒等妨碍统一市场和公平竞争的政策。

第九章 信 息 披 露

第三十八条 信息披露应当遵循"安全、及时、真实、准确、完整、易于使用"的原则。信息披露主体应严格按照要求披露信息，并对其披露信息的真实性、准确性、完整性、及时性负责。

第三十九条 经营主体、电网企业应当按照有关规定向电力市场运营机构提供信息。电力市场运营机构在确保信息安全基础上，定期向经营主体和社会公众按要求披露电力市场运行信息。

第四十条 电力监管机构制定电力市场信息披露规则并监督实施。

第十章 法 律 责 任

第四十一条 电力市场运营机构违反本规则规定，有下列情形之一的，按照《电力监管条例》第三十三条的规定处理：

（一）不按照本规则及配套规则规定组织交易的；

（二）未经电力监管机构审定同意，擅自出台交易细则开展相关电力市场活动的；

（三）擅自执行未按法定权限、程序制修订的规则的；

（四）其他违反本规则规定且造成社会不良影响的。

第四十二条 任何单位和个人扰乱电力市场运营机构的秩序且影响电力市场活动正常进行，或者危害电力市场及相关技术支持系统安全的，按照有关规定处理；构成犯罪的，依法追究刑事责任。

第十一章 附 则

第四十三条 国家能源局及其派出机构会同有关部门依据本规则组织制定相关配套规则和实施细则。

第四十四条 本规则由国家发展改革委、国家能源局解释。

第四十五条 本规则自 2024 年 7 月 1 日起施行，2005 年 10 月 13 日发布的《电力市场运营基本规则》（原国家电力监管委员会令第 10 号）同时废止。

4-5 电力现货市场基本规则（试行）

（发改能源规〔2023〕1217号，2023年9月7日国家发展改革委、国家能源局发布）

第一章 总 则

第一条 为规范电力现货市场运营和管理，依法维护经营主体的合法权益，推进统一开放、竞争有序的电力市场体系建设，根据《中共中央 国务院关于进一步深化电力体制改革的若干意见》、《中共中央 国务院关于加快建设全国统一大市场的意见》、《关于加快建设全国统一电力市场体系的指导意见》（发改体改〔2022〕118号）和有关法律、法规规定，制定本规则。

第二条 本规则所称电力现货市场是指符合准入条件的经营主体开展日前、日内和实时电能量交易的市场。电力现货市场通过竞争形成体现时空价值的市场出清价格，并配套开展调频、备用等辅助服务交易。

所称市场成员包括经营主体、电网企业和市场运营机构。经营主体包括各类型发电企业、电力用户（含电网企业代理购电用户）、售电公司和新型经营主体（含分布式发电、负荷聚合商、储能和虚拟电厂等）；市场运营机构包括电力调度机构和电力交易机构。

第三条 本规则适用于采用集中式市场模式的省（区、市）/区域现货市场，以及省（区、市）/区域现货市场与相关市场的衔接。采用分散式市场模式的省（区、市）/区域和省间电力现货市场可探索制定相应市场规则。

第四条 各省（区、市）/区域结合能源转型需要和市场建设进程，及时制修订电力现货市场运营规则及其配套实施细则，并公开发布。规则制修订应充分发挥电力市场管理委员会作用。

第五条 电力现货市场信息披露工作应当按照国家有关规定执行，信息披露主体对其提供信息的真实性、准确性、完整性负责。

第二章　总　体　要　求

第一节　建设目标和基本原则

第六条 电力现货市场建设的目标是形成体现时间和空间特性、反映市场供需变化的电能量价格信号，发挥市场在电力资源配置中的决定性作用，提升电力系统调节能力，促进可再生能源消纳，保障电力安全可靠供应，引导电力长期规划和投资，促进电力系统向清洁低碳、安全高效转型。

第七条 电力现货市场建设与运营应坚持安全可靠、绿色低碳、经济高效、稳步协同、公开透明原则。

第二节　建　设　路　径

第八条 近期推进省间、省（区、市）/区域市场建设，以省间、省（区、市）/区域市场"统一市场、协同运行"起步；逐步推动省间、省（区、市）/区域市场融合。

第九条 电力现货市场近期建设主要任务：

（一）按照"统一市场、协同运行"的框架，构建省间、省（区、市）/区域现货市场，建立健全日前、日内、实时市场。

（二）加强中长期市场与现货市场的衔接，明确中长期分时交易曲线和交易价格。

（三）做好调频、备用等辅助服务市场与现货市场的衔接，加强现货市场与调峰辅助服务市场融合，推动现货市场与辅助服务市场联合出清。

（四）推动电力零售市场建设，畅通批发、零售市场价格传导。

（五）稳妥有序推动新能源参与电力市场，设计适应新能源特性的市场机制，与新能源保障性政策做好衔接；推动分布式发电、负荷聚合商、储能和虚拟电厂等新型经营主体参与交易。

（六）直接参与市场的电力用户、售电公司、代理购电用户等应平等参与现货交易，公平承担责任义务；推动代理购电用户、居民和农业用户的偏差电量分开核算，代理购电用户偏差电量按照现货价格结算，为保障居民、农业用电价格稳定产生的新增损益（含偏差电费），由全体工商业用户分摊或分享。

（七）省间市场逐步引入其他经营主体，放开各类发电企业、用户、售电公司等参与交易；兼顾送受端利益，加强省间市场与省（区、市）/区域市场在经济责任、价格形成机制等方面的动态衔接。

第十条 电力现货市场中远期建设主要任务：

（一）持续完善适应新型电力系统的电力市场机制，通过市场时空价格信号实现源网荷储各环节灵活互动、高效衔接，促进保障电力供应安全充裕。

（二）推动制定统一的市场准入退出、交易品种、交易时序、交易执行结算等规则体系和技术标准，加强国家市场、省（区、市）/区域电力市场间的相互耦合、有序衔接。

（三）不断推动各类经营主体平等参与市场，扩大新型经营主体参与交易范围，形成平等竞争、自主选择的市场环境。

第三节　运　行　要　求

第十一条　电力现货市场应依序开展模拟试运行、结算试运行和正式运行，启动相关试运行和正式运行前按各省（区、市）/区域电力现货市场规则规定的程序开展相关市场运行工作。

第十二条　电力现货市场模拟试运行的启动条件和工作内容如下：

（一）启动模拟试运行时，至少应具备以下条件：模拟试运行工作方案及规则向经营主体征求意见，并公开发布；技术支持系统功能符合要求，通过市场运营机构内部系统测试；市场运营人员和经营主体经过相关培训，能够准确理解规则，掌握技术支持系统使用方法；关键市场参数按照明确的原则确定。

（二）模拟试运行工作内容至少应包括：组织经营主体参与现货市场申报，检验技术支持系统功能，适时依据市场出清结果进行生产调度；根据模拟试运行情况对市场规则进行讨论修改、对技术支持系统进行完善，对关键流程进行记录备查；形成模拟试运行分析报告，并向市场成员公开；初步开展结算分析，测算对市场成员的影响。

第十三条　电力现货市场结算试运行的启动条件和工作内容如下：

（一）启动结算试运行时，至少应具备以下条件：结算试运行工作方案及规则向经营主体征求意见，并公开发布；技术支持系统通过第三方校验并向经营主体公开校验报告，能够连续多日按照规则出清并为形成调度计划提供依据；市场运营机构和电网企业、发电企业、售电公司等市场成员的业务流程基本理顺；关键市场参数按照明确的原则确定；市场应急处置预案完备并经过演练。

（二）结算试运行工作内容至少应包括：依据市场出清结果进行生产调度并结算；检验技术支持系统市场出清等有关功能；根据结算试运行情况对市场规则进行讨论修改、对技术支持系统进行完善，对关键流程进行记录备查；形成结算试运行分析报告，向市场成员公开。

第十四条　电力现货市场正式运行的启动条件和工作内容如下：

（一）启动正式运行时，至少应具备以下条件：现货市场规则体系健全；市场风险防控、信息披露、信用管理等制度体系已建立；技术支持系统定期开展第三方校验并向经营主体公开校验报告；市场成员具备符合条件的人员、场所，市场成员之间的业务衔接实现制度化、程序化。

（二）正式运行工作内容至少应包括：按照规则连续不间断运行现货市场，保障技术支持系统正常运转，依据市场出清结果进行调度生产并结算，依法依规进行信息披露、市场干预、争议处理，实施市场监管和市场监测，具备开展现货市场体系第三方校验的条件。

第三章　市　场　成　员

第一节　权　利　与　义　务

第十五条　发电企业的权利和义务主要包括：

（一）按照规则参与电能量、辅助服务等交易，签订和履行电力交易合同，按规定参与电费结算，在规定时间内可对结算结果提出异议。

（二）获得公平的输配电服务和电网接入服务。

（三）签订并执行并网调度协议，服从电力调度机构统一调度，提供承诺的有效容量和辅助服务，提供电厂检修计划、实测参数、预测运行信息、紧急停机信息等。

（四）依法依规提供相关市场信息，按照信息披露有关规定获得市场交易、输配电服务、信用评价、电力负荷、系统运行等相关信息，并承担保密义务。

（五）法律法规规定的其他权利和义务。

第十六条 电力用户的权利和义务主要包括：

（一）按照规则参与电能量和辅助服务交易，签订和履行电力交易合同，暂时无法直接参与市场的电力用户按规定由电网企业代理购电，其中参与批发电能量交易的用户，可以按照规则进行跨省跨区购电和省内购电。

（二）获得公平的输配电服务和电网接入服务，按规定支付购电费、输配电费、线损电费、系统运行费（含辅助服务费）、政府性基金及附加等。

（三）依法依规提供相关市场信息，获得电力交易和输配电服务等相关信息，并承担保密义务。

（四）服从电力调度机构的统一调度，遵守电力需求侧管理等相关规定，提供承诺的需求响应服务。

（五）按规定支付电费，在规定时间内可对结算结果提出异议。

（六）法律法规规定的其他权利和义务。

第十七条 售电公司的权利和义务主要包括：

（一）按照规则参与跨省跨区、省内电能量交易和辅助服务交易，提供增值服务，与用户签订零售合同，并履行合同规定的各项义务。

（二）按照规则向电力交易机构提供代理零售用户的交易合同及电力电量需求，获得电力交易、输配电服务和代理零售用户历史用电负荷（或典型用电负荷）等相关信息，承担用户信息保密义务。

（三）获得电网企业的电费结算服务。

（四）具有配电网运营权的售电公司负责提供相应配电服务，按用户委托提供代理购电服务。

（五）法律法规规定的其他权利和义务。

第十八条 其他经营主体根据参与的市场交易类型，享受与上述经营主体同等的权利和义务，并需满足参与现货市场的技术条件。

第十九条 电网企业的权利和义务：

（一）保障输变电设备正常运行。

（二）根据现货市场价格信号反映的阻塞情况，加强电网建设。

（三）为经营主体提供公平的输电、配电服务和电网接入服务，提供报装、计量、抄表、收付费等服务。

（四）建设、运行、维护和管理电网相关配套系统，服从电力调度机构的统一调度。

（五）依法依规提供相关市场信息，并承担保密义务；向市场运营机构提供支撑现货市场交易和市场服务所需的相关数据，保证数据交互的准确性和及时性。

（六）收取输配电费，代收代付电费和政府性基金及附加等，按时完成电费结算。

（七）保障居民（含执行居民电价的学校、社会福利机构、社区服务中心等公益性事业用户）、农业用电供应，执行现行目录销售电价政策；单独预测居民、农业用户的用电量规模及典型用电曲线。

（八）向符合规定的工商业用户提供代理购电服务。

（九）法律法规规定的其他权利和义务。

第二十条 电力调度机构的权利和义务主要包括：

（一）组织电力现货交易，负责安全校核、市场监测和风险防控，按照调度规程实施电力调度，保障电网安全稳定运行。

（二）合理安排电网运行方式，保障电力市场正常运行。

（三）按规则建设、运行和维护电力现货市场技术支持系统。

（四）按照信息披露和报送等有关规定披露和提供电网运行的相关信息，提供支撑市场化交易以及市场服务所需的相关数据，按照国家网络安全有关规定与电力交易机构进行数据交互，承担保密义务。

（五）配合国家能源局派出机构、省（区、市）有关主管部门开展市场分析和运营监控，履行相应市场风险防范职责，依法依规实施市场干预，并向国家能源局派出机构、省（区、市）有关主管部门报告，按照规则规定实施的市场干预予以免责。

（六）法律法规规定的其他权利和义务。

第二十一条 电力交易机构的权利和义务主要包括：

（一）向经营主体提供市场注册、信息变更和退出等相关服务。

（二）负责中长期交易组织及合同管理，负责现货交易申报和信息发布。

（三）提供电力交易结算依据及相关服务。

（四）建设、运营和维护电力交易平台和相关配套系统。

（五）按照国家信息安全与保密、电力市场信息披露和报送等有关规定披露和发布信息，承担保密义务；提供信息发布平台，为经营主体信息发布提供便利，获得市场成员提供的支撑现货市场交易以及服务需求的数据等；制定信息披露标准格式，及时开放数据接口。

（六）监测和分析市场运行情况，记录经营主体违反交易规则、扰乱市场秩序等违规行为，向国家能源局派出机构、省（区、市）有关主管部门及时报告并配合相关调查，依法依规实施市场干预，防控市场风险。

（七）法律法规规定的其他权利和义务。

第二节　准入与退出

第二十二条 参加电力市场交易的经营主体应是具有法人资格、财务独立核算、信用良好、能够独立承担民事责任的经济实体，其中发电企业应当依法依规取得电力业务许可证。内部核算的经营主体经法人单位授权，可申请参与电力市场交易。参与中长期交易的经营主体均可参与现货市场。

第二十三条 准入电力市场的发电企业和电力用户不允许退出。满足下列情形之一的，可自愿申请办理退市手续：

（一）经营主体宣告破产、退役，不再发电或用电。

（二）因国家政策、电力市场规则发生重大调整，导致原有经营主体因自身原因无法继续参加市场。

（三）因电网网架结构调整，导致经营主体的发用电物理属性无法满足所在地区的市场准入条件。

（四）售电公司退出条件按照国家有关售电公司准入与退出的管理规定执行。

第二十四条 经营主体发生以下情况时，电力交易机构依法依规强制其退出市场，并向国家能源局派出机构、省（区、市）有关主管部门备案。

（一）因情况变化不再符合准入条件（包括依法被撤销、解散，依法宣告破产、歇业，电力业务许可证被注销等情况）。

（二）隐瞒有关情况或者以提供虚假申请材料等方式违法违规进入市场，且拒不整改的。

（三）严重违反市场交易规则，且拒不整改的。

（四）企业违反信用承诺且拒不整改或信用评价降低为不适合继续参与市场交易的。

（五）因违反交易规则及市场管理规定等情形被暂停交易，且未在期限内完成整改的。

（六）法律、法规规定的其他情形。

第二十五条 退出市场的经营主体应缴清市场化费用及欠费，处理完毕尚未交割的成交电量。无正当理由退出市场的经营主体及其法定代表人三年内均不得申请市场准入。

第三节　注册、变更与注销

第二十六条 符合电力市场准入条件的各类经营主体在电力交易机构完成市场注册程序后，方可参与电力市场交易。各电力交易机构共享注册信息。经营主体应当保证注册提交材料的真实性、完整性，履行承诺、公示、注册、备案等相关手续后，电力交易机构及时向社会发布经营主体注册信息。

第二十七条 已完成市场注册的经营主体，当市场注册信息发生变更时，应当及时向电力交易机构提出变更申请，变更信息经公示无异议后，电力交易机构向社会重新发布相关经营主体注册信息。

第二十八条 因故需要退出市场的经营主体，应及时向电力交易机构提出市场退出申请，履行或处理完成已成交合同有关事项，并由电力交易机构公示无异议后，方可注销其市场注册信息并退出市场。

第四章 市场构成与价格

第一节 市场构成

第二十九条 现货市场一般包括日前市场、日内市场和实时市场。各省（区、市）/区域可根据实际情况选择实际构成。

（一）日前市场。市场运营机构按日组织日前市场，根据经营主体日前交易申报，在考虑电网运行和物理约束的前提下，满足日前市场负荷需求和备用需求，以社会福利最大为目标，进行日前市场集中优化出清，形成日前出清结果。加快推动日前市场以市场化用户申报曲线叠加非市场化用户预测曲线为依据开展集中优化出清。如不开展日前市场，可选择开展日前预出清，日前预出清结果不作为结算依据，仅向经营主体披露。

（二）日内市场。市场运营机构在运行日，根据系统运行情况和最新预测信息，滚动优化快速启停机组等灵活调节资源，以满足系统平衡要求。

（三）实时市场。实时市场中，市场运营机构在运行日根据经营主体申报，在机组组合基本确定的基础上，考虑电网实际运行状态和物理约束，满足超短期负荷预测和备用需求，以社会福利最大为目标，进行实时市场出清，形成实时市场出清结果。

第三十条 可靠性机组组合是日前市场的重要环节。为满足系统运行安全需要，可靠性机组组合根据发电侧报价、可再生能源出力预测、省间送受电计划和系统负荷预测等，确定需要启停的机组。

第二节 价格机制

第三十一条 可根据电网结构和阻塞等情况，选择节点边际电价、分区边际电价和系统边际电价等机制。

（一）节点边际电价包含电能量分量和阻塞分量。对于电网阻塞程度较为严重、输电能力受限的地区，宜采用节点边际电价机制。

（二）当电网存在输电阻塞时，可按阻塞断面将市场分成几个不同的分区，并以各分区内边际价格作为该分区电价。对于存在明显阻塞断面的地区，宜采用分区边际电价机制。

（三）现货市场出清时，以市场内统一边际价格作为系统电价的，可不区分节点或价区。

第三十二条 经营主体具有报价权和参与定价权。电网企业代理购电用户在现货市场中不申报价格。经营主体不能参与定价的情况有：

（一）机组已达到最大爬坡能力。

（二）机组因自身原因，出力必须维持在某一固定水平。

（三）机组因自身原因或因水电厂水位控制或下游综合利用需要，出力不得低于某一水平，低于该水平的部分不能参与定价。

（四）机组正处于从并网到最小技术出力水平，或从最小技术出力水平到解列的过程。

第三十三条 发电侧价格由电能量价格、辅助服务费用等构成。

第三十四条 直接参与交易的用户侧用电价格由电能量价格、输配电价（含交叉补贴）、上网环节线损费用、系统运行费用（包括辅助服务费用、抽水蓄能容量电费等）、政府性基金及附加等构成。代理购电用户用电价格按照政府有关规定执行。

第三十五条 输配电价（含交叉补贴）、综合线损率等以政府核定水平为准。政府性基金及附加遵循政府有关规定。

第三十六条 通过在市场出清中考虑线路/断面安全约束等方式进行阻塞管理。采用分区电价或节点电价所产生的阻塞费用，可按规则分配给经营主体。

第三节 市 场 限 价

第三十七条 市场限价设定应考虑经济社会承受能力,有利于市场发现价格,激励投资,引导用户侧削峰填谷,提高电力保供能力,防范市场运行风险。

第三十八条 现货市场应设定报价限价和出清限价,报价限价不应超过出清限价范围。除正常交易的市场限价之外,当市场价格处于价格限值的连续时间超过一定时长后,可设置并执行二级价格限值。二级价格限值的上限可参考长期平均电价水平确定,一般低于正常交易的市场限价。

第三十九条 市场限价应综合考虑边际机组成本、电力供需情况、失负荷价值、经济发展水平等因素,经科学测算后按规则规定合理确定,并适时调整。

第四十条 市场限价应与市场建设相适应,并加强不同交易品种市场限价的协同。

(一)未建立容量成本回收机制的地区,市场限价应考虑机组固定成本回收。

(二)随着交易接近交割时间,市场价格上限应依次递增或持平。

第四十一条 现货市场限价规则、价格干预规则等管制性价格规则由国务院价格主管部门明确制定原则,各省(区、市)价格主管部门会同有关主管部门、国家能源局派出机构组织制定具体规则,并在当地市场规则中体现。

第五章 现 货 市 场 运 营

第一节 市 场 准 备

第四十二条 参加省(区、市)/区域市场的成员,应分别遵守所参加市场的市场规则,按照所参加市场的规则和交易结果承担相应经济责任。

第四十三条 发电企业(机组)按要求向电力市场运营机构提供运行技术参数,作为电力现货市场出清的参数。

第四十四条 电网企业负责预测代理购电用户分时段用电量及居民、农业用电量和典型曲线,并通过技术支持系统发布。

第四十五条 在经营主体申报前,电力调度机构开展运行日分时段负荷预测和母线负荷预测。

第四十六条 各省(区、市)/区域根据系统运行需要,确定系统正、负备用要求。现货交易出清结果需满足运行日的系统备用要求,特殊时期电力调度机构可根据系统安全运行需要,调整备用值,并向经营主体披露调整情况。

第四十七条 电力调度机构基于发、输变电设备投产、退役和检修计划,结合电网实际运行状态,确定运行日的发、输变电设备检修和投运计划。

第四十八条 系统安全约束条件包括输变电设备极限功率、断面极限功率、发电机组(群)必开必停约束、发电机组(群)出力上下限约束等。

第四十九条 现货市场每日连续运行,经营主体需在规定时间前向市场运营机构提交申报信息,迟报、漏报或不报者均默认采用缺省值作为申报信息。

第五十条 关键参数的设置和修改应按规则规定的程序开展,不得随意更改。

第二节 市 场 运 营

第五十一条 市场运营机构综合考虑省间中长期合同约定曲线、电网实际运行情况、省间现货市场日前交易结果等因素,确定跨省跨区联络线计划,作为送受两端市场的初始条件。

第五十二条 开展日前市场的地区,市场运营机构按照上级电力调度机构下发的省间交易结果形成的联络线计划,进行信息发布。电力调度机构以社会福利最大为目标,以已发布的信息作为市场优化边界条件,将用户侧申报电量或调度负荷预测作为需求,集中优化出清形成日前市场出清结果。

第五十三条 开展现货市场但未开展日前市场的地区,市场运营机构可依据已发布的送受电曲线、经营主体申报信息和次日负荷预测，形成省（区、市）/区域日前预出清结果。

第五十四条 开展日内市场的地区，电力调度机构以日前机组组合为基础，根据日内运行情况和相关预测信息，滚动优化快速启停机组等灵活调节资源。具备条件的地区，经营主体可在规定时间前调整报价。

第五十五条 开展实时市场的地区，电力调度机构根据最新的电力负荷预测、联络线计划和系统约束条件等，以社会福利最大为目标进行出清。

第五十六条 各省（区、市）价格主管部门会同国家能源局派出机构结合各地机组启动成本、变动成本（含空载成本）和固定成本等变化趋势，及时开展成本调查，明确各类型机组成本。

第三节　市场出清和结果发布

第五十七条 市场运营机构应按照规则及时向经营主体发布对应出清结果，当出清结果缺失或错误时，应根据规则及时补发或更正，并进行情况说明。

（一）开展日前市场的地区，日前正式出清结果应包含机组组合及机组出力曲线、分时价格。未开展日前市场的地区，日前预出清结果应包含机组组合及机组出力曲线等。

（二）日前市场出清（或日前预出清）后，电力调度机构应在规定时间内下达调度计划（含机组组合）。

（三）运行日内，市场运营机构按规定发布省（区、市）/区域市场日内出清结果和实时出清结果，包含机组组合及机组出力曲线、分时价格。

（四）实时运行中，如发生场外调度或市场干预，电力调度机构应记录事件经过、计划调整情况等，并按照相关要求进行信息披露。

第六章　市场衔接机制

第一节　中长期与现货市场衔接

第五十八条 现货市场运行地区，经营主体应通过自主协商或集中交易方式确定中长期交易合同曲线或曲线形成方式，并约定分时电量、分时价格、结算参考点等关键要素。

第五十九条 现货市场运行地区，市场运营机构应不断优化中长期与现货市场运营衔接，开展中长期分时段带曲线交易，增加交易频次，缩短交易周期。

第六十条 跨省跨区交易卖方成交结果作为送端关口负荷增量，买方成交结果作为受端关口电源参与省内出清结算，省间交易结果作为省间交易电量的结算依据。

第二节　代理购电与现货市场衔接

第六十一条 电网企业应定期预测代理购电工商业用户用电量及典型负荷曲线，并考虑季节变更、节假日安排等因素分别预测分时段用电量，通过参与场内集中交易方式（不含撮合交易）代理购电，形成分时合同。

第六十二条 代理工商业用户购电的偏差电量应按照现货市场价格结算。

第六十三条 为保障居民、农业用电价格稳定产生的新增损益，由全体工商业用户分摊或分享。

第三节　辅助服务市场与现货市场衔接

第六十四条 现货市场起步阶段，调频、备用辅助服务市场与现货市场可单独出清；具备条件时，调频、备用辅助服务市场与现货市场联合出清。

第六十五条 现货市场运行期间，已通过电能量市场机制完全实现系统调峰功能的，原则上不再设置与现货市场并行的调峰辅助服务品种。

第六十六条 现货市场运行地区，辅助服务费用由发用电两侧按照公平合理原则共同分担。

第四节　容量补偿机制与现货市场衔接

第六十七条　各省（区、市）/区域要按照国家总体部署，结合实际需要探索建立市场化容量补偿机制，用于激励各类电源投资建设、保障系统发电容量充裕度、调节能力和运行安全。开展现货市场的地区，要做好市场限价、市场结算、发电成本调查等与容量补偿机制的衔接。具备条件时，可探索建立容量市场。

第七章　计　　量

第一节　计　量　要　求

第六十八条　计量管理的目的是保证电能计量量值的准确性、溯源性、及时性，确保电能计量装置运行安全可靠，维护市场成员合法权益，为电力现货市场规范开展提供计量保证。

第六十九条　发用单元各计量点结算时段电量应通过计量装置计量或通过数据拟合获得，并考虑变（线）损电量。

（一）若某计量点的电量数据需分配给多个单元，则各单元的电量根据既定方法分配获得。

（二）若某计量点无计量装置，则该点的电量应根据与其相关联计量点的电量数据计算得出。

第二节　计　量　装　置　管　理

第七十条　电网企业应当为参与现货市场的发电企业、电力用户计量点配置符合国家标准的计量装置，满足电力现货市场对计量数据的采集频次、成功率和存储等要求。计量装置满足经营主体要求后，在以后的改造（含更换）过程中不应降低其技术要求。

第七十一条　若计量点配置主、副电表，应当确保主、副电表型号、规格、准确度相同，且有明确标志，以主表计量数据作为结算依据，副表计量数据作为参照，当确认主表故障后，副表计量数据替代主表计量数据作为结算依据。

第七十二条　电网企业负责本供电营业区内所有用于交易结算（含发电企业上网交易电量）的电能计量装置的计量管理。发电企业配合电网企业完成与本企业有关的交易结算所使用电能计量装置的技术管理。

第七十三条　电网企业根据经营主体的申请，设置关口电能计量点，作为交易结算计量点。

（一）计量装置应安装在产权分界点，产权分界点无法安装计量装置的，电网企业应在与经营主体协商明确计量装置安装位置后，依法确定相应的变（线）损，参与交易结算的关口计量点应在相关合同、协议中予以明确。

（二）发电单元需设置接入对应电网的关口计量点，参与市场的用户需设置接入对应电网的关口计量点，不同电网间需设置关口计量点。

（三）若某发电单元未安装计量装置，上网电量可通过其他单元和出线侧计量装置的计量数据计算获得，且该计算数据满足结算要求，电量的计算方法应征求经营主体意见。

（四）多个发电侧结算单元共用计量点且无法拆分时，结算单元电量分配方式应在市场规则或方案中予以明确。

（五）依法依规设置新型经营主体关口电能计量点。

第三节　计　量　数　据　管　理

第七十四条　发电单元关口计量点的电量数据通过相关计量点计量或拟合确定；电力用户（含代理购电用户）关口计量点的电量数据由电网企业根据计量装置或计量电量数据拟合规则确定，并传输给电力交易机构（售电公司或新型经营主体在电力用户授权下也可获得该部分数据）。

第七十五条　计量数据应当满足最小交易周期的结算需要，电网企业应对各结算时段内计量数据进行校核，保证计量数据准确、完整。

第七十六条 电网企业应按照有关数据采集、校验、估算的细则和标准，及时、准确计量其服务区域内经营主体计量装置记录的分时电量数据（包括拟合数据）。

（一）当计量装置计量时段无法满足结算时段要求时，由计量数据采集系统进行电量数据拟合。数据拟合可采用插值法、外推法、样本法等方法，并在市场规则或方案中予以明确。

（二）当自动采集数据不完整时，由电能计量采集管理信息系统根据拟合规则补全电量数据。

（三）当计量装置故障等问题导致计量表计底码不可用时，电网企业依据相关拟合规则出具电量更正报告，经相关经营主体确认后进行电量追退补。

（四）对于计量装置无法满足分时计量的电力用户，应细化其计量数据拟合方法。

第七十七条 电网企业依法依规对采集到的数据进行物理计量点到产权分界点的变（线）损分配。

第七十八条 电网企业应按照结算周期，依据适用于计量装置及相关经营主体的通用校核规则、个别计量装置特定的校核规则及任何可用的计量数据，通过系统对计量数据发起自动校核。若计量数据未通过自动校核，则应对该数据进行人工审核，并记录审核结果。

第七十九条 电网企业应当按照电力市场结算要求定期抄录各类经营主体的电能计量装置数据，并将各类经营主体计量数据（包括拟合计量数据）按结算时序要求提交电力交易机构。

第八十条 电网企业应根据经营主体询问及争议，对计量数据问题进行分类管理，并按规定进行处理。

第八十一条 当计量数据缺失、错误或不可用时，可由相应经营主体或电网企业提出，并由具备资质的计量检定机构确认并出具报告，电网企业按照市场规则进行数据拟合作为电量追补依据，对电量电费进行差错退补。

第八十二条 电网企业负责经营主体计量数据管理，包括原始分时计量数据、调整和汇总后的电量数据〔包括线（变）损调整参数〕、验证和拟合数据的方法、计量数据的调整参数等。计量数据需按要求保存，数据保存时间应依法依规确定。

第八章 市 场 结 算

第一节 市 场 结 算 管 理

第八十三条 现货市场结算，及中长期、辅助服务市场结算涉及现货市场的相关内容适用本章节有关规定。

第八十四条 电能量批发市场可以按以下两种方式结算：

方式一：现货市场全电量按现货市场价格结算，中长期合同电量按中长期合同价格与中长期结算参考点的现货价格差值结算。

方式二：中长期合同电量按中长期合同价格结算，并结算所在节点/分区与中长期结算参考点的现货价格差值，实际电量与中长期合同电量的偏差按现货市场价格结算。

第八十五条 现货市场可采用"日清月结"的结算模式，每日对已执行的成交结果进行清分计算，以自然月为周期出具结算依据并开展电费结算。

第八十六条 结算时段是指市场进行结算的最小时段，每个结算时段以市场设计为准。每个结算时段的电费依据相关出清时段的出清结果计算确定。

第八十七条 电力市场结算不得设置不平衡资金池，每项结算项目均需独立记录，分类明确疏导。所有结算项目的分摊（返还）应根据"谁产生、谁负责，谁受益、谁承担"原则事先商定分摊（返还）方式，明确各方合理的权利与义务。

第二节 市 场 结 算 权 责

第八十八条 电力交易机构在市场结算方面的权利和义务主要包括：

（一）负责按照规则，通过电力交易平台等方式向各经营主体单独推送其结算明细和结算依据，在电力交易平台公开计算示例和说明，数据推送应采用数据接口等便于经营主体使用的方式。

（二）负责按规则处理经营主体结算的相关查询。

（三）负责经营主体的履约保函管理，接受电网企业履约保函、保险的使用申请，要求履约保函、保险的开立单位支付款项，向经营主体发出履约保函、保险执行告知书并做好相关信用评价管理记录。

（四）按照有关规定，将经营主体的结算信息和数据进行涉密管理。

第八十九条 电网企业在市场结算方面的权利和义务主要包括：

（一）负责根据电力交易机构提供的结算依据，按自然月周期向经营主体出具结算账单，并按照规定向经营主体收付款。

（二）按照有关规定，将经营主体的结算信息和数据进行涉密管理。

（三）负责向发生付款违约的经营主体催缴欠款，对于逾期仍未全额付款的经营主体，向电力交易机构提出履约保函、保险的使用申请。

第九十条 经营主体在市场结算方面的权利和义务主要包括：

（一）可以获取、查看其在各历史交易日、各历史结算时段的结算明细。

（二）结算依据出具后，应按照时间表核对并确认结算依据的完整性和准确性。

（三）对结算依据、结算账单存在疑问时，可在规定时间内向电力交易机构、电网企业提交结算查询。

（四）负责提供用于资金结算的银行账户。

（五）应按规定向电网企业支付（或收取）款项。

（六）拥有配电网运营权的售电公司根据政府有关规定开展电费结算。

第三节 市场结算计算

第九十一条 省（区、市）/区域内发电侧主体电能量电费计算应符合以下要求：

（一）按照本规则第八十四条方式一，运行日前市场的省（区、市）/区域，发电侧主体电能量电费为其日前全电量电费、实时偏差电量电费、中长期差价合约电费之和，结算公式如下：

发电侧电能量电费＝日前全电量电费＋实时偏差电量电费＋中长期差价合约电费

日前全电量电费＝∑（日前市场出清电量×日前市场节点/分区边际电价）

实时偏差电量电费＝∑［（实际上网电量－日前市场出清电量）×实时市场节点/分区边际电价］

中长期差价合约电费＝∑［合约电量×（合约价格－中长期结算参考点现货电价）］

未运行日前市场、仅运行实时市场的省（区、市）/区域，发电侧主体电能量电费为其实时全电量电费、中长期差价合约电费之和，结算公式如下：

发电侧电能量电费＝实时全电量电费＋中长期差价合约电费

实时全电量电费＝∑（实际上网电量×实时市场节点/分区边际电价）

中长期差价合约电费＝∑［合约电量×（合约价格－中长期结算参考点现货电价）］

（二）按照本规则第八十四条方式二，运行日前市场的省（区、市）/区域，发电侧主体电能量电费为中长期合约电费、日前电能量电费与实时电能量电费之和。结算公式如下：

发电侧电能量电费＝中长期合约电费＋日前电能量电费＋实时电能量电费

中长期合约电费＝∑［合约电量×（合约价格＋日前市场节点/分区边际电价－中长期结算参考点现货电价）］

日前电能量电费＝∑［（日前市场出清电量－∑合约电量）×日前市场节点/分区边际电价］

实时电能量电费＝∑［（实际上网电量－日前市场出清电量）×实时市场节点/分区边际电价］

未运行日前市场、仅运行实时市场的省（区、市）/区域，发电侧主体电能量电费为中长期合约电费与实时电能量电费之和，结算公式如下：

发电侧电能量电费＝中长期合约电费＋实时电能量电费

中长期合约电费＝∑［合约电量×（合约价格＋实时市场节点/分区边际电价－中长期结算参考点

现货电价)]

实时电能量电费＝Σ［（实际上网电量－Σ合约电量）×实时市场节点/分区边际电价］

（三）根据市场构成不同，中长期结算参考点的现货价格可以由日前市场出清价格或者实时市场出清价格确定。

（四）针对不同发电类型，可设计不同的政府授权合约结算公式。主要区别在于如何规定政府授权合约价格、合约电量曲线以及合约结算参考点。具体可在相关市场实施细则中明确。

第九十二条 省（区、市）/区域内用户侧主体电能量电费计算应符合以下要求：

（一）按照本规则第八十四条方式一，运行日前市场的省（区、市）/区域，用户侧主体电能量电费为其日前全电量电费、实时偏差电量电费、中长期差价合约电费之和，结算公式如下：

用户侧电能量电费＝日前全电量电费＋实时偏差电量电费＋中长期差价合约电费

日前全电量电费＝Σ［日前市场出清电量×日前市场节点/分区边际电价或统一结算点电价］

实时偏差电量电费＝Σ［（实际用电量－日前市场出清电量）×实时市场节点/分区边际电价或统一结算点电价］

中长期差价合约电费＝Σ［合约电量×（合约价格－中长期结算参考点现货电价）］

未运行日前与日内市场、仅运行实时市场的省（区、市）/区域，用户侧主体电能量电费为其实时全电量电费、中长期差价合约电费之和，结算公式如下：

用户侧电能量电费＝实时全电量电费＋中长期差价合约电费

实时全电量电费＝Σ［实际用电量×实时市场节点/分区边际电价或统一结算点电价］

中长期差价合约电费＝Σ［合约电量×（合约价格－中长期结算参考点现货电价）］

（二）按照本规则第八十四条方式二，运行日前市场的省（区、市）/区域，用户侧主体电能量电费包括中长期合约电费、日前电能量电费与实时电能量电费，结算公式如下：

用户侧电能量电费＝中长期合约电费＋日前电能量电费＋实时电能量电费

中长期合约电费＝Σ［合约电量×（合约价格＋日前市场节点/分区边际电价或统一结算点电价－中长期结算参考点现货电价）］

日前电能量电费＝Σ［（日前市场出清电量－Σ合约电量）×日前市场节点/分区边际电价或统一结算点电价］

实时电能量电费＝Σ［（实际用电量－日前市场出清电量）×实时市场节点/分区边际电价或统一结算点电价］

若未运行日前与日内市场、仅运行实时市场的省（区、市）/区域时，用户侧主体电能量电费为中长期合约电费和实时电能量电费之和，结算公式如下：

用户侧电能量电费＝中长期合约电费＋实时电能量电费

中长期合约电费＝Σ［合约电量×（合约价格＋实时市场节点/分区边际电价或统一结算点电价－中长期结算参考点现货电价）］

实时电能量电费＝Σ［（实际用电量－Σ合约电量）×实时市场节点/分区边际电价或统一结算点电价］

（三）根据市场构成不同，中长期结算参考点的现货价格可以由日前市场出清价格或者实时市场出清价格确定。

第九十三条 日前市场、实时市场阻塞费用为由于阻塞造成的应付费用与应收费用之差。市场设计中应考虑省内的阻塞费用分配方式，并明确跨省阻塞费用的计算和分配方式。阻塞费用可按规则分配给经营主体，初期可采用分配方式处理阻塞费用，待条件成熟时，可通过市场化方式拍卖输电权，由输电权拥有者获取相应的阻塞收入。

第四节 结算依据及流程

第九十四条 经营主体结算依据包括现货电能量电费、中长期合同电费（包括双边合同、政府授权合约等）、系统运行费用（包含辅助服务费用、抽水蓄能容量电费等）、不平衡费用等。

第九十五条 电力交易机构和电网企业应确定结算周期、结算依据和结算账单出具日期以及收付款日期等，在此基础上制定相关时间节点和流程，并提前1个季度公开上述信息。

第九十六条 电力交易机构从电网企业按日获取每个经营主体的计量数据，计算每个经营主体批发市场的月度结算结果，在规定截止日期前形成结算依据。

第九十七条 电力交易机构在规定截止日期前向经营主体出具结算依据，并推送给电网企业。

第九十八条 电网企业在规定截止日期前，根据结算依据向经营主体发布结算账单。

第九十九条 用户侧主体应根据其结算账单在规定截止日期前向电网企业全额支付相关电费。电网企业应根据结算账单在规定截止日期前向发电侧主体全额支付相关电费。

第一百条 结算账单内容包括结算依据、汇总表及其他适用的附加项目。向用户侧主体收取电费的结算账单应包括电能量费用、输配电价、线损电费、系统运行费、政府性基金及附加等。向发电侧主体支付电费的结算账单应包括电能量费用（包括现货和中长期交易的电能量电费）、系统运行费、相关成本补偿费用等。

第五节 结算查询及调整

第一百〇一条 经营主体对结算明细数据、结算依据计算过程、结算依据内容等向电力交易机构提出查询或就结算账单问题向电网企业提出查询的，收到结算查询后，电力交易机构或电网企业应确认和评估查询是否有效，可要求经营主体追加信息，若确认结算查询有效且需要修改结算依据或结算账单，应按照规则进行调整。

第一百〇二条 结算调整应按照以下方式开展：

（一）若结算错误影响多个经营主体，电力交易机构应重新进行结算计算，并在最近一次结算周期内完成调整；无法在最近一次结算周期内完成调整的，调整金额应在下个结算周期的结算依据中记为"结算调整项目"费用。

（二）可根据结算周期内对单个经营主体的影响设定阈值，超出阈值的，应在下个月的结算依据中记为"结算调整项目"；低于阈值的，可每年定期开展统一结算调整。

第六节 违 约 处 理

第一百〇三条 对付款违约经营主体的处理应符合以下要求：

（一）若经营主体未能在付款截止日前完成全额付款，电网企业应及时告知电力交易机构，电力交易机构按规定向经营主体发出违约通知。

（二）当电力交易机构发出违约通知后，电网企业应尽快按照违约金额提出履约保函、保险的适用申请。电力交易机构向履约保函、保险开立单位出具索赔通知及履约保函、保险原件，要求开立单位支付款项。电网企业向经营主体付款的总额不应超过实际收款及提取到的履约保函、保险金额总和。

（三）电力交易机构向违约经营主体发出履约保函、保险执行告知书，同时发出暂停交易通知，并做好相关信用记录。

第九章 风 险 防 控

第一节 基 本 要 求

第一百〇四条 建立健全电力市场风险防控机制，防范市场风险，保障电力系统安全和市场平稳运行，维护经营主体合法权益和社会公共利益。

第一百〇五条 市场运营机构在国家能源局派出机构、省（区、市）有关主管部门指导下，履行市场风险防控职责，市场成员应共同遵守并按规定落实电力市场风险防控职责。

第二节 风 险 分 类

第一百〇六条 电力市场风险类型包括:

(一)电力供需风险,指电力供应与需求大幅波动、超出正常预测偏差范围,影响电力系统供需平衡的风险。

(二)市场价格异常风险,指部分时段或局部地区市场价格持续偏高或偏低,波动范围或持续时间明显超过正常变化范围的风险。

(三)电力系统安全运行风险,指电力系统在运行中承受扰动时,无法承受住扰动引起的暂态过程并过渡到一个可接受的运行工况,或者在新的运行工况下,各种约束条件不能得到满足的风险。

(四)电力市场技术支持系统风险,指支撑电力市场的各类技术支持系统出现异常或不可用状态,影响市场正常运行的风险。

(五)网络安全风险,指因黑客、恶意代码等攻击、干扰和破坏等行为,造成被攻击系统及其中数据的机密性、完整性和可用性被破坏的风险。

(六)履约风险,指经营主体签订的批发、零售合同,由于经营主体失信、存在争议或不可抗力等原因而不能正常履行,影响市场结算工作正常开展的风险。

第三节 风 险 防 控 与 处 置

第一百〇七条 市场风险监测以事前、事中为主。市场运营机构按照国家能源局派出机构、省(区、市)有关主管部门要求,加强对电力市场各类交易活动的风险防范和监测。

第一百〇八条 市场运营机构按照有关程序对市场风险进行预警,并报告国家能源局派出机构、省(区、市)有关主管部门。

第一百〇九条 市场运营机构负责编制各类风险处置预案,包括风险级别、处置措施、各方职责等内容,并滚动修编。风险处置预案经国家能源局派出机构、省(区、市)有关主管部门审定后执行。

第一百一十条 市场风险发生时,各方按照事前制定的有关预案,在事中、事后采取相应的措施进行处置,尽可能减小风险造成的后果,并按要求披露市场风险处置情况。

第十章 市 场 干 预

第一节 市 场 干 预 条 件

第一百一十一条 市场干预分为政府干预和市场运营机构干预。

第一百一十二条 现货市场运行过程中发生下列情形之一的,由国家能源局派出机构、省(区、市)价格等有关主管部门根据职责作出市场干预决定,包括临时中止市场运行、中止部分或全部规则的执行、价格管制等措施,并委托市场运营机构实施市场干预:

(一)电力供应严重不足时。

(二)电力市场未按照规则运行和管理时。

(三)电力市场运营规则不适应电力市场交易需要,必须进行重大修改时。

(四)电力市场交易发生恶意串通操纵市场的行为,并严重影响交易结果时。

(五)市场价格达到价格限值且触发管控条件时。

(六)其他认为需要进行市场干预的情形。

第一百一十三条 现货市场运行过程中出现如下情况时,市场运营机构应按照安全第一的原则采取取消市场出清结果、实施发用电计划管理等措施对市场进行干预,并尽快报告国家能源局派出机构、省(区、市)有关主管部门:

(一)电力系统发生故障导致网络拓扑发生重大变化,或当电网整体、局部发生稳定破坏,严重危及电网安全时。

（二）因重大自然灾害、突发事件等原因导致电网运行安全风险较大时。

（三）电力市场技术支持系统发生重大故障，导致无法按照市场规则进行出清和调度时。

（四）其他认为需要进行市场干预的情形。

第二节　市　场　干　预　内　容

第一百一十四条　市场运营机构须按要求记录干预的原因、措施，分析存在的问题，形成方案建议，并尽快向国家能源局派出机构、省（区、市）价格等有关主管部门备案。

第一百一十五条　市场运营机构应公布市场干预情况原始日志，包括干预时间、干预人员、干预操作、干预原因，涉及《电力安全事故应急处置和调查处理条例》（中华人民共和国国务院令第 599号）规定电力安全事故等级的事故处理情形除外。

第一百一十六条　市场干预期间的干预触发条件、干预规则等由国家能源局派出机构和省（区、市）价格等有关主管部门制定，并在省（区、市）/区域市场交易规则中明确。若干预期间机组总发电收入低于核定的总发电成本（包含调用停机机组的启动成本），应按照核定的总发电成本对机组进行结算。

第一百一十七条　当采用价格管制的方式干预市场时，管制定价的制定应综合考虑市场供需情况、电力稀缺价值以及机组变动成本等因素，定期根据市场运行情况更新、调整计算方法，并同步建立与结算联动的机制。

第三节　市　场　中　止　和　恢　复

第一百一十八条　当触发市场干预条件，且市场中止之外的措施不足以将市场恢复到正常运行状态，由国家能源局派出机构、省（区、市）有关主管部门做出市场中止决定，并委托市场运营机构实施。市场运营机构应立即发布市场中止声明。突发情况时，市场运营机构可按规定进行市场干预，并做好相关记录，事后由国家能源局派出机构、省（区、市）有关主管部门做出是否中止市场的决定并发布。

第一百一十九条　当异常情况解除、电力市场重启具备条件后，经国家能源局派出机构、省（区、市）有关主管部门同意，市场运营机构按程序恢复市场正常运行。市场恢复通知应按要求提前向经营主体发布。

第一百二十条　国家能源局派出机构、省（区、市）有关主管部门应建立电力市场中止和恢复工作机制并在规则中予以明确。

第十一章　争　议　处　理

第一百二十一条　经营主体之间、经营主体与市场运营机构之间、经营主体与电网企业之间因参与电力现货市场发生争议的，可先通过市场管理委员会调解，也可向国家能源局派出机构、省（区、市）有关主管部门申请行政调解；调解不成的可通过仲裁、司法等途径解决争议。

第一百二十二条　市场成员应按照以下规定时间提出争议调解申请：

（一）对于出清价格、结算依据中的电量或金额有争议的，应在市场运营机构给出查询回复后的 10 个工作日内以书面方式提出。

（二）对于结算凭证中的电量或金额有争议的，应在电网企业给出结算查询回复后的 10 个工作日内以书面方式提出。

（三）对于其他争议，市场成员应在事件发生之日起 2 年内提出。

第一百二十三条　市场成员有义务为国家能源局派出机构、省（区、市）有关主管部门提供争议处理所需的数据和材料。承担调解工作的相关人员应遵守保密规定，不得泄露因调解工作知悉的商业秘密。

第十二章　电力市场技术支持系统

第一百二十四条　电力市场技术支持系统与市场成员及市场运营所需相关系统的数据通信应符

合相关标准和通信协议。

第一百二十五条 电力市场技术支持系统功能规范要求：

（一）电力市场技术支持系统应符合国家有关技术标准和行业标准。

（二）电力市场技术支持系统所有软、硬件模块应采用冗余配置。

（三）电力市场技术支持系统应建立备用系统或并列双活运行系统，实现双套系统互为主备和并列运行，防止遭受严重自然灾害而导致的系统瘫痪。

（四）电力市场技术支持系统应保障电力市场运营所需的交易安全、数据安全和网络安全，并具备可维护性、适应性、稳定性，适应电力市场逐步发展完善的需要。

（五）电力市场技术支持系统须对电力市场的经营主体注册管理、数据申报、合同分解与管理、市场出清、调度计划编制、安全校核、辅助服务、市场信息发布、市场结算、市场运行监控等运作环节提供技术支撑，保障电力市场稳定运行。

（六）电力市场技术支持系统应具备数据校验功能，支持对规则配置和生效设置的校验，包括各类分项数据的单一合理性验证、各种关联数据的相关性验证。

（七）电力市场技术支持系统应能够按照相关要求和数据接口规范提供数据接口服务，支持市场成员按规定获取相关数据，市场成员在使用数据接口服务时应满足相关网络安全要求。

（八）电力市场技术支持系统应具备在线监测功能，按有关规定对市场运营情况进行监测，并向国家能源局派出机构、省（区、市）有关主管部门开放相应的访问权限。

（九）现货结算子系统应充分考虑未来发展趋势，统筹规划系统功能的维护管理与扩展升级，满足市场全周期全品种结算要求。

第一百二十六条 电力市场技术支持系统第三方校验要求：

（一）电力市场技术支持系统投入运行前，应由国家能源局派出机构、省（区、市）有关主管部门组织第三方开展市场出清软件的标准算例校验。

（二）电力市场技术支持系统应通过第三方校验，确保电力现货市场技术支持系统算法模型、市场出清功能和结果与现货市场规则一致，同时满足出清时效性及实用性的要求。

（三）电力市场技术支持系统由国家能源局派出机构、省（区、市）有关主管部门遵循利益回避原则组织独立第三方开展校验。

第一百二十七条 电力市场技术支持系统数据交互和管理的要求：

（一）电力市场技术支持系统交互应支持多周期多品种电力交易全过程业务，相关数据交互应确保流程清晰、数据准确、责任明晰，可支持市场出清的离线仿真。

（二）电力市场技术支持系统数据交互应满足《中华人民共和国网络安全法》、《电力监控系统安全防护规定》、《电力监控系统安全防护方案》等法律法规和相关文件要求。

（三）电力市场技术支持系统交换数据精度应满足电力市场运行规则要求。

（四）电力市场技术支持系统交换的数据应由市场运营机构、经营主体和承担计量、资金结算等服务的单位按各自职责进行采集、提供和核验，并负责数据准确性。

第十三章 附 则

第一百二十八条 本规则由国家发展改革委、国家能源局负责解释。

第一百二十九条 本规则自 2023 年 10 月 15 日起施行，有效期截至 2026 年 10 月 15 日。

附件：

名 词 解 释

1. 电力批发市场（Wholesale Electricity Market）：发电企业和电力批发用户或售电公司之间进行电力交易的市场，主要包括通过市场化方式开展的中长期电能量交易和现货电能量交易等。

2．电力零售市场（Retail Electricity Market）：在批发市场的基础上，由电力零售商和电力用户自主开展交易的市场。

3．电力现货市场（Electricity Spot Market）：通过现货交易平台在日前及更短时间内集中开展的次日、日内至实时调度之前电力交易活动的总称。

4．中长期交易（Medium and Long-term Transaction）：对未来某一时期内交割电力产品或服务的交易，包含数年、年、月、周、多日等不同时间维度的交易。中长期交易合同包括实物合同和财务合同。

5．安全校核（Power System Security Analysis）：对检修计划、发电计划、市场出清结果和电网运行方式等内容，从电力系统运行安全角度分析的过程。分析方法包括静态安全分析、暂态稳定分析、动态稳定分析、电压稳定分析等。

6．辅助服务市场（Ancillary Service Market）：为维护电力系统的安全稳定运行、保证电能质量，由发电企业、电网企业、电力用户等提供除正常电能生产、传输、使用之外的电力辅助服务的市场，包括调频、备用、无功调节、黑启动等市场。

7．节点边际电价（Locational Marginal Price，LMP）：现货电能量交易中，在满足发电侧和输电安全等约束条件下，为满足某一电气节点增加单位负荷时导致的系统总电能供给成本的增量。

8．分区边际电价（Zonal Marginal Price）：当电网存在输电阻塞时，按阻塞断面将市场分成几个不同的分区（即价区），并以分区内边际机组的价格作为该分区市场出清价格，即分区边际电价。

9．市场限价（Market Price Cap & Floor）：一般分为报价限价和出清限价等。报价限价指允许经营主体申报的价格范围，出清限价指市场运行允许出现的价格范围。

10．日前市场（Day-ahead Market）：运行日提前一天（D−1日）进行的决定运行日（D日）机组组合状态和发电计划的电能量市场。

11．日内市场（Intra-day Market）：运行日（D日）滚动进行的决定运行日（D日）未来数小时调度机组组合状态和发电计划的电能量市场。

12．实时市场（Real-time Market）：运行日（D日）进行的决定运行日（D日）未来5—15分钟最终调度资源分配状态和计划的电能量市场。

13．市场注册（Market Registration）：指市场交易成员将用于取得经营主体资格相关的信息和资料提交给市场运营机构并获得经营主体资格的过程。

14．市场出清（Market Clearing）：电力市场根据市场规则通过竞争确定交易量、价。

15．市场结算（Market Settlement）：根据交易结果和市场规则相关规定，在规定周期内对市场成员参与电能量等市场的有关款项进行的计算、划拨。

16．阻塞管理（Congestion Management）：当市场出清过程中进行安全校核时，若输电线路潮流超过了安全约束，市场运营机构需根据一定原则调整发电机组出力，改变输电线路潮流使其符合安全约束，并且分配调整后产生的盈余或者成本。

17．阻塞费用（Congestion Cost）：因潮流阻塞需要系统总购电费用的增加部分，阻塞费用等于两节点之间的节点价格价差乘以连接两节点线路的潮流。

18．调频服务（Frequency Regulation Service）：电力系统频率偏离目标频率时，并网主体通过调速系统、自动功率控制等方式，调整有功出力减少频率偏差所提供的服务。

19．备用服务（Reserve Service）：为保证电力系统可靠供电，在调度需求指令下，并网主体通过预留调节能力，并在规定的时间内响应调度指令所提供的服务。

20．市场监测（Market Monitoring）：对发电企业生产及运行情况、电网运行状态、用户用电行为等运行情况，以及交易组织、交易行为等市场运营情况进行监视的行为。

21．履约保函（Prudential Deposit）：又称信用保证书，是指银行、保险公司、担保公司或担保人应申请人或企业的请求，向受益人或企业及第三方（电力交易机构）开立的一种书面信用担保凭证，以书面形式出具的、凭提交与承诺条件相符的书面索款通知和其他类似单据即行付款的保证文件。

22．电力市场技术支持系统（Electricity Market Operation System）：是支持电力市场运营的计算机、数据网络与通信设备、各种技术标准和应用软件的有机组合，包括现货市场技术支持系统、电力交易平台等。

4-6 国家发展改革委 国家能源局关于规范优先发电优先购电计划管理的通知

（发改运行〔2019〕144号，2019年1月22日国家发展改革委、国家能源局发布）

各省、自治区、直辖市发展改革委、经信委（工信委、工信厅）、能源局，国家能源局各派出能源监管机构，国家电网有限公司、中国南方电网有限责任公司，中国华能集团有限公司、中国大唐集团有限公司、中国华电集团有限公司、国家电力投资集团有限公司、中国长江三峡集团有限公司、国家能源投资集团有限责任公司、国家开发投资集团有限公司、中国核工业集团有限公司、中国广核集团有限公司、华润集团有限公司：

为认真落实中央经济工作会议要求和政府工作报告部署，深化供给侧结构性改革，推进电力体制改革，根据《中共中央 国务院关于进一步深化电力体制改革的若干意见》（中发〔2015〕9号）精神及《国家发展改革委 国家能源局关于印发电力体制改革配套文件的通知》（发改经体〔2015〕2752号）等相关文件要求，现就规范优先发电、优先购电计划管理有关事项通知如下。

一、充分认识建立完善优先发电、优先购电制度的重要意义

（一）优先发电、优先购电制度是贯彻落实电力体制改革精神，完善政府公益性调节性服务功能的重要举措。优先发电是实现风电、太阳能发电等清洁能源保障性收购，确保核电、大型水电等清洁能源按基荷满发和安全运行，促进调峰调频等调节性电源稳定运行的有效方式。优先购电是为居民、农业、重要公用事业和公益性服务等重点用电提供保障性服务，确保民生用电安全可靠的必要措施。优先发电、优先购电使市场在电力资源配置中起决定性作用的同时，更好的促进有效市场和有为政府相结合，保障电力系统清洁低碳、安全高效运行，意义重大。

（二）各地政府部门、各电力企业要坚持以习近平新时代中国特色社会主义思想为指导，全面贯彻党的十九大和十九届二中、三中全会精神，进一步深入推进电力体制改革，总结开展优先发电、优先购电工作的经验，强化落实措施，规范工作程序，加强优先发电、优先购电计划管理，加快构建与市场化改革相适应的新型电力运行管理模式。电力现货市场试点地区，可以根据实际需要设计优先发电、优先购电计划改革路径。

（三）建立完善优先发电、优先购电制度要坚持安全可靠，以保障电力系统安全稳定运行和电力可靠供应为基本前提，促进电力安全可靠水平提高；要坚持绿色发展，落实国家能源战略，大力促进清洁能源消纳，推动电力行业绿色发展和能源结构优化；要坚持保障和改善民生，保障电力基本公共服务的供给，确保居民、农业、重要公用事业和公益性服务等用电；要坚持市场化方向，仅保留必要的优先发电、优先购电计划，积极通过市场化方式落实优先发电、优先购电计划；要坚持因地制宜，充分考虑各地供需形势、电源结构、用户结构的实际情况，采取差异化措施。

二、严格界定适用范围，科学编制优先发电、优先购电计划

（四）编制优先发电计划要重点做好电网安全和民生保障、资源利用保障、政策奖励保障等方面工作。

清洁能源资源利用保障方面，纳入规划的风能、太阳能发电，在消纳不受限地区按照资源条件对应的发电量全额安排计划；在消纳受限地区，按照全额保障性收购要求，结合当地实际安排计划，研究制定合理的解决措施，确保优先发电计划小时数逐年增加到合理水平。纳入规划的生物质能（含直燃、耦合等利用方式）等其他非水可再生能源发电，按照资源条件对应的发电量全额安排计划。基荷容量之外的水电，在消纳条件较好地区，根据当年来水情况，兼顾资源等条件、历史均值和综合利用要求，安排计划；在消纳受限地区，对未进入市场交易的水电发电量，以机组前3年平均发电量为基础，根据发电空间等比例安排计划。基荷容量之外的核电，按照保障核电安全消纳的有关规定安排计划。余热、余压、余气、煤层气等资源综合利用机组发电，按照资源条件对应的发电量全额安排计划。

电网安全和民生保障方面，各类机组发电按照保障电网调峰调频、电压支撑确定的机组最小开机方式安排计划，水电、核电按承担基荷的容量安排计划。供热方式合理、实现在线监测、符合环保要求并达到国家规定热电比的热电联产机组发电，在采暖期按照"以热定电"原则安排计划。

跨省跨区资源利用保障方面，国家规划内的既有大型水电、核电，按照不低于上年实际水平或多年平均水平安排计划；网对网送电按照地方政府协议安排计划；国家规划内的既有煤电机组，采取点对网或类似点对网专线输电方式送（分）电的，原则上按照与受端省份同类型机组相当原则安排计划，并根据需要适当调整；历史形成统一分配电量的煤电机组，根据历史均值并参考供需变化安排计划。

政策奖励保障方面，对贫困地区机组、可再生能源调峰机组、超低排放燃煤机组等，按照有关政策明确的奖励要求安排计划。

违法违规建设的机组不得安排优先发电计划。

（五）编制优先购电计划要重点做好农业用电、居民生活用电及重要公用事业、公益性服务用电的保障，其中重要公用事业、公益性服务用电应包括党政机关、学校、医院、公共交通、金融、通信、邮政、供水、供气等涉及社会生活基本需求，或提供公共产品和服务的部门和单位用电。优先购电用户生产、提供服务以及工作期间的用电量应全额纳入优先购电计划。

（六）结合电力市场建设，鼓励和允许优先发电机组、优先购电用户本着自愿原则，探索进入市场。

三、有效完善政策体系，切实执行优先发电、优先购电计划

（七）优先发电价格按照"保量保价"和"保量限价"相结合的方式形成，实行"保量保价"的优先发电计划电量由电网企业按照政府定价收购，实行"保量限价"的优先发电计划电量通过市场化方式形成价格。政府定价部分的优先发电计划比例应逐年递减，当同类型机组大部分实现市场化方式形成价格后，取消政府定价。通过竞价招标方式确定上网电价的优先发电机组，按照招标形成的价格执行。市场化形成价格的优先发电，应积极通过参与本地电力市场确定交易价格；未能成交的部分，执行本地区同类型机组市场化形成的平均购电价格。

跨省跨区资源利用保障方面的优先发电价格按照《国家发展改革委关于完善跨省跨区电能交易价格形成机制有关问题的通知》（发改价格〔2015〕962号）有关精神，由送电、受电市场主体双方在自愿平等基础上，在贯彻落实国家能源战略的前提下，按照"风险共担、利益共享"原则协商或通过市场化交易方式确定送受电价格，鼓励通过签订中长期合同的方式予以落实；优先发电计划电量以外部分参加受电地区市场化竞价。送受电双方经协商后确实无法达成一致意见的，可建议国家发展改革委、国家能源局协调。

优先购电计划由电网企业按照政府定价向优先购电用户保障供电。

（八）建立优先发电计划指标转让机制。政策奖励保障、跨省跨区资源利用保障方面的煤电优先发电计划指标，可通过发电权交易转让给其他机组。优先发电计划指标优先转让给清洁能源发电机组和高效低排放火电机组，指标交易可在本地进行，也可以跨省跨区开展。

清洁能源资源利用保障方面的优先发电计划，如受系统安全、资源因素及机组自身故障之外的影响，导致无法完成计划，视为优先发电计划指标转让至系统内优先级较低的其他机组，由相应机组按影响大小承担补偿费用。

（九）合理制定有序用电方案并按年度滚动调整，出现电力缺口或重大突发事件时，对优先购电用户保障供电，其他用户按照有序用电方案承担有序用电义务。

四、细化工作程序，规范管理优先发电、优先购电计划

（十）各省（区、市）政府主管部门要会同有关部门、电力企业，根据国家关于优先发电、优先购电保障的有关要求，结合本地区电力生产和消费实际，编制本地区下一年度优先发电、优先购电计划，每年10月底前上报国家发展改革委。国家电网公司、南方电网公司受国家发展改革委委托，要征求跨省跨区送受电各方意见，提出本经营区域下一年度跨省跨区优先发电计划预案，每年10月底前上报国家发展改革委。

（十一）国家发展改革委组织就优先发电、优先购电计划征求各方意见，根据工作需要对送受电双方不能达成一致的跨省跨区优先发电计划进行协调，并将完善后的优先发电、优先购电计划纳入年度基础产业、新兴产业和部分重点领域发展计划，下发各省（区、市）政府主管部门和相关电力企业。

（十二）优先发电、优先购电计划在执行过程中，可根据实际情况进行调整。调整流程与编制时一致，并可适当简化程序，缩短时间，提高效率。

五、明确保障措施，加强事中事后监管

（十三）国家发展改革委加强对全国优先发电、优先购电计划实施情况的监督，指导各省（区、市）政府主管部门做好本地区优先发电、优先购电计划编制及组织实施工作。

（十四）各省（区、市）政府主管部门要将省内优先发电计划和跨省跨区优先发电计划落实到电厂，建立优先购电用户目录，并根据保障需要，进行动态调整。

（十五）电网企业要通过电力调度机构优先调度落实好优先发电、优先购电计划；要根据优先发电、优先购电计划，与优先发电企业签订优先发电购售电合同，与优先购电用户签订优先购电供用电合同，合同性质可为差价合约或实物合同，积极促成优先发电计划市场化部分交易和优先发电合同转让交易。电力交易机构要做好优先发电计划市场化部分和优先发电指标交易相关组织和服务工作，优先发电计划相关的市场化合同应优先于其他市场化合同进行结算。

（十六）优先发电机组、优先购电用户及优先发电、优先购电计划安排、调整，应通过相关政府部门门户网站、电力交易机构网站、"信用中国"网站等向社会公示，接受全社会监督。

国家发展改革委

国家能源局

2019 年 1 月 22 日

4-7　国家发展改革委关于全面放开经营性电力 用户发用电计划的通知

（发改运行〔2019〕1105 号，2019 年 6 月 22 日国家发展改革委发布）

各省、自治区、直辖市发展改革委、经信委（工信委、工信厅、经信厅、工信局）、能源局，北京市城市管理委员会，中国核工业集团有限公司、国家电网有限公司、中国南方电网有限责任公司、中国华能集团有限公司、中国大唐集团有限公司、中国华电集团有限公司、国家电力投资集团有限公司、中国长江三峡集团有限公司、国家能源投资集团有限责任公司、国家开发投资集团有限公司、华润集团有限公司、中国广核集团有限公司：

为深入学习贯彻习近平新时代中国特色社会主义思想和党的十九大精神，认真落实中央经济工作会议和政府工作报告部署要求，进一步全面放开经营性电力用户发用电计划，提高电力交易市场化程度，深化电力体制改革，现就全面放开经营性电力用户发用电计划有关要求通知如下。

一、全面放开经营性电力用户发用电计划

（一）各地要统筹推进全面放开经营性电力用户发用电计划工作，坚持规范有序稳妥的原则，坚持市场化方向完善价格形成机制，落实清洁能源消纳要求，确保电网安全稳定运行和电力用户的稳定供应，加强市场主体准入、交易合同、交易价格的事中事后监管。

（二）经营性电力用户的发用电计划原则上全部放开。除居民、农业、重要公用事业和公益性服务等行业电力用户以及电力生产供应所必需的厂用电和线损之外，其他电力用户均属于经营性电力用户。

（三）经营性电力用户中，不符合国家产业政策的电力用户暂不参与市场化交易，产品和工艺属于《产业结构调整指导目录》中淘汰类和限制类的电力用户严格执行现有差别电价政策。符合阶梯电价政策的企业用户在市场化电价的基础上继续执行阶梯电价政策。

（四）拥有燃煤自备电厂的企业按照国家有关规定承担政府性基金及附加、政策性交叉补贴、普遍服务和社会责任，按约定向电网企业支付系统备用费，取得电力业务许可证，达到能效、环保要求，成为合格市场主体后，有序推进其自发自用以外电量按交易规则参与交易。为促进和鼓励资源综合利用，对回收利用工业生产过程中产生可利用的热能、压差以及余气等建设相应规模的余热、余压、余气自备电厂，继续实施减免系统备用费和政策性交叉补贴等相关支持政策。

（五）各地政府主管部门要会同电网企业，细化研究并详细梳理暂不参与市场的用户清单，掌握经营性电力用户参与市场化交易情况，逐步建立分行业电力用户参与市场化交易统计分析制度，及时掌握经营性电力用户全面放开情况。

二、支持中小用户参与市场化交易

（六）积极支持中小用户由售电公司代理参加市场化交易，中小用户需与售电公司签订代理购电合同，与电网企业签订供用电合同，明确有关权责义务。

（七）经营性电力用户全面放开参与市场化交易主要形式可以包括直接参与、由售电公司代理参与、其他各地根据实际情况研究明确的市场化方式等，各地要抓紧研究并合理制定中小用户参与市场化交易的方式，中小用户可根据自身实际自主选择，也可以放弃选择权，保持现有的购电方式。各地可结合本地区电力供需形势，针对全面放开经营性电力用户发用电计划设定一段时间的过渡期。

（八）针对选择参与市场化交易但无法与发电企业达成交易意向的中小用户，过渡期内执行原有购电方式，过渡期后执行其他市场化购电方式。

（九）退出市场化交易或未选择参与市场化交易的中小用户，在再次直接参与或通过代理方式参与市场化交易前，由电网企业承担保底供电责任。

三、健全全面放开经营性发用电计划后的价格形成机制

（十）全面放开经营性发用电计划后的价格形成机制，按照价格主管部门的有关政策执行。

（十一）对于已按市场化交易规则执行的电量，价格仍按照市场化规则形成。鼓励电力用户和发电企业自主协商签订合同时，以灵活可浮动的形式确定具体价格，价格浮动方式由双方事先约定。

四、切实做好公益性用电的供应保障工作

（十二）各地要进一步落实规范优先发电、优先购电管理有关要求，对农业、居民生活及党政机关、学校、医院、公共交通、金融、通信、邮政、供水、供气等重要公用事业、公益性服务等用户安排优先购电。结合本地实际，加强分类施策，抓紧研究保障优先发电、优先购电执行的措施，统筹做好优先发电优先购电计划规范管理工作。

（十三）各地要根据优先购电保障原则，详细梳理优先购电用户清单，实施动态管理、跟踪保障，原则上优先购电之外的其他经营性电力用户全部参与市场。

（十四）各地要合理制定有序用电方案并按年度滚动调整，出现电力缺口或重大突发事件时，对优先购电用户保障供电，其他用户按照有序用电方案承担有序用电义务。

（十五）电网企业要按照规定承担相关责任，按照政府定价保障优先购电用户用电。优先购电首先由优先发电电量予以保障。

五、切实做好规划内清洁电源的发电保障工作

（十六）研究推进保障优先发电政策执行，重点考虑核电、水电、风电、太阳能发电等清洁能源的保障性收购。核电机组发电量纳入优先发电计划，按照优先发电优先购电计划管理有关工作要求做好保障消纳工作。水电在消纳条件较好地区，根据来水情况，兼顾资源条件、历史均值和综合利用等要求，安排优先发电计划；在消纳受限地区，以近年发电量为基础，根据市场空间安排保量保价的优先发电计划，保量保价之外的优先发电量通过市场化方式确定价格。风电、太阳能发电等新能源，在国家未核定最低保障收购年利用小时数的地区按照资源条件全额安排优先发电计划；在国家核定最低

保障收购年利用小时数的地区，结合当地供需形势合理安排优先发电计划，在国家核定最低保障收购年利用小时数内电量保量保价收购基础上，鼓励超过最低保障收购年利用小时数的电量通过参与市场化交易方式竞争上网。

（十七）积极推进风电、光伏发电无补贴平价上网工作，对平价上网项目和低价上网项目，要将全部电量纳入优先发电计划予以保障，在同等条件下优先上网。平价上网项目和低价上网项目如存在弃风、弃光情况，由省级政府主管部门会同电网企业将弃风、弃光电量全额核定为可转让的优先发电计划，可在全国范围内通过发电权交易转让给其他发电企业并获取收益。电力交易机构要按要求做好弃风、弃光优先发电计划的发电权交易的组织工作，推动交易落实。

（十八）电网企业、电力用户和售电公司应按要求承担相关责任，落实清洁能源消纳义务。鼓励参与跨省跨区市场化交易的市场主体消纳优先发电计划外增送清洁能源电量。

（十九）鼓励经营性电力用户与核电、水电、风电、太阳能发电等清洁能源开展市场化交易，消纳计划外增送清洁能源电量。电力交易机构要积极做好清洁能源消纳交易组织工作，进一步降低弃水、弃风、弃光现象。

（二十）清洁能源消纳受限地区要加快落实将优先发电计划分为"保量保价"和"保量竞价"两部分，其中"保量竞价"部分通过市场化方式形成价格，市场化交易未成交部分可执行本地区同类型机组市场化形成的平均购电价格。

六、加强电力直接交易的履约监管

（二十一）各地要有针对性地制定和完善相关规章制度，实施守信联合激励和失信联合惩戒机制，加强电力直接交易的履约监管力度。市场主体按照市场交易规则组织签订直接交易合同，明确相应的权利义务关系、交易电量和价格等重要事项，并严格按照合同内容履约执行。

（二十二）地方经济运行部门要会同电网企业、电力交易机构对电力直接交易合同履约情况实行分月统计，发挥电网企业及电力交易机构作用，将直接交易合同履约情况纳入统一管理，在一定范围内按季度通报。国家能源局派出机构对辖区内电力直接交易合同履约情况进行监管。

（二十三）发电企业、电力用户、售电公司等市场主体要牢固树立市场意识、法律意识、契约意识和信用意识，直接交易合同达成后必须严格执行，未按合同条款执行需承担相应违约责任并接受相关考核惩罚。

七、保障措施

（二十四）各地要根据实际情况，采取积极措施确保跨省跨区交易与各区域、省（区、市）电力市场协调运作。在跨省跨区市场化交易中，鼓励网对网、网对点的直接交易，对有条件的地区，有序支持点对网、点对点直接交易。各地要对跨省跨区送受端市场主体对等放开，促进资源大范围优化配置和清洁能源消纳。北京、广州电力交易中心和各地电力交易机构要积极创造条件，完善交易规则、加强机制建设、搭建交易平台，组织开展跨省跨区市场化交易。

（二十五）中国电力企业联合会、第三方信用服务机构和各电力交易机构开展电力交易信用数据采集，建立动态信用记录数据库，适时公布有关履约信用状况。对诚实守信、认真履约的企业纳入诚信记录，对履约不力甚至恶意违约的企业纳入不良信用记录并视情况公开通报，对存在违法、违规行为和列入"黑名单"的严重失信企业执行联合惩戒措施。

（二十六）各省（区、市）政府主管部门每月向国家发展改革委报送全面放开发用电计划进展情况。各电力交易机构、电网企业负责市场化交易的组织和落实，配合有关部门开展监管。各电力交易机构开展对市场交易的核查，按时向各地政府主管部门报告有关情况。国家能源局派出机构对辖区内各省（区、市）全面放开发用电计划执行情况进行监督，每季度向国家发展改革委、国家能源局报送相关情况。

国家发展改革委

2019 年 6 月 22 日

4-8 国家发展改革委关于进一步深化燃煤发电上网电价市场化改革的通知

（发改价格〔2021〕1439号，2021年10月11日国家发展改革委发布）

各省、自治区、直辖市及计划单列市、新疆生产建设兵团发展改革委，华能集团、大唐集团、华电集团、国家电投集团、国家能源集团、国投电力有限公司，国家电网有限公司、南方电网有限责任公司、内蒙古电力（集团）有限责任公司：

为贯彻落实党中央、国务院决策部署，加快推进电价市场化改革，完善主要由市场决定电价的机制，保障电力安全稳定供应，现就进一步深化燃煤发电上网电价市场化改革及有关事宜通知如下：

一、总体思路

按照电力体制改革"管住中间、放开两头"总体要求，有序放开全部燃煤发电电量上网电价，扩大市场交易电价上下浮动范围，推动工商业用户都进入市场，取消工商业目录销售电价，保持居民、农业、公益性事业用电价格稳定，充分发挥市场在资源配置中的决定性作用、更好发挥政府作用，保障电力安全稳定供应，促进产业结构优化升级，推动构建新型电力系统，助力碳达峰、碳中和目标实现。

二、改革内容

（一）有序放开全部燃煤发电电量上网电价。燃煤发电电量原则上全部进入电力市场，通过市场交易在"基准价＋上下浮动"范围内形成上网电价。现行燃煤发电基准价继续作为新能源发电等价格形成的挂钩基准。

（二）扩大市场交易电价上下浮动范围。将燃煤发电市场交易价格浮动范围由现行的上浮不超过10%、下浮原则上不超过15%，扩大为上下浮动原则上均不超过20%，高耗能企业市场交易电价不受上浮20%限制。电力现货价格不受上述幅度限制。

（三）推动工商业用户都进入市场。各地要有序推动工商业用户全部进入电力市场，按照市场价格购电，取消工商业目录销售电价。目前尚未进入市场的用户，10千伏及以上的用户要全部进入，其他用户也要尽快进入。对暂未直接从电力市场购电的用户由电网企业代理购电，代理购电价格主要通过场内集中竞价或竞争性招标方式形成，首次向代理用户售电时，至少提前1个月通知用户。已参与市场交易、改为电网企业代理购电的用户，其价格按电网企业代理其他用户购电价格的1.5倍执行。

鼓励地方对小微企业和个体工商户用电实行阶段性优惠政策。

（四）保持居民、农业用电价格稳定。居民（含执行居民电价的学校、社会福利机构、社区服务中心等公益性事业用户）、农业用电由电网企业保障供应，执行现行目录销售电价政策。各地要优先将低价电源用于保障居民、农业用电。

三、保障措施

（一）全面推进电力市场建设。加强政策协同，适应工商业用户全部进入电力市场需要，进一步放开各类电源发电计划；健全电力市场体系，加快培育合格售电主体，丰富中长期交易品种，加快电力现货市场建设，加强辅助服务市场建设，探索建立市场化容量补偿机制。

（二）加强与分时电价政策衔接。各地要加快落实分时电价政策，建立尖峰电价机制，引导用户错峰用电、削峰填谷。电力现货市场未运行的地方，要做好市场交易与分时电价政策的衔接，市场交易合同未申报用电曲线以及市场电价峰谷比例低于当地分时电价政策要求的，结算时购电价格应按当地分时电价峰谷时段及浮动比例执行。

（三）避免不合理行政干预。各地要严格按照国家相关政策要求推进电力市场建设、制定并不断完善市场交易规则，对电力用户和发电企业进入电力市场不得设置不合理门槛，不得组织开展电力专场交易，对市场交易电价在规定范围内的合理浮动不得进行干预，保障市场交易公平、公正、公开。国家发展改革委将会同相关部门进一步加强指导，对地方不合理行政干预行为，通过约谈、通报等方式及时督促整改。

（四）加强煤电市场监管。各地发展改革部门要密切关注煤炭、电力市场动态和价格变化，积极会同相关部门及时查处市场主体价格串通、哄抬价格、实施垄断协议、滥用市场支配地位等行为，电力企业、交易机构参与电力专场交易和结算电费等行为，以及地方政府滥用行政权力排除、限制市场竞争等行为，对典型案例公开曝光，维护良好市场秩序。指导发电企业特别是煤电联营企业统筹考虑上下游业务经营效益，合理参与电力市场报价，促进市场交易价格合理形成。

各地发展改革部门要充分认识当前形势下进一步深化燃煤发电上网电价市场化改革的重要意义，统一思想、明确责任，会同相关部门和电力企业精心做好组织实施工作；要加强政策宣传解读，及时回应社会关切，增进各方面理解和支持，确保改革平稳出台、落地见效。

本通知自2021年10月15日起实施，现行政策与本通知不符的，以本通知规定为准。

国家发展改革委

2021年10月11日

4-9　国家发展改革委　国家能源局关于建立煤电容量电价机制的通知

（发改价格〔2023〕1501号，2023年11月8日国家发展改革委、国家能源局发布）

各省、自治区、直辖市、新疆生产建设兵团发展改革委、能源局，国家能源局各派出机构，中国华能集团有限公司、中国大唐集团有限公司、中国华电集团有限公司、国家电力投资集团有限公司、国家能源投资集团有限责任公司、国家开发投资集团有限公司、华润（集团）有限公司，国家电网有限公司、中国南方电网有限责任公司、内蒙古电力（集团）有限责任公司：

为贯彻落实党中央、国务院关于加快构建新型电力系统的决策部署，适应煤电向基础保障性和系统调节性电源并重转型的新形势，推动煤电转变经营发展模式，充分发挥支撑调节作用，更好保障电力安全稳定供应，促进新能源加快发展和能源绿色低碳转型，现就建立煤电容量电价机制有关事项通知如下。

一、总体思路

坚持市场化改革方向，加快推进电能量市场、容量市场、辅助服务市场等高效协同的电力市场体系建设，逐步构建起有效反映各类电源电量价值和容量价值的两部制电价机制。当前阶段，适应煤电功能加快转型需要，将现行煤电单一制电价调整为两部制电价，其中电量电价通过市场化方式形成，灵敏反映电力市场供需、燃料成本变化等情况；容量电价水平根据转型进度等实际情况合理确定并逐步调整，充分体现煤电对电力系统的支撑调节价值，确保煤电行业持续健康运行。

二、政策内容

（一）实施范围。煤电容量电价机制适用于合规在运的公用煤电机组。燃煤自备电厂、不符合国家规划的煤电机组，以及不满足国家对于能耗、环保和灵活调节能力等要求的煤电机组，不执行容量电价机制，具体由国家能源局另行明确。

（二）容量电价水平的确定。煤电容量电价按照回收煤电机组一定比例固定成本的方式确定。其中，用于计算容量电价的煤电机组固定成本实行全国统一标准，为每年每千瓦330元；通过容量电价回收的固定成本比例，综合考虑各地电力系统需要、煤电功能转型情况等因素确定，2024～2025年多数地方为30%左右，部分煤电功能转型较快的地方适当高一些，为50%左右（各省级电网煤电容量电价水平具体见附件）。2026年起，将各地通过容量电价回收固定成本的比例提升至不低于50%。

（三）容量电费分摊。煤电机组可获得的容量电费，根据当地煤电容量电价和机组申报的最大出力确定，煤电机组分月申报，电网企业按月结算。新建煤电机组自投运次月起执行煤电容量电价机制。

各地煤电容量电费纳入系统运行费用，每月由工商业用户按当月用电量比例分摊，由电网企业按月发布、滚动清算。

对纳入受电省份电力电量平衡的跨省跨区外送煤电机组，送受双方应当签订年度及以上中长期合同，明确煤电容量电费分摊比例和履约责任等内容。其中：（1）配套煤电机组，原则上执行受电省份容量电价，容量电费由受电省份承担。向多个省份送电的，容量电费可暂按受电省份分电比例分摊，鼓励探索按送电容量比例分摊。（2）其他煤电机组，原则上执行送电省份容量电价，容量电费由送、受方合理分摊，分摊比例考虑送电省份外送电量占比、高峰时段保障受电省份用电情况等因素协商确定。

对未纳入受电省份电力电量平衡的跨省跨区外送煤电机组，由送电省份承担其容量电费。

（四）容量电费考核。正常在运情况下，煤电机组无法按照调度指令（跨省跨区送电按合同约定，下同）提供申报最大出力的，月内发生两次扣减当月容量电费的 10%，发生三次扣减 50%，发生四次及以上扣减 100%。煤电机组最大出力申报、认定及考核等规则，由国家能源局结合电力并网运行管理细则等规定明确。最大出力未达标情况由电网企业按月统计，相应扣减容量电费。对自然年内月容量电费全部扣减累计发生三次的煤电机组，取消其获取容量电费的资格。

应急备用煤电机组的容量电价，由省级价格主管部门会同能源主管部门按照回收日常维护成本的原则制定，鼓励采取竞争性招标等方式确定。应急备用煤电机组调用时段电量电价，按同时段最短周期电力市场交易电价水平确定。应急备用煤电机组具体范围及管理办法由国家能源局另行明确。

三、保障措施

（一）周密组织实施。省级价格主管部门要牵头做好煤电容量电价机制落实工作，周密部署安排，精心组织实施。跨省跨区送电送、受方要加强沟通衔接，尽快细化确定外送煤电机组容量电费分摊方式等内容，并在中长期交易合同中明确。电网企业要积极配合做好煤电容量电费测算、结算、信息统计报送等相关工作。发电企业要按规定及时申报机组最大出力，作为容量电费测算、结算、考核的依据。国家发展改革委强化煤炭价格调控监管，加强煤电中长期合同签约履约指导，促进形成竞争充分、合理反映燃料成本的电量电价，引导煤炭、煤电价格保持基本稳定，确保机制平稳实施。

（二）强化政策协同。各地要加快推进电力市场建设发展，完善市场交易规则，促进电量电价通过市场化方式有效形成，与煤电容量电价机制协同发挥作用；已建立调峰补偿机制的地方，要认真评估容量电价机制实施后系统调峰需求、煤电企业经营状况等，相应调整有偿调峰服务补偿标准。电力现货市场连续运行的地方，可参考本通知明确的煤电容量电价机制，研究建立适应当地电力市场运行情况的发电侧容量电价机制；发电侧容量电价机制建立后，省内煤电机组不再执行本通知规定的容量电价机制。

（三）密切跟踪监测。省级价格主管部门要会同当地相关部门，积极跟踪煤电容量电价机制执行情况，密切监测煤炭、电力市场动态和价格变化，发现问题及时反映。电网企业要对煤电容量电费单独归集、单独反映，按季向省级价格主管部门和相关主管部门报送当地煤电机组容量电费结算及扣减情况、工商业用户度电分摊水平测算及执行情况、电量电费结算情况等信息。

（四）加强宣传引导。各地要加强政策解读和宣传引导，指导电网企业、发电企业向用户充分阐释建立煤电容量电价机制对发挥煤电支撑调节作用、更好保障电力安全稳定供应、促进能源绿色低碳转型的重要意义，积极回应社会关切，增进各方面理解和支持。

本通知自 2024 年 1 月 1 日起实施。政策实施过程中如遇市场形势等发生重大变化，国家发展改革委、国家能源局将适时评估调整。

附件：省级电网煤电容量电价表（略）

国家发展改革委
国家能源局
2023 年 11 月 8 日

4-10 国家发展改革委办公厅关于组织开展电网企业代理购电工作有关事项的通知

（发改办价格〔2021〕809 号，2021 年 10 月 23 日国家发展改革委办公厅发布）

各省、自治区、直辖市及计划单列市、新疆生产建设兵团发展改革委，国家电网有限公司、中国南方电网有限责任公司、内蒙古电力（集团）有限责任公司，中国核工业集团有限公司、中国华能集团有限公司、中国大唐集团有限公司、中国华电集团有限公司、国家电力投资集团有限公司、中国长江三峡集团有限公司、国家能源投资集团有限责任公司、国家开发投资集团有限公司、华润（集团）有限公司、中国广核集团有限公司：

为落实《国家发展改革委关于进一步深化燃煤发电上网电价市场化改革的通知》（发改价格〔2021〕1439 号）要求，指导各地切实组织开展好电网企业代理购电工作，保障代理购电机制平稳运行，维护发用电市场主体合法权益，促进电力市场规范平稳运行和加快建设发展，现将有关事项通知如下：

一、总体要求

建立电网企业代理购电机制，保障机制平稳运行，是进一步深化燃煤发电上网电价市场化改革提出的明确要求，对有序平稳实现工商业用户全部进入电力市场、促进电力市场加快建设发展具有重要意义。组织开展电网企业代理购电工作，要坚持市场方向，鼓励新进入市场电力用户通过直接参与市场形成用电价格，对暂未直接参与市场交易的用户，由电网企业通过市场化方式代理购电；要加强政策衔接，做好与分时电价政策、市场交易规则等的衔接，确保代理购电价格合理形成；要规范透明实施，强化代理购电监管，加强信息公开，确保服务质量，保障代理购电行为公平、公正、公开。

二、规范电网企业代理购电方式流程

（一）明确代理购电用户范围。取消工商业目录销售电价后，10 千伏及以上用户原则上要直接参与市场交易（直接向发电企业或售电公司购电，下同），暂无法直接参与市场交易的可由电网企业代理购电；鼓励其他工商业用户直接参与市场交易，未直接参与市场交易的由电网企业代理购电。已直接参与市场交易又退出的用户，可暂由电网企业代理购电。各地要结合当地电力市场发展情况，不断缩小电网企业代理购电范围。

（二）预测代理工商业用户用电规模。电网企业要定期预测代理购电工商业用户用电量及典型负荷曲线，现货市场运行或开展中长期分时段交易的地方，应考虑季节变更、节假日安排等因素分别预测分时段用电量。保障居民（含执行居民电价的学校、社会福利机构、社区服务中心等公益性事业用户，下同）、农业用户的用电量规模单独预测。

（三）确定电网企业市场化购电规模。各地执行保量保价的优先发电（不含燃煤发电，下同）电量继续按现行价格机制由电网企业收购，用于保障居民、农业用户用电，有剩余电量且暂时无法放开的地方，可将剩余电量暂作为电网企业代理工商业用户购电电量来源。各地保量保价的优先发电电量，不应超过当地电网企业保障居民、农业用户用电和代理工商业用户购电规模，不足部分由电网企业通过市场化方式采购。电网企业要综合考虑代理购电工商业用户和居民、农业用户预测用电量以及上年度省级电网综合线损率、当地执行保量保价的优先发电电量等因素，合理确定市场化采购电量规模。各地要推进放开发电计划，推动更多工商业用户直接参与电力市场交易。

（四）建立健全电网企业市场化购电方式。为确保代理购电机制平稳实施，2021 年 12 月底前，电网企业通过挂牌交易方式代理购电，挂牌购电价格按当月月度集中竞价交易加权平均价格确定，挂牌成交电量不足部分由市场化机组按剩余容量等比例承担，价格按挂牌价格执行，无挂牌交易价格时，可通过双边协商方式形成购电价格；2022 年 1 月起，电网企业通过参与场内集中交易方式（不含撮合交易）代理购电，以报量不报价方式、作为价格接受者参与市场出清，其中采取挂牌交易方式的，价格继续按当月月度集中竞价交易加权平均价格确定。

（五）明确代理购电用户电价形成方式。电网企业代理购电用户电价由代理购电价格（含平均上网电价、辅助服务费用等，下同）、输配电价（含线损及政策性交叉补贴，下同）、政府性基金及附加组成。其中，代理购电价格基于电网企业代理工商业用户购电费（含偏差电费）、代理工商业用户购电量等确定。代理购电产生的偏差电量，现货市场运行的地方按照现货市场价格结算，其他地方按照发电侧上下调预挂牌价格结算，暂未开展上下调预挂牌交易的按当地最近一次、最短周期的场内集中竞价出清价格结算。

已直接参与市场交易（不含已在电力交易平台注册但未曾参与电力市场交易，仍按目录销售电价执行的用户）在无正当理由情况下改由电网企业代理购电的用户，拥有燃煤发电自备电厂、由电网企业代理购电的用户，用电价格由电网企业代理购电价格的 1.5 倍、输配电价、政府性基金及附加组成。已直接参与市场交易的高耗能用户，不得退出市场交易；尚未直接参与市场交易的高耗能用户原则上要直接参与市场交易，暂不能直接参与市场交易的由电网企业代理购电，用电价格由电网企业代理购电价格的 1.5 倍、输配电价、政府性基金及附加组成。电网企业代理上述用户购电形成的增收收入，纳入其为保障居民、农业用电价格稳定产生的新增损益统筹考虑。

电网企业代理购电价格、代理购电用户电价应按月测算，并提前 3 日通过营业厅等线上线下渠道公布，于次月执行，并按用户实际用电量全额结算电费。未实现自然月购售同期抄表结算的地区，暂按电网企业抄表结算周期执行。

（六）规范代理购电关系变更。电网企业首次代理工商业用户购电时，应至少提前 1 个月通知用户，期间应积极履行告知义务，与电力用户签订代理购电合同。在规定时限内，未直接参与市场交易、也未与电网企业签订代理购电合同的用户，默认由电网企业代理购电。已直接参与市场交易又退出的电力用户，默认由电网企业代理购电。由电网企业代理购电的工商业用户，可在每季度最后 15 日前选择下一季度起直接参与市场交易，电网企业代理购电相应终止，由此产生的偏差责任原则上不予考核，能够单独统计的偏差电量由与电网企业成交的市场化机组合同电量等比例调减。电力交易机构应将上述变更信息于 2 日内告知电网企业。

三、加强相关政策协同

（一）加强与居民、农业销售电价政策的协同。居民、农业用电由电网企业保障，保持价格稳定。执行代理购电价格机制后，电网企业为保障居民、农业用电价格稳定产生的新增损益（含偏差电费），按月由全体工商业用户分摊或分享。

（二）加强与分时电价政策的协同。在现货市场未运行的地方，电网企业代理购电用户代理购电合同未申报用电曲线，以及申报用电曲线但分时电价峰谷比例低于当地分时电价政策要求的，用户用电价格应当按照当地分时电价政策规定的时段划分及浮动比例执行。

（三）加强与电力市场交易规则的协同。各地应按职能分工进一步完善电力中长期交易规则，电网企业代理购电应与市场主体执行统一的市场规则。现货市场运行的地方，电网企业代理购电用户与其他用户平等参与现货交易，公平承担责任义务，电网企业要单独预测代理购电用户负荷曲线，作为价格接受者参与现货市场出清；纳入代理购电电量来源的优先发电电源，偏差电量按现货市场规则执行。鼓励跨省跨区送电参与直接交易。燃煤发电跨省跨区外送的，送受端双方要适应形势变化抓紧协商形成新的送电价格，确保跨省跨区送电平稳运行。

（四）加强与可再生能源消纳权重政策要求的协同。电网企业代理购电的用户，应公平承担可再生能源消纳权重责任。

四、保障措施

（一）规范代理购电行为。电网企业要按要求规范代理购电方式流程，单独归集、单独反映代理购电机制执行情况，做好信息公开、电费结算等工作，并按季度将代理购电及变化情况报价格主管部门。电力交易机构要确保独立规范运行，不得参与电网企业代理购电业务。

（二）加强代理购电信息公开。电网企业应按要求及时公开代理购电相关信息，原则上应按月发布代理用户分月总电量预测、相关预测数据与实际数据偏差、采购电量电价结构及水平、市场化机组剩余容量相关情况、代理购电用户电价水平及构成、代理购电用户电量和电价执行情况等信息。

（三）确保代理购电服务质量。电网企业要加快建立健全保障代理购电机制平稳运行的组织机构，及时调整营销管理系统，重点优化电费结算功能，积极推进表计设施改造，加快实现按自然月购售同期抄表结算，确保在用户电费账单中清晰列示代理购电电费明细情况，为做好代理购电服务提供有力支撑。要围绕代理购电实施开展专题宣传，通过营业场所、手机APP、供电服务热线等多种渠道，持续加强与用户的沟通，增进各方面理解支持，积极鼓励工商业用户直接参与电力市场交易。

（四）做好市场价格波动风险防控。各地要密切跟踪电力市场和价格变化，评估市场交易价格和代理购电价格波动风险，及时发现苗头性、趋势性、潜在性问题，做好风险预警防控，保障代理购电机制平稳运行。

（五）强化代理购电监管。各地主管部门要积极会同配合国家能源局派出机构、当地相关部门，重点围绕代理购电机制运行中的市场交易、信息公开、电费结算、服务质量等，加强对电网企业、电力交易机构的监管，及时查处信息公开不规范、电费结算不及时，以及运用垄断地位影响市场交易等违法违规行为。

各地要在调整当地目录销售电价后，抓紧按照本通知要求组织开展好当地电网企业代理购电工作。相关落实情况请于2021年11月15日前报我委（价格司）。

本通知自印发之日起执行，暂定有效期至2022年12月31日，我委将根据需要及时进行完善。现行政策与本通知不符的，以本通知规定为准。

国家发展改革委办公厅

2021年10月23日

4-11　国家发展改革委办公厅关于进一步做好电网企业代理购电工作的通知

（发改办价格〔2022〕1047号，国家发展改革委办公厅2022年12月23日发布）

各省、自治区、直辖市及计划单列市、新疆生产建设兵团发展改革委，国家电网有限公司、中国南方电网有限责任公司、内蒙古电力（集团）有限责任公司，中国核工业集团有限公司、中国华能集团有限公司、中国大唐集团有限公司、中国华电集团有限公司、国家电力投资集团有限公司、中国长江三峡集团有限公司、国家能源投资集团有限责任公司、国家开发投资集团有限公司、华润（集团）有限公司、中国广核集团有限公司：

《国家发展改革委办公厅关于组织开展电网企业代理购电工作有关事项的通知》（发改办价格〔2021〕809号，以下简称"809号文件"）印发实施以来，各地电网企业代理购电制度全面建立、平稳运行，为煤电上网电价市场化改革落地见效提供了有力保障，对加快构建"能涨能跌"市场化电价机制、推动电力市场建设发展、保障电力安全稳定供应发挥了重要作用。在继续执行809号文件、保持政策稳定性的基础上，为进一步做好电网企业代理购电工作，现就有关事项通知如下：

一、保障用户安全可靠用电。电网企业要落实809号文件要求，保障代理购电制度平稳运行，确保居民、农业用户和代理购电工商业用户电力安全可靠供应；坚持低价电量（含偏差电费）优先匹配居民、农业用电，保持居民、农业用电价格基本稳定。

二、逐步优化代理购电制度。各地要适应当地电力市场发展进程，鼓励支持10千伏及以上的工商业用户直接参与电力市场，逐步缩小代理购电用户范围。优化代理购电市场化采购方式，完善集中竞价交易和挂牌交易制度，规范挂牌交易价格形成机制。

三、加强事中事后监管。各地、各相关单位要严格按照国家政策要求，切实执行好电网企业代理购电制度，不得对代理购电用户电价形成进行不当干预。电网企业要加强力量配置，不断提升代理购电用户用电规模预测的科学性、准确性，预测偏差情况每季度报省级价格主管部门。省级价格主管部门要密切跟踪电网企业代理购电制度执行情况，及时牵头解决制度执行中出现的新问题，确保代理购电制度平稳运行。

本通知自 2023 年 1 月 1 日起执行。809 号文件及其他现行政策相关规定与本通知不符的，以本通知规定为准。

国家发展改革委办公厅

2022 年 12 月 23 日

4-12　国家发展改革委办公厅　国家能源局综合司印发《关于深化电力现货市场建设试点工作的意见》的通知

（发改办能源规〔2019〕828 号，2019 年 7 月 31 日国家发展改革委办公厅、国家能源局综合司发布）

各省、自治区、直辖市、新疆生产建设兵团发展改革委、能源局、经信委（工信委、经信厅），北京市城管委，能源局各派出监管机构，国家电网有限公司、南方电网公司，中国华能、中国大唐、中国华电、国家能源集团、国家电投、中国三峡集团、国投、中核、中广核、华润集团，有关电力企业：

为贯彻落实党的十九大精神，加快电力市场体系建设，国家发展改革委、国家能源局组织编制了《关于深化电力现货市场建设试点工作的意见》，现印发你们，请结合实际，推动落实。如遇重大问题，请及时报告国家发展改革委、国家能源局。

国家发展改革委办公厅

国家能源局综合司

2019 年 7 月 31 日

附件：

关于深化电力现货市场建设试点工作的意见

为贯彻落实党的十九大精神，加快电力市场体系建设，现就深化电力现货市场建设试点工作提出以下意见。

一、总体要求

（一）总体思路

以习近平新时代中国特色社会主义思想为指导，深入贯彻党的十九大精神，认真落实党中央关于电力体制改革的决策部署，进一步深化电力市场化改革，遵循市场规律和电力系统运行规律，建立中长期交易为主、现货交易为补充的电力市场，完善市场化电力电量平衡机制和价格形成机制，促进形成清洁低碳、安全高效的能源体系。

（二）基本原则

坚持市场主导。进一步发挥市场决定价格的作用，建立完善现货交易机制，以灵活的市场价格信号，引导电力生产和消费，加快放开发用电计划，激发市场主体活力，提升电力系统调节能力，促进能源清洁低碳发展。

坚持因地制宜。综合考虑各地供需形势、网源结构、送受电情况、市场化基础和经济社会发展水平等因素，结合实际、因地制宜，研究制定电力现货市场建设方案，鼓励各地差异化探索。

坚持统筹有序。统筹好计划与市场、当前与长远、省内与省间、中长期与现货交易之间的关系，总体设计、分步实施，积极稳妥、有序推进。

坚持安全可靠。做实做细市场模拟，提前发现问题，切实防控风险。推动市场交易和系统运行相互衔接，做好市场应急处理预案，保障电力安全可靠供应。

二、合理设计电力现货市场建设方案

（三）科学论证电力市场模式。因地制宜、科学合理选择电力市场模式，确保市场模式有良好的开放性、兼容性和可扩展性。原则上，电网阻塞断面多的地区，宜选择集中式电力市场模式起步；电网阻塞断面少且发电侧市场集中度高的地区，宜选择分散式电力市场模式起步。

（四）合理选择现货市场组成。现货市场主要开展日前、日内、实时的电能量交易，通过竞争形成分时市场出清价格，并配套开展备用、调频等辅助服务交易。试点地区可结合所选择的电力市场模式，同步或分步建立日前市场、日内市场、实时市场实时平衡市场。

（五）合理确定现货市场主体范围。市场主体范围应涵盖各类发电企业和供电企业（含地方电网、趸售县、高新产业园区和经济技术开发区、增量配网试点项目等）、售电企业、具备直接参加电力现货交易条件的电力用户等。

（六）有利于区域市场建设。电力现货试点应符合国家区域协调发展要求，服务京津冀协同发展、长三角一体化发展、粤港澳大湾区建设等重大战略，按照建设统一开放、竞争有序的市场体系要求，为未来市场间交易和市场融合创造条件，进一步促进清洁能源更大范围消纳。

三、统筹协调电力现货市场衔接机制

（七）统筹协调省间交易与省（区、市）现货市场。各类跨省跨区中长期优先发电合同和中长期市场化交易合同双方，均需提前约定交易曲线作为结算依据。经过安全校核的日前跨区跨省送电曲线作为受（送）端省份电力现货市场电力的边界条件，偏差部分按照受（送）端省份现货市场规则进行结算。以国家计划为基础的跨区跨省送电计划放开前，可由受端省份电网企业或政府授权的其他企业代表与发电方、输电方协商签订三方中长期合同，约定典型送电曲线及输电容量使用条件。

（八）统筹协调电力中长期交易与现货市场。中长期交易可以实物合同、差价合同等一种或多种形式签订。中长期双边交易形成的电量合同，可由交易双方自行分解为分时曲线。中长期交易实物合同，其分解曲线应在满足电网安全约束的前提下予以执行。对于优先发电、优先购电，根据市场建设进展纳入中长期交易。推动形成中长期交易价格与现货市场价格科学合理的互动机制。

（九）统筹协调电力辅助服务市场与现货市场。配合电力现货试点，积极推进电力辅助服务市场建设，实现调频、备用等辅助服务补偿机制市场化。建立电力用户参与承担辅助服务费用的机制，鼓励储能设施等第三方参与辅助服务市场。

四、建立健全电力现货市场运营机制

（十）有序引导用电侧参与现货市场报价。根据市场发育程度、市场主体成熟度和计量设施情况，电力现货市场中，可采用发电侧单边申报量价的方式，采用负荷预测曲线作为需求，用电侧作为市场价格接受者；具备条件地区，用电侧可报量报价或报量不报价。发电侧单边申报和发用电侧双边申报形成的电力现货价格，均应作为用电侧电力现货结算价格基础，引导电力用户形成对系统友好的用电习惯。

（十一）建立促进清洁能源消纳的现货交易机制。非水可再生能源相应优先发电量应覆盖保障利用小时数。各电力现货试点地区应设立明确时间表，选择清洁能源以报量报价方式，或报量不报价方式参与电力现货市场，实现清洁能源优先消纳。市场建设初期，保障利用小时数以内的非水可再生能源可采用报量不报价方式参与电力现货市场。

（十二）合理选择现货市场价格形成机制。根据各电力现货试点地区的电网结构和阻塞情况，可选择采用节点边际电价、分区边际电价和系统边际电价等价格机制。对于电网阻塞线路多、阻塞成本高的地区，可选择节点边际电价机制；对于电网阻塞线路少、阻塞成本低的地区，可选择分区边际电价或系统边际电价机制。阻塞管理形成的盈余或成本，应及时在发用电侧市场主体间合理分摊。电力现货试点地区可视实际需要探索开展输电权交易。电力现货市场价格形成机制设计应避免增加市场主体间的交叉补贴。

（十三）科学设定现货市场限价。电力现货市场申报和出清限价设置应以促进用户侧削峰填谷、消纳清洁能源和防范价格异常波动为基本原则，避免因上下限设置不合理而影响价格信号发挥作用。

五、强化提升电力现货市场运营能力

（十四）建立健全现货市场运营工作制度。市场运营机构应加强相关工作制度建设，不断提升市场运营水平。建立电力市场运营工作规范，明确调度机构、交易机构相关岗位职责。建立市场运营涉密信息管理制度，规范信息交换和使用程序，防范关键信息泄露。建立市场运营关键岗位和人员回避制度，保障市场运营公开公正。

（十五）提高市场运营机构的组织保障水平。电网企业应在电力现货试点地区第一责任单位等部门和国家能源局派出机构的指导下，加快优化现货市场运营主体的组织机构设置，加强现货市场专业队伍建设，强化现货市场专职人员培训，确保技术支持系统开发建设、运行管理等工作顺利开展，保障满足现货市场建设和运营需要。

（十六）加强电力系统运行管理。严格落实电网安全运行控制标准要求，规范调用电网备用、调频资源，严格按照电力系统安全稳定导则计算电网阻塞断面的传输限值。调度机构可按照事前制定的规则处理电网故障、供需失衡等异常情况，保障电力系统安全可靠运行。

（十七）健全市场信息披露机制。按照保障交易的原则，电力交易机构在汇总各市场成员信息基础上，根据不同时间要求和公开范围，对外披露电力现货市场信息，包括交易规则、交易公告、输电通道可用容量、系统负荷预测、系统可再生能源功率预测汇总数据、市场成交信息等，保障市场公开、公平和公正。采用节点边际电价的地区应提供输电断面、网架拓扑结构、各节点电价、阻塞费用分摊、设备停运信息、非市场机组运行等信息，引导市场主体主动有效参与市场。

六、规范建设电力现货市场运营平台

（十八）规范技术支持系统开发建设。参照《电力市场运营系统现货交易和现货结算功能指南（试行）》要求，建立与电力现货市场建设相适应的信息化平台。市场运营机构应向市场主体提供现货市场技术支持系统功能模块体系，明确出清目标函数及实现过程，形成必要说明文档；做好技术支持系统运行情况分析，解决系统存在的问题，做好定期记录、汇总、披露等工作。

（十九）规范技术支持系统运行管理。技术支持系统建设执行招投标程序，并接受监督。技术支持系统投入试运行前，电力现货试点地区第一责任单位应会同有关部门组织对市场出清软件系统进行第三方标准算例校核。在系统运行各阶段，应建立公正、规范和透明的工作机制。对确需人为干预而进行的系统调整，应符合市场规则，严格做好人工调整记录，并向市场成员披露；系统关键市场参数的设定标准与取值，应经电力市场管理委员会审议通过，并报地方政府有关部门和国家能源局派出机构同意后执行；关键市场参数的调整应建立记录日志，及时向市场成员公布实际参数值。

七、建立完善电力现货市场配套机制

（二十）建立与现货市场衔接的用电侧电价调整机制。统筹考虑优先发电、优先购电结算情况，以及电力现货市场形成的价格信号，逐步建立完善用电侧价格调整机制。

（二十一）完善与现货市场配套的输配电价机制。探索结合电源侧、负荷侧接入电网位置单独计算系统接入成本。结合电力现货市场建设，研究完善与电能量市场价格机制相适应的跨省区输电价格机制和省内输配电价机制。

（二十二）提高电力系统长期供应保障能力。持续做好电力系统长期供应能力评估分析，统筹降成本和稳供应，设计合理市场机制有效引导电力投资。加快研究、适时建立容量补偿机制或容量市场，保证电力系统长期容量的充裕性。

（二十三）加强电力市场监管。强化电力市场科学监管，完善市场监管组织体系。统筹发挥市场监管和行业自律的作用，综合运用信用监管和行政管理手段，对市场成员执行市场规则的行为进行监管，重点对操纵市场、违反市场规则等行为实施监管，维护公平竞争秩序。

（二十四）开展现货市场运营绩效评估。国家发展改革委、国家能源局负责组织制定电力现货市场评价指标体系。从市场运行保障、市场运行效率、社会福利增加、清洁能源消纳等方面，对电力现货市场运行、电力市场规则执行和技术支持系统运行等情况进行全方位后评估，及时总结、不断推动完善市场机制，并不断推动扩大现货试点范围。

八、做好电力现货市场建设组织实施

电力现货试点地区尚未明确工作分工的，要抓紧明确。试点地区政府有关部门、国家能源局有关派出机构、有关电网企业、电力交易机构等，要按照工作分工，协同做好以下工作：

（二十五）加快研究制定现货市场建设方案和运营规则，加快开发建设现货市场相关技术支持系统。

（二十六）配套制定包括市场模拟在内的市场试运行方案，提前发现问题，及时完善市场规则和技术支持系统。

（二十七）加强市场运行跟踪分析、监测和预警，持续完善规则和系统，保障现货市场平稳可持续运行。

（二十八）提前制定市场应急预案，防范潜在风险，科学有序处置突发情况，确保电力安全可靠供应。

九、附则

（二十九）本意见由国家发展改革委、国家能源局负责解释。

4-13　国家发展改革委办公厅　国家能源局综合司
关于开展电力现货市场建设试点工作的通知

（发改办能源〔2017〕1453 号，2017 年 8 月 28 日国家发展改革委办公厅、国家能源局综合司发布）

各省（自治区、直辖市）、新疆生产建设兵团发展改革委（能源局、物价局），经信委（工信委、工信厅），北京市城市管理委员会，国家能源局各派出能源监管机构，国家电网公司、南方电网公司、内蒙古电力（集团）有限责任公司，其他有关电力企业：

为贯彻落实《中共中央　国务院关于进一步深化电力体制改革的若干意见》（中发〔2015〕9 号）精神，加快建设完善电力市场体系，按照《关于推进电力市场建设的实施意见》，现就开展电力现货市场建设试点工作通知如下。

一、试点工作重要意义

加快构建有效竞争的市场结构和市场体系，是中发〔2015〕9 号文明确的深化电力体制改革的核心目标。随着电力体制改革全面深化，电力中长期交易规模不断扩大，亟待加快探索建立电力现货交易机制，改变计划调度方式，发现电力商品价格，形成市场化的电力电量平衡机制，逐步构建中长期交易与现货交易相结合的电力市场体系，充分发挥市场在电力资源配置中的决定性作用，进一步释放改革红利。

二、试点工作目标

试点地区应围绕形成日内分时电价机制，在明确现货市场优化目标的基础上，建立安全约束下的现货市场出清机制和阻塞管理机制。组织市场主体开展日前、日内、实时电能量交易，实现调度运行和市场交易有机衔接，促进电力系统安全运行、市场有效运行，形成体现时间和位置特性的电能量商品价格，为市场主体提供反映市场供需和生产成本的价格信号。

试点地区应加快制定现货市场方案和运营规则、建设技术支持系统，2018 年底前启动电力现货市场试运行；同时，应积极推动与电力现货市场相适应的电力中长期交易。

三、试点地区选择

根据地方政府意愿和前期工作进展，结合各地电力供需形势、网源结构和市场化程度等条件，选择南方（以广东起步）、蒙西、浙江、山西、山东、福建、四川、甘肃等 8 个地区作为第一批试点，加快组织推动电力现货市场建设工作。

电力现货市场建设试点原则上应按现有电力调度控制区（考虑跨省跨区送受电）组织开展，具备条件的地区可积极探索合并调度控制区。电力现货市场建设试点成熟一个，启动一个。

四、试点工作要求

（一）试点工作第一责任单位由试点所在省（区、市）人民政府明确，负责统筹推进试点工作，提出明确的试点工作时间表和任务分工表。国家发展改革委、国家能源局会同有关省（区、市）组织推动区域电力现货市场建设试点工作。

（二）国家电网公司、南方电网公司和内蒙古电力（集团）有限责任公司，应积极推动开展电力现货市场建设试点相关工作，并给予充分的人、财、物支持。

（三）试点地区第一责任单位可结合当地实际，研究明确试点实施工作牵头单位。试点实施工作可由调度机构牵头，也可由交易机构牵头，这两种模式都要进行实践探索，形成可复制可推广的经验。

（四）国家发展改革委、国家能源局将组织编制电力现货市场运营系统和电力市场结算管理系统等功能规范和建设大纲，在试点地区试行。拟委托电力规划设计总院组织国电南瑞、中国电科院、国网能源研究院、南网科研院、清华大学、华北电力大学等相关单位共同研究，并于2017年底前提出具体建议。条件成熟时出台相关国家标准。

（五）电力现货市场试点方案（含配套的电力中长期交易机制）和运营规则应在专家论证后，由具备能力的单位组织全市场仿真（或经济性模拟）及财务信用风险分析，并将仿真分析结果报送国家发展改革委、国家能源局。

（六）试点方案应充分考虑相关配套机制，包括但不限于：与现货交易机制配套的电力中长期交易机制、输配电价机制、优先发电和购电制度落实机制、可再生能源保障性收购机制、发电企业市场力防范机制、财务信用风险规避机制及市场应急预案等。

五、试点工作组织领导

国家发展改革委、国家能源局负责电力现货市场建设试点工作的组织领导和统筹协调。

请试点地区有关单位于2017年9月8日前，将电力现货市场建设试点第一责任单位及联系人、试点实施工作牵头单位及联系人，反馈国家能源局法制和体制改革司。

联系人：王立新

电话：010-66597453

传真：010-66021913

国家发展改革委办公厅

国家能源局综合司

2017年8月28日

4-14　国家发展改革委办公厅　国家能源局综合司关于加快推进电力现货市场建设工作的通知

（发改办体改〔2022〕129号，2022年2月21日国家发展改革委办公厅、国家能源局综合司发布）

各省、自治区、直辖市、新疆生产建设兵团发展改革委、能源局、经信委（经信厅、工信厅、经信局、工信局），国家能源局各派出机构，国家电网有限公司、中国南方电网有限责任公司、内蒙古电力（集团）有限责任公司，中国华能集团有限公司、中国大唐集团有限公司、中国华电集团有限公司、国家电力投资集团有限公司、中国长江三峡集团有限公司、国家能源投资集团有限责任公司、国家开发投资集团有限公司、华润（集团）有限公司、中国广核集团有限公司：

为进一步深化电力体制改革，加快建设全国统一电力市场体系，以市场化方式促进电力资源优化配置，现就加快推进电力现货市场建设通知如下：

一、充分认识加快推进电力现货市场建设的重要意义。加快推进电力现货市场建设是落实党中央、国务院关于深化电力体制改革决策部署、加快建设全国统一电力市场体系的重要举措，对于发现分时电价、实现高峰电力保供和低谷新能源消纳、确保电力安全具有重要的现实意义。要充分发挥市场配置资源的决定性作用，更好发挥政府作用，遵循电力运行规律和市场经济规律，全面推进电力现货市场建设，形成有效市场价差，反映电能供需关系，做到电价能升能降。

二、正确把握加快推进电力现货市场建设的总体要求。在保障电力安全的前提下，遵循稳中求进、循序渐进的原则积极推进现货市场建设。支持具备条件的现货试点不间断运行，尽快形成长期稳定运行的现货市场。第一批试点地区原则上2022年开展现货市场长周期连续试运行，第二批试点地区原则上在2022年6月底前启动现货市场试运行。其他地区尽快开展现货市场建设工作，原则上要在2022年一季度上报现货市场建设方案。2022年6月底前，省间现货交易启动试运行，南方区域电力市场启动试运行，研究编制京津冀电力现货市场、长三角区域电力市场建设方案。

三、加快推动用户侧全面参与现货市场交易。2022年3月底前，第一批试点地区，参与中长期交易的用户侧应全部参与现货交易。第二批试点地区和其他地区，应按照用户侧参与现货市场设计市场方案。完善售电公司履约保函制度，根据售电公司提交的履约保函和资产情况，确定售电公司电力市场代理电量上限。推动购电曲线（含省内和省间）按照代理工商业用户典型用电曲线、居民和农业用户典型用电曲线确定。推动代理工商业用户、居民和农业用户的偏差电量分开核算，并按照现货价格结算，电网企业为保障居民、农业用电价格稳定产生的新增损益（含偏差电费），按月由全体工商业用户分摊或分享。

四、加快推动各类型具备条件的电源参与现货市场。做好放开优先发用电计划与现货市场建设的衔接，配合优先用电计划放开规模，同步推动各类型电源参与现货市场。结合各地情况明确部分低价保障电源，优先用于保障居民、农业用电，鼓励低价保障电源以外、暂未放开的优先发电电源自主选择转为市场化机组。引导储能、分布式能源、新能源汽车、虚拟电厂、能源综合体等新型市场主体，以及增量配电网、微电网内的市场主体参与现货市场，充分激发和释放用户侧灵活调节能力。认真落实电价市场化改革要求，燃煤发电电量原则上全部进入市场，现货市场价格不受浮动范围限制，2022年底前，可先针对部分电源建立容量补偿机制，更好保障电力系统安全稳定运行。

五、统筹电力中长期交易与现货交易。现货试点地区，逐步建立"长协定量、现货定价"的市场机制，在高比例签订中长期合约的基础上，市场主体可根据实际情况灵活确定年度中长期合约电量比例。进一步完善与现货交易相衔接的分时段交易机制，优化中长期交易时段划分方式，可基于近年电网供需情况和现货交易形成的高峰、低谷等分时段电价确定市场限价，不得在交易出清、结算环节设置不合理限价或费用疏导上限。推动中长期交易按照"顺价模式"形成价格。提高中长期交易灵活性，缩短交易周期，提高交易频次，现货市场实际运行地区，2022年二季度应具备中长期市场按周连续开市的条件。

六、统筹电力辅助服务交易与现货交易。完善调频辅助服务市场建设，加快备用辅助服务市场建设，可再生能源占比较高地区可探索爬坡等辅助服务新品种。加强调峰辅助服务与现货市场的融合，现货市场运行期间，在现货市场内推动调峰服务。做好省间现货市场与跨省跨区辅助服务市场的衔接，进一步促进富余可再生能源跨区消纳。按照"谁受益、谁承担"原则，加快推动辅助服务成本向用户侧疏导，在市场化交易电价中单列辅助服务费用。

七、做好省间市场与省内现货市场的有效衔接。加强跨省跨区交易与省内现货市场在经济责任、价格形成机制等方面的动态衔接，跨省跨区交易卖方成交结果作为送端关口负荷增量，买方成交结果作为受端关口电源参与省内出清结算，省间交易结果作为省间交易电量的结算依据。有序推动跨省跨区优先发电通过"网对网""点对网"方式开展市场化竞价，推进多年度长协交易。循序渐进推动"点对点"交易，在部分具备条件的现货试点地区进行探索。

八、有序推动新能源参与市场交易。落实新增可再生能源和原料用能不纳入能源消费总量控制要求，统筹推动绿电交易、绿证交易工作。构建主要由市场形成新能源价格的电价机制，推动新能源自愿参与电力交易，充分体现新能源的环境价值和系统消纳成本，引导绿电中长期交易电价对标燃煤发电市场化交易电价，带有绿证的绿电要合理设置交易价格下限。建立与新能源特性相适应的交易机制，满足新能源对合同电量、曲线的灵活调节需求，在保障新能源合理收益的前提下，鼓励新能源以差价合约形式参与现货市场，按照现货规则进行偏差结算，对由于报价原因未中标电量不纳入新能源弃电量统计。

九、加强对电力市场化交易的履约监管。完善电力市场化交易的履约保障凭证管理制度，保障交易合约履行，推动市场主体足额提交履约保函、保险。建立履约额度监测预警机制，电力现货市场结算运行的地区，电力交易机构动态监测市场主体履约额度与实际提交的履约保函或保险额度，每日将电力市场运行相关数据上报，其他地区按周将相关数据上报。加强电力市场信用评价与监管，建立电力交易机构与全国信用信息共享平台共享机制，将未能按期履约的计入信用记录，情节特别严重或拒不整改的，对其违反失信行为予以公开。

十、加强组织保障工作。完善电力现货市场建设工作机制，协调解决市场推进中的重点问题。通过现场会等方式，及时总结树立标杆典型，定期评价试点工作成效，开展专项培训。各地要切实负起责任，做好本地现货市场组织工作，加强监测预警，做好市场运行数据的上报工作。要协同推进市场建设与电网运行管理，确保电力系统安全稳定运行。电力交易机构和调度机构要落实运营监控和风险防控责任，做好现货市场信息披露相关工作。

国家发展改革委办公厅
国家能源局综合司
2022 年 2 月 21 日

4-15　国家发展改革委办公厅　国家能源局综合司关于进一步加快电力现货市场建设工作的通知

（发改办体改〔2023〕813 号，2023 年 10 月 12 日国家发展改革委办公厅、国家能源局综合司发布）

各省、自治区、直辖市、新疆生产建设兵团发展改革委、能源局，天津市工业和信息化局、内蒙古自治区工业和信息化厅、辽宁省工业和信息化厅、广西壮族自治区工业和信息化厅、重庆市经济和信息化委员会、四川省经济和信息化厅、甘肃省工业和信息化厅，北京市城市管理委员会，国家能源局各派出机构，中国核工业集团有限公司、国家电网有限公司、中国南方电网有限责任公司、中国华能集团有限公司、中国大唐集团有限公司、中国华电集团有限公司、国家电力投资集团有限公司、中国长江三峡集团有限公司、国家能源投资集团有限责任公司、国家开发投资集团有限公司、华润（集团）有限公司、中国广核集团有限责任公司，内蒙古电力（集团）有限责任公司：

为加快全国统一电力市场体系建设，推动构建清洁低碳、安全充裕、经济高效、供需协同、灵活智能的新型电力系统，有效助力构建新型能源体系，现就进一步加快电力现货市场建设工作通知如下：

一、总体要求

推进电力现货市场建设是贯彻党的二十大精神，落实新发展理念，促进能源高质量发展的重要举措。经过几年探索，电力现货市场在优化资源配置、提升电力安全保供能力、促进可再生能源消纳等方面作用显著。为加快全国统一电力市场体系建设，推动电力资源在更大范围共享互济和优化配置，在确保有利于电力安全稳定供应的前提下，有序实现电力现货市场全覆盖，加快形成统一开放、竞争有序、安全高效、治理完善的电力市场体系，充分发挥市场在电力资源配置中的决定性作用，更好发挥政府作用，进一步激发各环节经营主体活力，助力规划建设新型能源体系，加快建设高效规范、公平竞争、充分开放的全国统一大市场。

二、进一步明确现货市场建设要求

（一）推动现货市场转正式运行。各省/区域、省间现货市场连续运行一年以上，并依据市场出清结果进行调度生产和结算的，可按程序转入正式运行。第一责任单位要委托具备专业能力和经验的第三方机构开展评估并形成正式评估报告。在满足各项条件的基础上，报国家发展改革委、国家能源局备案。

（二）有序扩大现货市场建设范围。福建尽快完善市场方案设计，2023 年底前开展长周期结算试运行。浙江加快市场衔接，2024 年 6 月前启动现货市场连续结算试运行。四川结合实际持续探索适应高比例水电的丰枯水季相衔接市场模式和市场机制。辽宁、江苏、安徽、河南、湖北、河北南网、江西、陕西等力争在 2023 年底前开展长周期结算试运行。其他地区（除西藏外）加快推进市场建设，力争在 2023 年底前具备结算试运行条件。鼓励本地平衡较困难的地区探索与周边现货市场联合运行。

（三）加快区域电力市场建设。南方区域电力现货市场在 2023 年底前启动结算试运行。2023 年底前建立长三角电力市场一体化合作机制，加快推动长三角电力市场建设工作。京津冀电力市场在条件成熟后，力争 2024 年 6 月前启动模拟试运行。

（四）持续优化省间交易机制。省间电力现货市场继续开展连续结算试运行，2023 年底前具备连续开市能力。推动跨省跨区电力中长期交易频次逐步提高，加强与省间现货协调衔接，探索逐日开市、滚动交易的市场模式。

三、进一步扩大经营主体范围

（五）加快放开各类电源参与电力现货市场。按照 2030 年新能源全面参与市场交易的时间节点，现货试点地区结合实际制定分步实施方案。分布式新能源装机占比较高的地区，推动分布式新能源上网电量参与市场，探索参与市场的有效机制。暂未参与所在地区现货市场的新能源发电主体，应视为价格接受者参与电力现货市场出清，可按原有价格机制进行结算，但须按照规则进行信息披露，并与其他经营主体共同按市场规则公平承担相应的不平衡费用。

（六）不断扩大用户侧主体参与市场范围。现货市场运行的地方，电网企业要定期预测代理购电工商业用户用电量及典型负荷曲线，通过场内集中交易方式（不含撮合交易）代理购电，以报量不报价等方式、作为价格接受者参与现货市场出清结算。加快开展用户侧参与省间现货交易的相关问题研究。

（七）鼓励新型主体参与电力市场。通过市场化方式形成分时价格信号，推动储能、虚拟电厂、负荷聚合商等新型主体在削峰填谷、优化电能质量等方面发挥积极作用，探索"新能源＋储能"等新方式。为保证系统安全可靠，参考市场同类主体标准进行运行管理考核。持续完善新型主体调度运行机制，充分发挥其调节能力，更好地适应新型电力系统需求。

四、统筹做好各类市场机制衔接

（八）做好现货与中长期交易衔接。更好发挥中长期交易在平衡长期供需、稳定市场预期的基础作用，优化中长期合同市场化调整机制，缩短交易周期，提高交易频次，完善交易品种，推动中长期与现货交易更好统筹衔接。考虑新能源难以长周期准确预测的特性，为更好地适应新能源参与现货市场需求，研究对新能源占比较高的省份，适当放宽年度中长期合同签约比例。开展现货交易地区，中长期交易需连续运营，并实现执行日前七日（D-7 日）至执行日前两日（D-2 日）连续不间断交易。绿电交易纳入中长期交易范畴，交易合同电量部分按照市场规则，明确合同要素并按现货价格结算偏差电量。

（九）加强现货交易与辅助服务衔接。加强现货与辅助服务有序协调，在交易时序、市场准入等方面做好衔接。现货市场连续运行地区，调频辅助服务费用可向用户侧疏导，其他辅助服务品种按照"成熟一个、疏导一个"原则确定疏导时机及方式，具体由国家发展改革委会同国家能源局另行确定。做好省间、省内现货市场与区域辅助服务市场的衔接融合，提升电力资源优化配置效率。

（十）完善电力市场价格体系。现货试点地区要加强中长期、辅助服务与现货、省间与省内市场在价格形成机制方面的协同衔接。各地现货市场出清价格上限设置应满足鼓励调节电源顶峰需要并与需求侧响应价格相衔接，价格下限设置可参考当地新能源平均变动成本。严格落实燃煤发电上网侧中长期交易价格机制，不得组织专场交易，减少结算环节的行政干预。推动批发市场分时电价信号通过零售合同等方式向终端用户传导，引导用户优化用电行为。

（十一）探索建立容量补偿机制。推动开展各类可靠性电源成本回收测算工作，煤电等可靠性电源年平均利用小时数较低的地区可结合测算情况，尽快明确建立容量补偿机制时间节点计划和方案，探索实现可靠性电源容量价值的合理补偿。

五、提升电力现货市场运营保障能力

（十二）加强市场建设运营基础保障。省间、省内现货市场连续运行地区要优化调度、交易机构组织机构设置，加强组织人员基础保障，进一步明确现货市场运营岗位职责划分，运营岗位编制和人员到岗率应达到合理比例，实施专职专用。健全市场运营保密管理制度，设立现货市场独立运营场所。完善市场运营管理机制，形成相关管理办法，依规开展交易组织工作。强化市场运营能力建设，探索建立市场运营人员上岗考核制度，促进运营机构从业人员提升技术能力；加强市场运营系统保障能力，完善系统功能，提升自动化管理水平，并建立容灾备份系统。

（十三）规范开展信息披露工作。确保披露内容全面、准确、及时，为经营主体参与交易提供基础保障。提高电力现货市场信息披露服务水平，增加手机客户端等发布渠道，为经营主体信息获取提供便利。

（十四）加强电力现货市场风险防控能力。电力现货市场运营机构要做好现货市场运行情况的记录、分析、总结等工作，加强市场运行监测，有效防范市场运营风险，维护市场交易的公平、公正。构建市场运营评价体系，科学合理设置市场评价指标，提升市场运行综合评估能力，为市场建设督导、考核等工作提供量化支撑。

（十五）充分发挥市场管理委员会作用。充分发挥市场管理委员会在现货市场建设运营中的推动和支撑作用，各地第一责任单位、国家能源局派出监管机构结合实际需要，建立常态化市场规则修订机制，协调电力市场相关事项，推动经营主体深度参与市场建设全过程，充分体现各方主体意愿。

六、强化组织保障

（十六）强化组织落实。国家发展改革委、国家能源局要加强对统一电力市场体系建设的总体指导协调。各省（区、市）政府要按照2017年以来现货市场建设相关文件要求，明确任务分工，完善电力现货市场工作机制，强化监督管理、风险防范、培训宣传等工作。

国家发展改革委办公厅
国家能源局综合司
2023 年 10 月 12 日

4-16 国家发展改革委办公厅 国家能源局综合司关于进一步推动新型储能参与电力市场和调度运用的通知

（发改办运行〔2022〕475 号，2022 年 5 月 24 日国家发展改革委办公厅、国家能源局综合司发布）

各省、自治区、直辖市、新疆生产建设兵团发展改革委、经信委（工信委、工信厅、工信局、经信厅）、能源局，北京市城市管理委员会，国家能源局各派出机构，国家电网有限公司、中国南方电网有限责任公司、中国华能集团有限公司、中国大唐集团有限公司、中国华电集团有限公司、国家电力投资集团有限公司、中国长江三峡集团有限公司、国家能源投资集团有限责任公司、国家开发投资集团有限公司、华润（集团）有限公司：

为贯彻落实《中共中央、国务院关于完整准确全面贯彻新发展理念做好碳达峰碳中和工作的意见》，按照《国家发展改革委、国家能源局关于加快推动新型储能发展的指导意见》（发改能源规〔2021〕1051号）有关要求，进一步明确新型储能市场定位，建立完善相关市场机制、价格机制和运行机制，提升新型储能利用水平，引导行业健康发展，现就有关事项通知如下。

一、总体要求。新型储能具有响应快、配置灵活、建设周期短等优势，可在电力运行中发挥顶峰、调峰、调频、爬坡、黑启动等多种作用，是构建新型电力系统的重要组成部分。要建立完善适应储能参与的市场机制，鼓励新型储能自主选择参与电力市场，坚持以市场化方式形成价格，持续完善调度运行机制，发挥储能技术优势，提升储能总体利用水平，保障储能合理收益，促进行业健康发展。

二、新型储能可作为独立储能参与电力市场。具备独立计量、控制等技术条件，接入调度自动化系统可被电网监控和调度，符合相关标准规范和电力市场运营机构等有关方面要求，具有法人资格的新型储能项目，可转为独立储能，作为独立主体参与电力市场。鼓励以配建形式存在的新型储能项目，通过技术改造满足同等技术条件和安全标准时，可选择转为独立储能项目。按照《国家发展改革委、国家能源局关于推进电力源网荷储一体化和多能互补发展的指导意见》（发改能源规〔2021〕280号）有关要求，涉及风光水火储多能互补一体化项目的储能，原则上暂不转为独立储能。

三、鼓励配建新型储能与所属电源联合参与电力市场。以配建形式存在的新型储能项目，在完成站内计量、控制等相关系统改造并符合相关技术要求情况下，鼓励与所配建的其他类型电源联合并视为一个整体，按照现有相关规则参与电力市场。各地根据市场放开电源实际情况，鼓励新能源场站和配建储能联合参与市场，利用储能改善新能源涉网性能，保障新能源高效消纳利用。随着市场建设逐步成熟，鼓励探索同一储能主体可以按照部分容量独立、部分容量联合两种方式同时参与的市场模式。

四、加快推动独立储能参与电力市场配合电网调峰。加快推动独立储能参与中长期市场和现货市场。鉴于现阶段储能容量相对较小，鼓励独立储能签订顶峰时段和低谷时段市场合约，发挥移峰填谷和顶峰发电作用。独立储能电站向电网送电的，其相应充电电量不承担输配电价和政府性基金及附加。

五、充分发挥独立储能技术优势提供辅助服务。鼓励独立储能按照辅助服务市场规则或辅助服务管理细则，提供有功平衡服务、无功平衡服务和事故应急及恢复服务等辅助服务，以及在电网事故时提供快速有功响应服务。辅助服务费用应根据《电力辅助服务管理办法》有关规定，按照"谁提供、谁获利、谁受益、谁承担"的原则，由相关发电侧并网主体、电力用户合理分摊。

六、优化储能调度运行机制。坚持以市场化方式为主优化储能调度运行。对于暂未参与市场的配建储能，尤其是新能源配建储能，电力调度机构应建立科学调度机制，项目业主要加强储能设施系统运行维护，确保储能系统安全稳定运行。燃煤发电等其他类型电源的配建储能，参照上述要求执行，进一步提升储能利用水平。

七、进一步支持用户侧储能发展。各地要根据电力供需实际情况，适度拉大峰谷价差，为用户侧储能发展创造空间。根据各地实际情况，鼓励进一步拉大电力中长期市场、现货市场上下限价格，引导用户侧主动配置新型储能，增加用户侧储能获取收益渠道。鼓励用户采用储能技术减少自身高峰用电需求，减少接入电力系统的增容投资。

八、建立电网侧储能价格机制。各地要加强电网侧储能的科学规划和有效监管，鼓励电网侧根据电力系统运行需要，在关键节点建设储能设施。研究建立电网侧独立储能电站容量电价机制，逐步推动电站参与电力市场；探索将电网替代型储能设施成本收益纳入输配电价回收。

九、修订完善相关政策规则。在新版《电力并网运行管理规定》和《电力辅助服务管理办法》基础上，各地要结合实际、全面统筹，抓紧修订完善本地区适应储能参与的相关市场规则，抓紧修订完善本地区适应储能参与的并网运行、辅助服务管理实施细则，推动储能在削峰填谷、优化电能质量等方面发挥积极作用。各地要建立完善储能项目平等参与市场的交易机制，明确储能作为独立市场主体的准入标准和注册、交易、结算规则。

十、加强技术支持。新型储能项目建设应符合《新型储能项目管理规范（暂行）》等相关标准规范要求，主要设备应通过具有相应资质机构的检测认证，涉网设备应符合电网安全运行相关技术要求。储能项目要完善站内技术支持系统，向电网企业上传实时充放电功率、荷电状态等运行信息，参与电力市场和调度运行的项目还需具备接受调度指令的能力。电力交易机构要完善适应储能参与交易的电力市场交易系统。电力企业要建立技术支持平台，实现独立储能电站荷电状态全面监控和充放电精准调控，并指导项目业主做好储能并网所需一、二次设备建设改造，满足储能参与市场、并网运行和接受调度指令的相关技术要求。

十一、加强组织领导。国家发展改革委、国家能源局总体牵头，各地要按照职责分工明确相关牵头部门，分解任务，建立完善适应新型储能发展的市场机制和调度运行机制，对工作推动过程中有关问题进行跟踪、协调和指导。地方政府相关部门和国家能源局派出机构要按照职责分工落实储能参与电力中长期市场、现货市场、辅助服务市场等相关工作，同步建立辅助服务和容量电价补偿机制并向用户传导。充分发挥全国新型储能大数据平台作用，动态跟踪分析储能调用和参与市场情况，探索创新可持续的商业模式。

十二、做好监督管理。地方政府相关部门和国家能源局派出机构要研究细化监管措施，加强对独立储能调度运行监管，保障社会化资本投资的储能电站得到公平调度，具有同等权益和相当的利用率。各地要加强新型储能建设、运行安全监管，督促有关电力企业严格落实《国家能源局综合司关于加强电化学储能电站安全管理的通知》（国能综通安全〔2022〕37号）要求，鼓励电力企业积极参加国家级电化学储能电站安全监测信息平台建设，在确保安全前提下推动有关工作。

各地要根据本地新型储能现状和市场建设情况，制定细化工作实施方案，并抓好落实。有关工作考虑和进展情况请于9月30日前报送国家发展改革委、国家能源局。

国家发展改革委办公厅
国家能源局综合司
2022年5月24日

4-17　国家发展改革委　国家能源局关于积极推进电力市场化交易进一步完善交易机制的通知

（发改运行〔2018〕1027号，2018年7月16日国家发展改革委、国家能源局发布）

各省、自治区、直辖市发展改革委、经信委（工信委、工信厅）、能源局、物价局，国家能源局各派出能源监管机构，国家电网有限公司、中国南方电网有限责任公司，中国华能集团有限公司、中国大唐集团有限公司、中国华电集团有限公司、国家电力投资集团有限公司、中国长江三峡集团有限公司、国家能源投资集团有限责任公司、国家开发投资集团有限公司、中国核工业集团有限公司、中国广核集团有限公司、华润集团有限公司：

习近平总书记在中央经济工作会议上强调指出，2018年要加快电力市场建设，大幅提高市场化交易比重。李克强总理在政府工作报告中提出加快要素价格市场化改革。为全面贯彻党的十九大和十九届二中、三中全会精神，以习近平新时代中国特色社会主义思想为指导，认真落实中央经济工作会议和政府工作报告各项部署，继续有序放开发用电计划，加快推进电力市场化交易，完善直接交易机制，深化电力体制改革，现就有关事项通知如下。

一、提高市场化交易电量规模

（一）各地要总结电力市场化交易工作经验，结合实际，进一步加快推进电力体制改革，加快放开发用电计划，加快放开无议价能力用户以外的电力用户参与交易，扩大市场主体范围，构建多方参与的电力市场，大幅提高市场化交易电量规模，统筹协调好扩大市场化交易规模和放开发用电计划。开展电力现货市场试点地区，可根据实际设计发用电计划改革路径。

（二）各地应结合实际，统筹发用电侧放开节奏，做好供需总量平衡，进一步明确放开各类发电企业、电力用户和售电企业进入市场的时间，明确放开比例，制定具体工作方案，并进一步完善和规范参与市场化交易的发电企业、电力用户和售电企业等市场主体准入标准、准入程序和退出机制，向社会公布。

（三）各地要取消市场主体参与跨省跨区电力市场化交易的限制，鼓励电网企业根据供需状况、清洁能源配额完成情况参与跨省跨区电力交易，首先鼓励跨省跨区网对网、网对点的直接交易，对有条件的地区，有序支持点对网、点对点直接交易，促进资源大范围优化配置和清洁能源消纳。北京、广州两个电力交易中心要积极创造条件，完善规则，加强机制建设，搭建平台，组织开展跨省跨区市场化交易。

（四）为促进清洁能源消纳，支持电力用户与水电、风电、太阳能发电、核电等清洁能源发电企业开展市场化交易。抓紧建立清洁能源配额制，地方政府承担配额制落实主体责任，电网企业承担配额制实施的组织责任，参与市场的电力用户与其他电力用户均应按要求承担配额的消纳责任，履行清洁能源消纳义务。

二、推进各类发电企业进入市场

（一）加快放开煤电机组参与电力直接交易，《中共中央 国务院关于进一步深化电力体制改革的若干意见》（中发〔2015〕9号）文件颁布实施后核准的煤电机组，原则上不再安排发电计划，投产后一律纳入市场化交易，鼓励支持环保高效特别是超低排放机组通过电力直接交易和科学调度多发电。

（二）在统筹考虑和妥善处理电价交叉补贴的前提下，有序放开水电参与电力市场化交易。消纳不受限地区，根据水电站多年平均或上年实际发电能力，综合考虑外送和本地消纳，安排优先发电计划，在保障优先发电优先购电的基础上，鼓励水电积极参与电力市场化交易。水电比重大或消纳受限地区，可根据实际情况有序放开水电，扩大水电参与市场化交易比例。进一步完善优先发电优先购电制度，建立水电等优质电源优先采购机制，提升对居民、农业等优先购电用户的保障能力。

（三）在确保供电安全的前提下，完善和创新交易规则，推进规划内的风电、太阳能发电等可再生能源在保障利用小时数之外参与直接交易、替代火电发电权交易及跨省跨区现货交易试点等，通过积极参与市场化交易，增加上网电量，促进消纳。各地要结合实际合理确定可再生能源保障利用小时数，做好优先发电保障和市场化消纳的衔接。

（四）拥有燃煤自备电厂的企业按照国家有关规定承担政府性基金及附加、政策性交叉补贴、普遍服务和社会责任，取得电力业务许可证，达到能效、环保要求，成为合格市场主体后，有序推进其自发自用以外电量按交易规则参与交易。为促进和鼓励资源综合利用，对企业自发自用的余热、余压、余气发电等资源综合利用机组，继续实施减免系统备用费和政策性交叉补贴等相关支持政策。

（五）在保证安全的情况下，稳妥有序推进核电机组进入市场，在保障优先发电计划外，鼓励核电机组通过参与交易实现多发。

（六）有序开展分布式发电市场化交易试点工作，参与交易的应科学合理确定配电电价。

（七）参与交易的发电企业，其项目的单位能耗、环保排放、并网安全应达到国家和行业标准。不符合国家产业政策、节能节水指标未完成、污染物排放未达到排放标准和总量控制要求、违规建设、未取得电力业务许可证（依法豁免许可的除外）等发电企业不得参与。

三、放开符合条件的用户进入市场

（一）在确保电网安全、妥善处理交叉补贴和公平承担清洁能源配额的前提下，有序放开用户电压等级及用电量限制，符合条件的10千伏及以上电压等级用户均可参与交易。支持年用电量超过500万千瓦时以上的用户与发电企业开展电力直接交易。2018年放开煤炭、钢铁、有色、建材等4个行业电力用户发用电计划，全电量参与交易，并承担清洁能源配额。

（二）支持高新技术、互联网、大数据、高端制造业等高附加值的新兴产业以及各地明确的优势特色行业、技术含量高的企业参与交易，可不受电压等级及用电量限制。

（三）支持工业园区、产业园区和经济技术开发区等整体参与交易，在园区内完成电能信息采集的基础上，可以园区为单位，成立售电公司，整体参与市场化交易。园区整体参与交易的偏差电量，可探索建立在园区企业中余缺调剂和平衡的机制。

（四）条件允许地区，大工业用户外的商业企业也可放开进入市场，可先行放开用电量大、用电稳定的零售、住宿和餐饮服务行业企业（例如酒店、商场等），并逐步放开商务服务、对外贸易及加工、金融、房地产等企业参与交易。

（五）在制定完善保障措施的条件下，稳妥放开铁路、机场、市政照明、供水、供气、供热等公共服务行业企业参与交易。

（六）结合电力市场建设进度，鼓励和允许优先购电的用户本着自愿原则，进入市场。

（七）各地可以结合实际情况，自行确定用户电压等级及用电量限制，扩大放开的范围，新增大工业用户原则上通过参与交易保障供电。参与市场交易的电力用户，其单位能耗、环保排放应达到标准。

四、积极培育售电市场主体

（一）积极推进售电企业参与交易，售电企业履行相关程序后，可视同大用户与发电企业开展电力直接交易，从发电企业购买电量向用户销售，或通过交易机构按规则参与各类交易。规范售电公司经营行为，鼓励售电公司依靠降低成本和提供增值服务参与竞争。

（二）鼓励供水、供气、供热等公共服务行业和节能服务公司从事售电业务。鼓励电能服务商、负荷集成商、电力需求侧管理服务商等扩大业务范围，帮助用户开展电力市场化交易。

（三）积极支持各类售电公司代理中小用户参与交易，帮助用户了解用电曲线，探索建立对售电企业的余缺调剂平衡和偏差考核机制，提高市场化意识，减少市场风险。

五、完善市场主体注册、公示、承诺、备案制度

（一）发电企业、电力用户和售电企业等市场主体需在电力交易机构注册成为合格市场主体；交易机构提供各类市场主体注册服务，编制注册流程、指南，对市场主体进行注册培训。

（二）发电企业、电力用户按要求和固定格式签署信用承诺书，向交易机构提交注册材料，并对提交材料的真实性、准确性、合规性和完备性负责，交易机构收到企业提交的注册申请和注册材料后，原则上在7个工作日内完成材料完整性核验，注册自动生效。售电企业按《售电公司准入与退出管理办法》有关规定进行注册。

（三）发电企业、电力用户和售电企业等市场主体完成注册程序后，纳入市场主体目录，获得交易资格。交易机构按期将市场主体注册情况向能源监管机构、省级政府有关部门和政府引入的全国性行业协会、信用服务机构备案，对市场主体目录实施动态管理。

六、规范市场主体交易行为

（一）发电企业、电力用户和售电企业注册成为合格市场主体后，自愿在电力交易平台按照批准和公布的交易规则参与各类交易，遵守有关规定，服从统一调度管理和市场运营管理，接受政府有关部门监管。市场主体选择进入市场，在3年内不可退出，通过市场竞争形成价格。各地区有关部门要最大限度减少对微观事务的干预，充分尊重和发挥企业的市场主体地位，不得干预企业签订合同，不得强制企业确定电量和电价，不得干扰合同履行，不得实行地方保护。

（二）发电企业与电力用户、售电企业进行直接交易的，为保障公平竞争，电力交易机构应开展对市场交易的审核，市场主体要严格执行包含政府性基金及附加和政策性交叉补贴在内的输配电价，要切实承担清洁能源配额，落实优先购电责任，有关情况及时报告各地政府相关部门。

（三）电力用户原则上应全电量参与电力市场，可自主选择向发电企业直接购电或向售电企业购电。

（四）发电企业与电力用户、售电企业进行直接交易的，应按市场交易规则和电网企业签订三方购售电合同，明确相应的权利义务关系、交易电量和价格、服务等事项，鼓励签订1年以上中长期合同，可由各地组织集中签订，也可自行协商签订，签订的合同由电力交易机构汇总和确认，由电力调度机构进行安全校核。鼓励各地根据实际情况规范直接交易合同，推荐交易双方按统一合同样本签订中长期交易合同。

（五）电力交易机构要加强自身能力建设，搭建公开透明、功能完善、按市场化方式运行的电力交易平台，发挥市场在能源资源优化配置中的决定性作用。要切实发挥好电力交易机构在市场交易核查工作中的第三方监管作用，保证各类主体市场交易行为有序规范。

七、完善市场化交易电量价格形成机制

（一）促进输配以外的发售电由市场形成价格，鼓励交易双方签订中长期市场化交易合同，在自主自愿、平等协商的基础上，约定建立固定价格、"基准电价＋浮动机制"、随电煤价格并综合考虑各种市场因素调整等多种形式的市场价格形成机制，分散和降低市场风险。电力用户的用电价格，由三部分相加组成，包括与发电企业、售电企业协商定价机制确定的价格、政府有关部门明确的输配电价（含损耗）和政府性基金及附加。

（二）协商建立"基准电价＋浮动机制"的市场化定价机制，基准电价可以参考现行目录电价或电煤中长期合同燃料成本及上年度市场交易平均价格等，由发电企业和电力用户、售电企业自愿协商或市场竞价等方式形成。

在确定基准电价的基础上，鼓励交易双方在合同中约定价格浮动调整机制。鼓励建立与电煤价格联动的市场交易电价浮动机制，引入规范科学、双方认可的煤炭价格指数作参考，以上年度煤炭平均价格和售电价格为基准，按一定周期联动调整交易电价，电煤价格浮动部分在交易双方按比例分配。具体浮动调整方式由双方充分协商，在合同中予以明确，浮动调整期限应与电煤中长期合同的期限挂钩。

（三）探索建立随产品价格联动的交易电价调整机制。生产成本中电费支出占比较高的行业，交易双方可参考产品多年平均价格或上年度价格，协商确定交易基准电价、基准电价对应的产品价格、随产品价格联动的电价调整机制等，当产品价格上涨或下降超过一定区间或比例时，电价联动调整，由交易双方共同承担产品价格波动的影响。

（四）交易双方签订年度双边合同后，可探索建立与月度集中竞价相衔接的价格浮动调整机制，根据月度竞价结果，由双方自主协商，对双边合同价格进行调整确认。

（五）探索建立高峰用电市场化机制。积极推进电力现货市场建设，通过市场化机制形成不同时段价格，补偿高峰电力成本；现货市场建立前，参与市场化交易的电力用户应执行峰谷电价政策，合理体现高峰用电的成本和价值差异。

（六）2018 年放开煤炭、钢铁、有色、建材等 4 个行业电力用户发用电计划，全电量参与交易，通过市场化交易满足用电需求，建立市场化价格形成机制。具体实施方案见附件。

八、加强事中事后监管

（一）政府有关部门要有针对性地制定和完善相关法规政策，加强制度建设，着力保障电力市场健康运行。发电企业、电力用户和售电企业要牢固树立法律意识、契约意识和信用意识，合同一经签订必须严格履行。地方经济运行部门会同有关部门和单位对电力市场化交易合同履行情况实行分月统计，发挥大数据平台作用，电力直接交易相关信息纳入平台管理。能源监管机构对市场主体履行合同和执行市场运行规则等情况进行监管。

（二）各相关部门要建立健全交易合同纠纷协调仲裁机制，对市场主体在合同履约过程中产生的纠纷及时进行裁决，营造公平公正的市场环境，坚决避免因合同纠纷造成用户可靠供电受到影响，妥善解决因不可抗力因素造成合同难以执行等问题，避免市场主体受到不公平待遇。

九、加快推进电力市场主体信用建设

国家发展改革委、国家能源局会同有关方面加快推进电力市场主体信用体系建设，针对不同市场主体建立信用评价指标体系，引入全国性行业协会、信用服务机构和电力交易机构，建立信用评价制度，开展电力直接交易数据采集工作，实行市场主体年度信息公示，实施守信联合激励和失信联合惩戒机制，强化信用意识，限制有不良信用记录的市场主体参与电力市场化交易。建立完善红名单、黑名单制度，对于遵法守信，信用评价良好以上的市场主体，纳入红名单，研究给予同等条件下市场交易优先等激励措施；对于违反交易规则和有失信行为的市场主体，纳入不良信用记录，情节特别严重或拒不整改的，经过公示等有关程序后，纳入失信企业黑名单；强制退出的市场主体，直接纳入失信企业黑名单。

附件：全面放开部分重点行业电力用户发用电计划实施方案

国家发展改革委
国家能源局
2018 年 7 月 16 日

附件

全面放开部分重点行业电力用户发用电计划实施方案

为全面贯彻党的十九大和十九届二中、三中全会精神，以习近平新时代中国特色社会主义思想为指导，认真落实中央经济工作会议和政府工作报告各项部署，积极推进电力市场化交易，全面放开部分重点行业电力用户发用电计划，建立完善科学合理的市场化定价机制，促进电力及上下游行业全产业链协同发展，特制定本方案。

一、充分认识放开重点行业电力用户发用电计划的重要意义

新一轮电力体制改革启动以来，各地区、有关部门和企业认真贯彻党中央、国务院决策部署，大力推进电力市场化交易，逐步建立了规则明确、组织有序、形式多样、主体多元的市场化交易体系，2017 年市场化交易电量达到全社会用电量的 26%，改革成效已经显现。在已有工作基础上，2018 年选择煤炭、钢铁、有色、建材等部分重点行业电力用户，率先全面放开发用电计划试点，进一步扩大交易规模，完善交易机制，形成新的改革突破口和着力点。4 个重点行业市场化程度较高，在电力体制改革过程中已经参与了市场化交易，市场经验丰富，试点全面放开发电用计划具有较好的基础。通过先行先试，有利于充分还原电力商品属性，理顺和打通电力及其上下游行业的价格市场化形成机制，形成全产业链价格联动、利益共享、风险共担协同发展格局，进而有效促进社会主义市场经济的平稳健康运行。

放开煤炭、钢铁、有色、建材等行业用户发用电计划，要坚持"应放尽放"，取消电力用户参与市场的电压等级和电量规模限制；要坚持规范有序，加强市场主体准入、交易合同、交易价格的事中事后监管，落实惩罚性电价；要坚持完善机制，引导交易双方建立"基准电价＋浮动机制"的市场化价格形成机制，共担市场风险；要坚持保障安全，确保放开发用电计划过程中电网安全稳定运行和电力用户的稳定供应；要坚持清洁发展，放开发用电计划的用户要公平承担清洁能源配额消纳责任。

二、试点全部放开重点行业发用电计划，提高市场化交易规模

（一）鼓励重点行业电力用户全部开展市场化交易。

各地要认真梳理，建立煤炭、钢铁、有色、建材等行业电力用户目录，结合实际情况，在落实清洁能源配额的前提下，积极推进 4 个重点行业电力用户参与市场化交易，全部放开 10 千伏及以上电压等级用户。煤炭、钢铁、有色、建材等行业电力用户全电量参与交易，通过市场交易满足用电需求。

（二）具备条件的用户，同步放开发用电计划和电价。

煤炭、钢铁、有色、建材等重点行业电力用户可选择与各类型发电企业开展市场化交易，双方可自主协商确定市场化的定价机制。双方协商一致的，全部放开发用电计划和电价。用户也可参与集中竞价交易，或向售电公司购电。

（三）逐步放开重点行业电力用户参与跨省跨区交易。

各地要逐步取消发电企业和电力用户参与跨省跨区电力市场化交易的限制，允许重点行业电力用户跨省跨区购电，首先鼓励跨省跨区网对网、网对点的直接交易，对有条件的地区，有序支持点对网、点对点直接交易。北京、广州两个区域电力交易中心要积极创造条件，完善规则，加强机制建设，搭建好平台，适时组织开展重点行业电力用户跨省跨区市场化交易。

（四）支持重点行业电力用户与清洁能源开展交易。

为促进清洁能源消纳，支持煤炭、钢铁、有色、建材等行业电力用户与水电、风电、太阳能发电、核电等清洁能源开展市场化交易。尽快建立清洁能源配额制，电网企业、电力用户和售电公司应按要求承担相关责任，落实清洁能源消纳义务。重点行业电力用户与清洁能源开展市场化交易，可适当减免交叉补贴；鼓励参与跨省跨区市场化交易的市场主体消纳计划外增送清洁能源电量，并可通过协商适度降低跨省跨区输电价格。

三、做好发用电计划放开与推进市场化交易完善交易机制的有效衔接

放开煤炭、钢铁、有色、建材等重点行业发用电计划，若电力用户与发电企业双方无法协商一致签订市场化交易合同，暂不具备同步放开条件的，可先放开发用电计划，并设置一定的过渡期，由电力交易机构组织挂牌等交易，用户电价按当地目录电价标准确定，发电企业电价按目录电价扣减输配电价、政府性基金及附加确定，促成双方达成一致，签订交易合同，保障企业电力稳定供应。过渡期后，再由电力用户和发电企业自主协商确定电量和价格形成机制。已参加市场化交易又退出的电力用户，在再次参与交易或通过售电公司购电前，由电网企业承担保底供电责任，执行保底供电价格。

四、建立完善重点行业科学合理的市场化价格形成机制

2018年起，煤炭、钢铁、有色、建材等重点行业电力用户参与市场化交易，不再执行目录电价。鼓励电力用户和发电企业在签订电力市场化交易合同时自主协商，约定建立"基准电价＋浮动机制"的市场化价格形成机制。电力用户的用电价格，由三部分相加组成，包括与发电企业协商的"基准电价＋浮动机制"价格、政府明确的输配电价（含损耗）和政府性基金及附加。

（一）约定基准电价。交易双方可根据发电企业电煤来源，自主协商选取合理的基准电煤价格，将与其对应的发电价格确定为交易合同的基准电价。双方协商达不成一致的，推荐参考煤电标杆上网电价或电煤中长期合同价格对应的发电价格确定为基准电价。

（二）约定浮动机制。煤炭、钢铁、有色、建材等行业电力用户和发电企业签订电力市场化交易合同时，可自主协商建立价格浮动机制，综合考虑各类市场影响因素，协商确定浮动的参考标准、浮动周期、浮动比例。协商达不成一致的，推荐综合考虑发电成本和各类市场因素，主要参考煤炭市场价格，兼顾下游产品价格等市场因素，实施浮动，可每季度浮动调整一次。

（三）支持资源综合利用。为促进和鼓励资源综合利用，对重点行业用户自发自用的余热、余压、余气发电或其他类型资源综合利用机组，继续实施相关支持政策，减免系统备用费和政策性交叉补贴。

（四）严格落实惩罚性电价。煤炭、钢铁、有色、建材等行业电力用户在电力市场化交易中要严格落实相关产业政策，对不符合国家产业政策，以及产品和工艺属于淘汰类的企业不得参与电力市场化交易，且严格执行差别化电价；已出台阶梯电价政策的行业，企业在市场化电价的基础上继续执行阶梯电价政策。对存在违法、违规行为且尚在整改期内的企业和列入"黑名单"的严重失信企业执行更高额度的惩罚性措施。

五、规范重点行业用户交易行为，加快推进签订电力中长期交易合同

（一）推进签订中长期交易合同。积极推进煤炭、钢铁、有色、建材等重点行业电力用户与发电企业及电网企业签订三方发购电合同，约定电量、价格及价格调整机制、偏差处理、违约责任等内容。鼓励签订3—5年甚至更长期限的中长期合同，促进双方锁定经营风险，优化生产安排。鼓励各地根据实际情况规范直接交易合同，推荐交易双方按统一合同样本签订中长期交易合同。

（二）完善重点行业电力用户注册、公示、承诺、备案制度。参与电力市场化交易的煤炭、钢铁、有色、建材等重点行业电力用户，都应在电力交易机构注册成为合格市场主体，交易机构提供注册服务，进行注册培训。电力用户完成注册程序后，自动纳入市场主体目录，获得交易资格。电力交易机构按期将企业注册情况向能源监管机构、省级政府有关部门和引入的全国性行业协会、信用服务机构备案。

（三）确保安全稳定供电。放开煤炭、钢铁、有色、建材等重点行业电力用户发用电计划，要遵循电力供需实时性、波动性等技术经济规律，妥善做好清洁能源消纳、有序用电、应急处置等各项工作衔接，确保电力供应持续安全稳定，实现电力供需动态平衡。

（四）减少地方行政干预。充分尊重企业的市场主体地位，发挥市场在资源配置中的决定性作用，支持企业自主协商签订合同，最大限度减少对微观事务的干预。

（五）加强相关落实责任的核查。放开煤炭、钢铁、有色、建材等重点行业电力用户发用电计划，为确保公平竞争，电力交易机构应开展对市场交易的核查，确保交易完全承担包含政府性基金及附加和政策性交叉补贴在内的输配电价，确保市场主体完全承担清洁能源配额，承担优先购电责任，有关情况及时报告各地政府相关部门。

六、加强事中事后监管，依法严格保障执行

（一）加强合同信用监管。国家发展改革委会同有关方面加强指导，引入全国性行业协会、信用服务机构和电力交易机构开展电力交易信用数据采集，建立动态信用记录，适时公布有关履约信用状况。对诚实守信、认真履约的企业纳入诚信记录，对履行不力甚至恶意违约的企业纳入不良信用记录并视情况公开通报并实施联合惩戒。企业要牢固树立法律意识、契约意识和信用意识，合同一经签订必须严格履行。鼓励和支持签订市场化合同的企业，对市场化交易、合同履约过程中出现的问题，及时向有关部门反映、举报，提出处理建议。

（二）严格保障市场化交易的执行。国家发展改革委、国家能源局负责指导和监督全国发用电计划放开工作，地方政府主管部门负责本地区发用电计划放开工作的组织实施，会同监管部门对市场化交易开展监管。政府有关部门要不断完善相关法规政策。电力交易机构、电力调度机构要按照要求做好市场化交易的组织和落实，配合有关部门开展监管。协调仲裁机构对市场主体反映的合同纠纷要严格按照公平公正的原则予以裁决，保证市场平稳健康运行。行业协会要积极发挥作用，引导行业电力用户参与电力市场交易，加强行业自律，保障市场规范运行。

4-18　国家发展改革委　国家能源局关于开展分布式发电市场化交易试点的通知

（发改能源〔2017〕1901号，2017年10月31日国家发展改革委、国家能源局发布）

各省、自治区、直辖市、新疆生产建设兵团发展改革委（能源局）、物价局，各能源监管机构，国家电网公司、南方电网公司、内蒙古电力公司：

分布式发电就近利用清洁能源资源，能源生产和消费就近完成，具有能源利用率高，污染排放低等优点，代表了能源发展的新方向和新形态。目前，分布式发电已取得较大进展，但仍受到市场化程度低、公共服务滞后、管理体系不健全等因素的制约。为加快推进分布式能源发展，遵循《关于进一步深化电力体制改革的若干意见》（中发〔2015〕9号）和电力体制改革配套文件，决定组织分布式发电市场化交易试点。现将有关要求和政策措施通知如下。

一、分布式发电交易的项目规模

分布式发电是指接入配电网运行、发电量就近消纳的中小型发电设施。分布式发电项目可采取多能互补方式建设，鼓励分布式发电项目安装储能设施，提升供电灵活性和稳定性。参与分布式发电市场化交易的项目应满足以下要求：接网电压等级在35千伏及以下的项目，单体容量不超过20兆瓦（有自身电力消费的，扣除当年用电最大负荷后不超过20兆瓦）。单体项目容量超过20兆瓦但不高于50兆瓦，接网电压等级不超过110千伏且在该电压等级范围内就近消纳。

二、市场交易模式

分布式发电市场化交易的机制是：分布式发电项目单位（含个人，以下同）与配电网内就近电力用户进行电力交易；电网企业（含社会资本投资增量配电网的企业，以下同）承担分布式发电的电力输送并配合有关电力交易机构组织分布式发电市场化交易，按政府核定的标准收取"过网费"。考虑各地区推进电力市场化交易的阶段性差别，可采取以下其中之一或多种模式：

（一）分布式发电项目与电力用户进行电力直接交易，向电网企业支付"过网费"。交易范围首先就近实现，原则上应限制在接入点上一级变压器供电范围内。

（二）分布式发电项目单位委托电网企业代售电，电网企业对代售电量按综合售电价格，扣除"过网费"（含网损电）后将其余售电收入转付给分布式发电项目单位。

（三）电网企业按国家核定的各类发电的标杆上网电价收购电量，但国家对电网企业的度电补贴要扣减配电网区域最高电压等级用户对应的输配电价。

三、电力交易组织

（一）建立分布式发电市场化交易平台

试点地区可依托省级电力交易中心设立市（县）级电网区域分布式发电交易平台子模块，或在省级电力交易中心的指导下由市（县）级电力调度机构或社会资本投资增量配电网的调度运营机构开展相关电力交易。交易平台负责按月对分布式发电项目的交易电量进行结算，电网企业负责交易电量的计量和电费收缴。电网企业及电力调度机构负责分布式发电项目与电力用户的电力电量平衡和偏差电量调整，确保电力用户可靠用电以及分布式发电项目电量充分利用。

（二）交易条件审核

符合市场准入条件的分布式发电项目，向当地能源主管部门备案并经电力交易机构进行技术审核后，可与就近电力用户按月（或年）签订电量交易合同，在分布式发电交易平台登记。经交易平台审核同意后供需双方即可进行交易，购电方应为符合国家产业政策导向、环保标准和市场准入条件的用电量较大且负荷稳定企业或其他机构。电网企业负责核定分布式发电交易所涉及的电压等级及电量消纳范围。

四、分布式发电"过网费"标准

（一）"过网费"标准确定原则

"过网费"是指电网企业为回收电网网架投资和运行维护费用，并获得合理的资产回报而收取的费用，其核算在遵循国家核定输配电价基础上，应考虑分布式发电市场化交易双方所占用的电网资产、电压等级和电气距离。分布式发电"过网费"标准按接入电压等级和输电及电力消纳范围分级确定。

分布式发电市场化交易试点项目中，"过网费"由所在省（区、市）价格主管部门依据国家输配电价改革有关规定制定，并报国家发展改革委备案。"过网费"核定前，暂按电力用户接入电压等级对应的省级电网公共网络输配电价（含政策性交叉补贴）扣减分布式发电市场化交易所涉最高电压等级的输配电价。

（二）消纳范围认定及"过网费"标准适用准则

分布式发电项目应尽可能与电网联接点同一供电范围内的电力用户进行电力交易，当分布式发电项目总装机容量小于供电范围上年度平均用电负荷时，"过网费"执行本级电压等级内的"过网费"标准，超过时执行上一级电压等级的过网费标准（即扣减部分为比分布式发电交易所涉最高电压等级更高一电压等级的输配电价），以此类推。各分布式发电项目的电力消纳范围由所在市（县）级电网企业及电力调度机构（含增量配电网企业）核定，报当地能源监管机构备案。

（三）与分布式发电项目进行直接交易的电力用户应按国家有关规定缴纳政府性基金及附加。

五、有关政策支持

（一）公共服务及费用

电网企业对分布式发电的电力输送和电力交易提供公共服务，除向分布式发电项目单位收取政府核定的"过网费"外，其他服务包括电量计量、代收电费等，均不收取任何服务费用。

（二）有关补贴政策

纳入分布式发电市场化交易试点的可再生能源发电项目建成后自动纳入可再生能源发展基金补贴范围，按照全部发电量给予度电补贴。光伏发电在当地分布式光伏发电的度电补贴标准基础上适度降低；风电度电补贴标准按当地风电上网标杆电价与燃煤标杆电价（含脱硫、脱硝、除尘电价）相减确定并适度降低。单体项目容量不超过20兆瓦的，度电补贴需求降低比例不得低于10%；单体项目容量超过20兆瓦但不高于50兆瓦的，度电补贴需求降低比例不得低于20%。

享受国家度电补贴的电量由电网企业负责计量，补贴资金由电网企业转付，省级及以下地方政府可制定额外的补贴政策。

（三）可再生能源电力消费和节能减排权益

分布式发电市场化交易的可再生能源电量部分视为购电方电力消费中的可再生能源电力消费量，对应的节能量计入购电方，碳减排量由交易双方约定。在实行可再生能源电力配额制时，通过电网输送和交易的可再生能源电量计入当地电网企业的可再生能源电力配额完成量。

（四）有关建设规模管理

在试点地区建设的符合分布式发电市场化交易条件的光伏电站、风电，根据可实现市场化交易的额度确定各项目的建设规模和区域总建设规模。试点地区在报送试点方案时预测到 2020 年时建设规模，并可在实施中分阶段提出年度建设规模。对试点方案中的符合分布式发电市场化交易条件的风电、光伏电站项目，在电网企业确认其符合就近消纳条件的基础上，国家发展改革委、国家能源局在回复试点方案论证意见时将一次性确定到 2020 年底前的总建设规模及分年度新增建设规模。在试点地区，除了已建成运行风电、光伏电站项目和其他政策已明确的不列入国家年度规模管理的类型，新建 50 兆瓦及以下风电、光伏电站项目均按市场化交易模式建设。

六、试点工作组织

（一）选择试点地区

重点选择分布式可再生能源资源和场址等发展条件好，当地电力需求量较大，电网接入条件好，能够实现分布式发电就近接入配电网和就近消纳，并且可以达到较大总量规模的市（县）级区域以及经济开发区、工业园区、新型城镇化区域等。风电、光伏发电投资监测预警红色区域（或弃光率超过5%的区域），暂不开展该项试点工作。

（二）编制试点方案

有关省（区、市）能源主管部门会同国家能源局派出机构、同级价格主管部门、电力运行管理部门、电网公司等，组织有关地级市（或县级）政府相关部门、电网企业以及分布式发电企业和微电网运营企业，以地级市（或县级）区域、经济开发区、工业园区、新型城镇化区域等为单元编制试点方案（编制大纲见附件）。有关省（区、市）能源主管部门将编制的试点方案报送国家发展改革委、国家能源局，国家发展改革委、国家能源局会同有关部门和电网企业对试点方案组织论证。

（三）组织实施

有关省（区、市）能源主管部门根据国家发展改革委、国家能源局论证后的试点方案，与有关部门和电网企业等做好工作衔接，指导省级电力交易中心或有关电网企业建立分布式发电交易平台。试点地区的国家能源局派出机构负责研究制订分布式发电交易合同示范文本，配合所在省（区、市）发展改革委（能源局）指导电网企业组织好分布式发电交易并协调解决试点中出现的相关问题，按照有关规定履行监管职责。

（四）时间安排

2017 年 12 月 31 日前，有关试点地区完成试点方案编制，进行交易平台建设准备。国家发展改革委、国家能源局论证试点方案后将论证意见回复有关省级能源主管部门。

2018 年 1 月 31 日前，试点地区完成交易平台建设、制订交易规则等相关工作，自 2018 年 2 月 1 日起启动交易。

2018 年 6 月 30 日前，对试点工作进行总结评估，完善有关机制体系，视情况确定推广范围及时间。试点顺利的地区可向国家发展改革委、国家能源局申请扩大试点或提前扩大到省级区域全面实施。

附件：分布式发电市场化交易试点方案编制参考大纲

国家发展改革委
国家能源局
2017 年 10 月 31 日

附件

分布式发电市场化交易试点方案编制参考大纲

分布式发电市场化交易试点方案应满足国家有关法律法规和管理办法要求，充分收集资源、装机、负荷、电价等各项基础资料。试点方案按照如下章节编制，应阐明开展分布式发电市场化交易的必要性、具备的条件、改革创新内容、实施主体、输配电价等政策建议。

一、重要性和必要性

说明本区域当前分布式发电发展总体情况，分析分布式发电发展面临的突出矛盾和问题，开展分布式发电市场化交易的目的和意义。

二、总体思路、原则和目标

（一）总体思路

提出本区域开展分布式发电市场化交易的总体要求和主要思路。

（二）基本原则

提出本区域开展分布式电源市场化交易应遵循的基本原则。

（三）目标和步骤

提出本区域开展分布式发电市场化交易的主要目标，可分阶段、按年度提出具体实施步骤和预期目标。

三、发展条件

（一）基础条件

1．资源条件

区域内太阳能、风能资源条件以及可利用的土地条件。

2．发展基础

区域内已建成屋顶光伏的总装机容量、年发电量、主要类型；已建成地面光伏电站的总装机容量、年发电量、接入电压等级；已建成的在本区域内消纳的风电项目的总装机容量、年度电量、接入电压等级。

3．电力系统及市场条件

1）区域年电力消费量（全社会用电量），最高、最低、平均用电负荷，电力需求的月度变化、典型日变化规律。

2）各电压等级变电站的情况，重点描述 110 千伏、35 千伏等级变电站的分布情况。

3）重点领域的用电及电价情况，如区域内的大型用电企业、工业园区（经济开发区）的供电方式、用电负荷、电价（分时）。

（二）分布式发电布局

根据企业开展前期工作、具备开发光伏、风电项目的场址条件，预测到 2020 年时，可能新开发的光伏发电、风电项目的分布及规模。如具备条件，尽可能落实到具体场址和预期规模。对光伏发电，应包括屋顶光伏发电的潜在条件和地面 50 兆瓦以下光伏电站的潜在条件。

（三）分布式发电接网及消纳条件

1．接网条件分析

对 2020 年前计划开发的光伏发电、风电的接入 110 千伏及以下电网的条件进行测算；按照利用既有变电站接入能力（无需扩容）、改造扩容后的能力以及新建变电站三种条件测算。

2．电力电量平衡分析

第一层次，分析区域内分布式发电的总发电出力与总电力需求的电力电量平衡关系，考虑分布式发电优先上网的前提条件，确定区域可接纳分布式发电的总潜力。

第二层次，以各变电站为节点在同一供电范围内，测算各变电站供电范围可接纳的分布式发电最大发电出力；结合分布式发电项目布局，说明哪些项目具备同一供电范围消纳条件，哪些项目需要跨上一电压等级变电站供电范围内消纳。

四、重点任务

（一）市场准入条件

提出分布式发电参与市场化交易的资格条件。重点内容为：

1. 参与交易的分布式发电项目应为接入配电网运行、发电量就近消纳的中小型发电设施。分布式电站项目可采取多能互补方式建设。

2. 参与分布式发电市场化交易的项目应满足以下要求：接网电压等级在 35 千伏及以下的项目，单体容量不超过 20 兆瓦（有自身电力消费的，扣除当年用电最大负荷后不超过 20 兆瓦），度电补贴需求降低比例不得低于 10%。单体项目容量超过 20 兆瓦但不高于 50 兆瓦，接网电压等级不超过 110 千伏且在该电压等级范围内就近消纳，度电补贴需求降低比例不得低于 20%。

3. 参与交易的购电方符合国家产业政策，达到国家环保和节能标准，在电网结算方面未有不良记录。

（二）交易规则

针对试点地区，省级发展改革委能源局牵头，会同国家能源局派出机构，在省级电网公司技术支持下，编写区域分布式发电市场化交易规则。交易规则应包括以下方面内容：

1. 交易模式

按照直接交易模式、电网企业代售模式和收购电价模式、等三种分布式发电交易模式，各地区根据所在地区电力市场推进情况，因地制宜选择交易模式。

1）选择直接交易模式的，分布式发电项目单位作为售电方自行选择符合交易条件的电力用户并以电网企业作为输电服务方签订三方供用电合同（称之为供电方、购电方、输电方），约定交易期限、交易电量、结算方式、结算电价、"过网费"标准以及违约责任等，其中"过网费"标准由省级价格主管部门制定。分布式发电项目交易电量纳入核定所在省级电网区域输配电价的基数电量，对分布式发电交易收取的"过网费"，在核定准许收入时予以扣除。

2）选择委托电网企业代售电模式的，分布式发电项目单位可与电网企业签订转供电合同，电网企业按综合售电价格，扣除"过网费"（含网损电量）后将其余售电收入转付给分布式发电项目单位。双方约定转供电的合作期限、交易电量、"过网费"标准、结算方式等。

3）在试点地区不参与市场交易的分布式发电项目，仍由电网企业全额收购其上网电量，收购电价为本地区各类发电项目标杆上网电价。

2. 电力电量平衡

1）分布式发电市场化交易购售电双方均接受调度机构对电力电量平衡进行自动管理，偏差电力电量由调度机构自动调剂。

2）购售电双方均应提前向调度机构报送出力预测和负荷预测。

3. 电费收缴和结算

1）分布式售电方上网电量、购电方自发自用之外的购电量均由当地电网公司负责计量，购电方通过电网所购买全部电量（含分布式发电交易电量）均由当地电网公司负责收缴。

2）电网公司收缴的电费，扣除"过网费"（含网损电量在内）后，支付给分布式发电项目单位。以月为周期结算。

4. "过网费"标准及执行

参考通知正文有关内容，各试点地区省级价格主管部门会同能源主管部门提出具体的核定标准和办法。

（三）分布式发电市场化交易平台建设

1. 分布式发电市场化交易信息管理系统

试点地区依托省级电力交易中心设立市（县）级电网区域分布式发电市场化交易平台子模块，也可在省级电力交易中心的指导下由市（县）级调度机构或社会资本投资增量配电网的调度运营机构开展相关工作。该交易平台应具备以下主要功能：申请参与分布式发电市场化交易、递交双边电力交易合同、接受分布式发电市场化交易售电方上网交易电量预测。交易平台负责对交易双方资格进行审核，对交易电量进行计量和结算。

2. 分布式发电市场化交易电量供需平衡管理

不要求分布式发电交易售电方的上网电力与购电方的用电负荷实时平衡。当售电方上网电力超过购电方用电负荷时，调度机构将多余电力配送给台区内（或跨台区）其他用户；当售电方上网电力减少（极端情况无出力）时，购电方的负荷由调度机构自动从网内调配电力满足。分布式发电企业与用户的供需合同为电量交易合同，实时供电和偏差电量均由调度机构自动组织实现电力电量平衡。

调度机构（一般由地调承担或增量配电网调度机构承担）负责建立分布式发电（电量）交易结算系统，按月进行购售电量平衡并结算。电网企业向购电方收取的总用电量的电费，切分出分布式发电市场化交易售电方的售电量，按交易价格将电费转交给分布式发电售电方。分布式发电市场化交易售电方也可与电网企业签订代售电合同，把电量全部委托电网企业代售电，电网企业按照综合售电价格扣除"过网费"后与分布式发电售电方结算。

五、配套措施

有关试点省级政府部门及市县有关级政府可在国家有关政策措施基础上，结合本地区实际细化有关政策和保障措施，并制定本地区支持分布式发电市场化交易政策措施。试点方案应说明省级政府及市县级政府的配套政策措施。

六、组织实施

从加强组织领导、完善工作机制、严格督查考核、稳妥有序推进等方面，提出本区域分布式电源市场化交易的组织实施要求。

4-19 国家发展改革委 国家能源局关于开展分布式发电市场化交易试点的补充通知

（发改能源〔2017〕2150 号，2017 年 12 月 28 日国家发展改革委、国家能源局发布）

各省（区、市）、新疆生产建设兵团发展改革委（能源局）、物价局，国家能源局各派出监管机构，国家电网公司、南方电网公司、内蒙古电力公司：

为进一步明确分布式发电市场化交易试点方案编制的有关事项，在《国家发展改革委 国家能源局关于开展分布式发电市场化交易试点的通知》（发改能源〔2017〕1901 号）基础上，现对试点组织方式及分工、试点方案内容要求、试点方案报送等补充通知如下：

一、试点组织方式及分工

有关省级发展改革委（能源局、物价局）负责试点组织的整体工作，会同国家能源局派出监管机构和其他电力市场交易管理部门确定分布式发电交易平台承担机构，制定发布交易规则及研究确定试点项目的"过网费"标准等。省级发展改革委（能源局）会同国家能源局派出监管机构承担组织编写区域分布式发电市场化交易规则，派出监管机构负责研究制订分布式发电交易合同示范文本。有关省级电网企业及试点所在地区市（县）级电网企业负责向省级发展改革委（能源局、物价局）及试点所在地区市（县）级发展改革委（能源局）提供电网建设及电力运行相关信息，分析试点地区 110 千伏及以下配电网接入和消纳 5 万千瓦以下分布式光伏发电（含地面光伏电站）、分散式风电等分布式电源的条件及在配电网内就近消纳的潜力，提出以接入和消纳条件为基础的分布式发电布局及最大建设规模的建议。

二、试点方案内容要求

（一）基础条件

资源条件主要是指气象部门观测评价数据，并提供当地已建成典型项目的年利用小时数；土地条件主要说明土地类型、适用的税收征收范围划分及征收标准。

（二）项目规模

结合已建成接入配电网消纳的光伏发电、分散式风电的项目建设规模，以及电力系统的负荷和配电网布局，测算到 2020 年时接入 110 千伏及以下配电网可就近消纳的分布式光伏和分散式风电的总规模及其 2018-2020 年各年度的规模。

（三）接网及消纳条件

试点地区电网企业对 2020 年底前接入配电网就近消纳的光伏发电、风电等项目，按既有变电站、已规划改造扩容和新建变电站三种情况测算接入能力。电力电量平衡分析作为一项长期工作，暂不要求按预测分布式发电规模和布局测算，仅按总量进行分析，对每个项目的消纳范围在报送试点方案时可不确定，待试点方案启动后逐个确定。

（四）试点项目

对试点方案的分布式发电项目按已建成运行项目、已备案在建项目和预计新建项目分类说明情况。对预计新建项目可概要描述大致布局和规模。为做好光伏电站和风电项目的规模管理和试点工作的衔接，国家能源局将在下达光伏电站、风电建设规模时对试点地区专项明确。

（五）交易规则

分布式发电市场化交易有三种可选的模式。各种模式交易规则分别如下。

1. 分布式发电项目与电力用户进行电力直接交易的模式。鼓励选择此模式，分布式发电项目单位与电力用户以合同方式约定交易条件，与电网企业一起签订三方供用电合同。在电网企业已经明确自身责任和服务内容的前提下，也可只签订两方电力交易合同，国家能源局派出监管机构在电网企业配合下制订合同示范文本。

2. 分布式发电项目单位委托电网企业代售电的模式。由电网企业起草转供电合同文本。

3. 电网企业按国家核定的各类发电的标杆上网电价收购并在 110 千伏及以下的配电网内就近消纳的模式。

各省级价格主管部门会同能源主管部门，选择 1—2 个地区申报试点。试点应满足的条件：

（1）当地电网具备一定的消纳条件，可满足项目接入需求。

（2）入选项目可参照《国家发展改革委　国家能源局关于开展分布式发电市场化交易试点的通知》（发改能源〔2017〕1901 号）有关要求，并按有关规定签订直接交易协议，确保就近消纳比例不低于 75%。

（3）全额就近消纳的项目，如自愿放弃补贴，可不受规模限制。

如果已选择了直接交易或电网企业代售电模式，若合同无法履行，允许变更为全额上网模式，由电网企业按当年对应标杆上网电价收购。

在报送试点方案时，可先提交合同示范文本草案，在国家发展改革委、国家能源局论证同意试点方案后，再确定正式合同示范文本。在试点方案中应明确选择的交易模式种类、制订交易规则和合同示范文本，交易规则可暂为大纲稿，在国家发展改革委、国家能源局论证同意其试点方案后，再由省级发展改革委(能源局)、国家能源局派出监管机构或其他承担电力交易工作的部门按程序审定后发布。

（六）交易平台

省级发展改革委（能源局）会同国家能源局派出监管机构协调省级电力交易中心作为交易平台，组织开展试点地区分布式发电交易（主要是直接交易），在省级电力交易中心暂不具备承担分布式发电交易的情况下，可协调省级电网企业在试点地区的市（县）级电网公司承担交易平台任务。在报送试点方案时应明确承担交易平台的单位。

三、试点方案报送

（一）试点方案及支持性文件

省级发展改革委（能源局）、价格主管部门组织编制分布式发电交易试点地区市（县）级区域试点方案，会同国家能源局派出监管机构初步论证后，报送国家发展改革委、国家能源局，随方案报送以下支持性文件：

1. 省级电网企业确认的试点地区分布式发电电网接入及消纳意见；

2. 试点地区电网企业承担分布式发电市场化交易配套电网服务、电费计量收缴的承诺；

3. 省级电力交易中心或市（县）级电网企业承担分布式发电市场化交易平台的承诺；

4. 省级发展改革委（能源局）、国家能源局派出监管机构起草的分布式发电市场化交易规则大纲或草案、分布式发电交易合同示范文本；

5. 试点地区市（县）级人民政府关于分布式光伏发电、分散式风电土地利用、税收适用政策的说明或承诺；

6. 省级价格主管部门关于试点项目配电价格（"过网费"）的核定建议。

（二）试点方案报送及实施时间调整

为便于扎实做好试点方案编制及相关工作准备，各单位报送试点方案的截止时间延至 2018 年 3 月 31 日。国家发展改革委、国家能源局将对报来的试点方案及时组织论证，各地区启动试点的时间安排可据实际情况自主确定，最迟均应在 2018 年 7 月 1 日之前正式启动。

补充通知未涉及事项仍按《国家发展改革委　国家能源局关于开展分布式发电市场化交易试点的通知》（发改能源〔2017〕1901 号）及其试点方案编制参考大纲执行。

附件：1. 试点工作重点专项及分工（略）

2. 试点方案支持性文件要求（略）

国家发展改革委
国家能源局
2017 年 12 月 28 日

4-20　国家能源局综合司关于进一步规范电力市场交易行为有关事项的通知

（国能综通监管〔2024〕148 号，2024 年 11 月 8 日国家能源局综合司发布）

各派出机构，国家电网有限公司、中国南方电网有限责任公司、中国华能集团有限公司、中国大唐集团有限公司、中国华电集团有限公司、国家能源投资集团有限责任公司、国家电力投资集团有限公司、中国长江三峡集团有限公司、国家开发投资集团有限公司、中国核工业集团有限公司、中国广核集团有限公司、华润（集团）有限公司、内蒙古电力（集团）有限责任公司，北京、广州电力交易中心，有关发电企业：

近期，国家能源局聚焦全国统一电力市场建设，先后组织开展了电力领域综合监管和电力市场秩序突出问题专项监管。在监管过程中，发现部分经营主体存在违反市场交易规则、实施串通报价等问题，损害了其他经营主体的利益。为有效防范市场运营风险，进一步规范经营主体交易行为，保障电力市场的统一、开放、竞争、有序，根据《电力监管条例》《电力市场运行基本规则》《电力市场监管办法》等有关法规规章，现将有关事项通知如下。

一、全面贯彻落实全国统一电力市场建设部署要求

（一）各经营主体、电力市场运营机构、电力市场管理委员会等要全面贯彻落实党的二十届三中全会关于全国统一电力市场建设部署要求，加快推动建设统一开放、竞争有序、安全高效、治理完善的全国统一电力市场，依法合规经营，不得利用市场力或串通其他经营主体在电力市场中进行排他性行为、不正当竞争。

二、持续推动经营主体合规交易

（二）各经营主体应自觉维护公平公正电力市场秩序，严格遵守电力市场规则及国家相关规定，依法合规参与电力市场交易，不得滥用市场支配地位操纵市场价格，不得实行串通报价、哄抬价格及扰乱市场秩序等行为。

（三）拥有售电公司的发电企业，不得利用"发售一体"优势直接或变相以降低所属售电公司购电成本的方式抢占市场份额，不得对民营售电公司等各类售电主体和电力大用户进行区别对待。

（四）电力市场管理委员会要充分发挥市场自律和社会监督作用，进一步强化市场内部自律管理，督促市场成员签订自律公约并规范执行。

三、着力规范市场报价行为

（五）各经营主体要进一步规范市场报价行为，综合考虑机组固定成本、燃料成本、能源供需等客观情况合规报价，推动交易价格真实准确反映电力商品价值。

（六）各经营主体原则上以市场注册主体为单位独立进行报价。各经营主体间不得通过口头约定、签订协议等方式串通报价。由多个发电厂组成的发电企业进行电能量交易，不得集中报价。

（七）发电侧、售电侧相关经营主体之间不得通过线上、线下等方式在中长期双边协商交易外统一约定交易价格、电量等申报要素实现特定交易。

四、定期做好市场监测分析

（八）电力市场运营机构要按照"谁运营、谁防范，谁运营、谁监控"的原则，履行好市场监控和风险防控责任，对违反交易规则、串通报价等违规行为依规开展监测，发现问题及时向相关派出机构报告，同时每半年向国家能源局及派出机构报送监测情况总结。

五、不断强化日常监管

（九）各派出机构要切实履行监管职责，综合运用现场检查、非现场监管等手段，及时发现扰乱市场秩序问题，督促相关经营主体认真整改。同时加大执法力度，对发现的违法违规的行为，依据《电力监管条例》《电力市场监管办法》等进行严肃查处。

（十）各经营主体、电力市场运营机构、电力市场管理委员会，如发现相关问题线索要及时向属地派出机构报告。重大情况相关派出机构按规定报国家能源局。

国家能源局综合司

2024 年 11 月 8 日

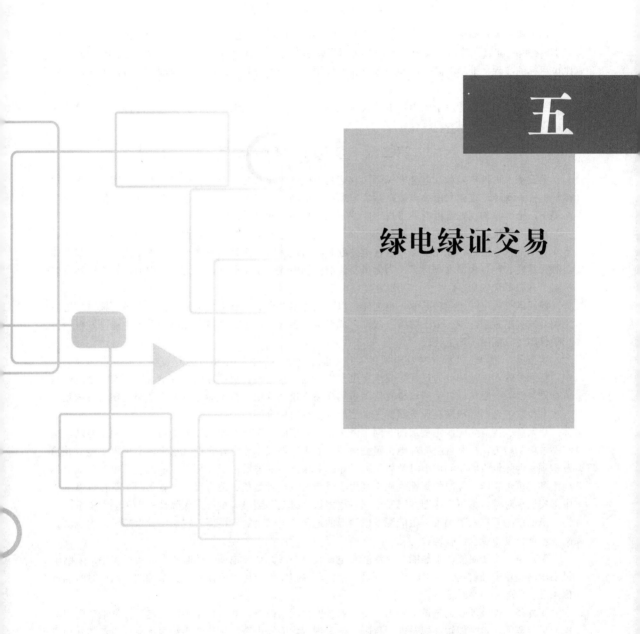

五

绿电绿证交易

5-1 可再生能源发电全额保障性收购管理办法

（发改能源〔2016〕625号，2016年3月24日国家发展改革委发布）

第一章 总 则

第一条 为贯彻落实《中共中央 国务院关于进一步深化电力体制改革的若干意见》（中发〔2015〕9号）及相关配套文件的有关要求，加强可再生能源发电全额保障性收购管理，保障非化石能源消费比重目标的实现，推动能源生产和消费革命，根据《中华人民共和国可再生能源法》等法律法规，制定本办法。

第二条 本办法适用于风力发电、太阳能发电、生物质能发电、地热能发电、海洋能发电等非水可再生能源。水力发电参照执行。

第二章 全额保障性收购

第三条 可再生能源发电全额保障性收购是指电网企业（含电力调度机构）根据国家确定的上网标杆电价和保障性收购利用小时数，结合市场竞争机制，通过落实优先发电制度，在确保供电安全的前提下，全额收购规划范围内的可再生能源发电项目的上网电量。

水力发电根据国家确定的上网标杆电价（或核定的电站上网电价）和设计平均利用小时数，通过落实长期购售电协议、优先安排年度发电计划和参与现货市场交易等多种形式，落实优先发电制度和全额保障性收购。根据水电特点，为促进新能源消纳和优化系统运行，水力发电中的调峰机组和大型机组享有靠前优先顺序。

第四条 各电网企业和其他供电主体（以下简称电网企业）承担其电网覆盖范围内，按照可再生能源开发利用规划建设、依法取得行政许可或者报送备案、符合并网技术标准的可再生能源发电项目全额保障性收购的实施责任。

第五条 可再生能源并网发电项目年发电量分为保障性收购电量部分和市场交易电量部分。其中，保障性收购电量部分通过优先安排年度发电计划、与电网公司签订优先发电合同（实物合同或差价合同）保障全额按标杆上网电价收购；市场交易电量部分由可再生能源发电企业通过参与市场竞争方式获得发电合同，电网企业按照优先调度原则执行发电合同。

第六条 国务院能源主管部门会同经济运行主管部门对可再生能源发电受限地区，根据电网输送和系统消纳能力，按照各类标杆电价覆盖区域，参考准许成本加合理收益，核定各类可再生能源并网发电项目保障性收购年利用小时数并予以公布，并根据产业发展情况和可再生能源装机投产情况对各地区各类可再生能源发电保障性收购年利用小时数适时进行调整。地方有关主管部门负责在具体工作中落实该小时数，可再生能源并网发电项目根据该小时数和装机容量确定保障性收购年上网电量。

第七条 不存在限制可再生能源发电情况的地区，电网企业应根据其资源条件保障可再生能源并网发电项目发电量全额收购。

第八条 生物质能、地热能、海洋能发电以及分布式光伏发电项目暂时不参与市场竞争，上网电量由电网企业全额收购；各类特许权项目、示范项目按特许权协议或技术方案明确的利用小时数确定保障性收购年利用小时数。

第九条 保障性收购电量范围内，受非系统安全因素影响，非可再生能源发电挤占消纳空间和输电通道导致的可再生能源并网发电项目限发电量视为优先发电合同转让至系统内优先级较低的其他机组，由相应机组按影响大小承担对可再生能源并网发电项目的补偿费用，并做好与可再生能源调峰机组优先发电的衔接。计入补偿的限发电量最大不超过保障性收购电量与可再生能源实际发电量的差值。保障性收购电量范围内的可再生能源优先发电合同不得主动通过市场交易转让。

因并网线路故障（超出设计标准的自然灾害等不可抗力造成的故障除外）、非计划检修导致的可再生能源并网发电项目限发电量由电网企业承担补偿。

由于可再生能源资源条件造成实际发电量达不到保障发电量以及因自身设备故障、检修等原因造成的可再生能源并网发电项目发电量损失由可再生能源发电项目自行承担，不予补偿。可再生能源发电由于自身原因，造成不能履行的发电量应采用市场竞争的方式由各类机组竞价执行。

可再生能源并网发电项目保障性收购电量范围内的限电补偿费用标准按项目所在地对应的最新可再生能源上网标杆电价或核定电价执行。

第十条　电网企业协助电力交易机构（未设立交易机构地区由电网企业负责）负责根据限发时段电网实际运行情况，参照调度优先级由低到高顺序确定承担可再生能源并网发电项目限发电量补偿费用的机组范围（含自备电厂），并根据相应机组实际发电量大小分摊补偿费用。保障性收购电量范围内限发电量及补偿费用分摊情况按月统计报送国务院能源主管部门派出机构和省级经济运行主管部门备案，限发电量补偿分摊可根据实际发电情况在月度间滚动调整，并按年度结算相关费用。

第十一条　鼓励超出保障性收购电量范围的可再生能源发电量参与各种形式的电力市场交易，充分发挥可再生能源电力边际成本低的优势，通过市场竞争的方式实现优先发电，促进可再生能源电力多发满发。

对已建立电力现货市场交易机制的地区，鼓励可再生能源发电参与现货市场和中长期电力合约交易，优先发电合同逐步按现货交易及相关市场规则以市场化方式实现；参与市场交易的可再生能源发电量按照项目所在地的补贴标准享受可再生能源电价补贴。

第三章　保　障　措　施

第十二条　国务院能源主管部门按照全国可再生能源开发利用规划，确定在规划期内应当达到的可再生能源发电量占全部发电量的比重。省级能源主管部门会同经济运行主管部门指导电网企业制定落实可再生能源发电量比重目标的措施，并在年度发电计划和调度运行方式安排中予以落实。

第十三条　省级经济运行主管部门在制定发电量计划时，严格落实可再生能源优先发电制度，使可再生能源并网发电项目保障性收购电量部分通过充分安排优先发电并严格执行予以保障。发电计划须预留年内计划投产可再生能源并网发电项目的发电计划空间，在年度建设规模内的当年新投产项目按投产时间占全年比重确定保障性收购年利用小时数。

第十四条　电网企业应按照本办法与可再生能源并网发电项目企业在每年第四季度签订可再生能源优先发电合同。

第十五条　电网企业应按照节能低碳电力调度原则，依据有关部门制定的市场规则，优先执行可再生能源发电计划和可再生能源电力交易合同，保障风能、太阳能、生物质能等可再生能源发电享有最高优先调度等级，不得要求可再生能源项目向优先级较低的发电项目支付费用的方式实现优先发电。电网企业应与可再生能源发电企业在共同做好可再生能源功率预测预报的基础上，将发电计划和合同分解到月、周、日、小时等时段，优先安排可再生能源发电。

第十六条　电网企业应建立完善适应高比例可再生能源并网的调度运行机制，充分挖掘系统调峰潜力，科学安排机组组合，合理调整旋转备用容量，逐步改变按省平衡的调度方式，扩大调度平衡范围。各省（区、市）有关部门和省级电网企业应积极配合，促进可再生能源跨省跨区交易，合理扩大可再生能源电力消纳范围。

第十七条　风电、太阳能发电等可再生能源发电企业应配合电网企业加强功率预测预报工作，提高短期和中长期预测水平，按相关规定向电网企业或电力交易机构提交预报结果，由电网企业统筹确定网内可再生能源发电预测曲线，确保保障性收购电量的分解落实，并促进市场交易电量部分多发满发。可再生能源发电企业应按有关规定参与辅助服务费用分摊。

第十八条　建立供需互动的需求侧响应机制，形成用户参与辅助服务分担共享机制。鼓励通过价格手段引导电力用户优化用电负荷特性，实现负荷移峰填谷。鼓励用户参与调峰调频等辅助服务，提高系统的灵活性和可再生能源消纳能力。

第四章 监 督 管 理

第十九条 国务院能源主管部门及派出机构履行可再生能源发电全额保障性收购的监管责任。

第二十条 国务院能源主管部门派出机构应会同省级经济运行主管部门，根据本办法，结合本地实际情况，制定实施细则，报国家发展改革委、国家能源局同意后实施。

第二十一条 国务院能源主管部门派出机构会同省级能源主管部门和经济运行主管部门负责对电网企业与可再生能源并网发电项目企业签订优先发电合同情况和执行情况进行监管。

第二十二条 可再生能源并网发电项目限发电量由电网企业和可再生能源发电企业协助电力交易机构按国家有关规定的进行计算统计。对于可再生能源并网发电项目限发电量及补偿费用分摊存在异议的，可由国务院能源主管部门派出机构会同省级经济运行主管部门协调。

第二十三条 对于发生限制可再生能源发电的情况，电网企业应及时分析原因，并保留相关运行数据，以备监管机构检查。相关情况由国务院能源主管部门及派出机构定期向社会公布。

第五章 附 则

第二十四条 本办法由国家发展改革委、国家能源局负责解释，并根据电力体制改革和电力市场建设情况适时修订。

第二十五条 本办法自发布之日起施行。

5-2 国家发展改革委 国家能源局关于做好风电、光伏发电全额保障性收购管理工作的通知

（发改能源〔2016〕1150号，2016年5月27日国家发展改革委、国家能源局发布）

各省（自治区、直辖市）、新疆生产建设兵团发展改革委（能源局）、经信委（工信委、工信厅），国家能源局各派出机构，国家电网公司、南方电网公司、内蒙古电力（集团）有限责任公司，华能、大唐、华电、国电、国电投、神华、三峡、华润、中核、中广核、中国节能集团公司：

为做好可再生能源发电全额保障性收购工作，保障风电、光伏发电的持续健康发展，现将有关事项通知如下：

一、根据《可再生能源发电全额保障性收购管理办法》（发改能源〔2016〕625号），综合考虑电力系统消纳能力，按照各类标杆电价覆盖区域，参考准许成本加合理收益，现核定了部分存在弃风、弃光问题地区规划内的风电、光伏发电最低保障收购年利用小时数（详见附表）。最低保障收购年利用小时数将根据新能源并网运行、成本变化等情况适时调整。

二、各有关省（区、市）能源主管部门和经济运行主管部门要严格落实规划内的风电、光伏发电保障性收购电量，认真落实《国家能源局关于做好"三北"地区可再生能源消纳工作的通知》以及优先发电、优先购电相关制度的有关要求，按照附表核定最低保障收购年利用小时数并安排发电计划，确保最低保障收购年利用小时数以内的电量以最高优先等级优先发电。已安排2016年度发电计划的省（区、市）须按照附表核定最低保障收购年利用小时数对发电计划及时进行调整。各省（区、市）主管部门和电网调度机构应严格落实《关于有序放开发用电计划的实施意见》中关于优先发电顺序的要求，严禁对保障范围内的电量采取由可再生能源发电项目向煤电等其他电源支付费用的方式来获取发电权，妥善处理好可再生能源保障性收购、调峰机组优先发电和辅助服务市场之间的关系，并与电力交易方案做好衔接。

三、保障性收购电量应由电网企业按标杆上网电价和最低保障收购年利用小时数全额结算，超出最低保障收购年利用小时数的部分应通过市场交易方式消纳，由风电、光伏发电企业与售电企业或电力用户通过市场化的方式进行交易，并按新能源标杆上网电价与当地煤电标杆上网电价（含脱硫、脱硝、除尘）的差额享受可再生能源补贴。地方政府能源主管部门或经济运行主管部门应积极组织风电、光伏发电企业与售

电企业或电力用户开展对接，确保最低保障收购年利用小时数以外的电量能够以市场化的方式全额消纳。

四、保障性收购电量为最低保障目标，鼓励各相关省（区、市）提出并落实更高的保障目标。目前实际运行小时数低于最低保障收购年利用小时数的省（区、市）应根据实际情况，制定具体工作方案，采取有效措施尽快确保在运行的风电、光伏电站达到最低保障收购年利用小时数要求。具体工作方案应向全社会公布并抄送国家发展改革委和国家能源局。

除资源条件影响外，未达到最低保障收购年利用小时数要求的省（区、市），不得再新开工建设风电、光伏电站项目（含已纳入规划或完成核准的项目）。未制定保障性收购要求的地区应根据资源条件按标杆上网电价全额收购风电、光伏发电项目发电量。未经国家发改委、国家能源局同意，不得随意设定最低保障收购年利用小时数。

五、各省（区、市）有关部门在制定发电计划和电量交易方案时，要充分预留风电和光伏发电保障性收购电量空间，不允许在月度保障性收购电量未完成的情况下结算市场交易部分电量，已经制定的市场交易机制需落实保障月度保障性电量的要求。电网企业（电力交易机构）应将各风电、光伏发电项目的全年保障性收购电量根据历史和功率预测情况分解到各月，并优先结算当月的可再生能源保障性收购电量，月度保障性收购电量结算完成后再结算市场交易部分电量，年终统一清算。

六、风电、光伏发电企业要协助各省级电网企业或地方电网企业及电力交易机构按国家有关规定对限发电量按月进行统计。对于保障性收购电量范围内的限发电量要予以补偿，电网企业协助电力交易机构根据《可再生能源发电全额保障性收购管理办法》（发改能源〔2016〕625号）的要求，按照风电、光伏发电项目所在地的标杆上网电价和限发电量明确补偿金额，同时要确定补偿分摊的机组，相关报表和报告按月报送国家能源局派出机构和省级经济运行主管部门备案并公示。电网企业应保留限电时段相关运行数据，以备监管机构检查。各电网企业于2016年6月30日前与按照可再生能源开发利用规划建设、依法取得行政许可或者报送备案、符合并网技术标准的风电、光伏发电企业签订2016年度优先发电合同，并于每年年底前签订下一年度的优先发电合同。

七、国务院能源主管部门派出机构会同省级能源主管部门和经济运行主管部门要加强对可再生能源发电全额保障性收购执行情况的监管和考核工作，定期对电网企业与风电、光伏发电项目企业签订优先发电合同和执行可再生能源发电全额保障性收购情况进行专项监管，对违反《可再生能源发电全额保障性收购管理办法》（发改能源〔2016〕625号）和本通知要求的要按规定采取监管措施，相关情况及时报国家发展改革委和国家能源局。落实可再生能源发电全额保障性收购制度是电力体制改革工作的一项重要任务，也是解决弃风、弃光限电问题和促进可再生能源持续健康发展的重要措施。各部门要按照上述要求认真做好可再生能源发电全额保障性收购工作，确保弃风、弃光问题得到有效缓解。

附件　1．风电重点地区最低保障收购年利用小时数核定表（略）
　　　　2．光伏发电重点地区最低保障收购年利用小时数核定表（略）

国家发展改革委
国家能源局
2016年5月27日

5-3　国家发展改革委　国家能源局关于积极推进风电、光伏发电无补贴平价上网有关工作的通知

（发改能源〔2019〕19号，2019年1月7日国家发展改革委、国家能源局发布）

各省、自治区、直辖市、新疆生产建设兵团发展改革委（能源局）、经信委（工信委、工信厅），各国家能源局派出机构，国家电网公司、南方电网公司、内蒙古电力公司、中国华能集团公司、中国大唐集团公司、中国华电集团公司、国家能源投资集团公司、国家电力投资集团公司、中国华润集团公司、

中国长江三峡集团公司、国家开发投资公司、中国核工业集团公司、中国广核集团有限公司、电力规划设计总院、水电水利规划设计总院：

随着风电、光伏发电规模化发展和技术快速进步，在资源优良、建设成本低、投资和市场条件好的地区，已基本具备与燃煤标杆上网电价平价（不需要国家补贴）的条件。为促进可再生能源高质量发展，提高风电、光伏发电的市场竞争力，现将推进风电、光伏发电无补贴平价上网的有关要求和支持政策措施通知如下。

一、开展平价上网项目和低价上网试点项目建设。

各地区要认真总结本地区风电、光伏发电开发建设经验，结合资源、消纳和新技术应用等条件，推进建设不需要国家补贴执行燃煤标杆上网电价的风电、光伏发电平价上网试点项目（以下简称平价上网项目）。在资源条件优良和市场消纳条件保障度高的地区，引导建设一批上网电价低于燃煤标杆上网电价的低价上网试点项目（以下简称低价上网项目）。在符合本省（自治区、直辖市）可再生能源建设规划、国家风电、光伏发电年度监测预警有关管理要求、电网企业落实接网和消纳条件的前提下，由省级政府能源主管部门组织实施本地区平价上网项目和低价上网项目，有关项目不受年度建设规模限制。对于未在规定期限内开工并完成建设的风电、光伏发电项目，项目核准（备案）机关应及时予以清理和废止，为平价上网项目和低价上网项目让出市场空间。

二、优化平价上网项目和低价上网项目投资环境。

有关地方政府部门对平价上网项目和低价上网项目在土地利用及土地相关收费方面予以支持，做好相关规划衔接，优先利用国有未利用土地，鼓励按复合型方式用地，降低项目场址相关成本，协调落实项目建设和电力送出消纳条件，禁止收取任何形式的资源出让费等费用，不得将在本地投资建厂、要求或变相要求采购本地设备作为项目建设的捆绑条件，切实降低项目的非技术成本。各级地方政府能源主管部门可会同其他相关部门出台一定时期内的补贴政策，仅享受地方补贴的项目仍视为平价上网项目。

三、保障优先发电和全额保障性收购。

对风电、光伏发电平价上网项目和低价上网项目，电网企业应确保项目所发电量全额上网，并按照可再生能源监测评价体系要求监测项目弃风、弃光状况。如存在弃风弃光情况，将限发电量核定为可转让的优先发电计划。经核定的优先发电计划可在全国范围内参加发电权交易（转让），交易价格由市场确定。电力交易机构应完善交易平台和交易品种，组织实施相关交易。

四、鼓励平价上网项目和低价上网项目通过绿证交易获得合理收益补偿。

风电、光伏发电平价上网项目和低价上网项目，可按国家可再生能源绿色电力证书管理机制和政策获得可交易的可再生能源绿色电力证书（以下简称绿证），通过出售绿证获得收益。国家通过多种措施引导绿证市场化交易。

五、认真落实电网企业接网工程建设责任。

在风电、光伏发电平价上网项目和低价上网项目规划阶段，有关省级能源主管部门要督促省级电网企业做好项目接网方案和消纳条件的论证工作。有关省级电网企业负责投资项目升压站之外的接网等全部配套电网工程，做好接网等配套电网建设与项目建设进度衔接，使项目建成后能够及时并网运行。

六、促进风电、光伏发电通过电力市场化交易无补贴发展。

国家发展改革委、国家能源局会同有关单位组织开展分布式发电市场化交易试点工作。鼓励在国家组织实施的社会资本投资增量配电网、清洁能源消纳产业园区、局域网、新能源微电网、能源互联网等示范项目中建设无需国家补贴的风电、光伏发电项目，并以试点方式开展就近直接交易。鼓励用电负荷较大且持续稳定的工业企业、数据中心和配电网经营企业与风电、光伏发电企业开展中长期电力交易，实现有关风电、光伏发电项目无需国家补贴的市场化发展。

七、降低就近直接交易的输配电价及收费。

对纳入国家有关试点示范中的分布式市场化交易试点项目，交易电量仅执行风电、光伏发电项目接网及消纳所涉及电压等级的配电网输配电价，免交未涉及的上一电压等级的输电费。对纳入试点的就近直接交易可再生能源电量，政策性交叉补贴予以减免。

八、扎实推进本地消纳平价上网项目和低价上网项目建设。

接入公共电网在本省级电网区域内消纳的无补贴风电、光伏发电平价上网项目和低价上网项目，由有关省级能源主管部门协调落实支持政策后自主组织建设。省级电网企业承担收购平价上网项目和低价上网项目的电量收购责任，按项目核准时国家规定的当地燃煤标杆上网电价与风电、光伏发电项目单位签订长期固定电价购售电合同（不少于 20 年），不要求此类项目参与电力市场化交易（就近直接交易试点和分布式市场交易除外）。

九、结合跨省跨区输电通道建设推进无补贴风电、光伏发电项目建设。

利用跨省跨区输电通道外送消纳的无补贴风电、光伏发电项目，在送受端双方充分衔接落实消纳市场和电价并明确建设规模和时序后，由送受端省级能源主管部门具体组织实施。鼓励具备跨省跨区输电通道的送端地区优先配置无补贴风电、光伏发电项目，按受端地区燃煤标杆上网电价（或略低）扣除输电通道的输电价格确定送端的上网电价，受端地区有关政府部门和电网企业负责落实跨省跨区输送无补贴风电、光伏发电项目的电量消纳，在送受端电网企业协商一致的基础上，与风电、光伏发电企业签订长期固定电价购售电合同（不少于 20 年）。对无补贴风电、光伏发电项目要严格落实优先上网和全额保障性收购政策，不要求参与跨区电力市场化交易。

十、创新金融支持方式。

国家开发银行、四大国有商业银行等金融机构应根据国家新能源发电发展规划和有关地区新能源发电平价上网实施方案，合理安排信贷资金规模，创新金融服务，开发适合项目特点的金融产品，积极支持新能源发电实现平价上网。同时，鼓励支持符合条件的发电项目及相关发行人通过发行企业债券进行融资，并参考专项债券品种推进审核。

十一、做好预警管理衔接。

风电、光伏发电监测预警（评价）为红色的地区除已安排建设的平价上网示范项目及通过跨省跨区输电通道外送消纳的无补贴风电、光伏发电项目外，原则上不安排新的本地消纳的平价上网项目和低价上网项目；鼓励橙色地区选取资源条件较好的已核准（备案）项目开展平价上网和低价上网工作；绿色地区在落实消纳条件的基础上自行开展平价上网项目和低价上网项目建设。

十二、动态完善能源消费总量考核支持机制。

开展省级人民政府能源消耗总量和强度"双控"考核时，在确保完成全国能耗"双控"目标条件下，对各地区超出规划部分可再生能源消费量不纳入其"双控"考核。

请各有关单位按照上述要求，积极推进风电、光伏发电平价上网项目和低价上网项目建设，各省（自治区、直辖市）能源主管部门应将有关项目信息报送国家能源局。国家发展改革委、国家能源局将及时公布平价上网项目和低价上网项目名单，协调和督促有关方面做好相关支持政策的落实工作。

对按照本通知要求在 2020 年底前核准（备案）并开工建设的风电、光伏发电平价上网项目和低价上网项目，在其项目经营期内有关支持政策保持不变。国家发展改革委、国家能源局将及时研究总结各地区的试点经验，根据风电、光伏发电的发展状况适时调整 2020 年后的平价上网政策。

国家发展改革委

国家能源局

2019 年 1 月 7 日

5-4　国家发展改革委　国家能源局关于建立健全可再生能源电力消纳保障机制的通知

（发改能源〔2019〕807 号，2019 年 5 月 10 日国家发展改革委、国家能源局发布）

各省、自治区、直辖市、新疆生产建设兵团发展改革委（能源局）、经信委（工信委、工信厅），国家能源局各派出监管机构，国家电网有限公司、中国南方电网有限责任公司、内蒙古电力（集团）有限责任公司、中国华能集团公司、中国大唐集团公司、中国华电集团公司、国家能源投资集团公司、国家电力投资集团公司、中国能源建设集团有限公司、中国电力建设集团有限公司、中国节能环保集团公司、中国核工业集团公司、中国广核集团有限公司、中国华润集团公司、中国长江三峡集团公司、国家开发投资集团有限公司、中国光大集团、国家开发银行、电力规划设计总院、水电水利规划设计总院、国家可再生能源中心：

为深入贯彻近平总书记关于推动能源生产和消费革命的重要论述，加快构建清洁低碳、安全高效的能源体系，促进可再生能源开发利用，依据《中华人民共和国可再生能源法》《关于加快培育和发展战略性新兴产业的决定》《能源发展战略行动计划（2014—2020年）》，决定对各省级行政区域设定可再生能源电力消纳责任权重，建立健全可再生能源电力消纳保障机制。现将有关事项和政策措施通知如下。

一、对电力消费设定可再生能源电力消纳责任权重。可再生能源电力消纳责任权重是指按省级行政区域对电力消费规定应达到的可再生能源电量比重，包括可再生能源电力总量消纳责任权重（简称"总量消纳责任权重"）和非水电可再生能源电力消纳责任权重（简称"非水电消纳责任权重"）。满足总量消纳责任权重的可再生能源电力包括全部可再生能源发电种类；满足非水电消纳责任权重的可再生能源电力包括除水电以外的其他可再生能源发电种类。对各省级行政区域规定应达到的最低可再生能源电力消纳责任权重（简称"最低消纳责任权重"），按超过最低消纳责任权重一定幅度确定激励性消纳责任权重。

二、按省级行政区域确定消纳责任权重。国务院能源主管部门组织有关机构，按年度对各省级行政区域可再生能源电力消纳责任权重进行统一测算，向各省级能源主管部门征求意见。各省级能源主管部门会同经济运行管理部门在国家电网有限公司（简称"国家电网"）、中国南方电网有限责任公司（简称"南方电网"）所属省级电网企业和省属地方电网企业技术支持下，对国务院能源主管部门统一测算提出的消纳责任权重进行研究后向国务院能源主管部门反馈意见。国务院能源主管部门结合各方面反馈意见，综合论证后于每年3月底前向各省级行政区域下达当年可再生能源电力消纳责任权重。

三、各省级能源主管部门牵头承担消纳责任权重落实责任。各省级能源主管部门会同经济运行管理部门、所在地区的国务院能源主管部门派出监管机构按年度组织制定本省级行政区域可再生能源电力消纳实施方案（简称"消纳实施方案"），报省级人民政府批准后实施。消纳实施方案主要应包括：年度消纳责任权重及消纳量分配、消纳实施工作机制、消纳责任履行方式、对消纳责任主体的考核方式等。各省级行政区域制定消纳实施方案时，对承担消纳责任的市场主体设定的消纳责任权重可高于国务院能源主管部门向本区域下达的最低消纳责任权重。

四、售电企业和电力用户协同承担消纳责任。承担消纳责任的第一类市场主体为各类直接向电力用户供/售电的电网企业、独立售电公司、拥有配电网运营权的售电公司（简称"配售电公司"，包括增量配电项目公司）；第二类市场主体为通过电力批发市场购电的电力用户和拥有自备电厂的企业。第一类市场主体承担与其年售电量相对应的消纳量，第二类市场主体承担与其年用电量相对应的消纳量。各承担消纳责任的市场主体的售电量和用电量中，农业用电和专用计量的供暖电量免于消纳责任权重考核。

五、电网企业承担经营区消纳责任权重实施的组织责任。国家电网、南方电网指导所属省级电网企业依据有关省级人民政府批准的消纳实施方案，负责组织经营区内各承担消纳责任的市场主体完成可再生能源电力消纳。有关省级能源主管部门会同经济运行管理部门督促省属地方电网企业、配售电公司以及未与公用电网联网的拥有自备电厂的企业完成可再生能源电力消纳。各承担消纳责任的市场主体及用户均须完成所在区域电网企业分配的消纳量，并在电网企业统一组织下协同完成本经营区的消纳量。

六、做好消纳责任权重实施与电力交易衔接。各电力交易机构负责组织开展可再生能源电力相关交易，指导参与电力交易的承担消纳责任的市场主体优先完成可再生能源电力消纳相应的电力交易，在中长期电力交易合同审核、电力交易信息公布等环节对承担消纳责任的市场主体给予提醒。各承担消纳责任的市场主体参与电力市场交易时，应向电力交易机构作出履行可再生能源电力消纳责任的承诺。

七、消纳量核算方式。各承担消纳责任的市场主体以实际消纳可再生能源电量为主要方式完成消纳量，同时可通过以下补充（替代）方式完成消纳量。

（一）向超额完成年度消纳量的市场主体购买其超额完成的可再生能源电力消纳量（简称"超额消纳量"），双方自主确定转让（或交易）价格。

（二）自愿认购可再生能源绿色电力证书（简称"绿证"），绿证对应的可再生能源电量等量记为消纳量。

八、消纳量监测核算和交易。各电力交易机构负责承担消纳责任的市场主体的消纳量账户设立、消纳量核算及转让（或交易）、消纳量监测统计工作。国务院能源主管部门依据国家可再生能源信息管理中心和电力交易机构核算的消纳量统计结果，按年度发布各承担消纳责任的市场主体的消纳量完成情况。各省级行政区域内的消纳量转让（或交易）原则上由省（自治区、直辖市）电力交易中心组织，跨省级行政区域的消纳量转让（或交易）在北京电力交易中心和广州电力交易中心组织下进行。国家可再生能源信息管理中心与国家电网、南方电网等电网企业及各电力交易中心联合建立消纳量监测核算技术体系并实现信息共享。

九、做好可再生能源电力消纳相关信息报送。国家电网、南方电网所属省级电网企业和省属地方电网企业于每年1月底前向省级能源主管部门、经济运行管理部门和所在地区的国务院能源主管部门派出监管机构报送上年度本经营区及各承担消纳责任的市场主体可再生能源电力消纳量完成情况的监测统计信息。各省级能源主管部门于每年2月底前向国务院能源主管部门报送上年度本省级行政区域消纳量完成情况报告、承担消纳责任的市场主体消纳量完成考核情况，同时抄送所在地区的国务院能源主管部门派出监管机构。

十、省级能源主管部门负责对承担消纳责任的市场主体进行考核。省级能源主管部门会同经济运行管理部门对本省级行政区域承担消纳责任的市场主体消纳量完成情况进行考核，按年度公布可再生能源电力消纳量考核报告。各省级能源主管部门会同经济运行管理部门负责督促未履行消纳责任的市场主体限期整改，对未按期完成整改的市场主体依法依规予以处理，将其列入不良信用记录，予以联合惩戒。

十一、国家按省级行政区域监测评价。国务院能源主管部门依托国家可再生能源中心会同国家可再生能源信息管理中心等对各省级行政区域消纳责任权重完成情况以及国家电网、南方电网对所属省级电网企业消纳责任权重组织实施和管理工作进行监测评价，按年度公布可再生能源电力消纳责任权重监测评价报告。各省级能源主管部门会同经济运行管理部门对省属地方电网企业、配售电公司以及未与公用电网联网的拥有自备电厂企业的消纳责任实施进行督导考核。由于自然原因（包括可再生能源资源极端异常）或重大事故导致可再生能源发电量显著减少或送出受限，在对有关省级行政区域消纳责任权重监测评价和承担消纳责任的市场主体进行考核时相应核减。

十二、超额完成消纳量不计入"十三五"能耗考核。在确保完成全国能源消耗总量和强度"双控"目标条件下，对于实际完成消纳量超过本区域激励性消纳责任权重对应消纳量的省级行政区域，超出激励性消纳责任权重部分的消纳量折算的能源消费量不纳入该区域能耗"双控"考核。对纳入能耗考核的企业，超额完成所在省级行政区域消纳实施方案对其确定完成的消纳量折算的能源消费量不计入其能耗考核。

十三、加强消纳责任权重实施监管。国务院能源主管部门派出监管机构负责对各承担消纳责任的市场主体的消纳量完成情况、可再生能源相关交易过程等情况进行监管，并向国务院能源主管部门报送各省级行政区域以及各电网企业经营区的消纳责任权重总体完成情况专项监管报告。

各省级能源主管部门按照本通知下达的2018年消纳责任权重对本省级行政区域自我核查，以模拟运行方式按照本通知下达的2019年消纳责任权重对承担消纳责任的市场主体进行试考核。各省（自治区、直辖市）有关部门和国家电网、南方电网及有关机构，在 2019 年底前完成有关政策实施准备工作，自 2020 年 1 月 1 日起全面进行监测评价和正式考核。本通知中的 2020 年消纳责任权重用于指导各省级行政区域可再生能源发展，将根据可再生能源发展"十三五"规划实施进展情况适度调整，在 2020 年 3 月底前正式下达各省级行政区域当年可再生能源电力消纳责任权重。

本通知有效期为 5 年，将视情况适时对有关政策进行调整完善。

附件：1．可再生能源电力消纳责任权重确定和消纳量核算方法（试行）
2．各省（自治区、直辖市）可再生能源电力总量消纳责任权重（略）
3．各省（自治区、直辖市）非水电可再生能源电力消纳责任权重（略）

国家发展改革委
国家能源局
2019 年 5 月 10 日

附件 1

可再生能源电力消纳责任权重确定和消纳量核算方法（试行）

本方法随《关于建立健全可再生能源电力消纳保障机制的通知》发布，作为各省级行政区域消纳责任权重测算、消纳量监测评价以及对各承担消纳责任的市场主体考核的基本方法。本方法作为试行版本执行，在可再生能源电力消纳保障机制实施过程中不断总结完善，视情况发布后续版本。

一、消纳责任权重确定方法

（一）基本原则

1．规划导向，分区设定。依据国家能源发展战略和可再生能源发展相关规划，结合各区域实际用电增长情况、实际可消纳本地生产和区域外输入可再生能源电力的能力确定各区域最低消纳责任权重，原则上各区域均应逐年提升最低消纳责任权重或至少不降低。

2．强化消纳，动态调整。各省级行政区域均应把可再生能源电力消纳作为重要工作目标，电力净输出区域应做到本地消纳达到全国先进水平，电力净输入区域应做到本地生产的可再生能源电力充分消纳并对区域外输入可再生能源电力尽最大能力消纳。根据各区域可再生能源重大项目和跨省跨区输电通道建设进展，按年度动态调整各省级行政区域消纳责任权重。

3．区域统筹，分解责任。各省级能源主管部门会同经济运行管理部门、所在地区的国务院能源主管部门派出监管机构以完成本区域可再生能源电力消纳责任权重为基础统筹协调制定消纳实施方案，同时统筹测算承担消纳责任的市场主体（含电网企业）应完成的消纳量，督促其通过多种方式完成各自消纳量。

4．保障落实，鼓励先进。按省级行政区域对电力消费规定应达到的最低可再生能源电量比重，据此对各省级行政区域进行监测评价。按照最低消纳责任权重上浮一定幅度作为激励性消纳责任权重，对实际消纳高于激励性消纳责任权重的区域予以鼓励。鼓励具备条件的省级行政区域自行确定更高的消纳责任权重。

（二）可再生能源电力消纳量确定

可再生能源电力消纳量，包括可再生能源电力消纳总量和非水电可再生能源电力消纳量。按下列方法确定：

1．各省级行政区域内生产且消纳的可再生能源电量

（1）接入公共电网且全部上网的可再生能源电量，采用并网计量点的电量数据。

（2）自发自用（全部或部分，以下同）可再生能源电量（含就地消纳的合同能源服务和交易电量），按电网企业计量的发电量（或经有关能源主管部门或国务院能源主管部门派出监管机构认可），全额计入自发自用市场主体的可再生能源电力消纳量。

2．区域外输入的可再生能源电量

可再生能源发电企业与省级电网企业签署明确的跨省跨区购电协议的，根据协议实际执行情况计入受端区域消纳的区域外输入可再生能源电量。其他情况按以下方法处理：

（1）独立"点对网"输入

可再生能源发电项目直接并入区域外受端电网，全部发电量计入受端区域消纳量，采用并网计量点的电量数据。

（2）混合"点对网"输入

采取与火电或水电打捆以一组电源向区域外输电的，受端电网消纳的可再生能源电量等于总受电量乘以外送电量中可再生能源电量比例。

外送电量中可再生能源电量比例＝送端并网点计量的全部可再生能源上网电量÷送端并网点计量的全部上网电量

（3）省间"网对网"输入

省间电网跨区域输入电量中可再生能源电量，通过电力交易方式进行的，根据电力交易机构的结算电量确定；通过省间送电协议进行的，根据省级电网与相关电厂结算电量确定；无法明确的，按送端省级电网区域可再生能源消纳电量占区域全社会用电量比例乘以输入受端省级电网区域的总电量认定。

（4）跨省际"网对网"输入

跨省际区域未明确分电协议或省间协议约定可再生能源电量比例的跨省跨区输电通道，按该区域内各省级行政区域全社会用电量占本区域电网内全社会用电量的比重，计算各省级行政区域输入的可再生能源电量。即：

$$i省级行政区域内输入可再生能源电量$$

$$=可再生能源输入电量×\left(\frac{i省级行政区域全社会用电量}{\sum_{i=1}^{n}i省级行政区域全社会用电量}\right)$$

n表示区域电网内包含的省级行政区域数目

3．特殊区域

京津冀地区（北京、天津、冀北、河北南网）接入的集中式可再生能源发电项目和区域外输入的可再生能源电量，按全社会用电量比例分摊原则计入各区域消纳量，各自区域内接入的分布式可再生能源发电量计入各自区域的消纳量。

（三）消纳责任权重测算

1．消纳责任权重计算公式

（1）非水电消纳责任权重

区域最低非水电消纳责任权重＝（预计本区域生产且消纳年非水电可再生能源电量＋预计年净输入非水电可再生能源电量）÷预计本区域年全社会用电量

测算非水电可再生能源发电量时，上年度年底前已投产装机按照应达到的年利用小时数测算；当年新增非水电可再生能源装机按均匀投产计算，对应发电量按全年利用小时数的一半进行折算。

激励性非水电消纳责任权重按照最低非水电消纳责任权重上浮10%计算。

（2）总量消纳责任权重

区域最低总量消纳责任权重＝（预计本区域生产且消纳年可再生能源电量＋预计年净输入可再生能源电量）÷预计本区域年全社会用电量

测算可再生能源发电量时，上年度年底前已投产装机按照应达到的年利用小时数测算，水电按照当地平水年份的年利用小时数下浮10%进行最低总量消纳责任权重测算；对计划新增水电装机，如有明确投产时间（主要是大型水电站工程），按预计投产时间计算年利用小时；当年新增非水电可再生能源装机按均匀投产计算，对应发电量按全年利用小时数的一半进行折算。

激励性总量消纳责任权重为激励性非水电消纳责任权重与水电按照当地平水年份的年利用小时

数发电量对应消纳责任权重之和。

2．消纳责任权重确定流程

国务院能源主管部门组织有关机构按年度对各省级行政区域可再生能源电力消纳责任权重进行统一测算，向各省级能源主管部门征求意见。各省级能源主管部门会同经济运行管理部门在国家电网、南方电网所属省级电网企业和省属地方电网企业技术支持下，对国务院能源主管部门统一测算提出的消纳责任权重进行研究后向国务院能源主管部门反馈意见。反馈意见需详细提供分品种的可再生能源发电预测并网装机容量、预测发电量、各跨省跨区通道计划输送可再生能源电量及占比、预测全社会用电量等数据。

国务院能源主管部门组织第三方机构结合各方面反馈意见，综合论证后于每年3月底前向各省级行政区域下达当年可再生能源电力消纳责任权重（包括最低消纳责任权重和激励性消纳责任权重）。

二、消纳量核算方法

（一）承担消纳责任的市场主体

承担可再生能源电力消纳责任的市场主体（含电网企业）的消纳量包括：

1．从区域内或区域外电网企业和发电企业（含个人投资者和各类分布式发电项目单位）购入的可再生能源电量。

（1）对电网企业按照可再生能源发电保障性收购要求统一收购的可再生能源电量，按照电网企业经营区内各承担消纳责任的市场主体对可再生能源消纳的实际贡献等因素进行分摊。

（2）对通过电力市场化交易的可再生能源电量，按交易结算电量计入购电市场主体的可再生能源电力消纳量。

2．自发自用的可再生能源电量。电网企业经营区内市场主体自发自用的可再生能源电量，按电网企业计量的发电量（或经有关能源主管部门或国务院能源主管部门派出监管机构认可），全额计入自发自用市场主体的可再生能源电力消纳量。

3．从其他承担消纳责任的市场主体购买的消纳量或购买绿证折算的消纳量。承担消纳责任的市场主体售出的可再生能源电量和已转让的消纳量不再计入自身的消纳量。购买的水电消纳量只计入总量可再生能源电力消纳量。

（二）各省级行政区域

参照前述"可再生能源电力消纳量确定"部分，与国务院能源主管部门下达的省级行政区域消纳责任权重相对照，各省级行政区域年度整体完成的消纳责任权重计算公式如下：

整体完成消纳责任权重＝（区域内生产且消纳的可再生能源电量＋区域外输入的可再生能源电量＋市场主体消纳量净受让量之和＋绿证认购量之和－免于考核电量对应的可再生能源电量）÷（区域全社会用电量－免于考核电量）

其中，按照国家规定豁免消纳责任权重考核的农业用电和专用计量的供暖电量在消纳责任权重核算公式的分子和分母中均予以扣除，免于考核电量对应的可再生能源电量等于免于考核电量乘以区域最低消纳责任权重。

5-5　国家发展改革委　国家统计局　国家能源局
关于进一步做好新增可再生能源消费不纳入能源消费总量控制有关工作的通知

（发改运行〔2022〕1258号，2022年8月15日国家发展改革委、国家统计局、国家能源局发布）

各省、自治区、直辖市、新疆生产建设兵团发展改革委、统计局、能源局，江苏省工业和信息厅：

新增可再生能源电力消费量不纳入能源消费总量控制，是完善能源消费强度和总量双控制度的重要举措，对推动能源清洁低碳转型、保障高质量发展合理用能需求具有重要意义。为贯彻落实党中央、国务院决策部署和中央经济工作会议精神，落实《"十四五"节能减排综合工作方案》有关要求，有序推进新增可再生能源电力消费量不纳入能源消费总量控制，现就有关事项通知如下。

一、准确界定新增可再生能源电力消费量范围

（一）不纳入能源消费总量的可再生能源，现阶段主要包括风电、太阳能发电、水电、生物质发电、地热能发电等可再生能源。

（二）以各地区 2020 年可再生能源电力消费量为基数，"十四五"期间每年较上一年新增的可再生能源电力消费量，在全国和地方能源消费总量考核时予以扣除。

二、以绿证作为可再生能源电力消费量认定的基本凭证

（一）可再生能源绿色电力证书（以下简称"绿证"）是可再生能源电力消费的凭证。各省级行政区域可再生能源消费量以本省各类型电力用户持有的当年度绿证作为相关核算工作的基准。企业可再生能源消费量以本企业持有的当年度绿证作为相关核算工作的基准。

（二）绿证核发范围覆盖所有可再生能源发电项目，建立全国统一的绿证体系，由国家可再生能源信息管理中心根据国家相关规定和电网提供的基础数据向可再生能源发电企业按照项目所发电量核发相应绿证。

（三）绿证原则上可转让，绿证转让按照有关规定执行。积极推进绿证交易市场建设，推动可再生能源参与绿证交易。

三、完善可再生能源消费数据统计核算体系

（一）夯实可再生能源消费统计基础。电网企业和有关行业协会要加强对可再生能源省内和省间交易、消费和结算等数据的统计核算，加强对相关数据的收集、分析、校核，确保可再生能源消费数据真实准确。

（二）开展国家与地方层面数据核算。国家能源局依据国家可再生能源信息管理中心和电力交易机构数据核算全国和各地区可再生能源电力消费量。国家统计局会同国家能源局负责核定全国和各地区新增可再生能源电力消费量数据。

四、科学实施节能目标责任评价考核

（一）统筹做好各地能耗双控考核。在"十四五"省级人民政府节能目标责任评价考核中，将新增可再生能源电力消费量从各地区能源消费总量中扣除，但仍纳入能耗强度考核。

（二）有效衔接地方节能目标任务。各省（区、市）节能主管部门要根据"十四五"国家确定的节能目标任务，综合考虑新增可再生能源扣减等因素，科学确定本地区"十四五"节能目标任务并做好组织实施。

五、做好组织实施

（一）规范数据报送与核算。每年 1 月底，国家能源局向国家统计局提供全国和各地区可再生能源电力消费量初步数，4 月底前，提供最终数。6 月底前，国家统计局会同国家能源局最终核定各地区上一年度新增可再生能源电力消费量数据。

（二）切实加强绿证管理。国家发展改革委、国家能源局建立健全绿证交易管理的制度体系，加强对各地区绿证交易工作的跟踪指导。地方有关部门要加强对本地区绿证交易工作的监督管理，对开展虚假交易、伪造和篡改数据的企业要依法依规严肃处理。

（三）建立健全支撑体系。充分利用已有工作机制与核算体系，健全可再生能源电量认定与统计支撑体系。建立符合规定的可再生能源电量消费复议制度。各地区、各部门、各单位要严格遵守可再生能源消费核算制度，坚决杜绝数据造假。

国家发展改革委

国家统计局

国家能源局

2022 年 8 月 15 日

5-6 国家发展改革委办公厅 国家能源局综合司关于推动电力交易机构开展绿色电力证书交易的通知

（发改办体改〔2022〕797号，2022年9月15日国家发展改革委办公厅、国家能源局综合司发布）

国家电网有限公司、中国南方电网有限责任公司，国家可再生能源信息管理中心：

为进一步落实碳达峰、碳中和战略部署，积极稳妥扩大绿电和绿证交易范围，更好体现可再生能源的环境价值，服务新型电力系统建设，现就推动电力交易机构开展绿色电力证书交易有关事项通知如下。

一、推动电力交易机构开展绿证交易。绿色电力证书是绿色电力环境价值的唯一凭证，是体现可再生能源环境价值的重要途径。在目前绿证自愿认购和绿色电力交易的基础上积极支持电力交易机构按照有关政策规定，通过双边协商、挂牌、集中竞价等多种方式组织开展绿证交易，引导更多市场主体参与绿证与绿色电力交易，促进可再生能源消费。

二、做好绿证规模划转工作。综合考虑可再生能源出力、电网建设情况、市场主体需求、历史交易情况，抓紧核定第一批绿色电力证书需求规模。电力交易机构根据各自经营区可再生能源电量实际生产和消纳情况申报绿证核发范围，国家可再生能源信息中心据此批量划转绿证。国家可再生能源信息中心要提前做好有关工作，按核定交易规模向北京电力交易中心、广州电力交易中心及时核发与划转绿证，确保电力交易机构按照核定规模获得绿证。电力交易机构负责开展绿证交易组织、结算等流通环节各项工作。后续根据新增绿证交易需求，持续做好续证批量核发划转工作。

三、科学引导绿证价格。各有关方面要统筹做好绿证交易与绿色电力交易的关系，在推动扩大绿电交易规模的基础上，合理增加绿证供给，引导绿证和绿电价格运行在合理区间，在保障市场平稳健康运行的基础上全面反映绿色电力的环境价值。

四、合理分配绿证收益。对于所有绿证交易，完全市场化上网绿色电力或由电网企业保障性收购的平价可再生能源项目，产生的附加收益归发电企业；由电网企业保障性收购且享受可再生能源补贴的绿色电力产生的附加收益由电网企业单独归集，并以适当方式对冲可再生能源发电补贴。电网企业应根据核发机构提供的绿证交易信息，做好对应项目补贴资金审核和对冲结算工作。

五、做好组织落实。

国家发展改革委、国家能源局持续完善绿证交易管理的制度体系，加强对各地区绿证交易工作的跟踪指导。电网企业要切实履行在电网建设、调度运行、保障性收购、信息归集等方面的责任，助力可再生能源消纳，增加绿色电力供给。北京电力交易中心、广州电力交易中心要在做好绿色电力交易的基础上推动绿证交易，参照绿电交易模式提供结算服务，积极培育市场主体，引导社会提升对绿证绿电的需求。国家可再生能源信息管理中心要加强对绿证核发、划转工作的管理，平稳增加绿证供给。

国家发展改革委办公厅
国家能源局综合司
2022年9月15日

5-7 国家发展改革委 国家能源局关于有序推进绿色电力交易有关事项的通知

（发改办体改〔2022〕821号，2022年9月22日国家发展改革委、国家能源局发布）

各省、自治区、直辖市、新疆生产建设兵团发展改革委、能源局，国家能源局各派出机构，国家电网有限公司、中国南方电网有限责任公司、中国华能集团有限公司、中国大唐集团有限公司、中国华电集团有限公司、国家电力投资集团有限公司、中国长江三峡集团有限公司、国家能源投资集团有限责任公司、国家开发投资集团有限公司、华润（集团）有限公司、中国广核集团有限公司、电力规划设计总院、水电水利规划设计总院：

开展绿色电力交易是落实碳达峰、碳中和战略部署的重要举措，是推进能源绿色低碳转型的重要途径，是推动可再生能源持续健康发展的重要抓手。2021年9月开展绿电交易试点以来，取得了积极成效，初步探索出了一条适合国情的绿色电力市场建设路径。为进一步完善有利于促进绿色能源生产消费的市场体系和长效机制，稳妥有序推进绿色电力交易，现就有关事项通知如下。

一、建立健全绿色电力交易机制

（一）绿色电力交易是以绿色电力产品为标的物，交易电力同时提供国家规定的可再生能源绿色电力证书（以下简称"绿证"），电力用户可通过电力交易中心平台购买绿色电力。初期，参与交易的绿色电力主要为风电和光伏发电，条件成熟时，可逐步扩大至符合条件的水电、生物质发电、光热发电、地热发电等各类可再生能源发电。

（二）绿色电力交易价格根据供需关系市场形成，绿色电力交易成交价格应在对标当地燃煤市场化均价基础上，进一步体现绿色电力的环境价值，在成交价格中分别明确绿色电力的电能量价格和绿色环境价值。

（三）绿色电力在交易组织、电网调度、交易结算等方面体现优先地位。在电网保供能力许可的范围内，消费绿色电力比例较高的用户，同等条件下在实施需求侧管理时优先保障。

二、鼓励各类用户自愿消费绿色电力

（四）鼓励跨国公司及产业链企业、外向型企业、行业龙头企业购买和使用绿电，发挥示范带动作用。

（五）在全社会营造鼓励消费绿电的氛围，支持重点企业、城市、东部沿海等发达地区高比例消费绿电，打造绿色电力企业、绿色电力单位、绿色电力城市、绿色电力村镇。

（六）对于在全生产环节使用绿色电力以及新增电力消费全部使用绿色电力的企业做好宣传推介，研究探索上述企业生产商品使用绿色用能标识的办法。

三、健全特殊用户绿色电力消费社会责任

（七）中央企业和地方国有企业要在绿色电力消费方面发挥先行带头作用，绿电消费比例原则上应超过全社会平均水平，且不低于当地可再生能源消纳责任权重。鼓励中央企业树立绿电消费示范，中央能源企业要在绿电消费方面走在前列。

（八）高耗能企业要切实增加绿电消费，绿电消费比例原则上应不低于全社会平均水平，且不低于当地可再生能源消纳责任权重。其中，能效水平低于标杆水平的高耗能企业应制定具体方案，在三至五年逐步实现全量或高比例绿电消费。

（九）地方机关、事业单位要带头使用绿电，绿电消费比例原则上应超过全社会平均水平，且不低于当地可再生能源消纳责任权重。

四、稳步推进符合条件绿色电力进入市场

（十）推动平价新能源项目全面参与绿电交易。完全市场化上网绿色电力或由电网企业保障性收购的平价可再生能源项目参与绿电交易，产生的附加收益归发电企业，并承担市场交易风险。

（十一）由电网企业保障性收购且享受可再生能源补贴的绿色电力，通过电网企业代收、代售方式参与绿电交易，产生的附加收益由电网企业单独归集，并以适当方式对冲可再生能源发电补贴。

五、做好统筹指导和跟踪协调

（十二）国家发展改革委、国家能源局加强对各地绿电交易工作的跟踪指导，根据市场发展需要动态调整完善相关政策，加强对绿色电力交易的监管，健全绿电交易获得收益的监督机制，做好宣传引导工作。

（十三）电网企业在确保系统安全的前提下，合理安排运行方式，保障绿电交易计划执行，可以受用户委托并根据用户需求代购绿电产品。电力交易机构要不断优化提升绿电交易组织、交易结算、信息披露、平台建设等工作，按照国家发展改革委、国家能源局要求，配合做好绿电交易及绿电消费情况的汇总分析工作。

（十四）加强绿电交易与绿证交易衔接。理顺绿电交易和绿证交易工作流程，国家可再生能源信息管理中心负责按有关要求组织落实绿证核发，配合做好绿电交易工作。

国家发展改革委

国家能源局

2022 年 9 月 22 日

5-8 国家发展改革委 国家能源局关于完善能源绿色低碳转型体制机制和政策措施的意见

（发改能源〔2022〕206 号，2022 年 1 月 30 日国家发展改革委、国家能源局发布）

各省、自治区、直辖市人民政府，新疆生产建设兵团，国务院有关部门，有关中央企业，有关行业协会：

能源生产和消费相关活动是最主要的二氧化碳排放源，大力推动能源领域碳减排是做好碳达峰碳中和工作，以及加快构建现代能源体系的重要举措。党的十八大以来，各地区、各有关部门围绕能源绿色低碳发展制定了一系列政策措施，推动太阳能、风能、水能、生物质能、地热能等清洁能源开发利用取得了明显成效，但现有的体制机制、政策体系、治理方式等仍然面临一些困难和挑战，难以适应新形势下推进能源绿色低碳转型的需要。为深入贯彻落实《中共中央、国务院关于完整准确全面贯彻新发展理念做好碳达峰碳中和工作的意见》和《2030 年前碳达峰行动方案》有关要求，经国务院同意，现就完善能源绿色低碳转型的体制机制和政策措施提出以下意见。

一、总体要求

（一）指导思想。

以习近平新时代中国特色社会主义思想为指导，全面贯彻党的十九大和十九届历次全会精神，深入贯彻习近平生态文明思想，坚持稳中求进工作总基调，立足新发展阶段，完整、准确、全面贯彻新发展理念，构建新发展格局，深入推动能源消费革命、供给革命、技术革命、体制革命，全方位加强国际合作，从国情实际出发，统筹发展与安全、稳增长和调结构，深化能源领域体制机制改革创新，加快构建清洁低碳、安全高效的能源体系，促进能源高质量发展和经济社会发展全面绿色转型，为科学有序推动如期实现碳达峰、碳中和目标和建设现代化经济体系提供保障。

（二）基本原则。

——坚持系统观念、统筹推进。加强顶层设计，发挥制度优势，处理好发展和减排、整体和局部、短期和中长期的关系，处理好转型各阶段不同能源品种之间的互补、协调、替代关系，推动煤炭和新能源优化组合，统筹推进全国及各地区能源绿色低碳转型。

——坚持保障安全、有序转型。在保障能源安全的前提下有序推进能源绿色低碳转型，先立后破，坚持全国"一盘棋"，加强转型中的风险识别和管控。在加快形成清洁低碳能源可靠供应能力基础上，逐步对化石能源进行安全可靠替代。

——坚持创新驱动、集约高效。完善能源领域创新体系和激励机制，提升关键核心技术创新能力。贯彻节约优先方针，着力降低单位产出资源消耗和碳排放，增强能源系统运行和资源配置效率，提高经济社会综合效益。加快形成减污降碳的激励约束机制。

——坚持市场主导、政府引导。深化能源领域体制改革，充分发挥市场在资源配置中的决定性作用，构建公平开放、有效竞争的能源市场体系。更好发挥政府作用，在规划引领、政策扶持、市场监管等方面加强引导，营造良好的发展环境。

（三）主要目标。

"十四五"时期，基本建立推进能源绿色低碳发展的制度框架，形成比较完善的政策、标准、市场和监管体系，构建以能耗"双控"和非化石能源目标制度为引领的能源绿色低碳转型推进机制。到2030年，基本建立完整的能源绿色低碳发展基本制度和政策体系，形成非化石能源既基本满足能源需求增量又规模化替代化石能源存量、能源安全保障能力得到全面增强的能源生产消费格局。

二、完善国家能源战略和规划实施的协同推进机制

（四）强化能源战略和规划的引导约束作用。以国家能源战略为导向，强化国家能源规划的统领作用，各省（自治区、直辖市）结合国家能源规划部署和当地实际制定本地区能源规划，明确能源绿色低碳转型的目标和任务，在规划编制及实施中加强各能源品种之间、产业链上下游之间、区域之间的协同互济，整体提高能源绿色低碳转型和供应安全保障水平。加强能源规划实施监测评估，健全规划动态调整机制。

（五）建立能源绿色低碳转型监测评价机制。重点监测评价各地区能耗强度、能源消费总量、非化石能源及可再生能源消费比重、能源消费碳排放系数等指标，评估能源绿色低碳转型相关机制、政策的执行情况和实际效果。完善能源绿色低碳发展考核机制，按照国民经济和社会发展规划纲要、年度计划及能源规划等确定的能源相关约束性指标，强化相关考核。鼓励各地区通过区域协作或开展可再生能源电力消纳量交易等方式，满足国家规定的可再生能源消费最低比重等指标要求。

（六）健全能源绿色低碳转型组织协调机制。国家能源委员会统筹协调能源绿色低碳转型相关战略、发展规划、行动方案和政策体系等。建立跨部门、跨区域的能源安全与发展协调机制，协调开展跨省跨区电力、油气等能源输送通道及储备等基础设施和安全体系建设，加强能源领域规划、重大工程与国土空间规划以及生态环境保护等专项规划衔接，及时研究解决实施中的问题。按年度建立能源绿色低碳转型和安全保障重大政策实施、重大工程建设台账，完善督导协调机制。

三、完善引导绿色能源消费的制度和政策体系

（七）完善能耗"双控"和非化石能源目标制度。坚持把节约能源资源放在首位，强化能耗强度降低约束性指标管理，有效增强能源消费总量管理弹性，新增可再生能源和原料用能不纳入能源消费总量控制，合理确定各地区能耗强度降低目标，加强能耗"双控"政策与碳达峰、碳中和目标任务的衔接。逐步建立能源领域碳排放控制机制。制修订重点用能行业单位产品能耗限额强制性国家标准，组织对重点用能企业落实情况进行监督检查。研究制定重点行业、重点产品碳排放核算方法。统筹考虑各地区可再生能源资源状况、开发利用条件和经济发展水平等，将全国可再生能源开发利用中长期总量及最低比重目标科学分解到各省（自治区、直辖市）实施，完善可再生能源电力消纳保障机制。推动地方建立健全用能预算管理制度，探索开展能耗产出效益评价。加强顶层设计和统筹协调，加快建设全国碳排放权交易市场、用能权交易市场、绿色电力交易市场。

（八）建立健全绿色能源消费促进机制。推进统一的绿色产品认证与标识体系建设，建立绿色能源消费认证机制，推动各类社会组织采信认证结果。建立电能替代推广机制，通过完善相关标准等加强对电能替代的技术指导。完善和推广绿色电力证书交易，促进绿色电力消费。鼓励全社会优先使用绿色能源和采购绿色产品及服务，公共机构应当作出表率。各地区应结合本地实际，采用先进能效和绿色能源消费标准，大力宣传节能及绿色消费理念，深入开展绿色生活创建行动。鼓励有条件的地方开展高水平绿色能源消费示范建设，在全社会倡导节约用能。

（九）完善工业领域绿色能源消费支持政策。引导工业企业开展清洁能源替代，降低单位产品碳排放，鼓励具备条件的企业率先形成低碳、零碳能源消费模式。鼓励建设绿色用能产业园区和企业，发展工业绿色微电网，支持在自有场所开发利用清洁低碳能源，建设分布式清洁能源和智慧能源系统，对余热余压余气等综合利用发电减免交叉补贴和系统备用费，完善支持自发自用分布式清洁能源发电的价格政策。在符合电力规划布局和电网安全运行条件的前提下，鼓励通过创新电力输送及运行方式实现可再生能源电力项目就近向产业园区或企业供电，鼓励产业园区或企业通过电力市场购买绿色电力。鼓励新兴重点用能领域以绿色能源为主满足用能需求并对余热余压余气等进行充分利用。

（十）完善建筑绿色用能和清洁取暖政策。提升建筑节能标准，推动超低能耗建筑、低碳建筑规模化发展，推进和支持既有建筑节能改造，积极推广使用绿色建材，健全建筑能耗限额管理制度。完善建筑可再生能源应用标准，鼓励光伏建筑一体化应用，支持利用太阳能、地热能和生物质能等建设可再生能源建筑供能系统。在具备条件的地区推进供热计量改革和供热设施智能化建设，鼓励按热量收费，鼓励电供暖企业和用户通过电力市场获得低谷时段低价电力，综合运用峰谷电价、居民阶梯电价和输配电价机制等予以支持。落实好支持北方地区农村冬季清洁取暖的供气价格政策。

（十一）完善交通运输领域能源清洁替代政策。推进交通运输绿色低碳转型，优化交通运输结构，推行绿色低碳交通设施装备。推行大容量电气化公共交通和电动、氢能、先进生物液体燃料、天然气等清洁能源交通工具，完善充换电、加氢、加气（LNG）站点布局及服务设施，降低交通运输领域清洁能源用能成本。对交通供能场站布局和建设在土地空间等方面予以支持，开展多能融合交通供能场站建设，推进新能源汽车与电网能量互动试点示范，推动车桩、船岸协同发展。对利用铁路沿线、高速公路服务区等建设新能源设施的，鼓励对同一省级区域内的项目统一规划、统一实施、统一核准（备案）。

四、建立绿色低碳为导向的能源开发利用新机制

（十二）建立清洁低碳能源资源普查和信息共享机制。结合资源禀赋、土地用途、生态保护、国土空间规划等情况，以市（县）级行政区域为基本单元，全面开展全国清洁低碳能源资源详细勘查和综合评价，精准识别可开发清洁低碳能源资源并进行数据整合，完善并动态更新全国清洁低碳能源资源数据库。加强与国土空间基础信息平台的衔接，及时将各类清洁低碳能源资源分布等空间信息纳入同级国土空间基础信息平台和国土空间规划"一张图"，并以适当方式与地方各级政府、企业、行业协会和研究机构等共享。提高可再生能源相关气象观测、资源评价以及预测预报技术能力，为可再生能源资源普查、项目开发和电力系统运行提供支撑。构建国家能源基础信息及共享平台，整合能源全产业链信息，推动能源领域数字经济发展。

（十三）推动构建以清洁低碳能源为主体的能源供应体系。以沙漠、戈壁、荒漠地区为重点，加快推进大型风电、光伏发电基地建设，对区域内现有煤电机组进行升级改造，探索建立送受两端协同为新能源电力输送提供调节的机制，支持新能源电力能建尽建、能并尽并、能发尽发。各地区按照国家能源战略和规划及分领域规划，统筹考虑本地区能源需求和清洁低碳能源资源等情况，在省级能源规划总体框架下，指导并组织制定市（县）级清洁低碳能源开发利用、区域能源供应相关实施方案。各地区应当统筹考本地区能源需求及可开发资源量等，按就近原则优先开发利用本地清洁低碳能源资源，根据需要积极引入区域外的清洁低碳能源，形成优先通过清洁低碳能源满足新增用能需求并逐渐替代存量化石能源的能源生产消费格局。鼓励各地区建设多能互补、就近平衡、以清洁低碳能源为主体的新型能源系统。

（十四）创新农村可再生能源开发利用机制。在农村地区优先支持屋顶分布式光伏发电以及沼气发电等生物质能发电接入电网，电网企业等应当优先收购其发电量。鼓励利用农村地区适宜分散开发风电、光伏发电的土地，探索统一规划、分散布局、农企合作、利益共享的可再生能源项目投资经营模式。鼓励农村集体经济组织依法以土地使用权入股、联营等方式与专业化企业共同投资经营可再生能源发电项目，鼓励金融机构按照市场化、法治化原则为可再生能源发电项目提供融资支持。加大对农村电网建设的支持力度，组织电网企业完善农村电网。加强农村电网技术、运行和电力交易方式创新，支持新能源电力就近交易，为农村公益性和生活用能以及乡村振兴相关产业提供低成本绿色能源。完善规模化沼气、生物天然气、成型燃料等生物质能和地热能开发利用扶持政策和保障机制。

（十五）建立清洁低碳能源开发利用的国土空间管理机制。围绕做好碳达峰碳中和工作，统筹考虑清洁低碳能源开发以及能源输送、储存等基础设施用地用海需求。完善能源项目建设用地分类指导政策，调整优化可再生能源开发用地用海要求，制定利用沙漠、戈壁、荒漠土地建设可再生能源发电工程的土地支持政策，完善核电、抽水蓄能厂（场）址保护制度并在国土空间规划中予以保障，在国土空间规划中统筹考虑输电通道、油气管道走廊用地需求，建立健全土地相关信息共享与协同管理机制。严格依法规范能源开发涉地（涉海）税费征收。符合条件的海上风电等可再生能源项目可按规定申请减免海域使用金。鼓励在风电等新能源开发建设中推广应用节地技术和节地模式。

五、完善新型电力系统建设和运行机制

（十六）加强新型电力系统顶层设计。推动电力来源清洁化和终端能源消费电气化，适应新能源电力发展需要制定新型电力系统发展战略和总体规划，鼓励各类企业等主体积极参与新型电力系统建设。对现有电力系统进行绿色低碳发展适应性评估，在电网架构、电源结构、源网荷储协调、数字化智能化运行控制等方面提升技术和优化系统。加强新型电力系统基础理论研究，推动关键核心技术突破，研究制定新型电力系统相关标准。推动互联网、数字化、智能化技术与电力系统融合发展，推动新技术、新业态、新模式发展，构建智慧能源体系。加强新型电力系统技术体系建设，开展相关技术试点和区域示范。

（十七）完善适应可再生能源局域深度利用和广域输送的电网体系。整体优化输电网络和电力系统运行，提升对可再生能源电力的输送和消纳能力。通过电源配置和运行优化调整尽可能增加存量输电通道输送可再生能源电量，明确最低比重指标并进行考核。统筹布局以送出可再生能源电力为主的大型电力基地，在省级电网及以上范围优化配置调节性资源。完善相关省（自治区、直辖市）政府间协议与电力市场相结合的可再生能源电力输送和消纳协同机制，加强省际、区域间电网互联互通，进一步完善跨省跨区电价形成机制，促进可再生能源在更大范围消纳。大力推进高比例容纳分布式新能源电力的智能配电网建设，鼓励建设源网荷储一体化、多能互补的智慧能源系统和微电网。电网企业应提升新能源电力接纳能力，动态公布经营区域内可接纳新能源电力的容量信息并提供查询服务，依法依规将符合规划和安全生产条件的新能源发电项目和分布式发电项目接入电网，做到应并尽并。

（十八）健全适应新型电力系统的市场机制。建立全国统一电力市场体系，加快电力辅助服务市场建设，推动重点区域电力现货市场试点运行，完善电力中长期、现货和辅助服务交易有机衔接机制，探索容量市场交易机制，深化输配电等重点领域改革，通过市场化方式促进电力绿色低碳发展。完善有利于可再生能源优先利用的电力交易机制，开展绿色电力交易试点，鼓励新能源发电主体与电力用户或售电公司等签订长期购售电协议。支持微电网、分布式电源、储能和负荷聚合商等新兴市场主体独立参与电力交易。积极推进分布式发电市场化交易，支持分布式发电（含电储能、电动车船等）与同一配电网内的电力用户通过电力交易平台就近进行交易，电网企业（含增量配电网企业）提供输电、计量和交易结算等技术支持，完善支持分布式发电市场化交易的价格政策及市场规则。完善支持储能应用的电价政策。

（十九）完善灵活性电源建设和运行机制。全面实施煤电机组灵活性改造，完善煤电机组最小出力技术标准，科学核定煤电机组深度调峰能力；因地制宜建设既满足电力运行调峰需要、又对天然气消费季节差具有调节作用的天然气"双调峰"电站；积极推动流域控制性调节水库建设和常规水电站扩机增容，加快建设抽水蓄能电站，探索中小型抽水蓄能技术应用，推行梯级水电储能；发挥太阳能热发电的调节作用，开展废弃矿井改造储能等新型储能项目研究示范，逐步扩大新型储能应用。全面推进企业自备电厂参与电力系统调节，鼓励工业企业发挥自备电厂调节能力就近利用新能源。完善支持灵活性煤电机组、天然气调峰机组、水电、太阳能热发电和储能等调节性电源运行的价格补偿机制。鼓励新能源发电基地提升自主调节能力，探索一体化参与电力系统运行。完善抽水蓄能、新型储能参与电力市场的机制，更好发挥相关设施调节作用。

（二十）完善电力需求响应机制。推动电力需求响应市场化建设，推动将需求侧可调节资源纳入电力电量平衡，发挥需求侧资源削峰填谷、促进电力供需平衡和适应新能源电力运行的作用。拓宽电力需求响应实施范围，通过多种方式挖掘各类需求侧资源并组织其参与需求响应，支持用户侧储能、电动汽车充电设施、分布式发电等用户侧可调节资源，以及负荷聚合商、虚拟电厂运营商、综合能源服务商等参与电力市场交易和系统运行调节。明确用户侧储能安全发展的标准要求，加强安全监管。加快推进需求响应市场化建设，探索建立以市场为主的需求响应补偿机制。全面调查评价需求响应资源并建立分级分类清单，形成动态的需求响应资源库。

（二十一）探索建立区域综合能源服务机制。探索同一市场主体运营集供电、供热（供冷）、供气为一体的多能互补、多能联供区域综合能源系统，鼓励地方采取招标等竞争性方式选择区域综合能源服务投资经营主体。鼓励增量配电网通过拓展区域内分布式清洁能源、接纳区域外可再生能源等提高清洁能源比重。公共电网企业、燃气供应企业应为综合能源服务运营企业提供可靠能源供应，并做好配套设施运行衔接。鼓励提升智慧能源协同服务水平，强化共性技术的平台化服务及商业模式创新，充分依托已有设施，在确保能源数据信息安全的前提下，加强数据资源开放共享。

六、完善化石能源清洁高效开发利用机制

（二十二）完善煤炭清洁开发利用政策。立足以煤为主的基本国情，按照能源不同发展阶段，发挥好煤炭在能源供应保障中的基础作用。建立煤矿绿色发展长效机制，优化煤炭产能布局，加大煤矿"上大压小、增优汰劣"力度，大力推动煤炭清洁高效利用。制定矿井优化系统支持政策，完善绿色智能煤矿建设标准体系，健全煤矿智能化技术、装备、人才发展支持政策体系。完善煤矸石、矿井水、煤矿井下抽采瓦斯等资源综合利用及矿区生态治理与修复支持政策，加大力度支持煤矿充填开采技术推广应用，鼓励利用废弃矿区开展新能源及储能项目开发建设。依法依规加快办理绿色智能煤矿等优质产能和保供煤矿的环保、用地、核准、采矿等相关手续。科学评估煤炭企业产量减少和关闭退出的影响，研究完善煤炭企业退出和转型发展以及从业人员安置等扶持政策。

（二十三）完善煤电清洁高效转型政策。在电力安全保供的前提下，统筹协调有序控煤减煤，推动煤电向基础保障性和系统调节性电源并重转型。按照电力系统安全稳定运行和保供需要，加强煤电机组与非化石能源发电、天然气发电及储能的整体协同。推进煤电机组节能提效、超低排放升级改造，根据能源发展和安全保供需要合理建设先进煤电机组。充分挖掘现有大型热电联产企业供热潜力，鼓励在合理供热半径内的存量凝汽式煤电机组实施热电联产改造，在允许燃煤供热的区域鼓励建设燃煤背压供热机组，探索开展煤电机组抽汽蓄能改造。有序推动落后煤电机组关停整合，加大燃煤锅炉淘汰力度。原则上不新增企业燃煤自备电厂，推动燃煤自备机组公平承担社会责任，加大燃煤自备机组节能减排力度。支持利用退役火电机组的既有厂址和相关设施建设新型储能设施或改造为同步调相机。完善火电领域二氧化碳捕集利用与封存技术研发和试验示范项目支持政策。

（二十四）完善油气清洁高效利用机制。提升油气田清洁高效开采能力，推动炼化行业转型升级，加大减污降碳协同力度。完善油气与地热能以及风能、太阳能等能源资源协同开发机制，鼓励油气企业利用自有建设用地发展可再生能源和建设分布式能源设施，在油气田区域内建设多能融合的区域供能系统。持续推动油气管网公平开放并完善接入标准，梳理天然气供气环节并减少供气层级，在满足安全和质量标准等前提下，支持生物燃料乙醇、生物柴油、生物天然气等清洁燃料接入油气管网，探索输气管道掺氢输送、纯氢管道输送、液氢运输等高效输氢方式。鼓励传统加油站、加气站建设油气电氢一体化综合交通能源服务站。加强二氧化碳捕集利用与封存技术推广示范，扩大二氧化碳驱油技术应用，探索利用油气开采形成地下空间封存二氧化碳。

七、健全能源绿色低碳转型安全保供体系

（二十五）健全能源预测预警机制。加强全国以及分级分类的能源生产、供应和消费信息系统建设，建立跨部门跨区域能源安全监测预警机制，各省（自治区、直辖市）要建立区域能源综合监测体系，电网、油气管网及重点能源供应企业要完善经营区域能源供应监测平台并及时向主管部门报送相关信息。加强能源预测预警的监测评估能力建设，建立涵盖能源、应急、气象、水利、地质等部门的极端天气联合应对机制，提高预测预判和灾害防御能力。健全能源供应风险应对机制，完善极端情况下能源供应应急预案和应急状态下的协同调控机制。

（二十六）构建电力系统安全运行和综合防御体系。各类发电机组运行要严格遵守《电网调度管理条例》等法律法规和技术规范，建立煤电机组退出审核机制，承担支持电力系统运行和保供任务的煤电机组未经许可不得退出运行，可根据机组性能和电力系统运行需要经评估后转为应急备用机组。建立各级电力规划安全评估制度，健全各类电源并网技术标准，从源头管控安全风险。完善电力电量平衡管理，制定年度电力系统安全保供方案。建立电力企业与燃料供应企业、管输企业的信息共享与应急联动机制，确保极端情况下能源供应。建立重要输电通道跨部门联防联控机制，提升重要输电通

道运行安全保障能力。建立完善负荷中心和特大型城市应急安全保障电源体系。完善电力监控系统安全防控体系，加强电力行业关键信息基础设施安全保护。严格落实地方政府、有关电力企业的电力安全生产和供应保障主体责任，统筹协调推进电力应急体系建设，强化新型储能设施等安全事故防范和处置能力，提升本质安全水平。健全电力应急保障体系，完善电力应急制度、标准和预案。

（二十七）健全能源供应保障和储备应急体系。统筹能源绿色低碳转型和能源供应安全保障，提高适应经济社会发展以及各种极端情况的能源供应保障能力，优化能源储备设施布局，完善煤电油气供应保障协调机制。加快形成政府储备、企业社会责任储备和生产经营库存有机结合、互为补充，实物储备、产能储备和其他储备方式相结合的石油储备体系。健全煤炭产品、产能储备和应急储备制度，完善应急调峰产能、可调节库存和重点电厂煤炭储备机制，建立以企业为主体、市场化运作的煤炭应急储备体系。建立健全地方政府、供气企业、管输企业、城镇燃气企业各负其责的多层次天然气储气调峰和应急体系。制定煤制油气技术储备支持政策。完善煤炭、石油、天然气产供储销体系，探索建立氢能产供储销体系。按规划积极推动流域龙头水库电站建设，提升水库储能、运行调节和应急调用能力。

八、建立支撑能源绿色低碳转型的科技创新体系

（二十八）建立清洁低碳能源重大科技协同创新体系。建设并发挥好能源领域国家实验室作用，形成以国家战略科技力量为引领、企业为主体、市场为导向、产学研用深度融合的能源技术创新体系，加快突破一批清洁低碳能源关键技术。支持行业龙头企业联合高等院校、科研院所和行业上下游企业共建国家能源领域研发创新平台，推进各类科技力量资源共享和优化配置。围绕能源领域相关基础零部件及元器件、基础软件、基础材料、基础工艺等关键技术开展联合攻关，实施能源重大科技协同创新研究。加强新型储能相关安全技术研发，完善设备设施、规划布局、设计施工、安全运行等方面技术标准规范。

（二十九）建立清洁低碳能源产业链供应链协同创新机制。推动构建以需求端技术进步为导向、产学研用深度融合、上下游协同、供应链协作的清洁低碳能源技术创新促进机制。依托大型新能源基地等重大能源工程，推进上下游企业协同开展先进技术装备研发、制造和应用，通过工程化集成应用形成先进技术及产业化能力。加快纤维素等非粮生物燃料乙醇、生物航空煤油等先进可再生能源燃料关键技术协同攻关及产业化示范。推动能源电子产业高质量发展，促进信息技术及产品与清洁低碳能源融合创新，加快智能光伏创新升级。依托现有基础完善清洁低碳能源技术创新服务平台，推动研发设计、计量测试、检测认证、知识产权服务等科技服务业与清洁低碳能源产业链深度融合。建立清洁低碳能源技术成果评价、转化和推广机制。

（三十）完善能源绿色低碳转型科技创新激励政策。探索以市场化方式吸引社会资本支持资金投入大、研究难度高的战略性清洁低碳能源技术研发和示范项目。采取"揭榜挂帅"等方式组织重大关键技术攻关，完善支持首台（套）先进重大能源技术装备示范应用的政策，推动能源领域重大技术装备推广应用。强化国有能源企业节能低碳相关考核，推动企业加大能源技术创新投入，推广应用新技术，提升技术水平。

九、建立支撑能源绿色低碳转型的财政金融政策保障机制

（三十一）完善支持能源绿色低碳转型的多元化投融资机制。加大对清洁低碳能源项目、能源供应安全保障项目投融资支持力度。通过中央预算内投资统筹支持能源领域对碳减排贡献度高的项目，将符合条件的重大清洁低碳能源项目纳入地方政府专项债券支持范围。国家绿色发展基金和现有低碳转型相关基金要将清洁低碳能源开发利用、新型电力系统建设、化石能源企业绿色低碳转型等作为重点支持领域。推动清洁低碳能源相关基础设施项目开展市场化投融资，研究将清洁低碳能源项目纳入基础设施领域不动产投资信托基金（REITs）试点范围。中央财政资金进一步向农村能源建设倾斜，利用现有资金渠道支持农村能源供应基础设施建设、北方地区冬季清洁取暖、建筑节能等。

（三十二）完善能源绿色低碳转型的金融支持政策。探索发展清洁低碳能源行业供应链金融。完善清洁低碳能源行业企业贷款审批流程和评级方法，充分考虑相关产业链长期成长性及对碳达峰、碳中和的贡献。创新适应清洁低碳能源特点的绿色金融产品，鼓励符合条件的企业发行碳中和债等绿色债券，引导金融机构加大对具有显著碳减排效益项目的支持；鼓励发行可持续发展挂钩债券等，支持化石能源企业绿色低碳转型。探索推进能源基础信息应用，为金融支持能源绿色低碳转型提供信息服务支撑。鼓励能源企业践行绿色发展理念，充分披露碳排放相关信息。

十、促进能源绿色低碳转型国际合作

（三十三）促进"一带一路"绿色能源合作。鼓励金融产品和服务创新，支持"一带一路"清洁低碳能源开发利用。推进"一带一路"绿色能源务实合作，探索建立清洁低碳能源产业链上下游企业协同发展合作机制。引导企业开展清洁低碳能源领域对外投资，在相关项目开展中注重资源节约、环境保护和安全生产。推动建设能源合作最佳实践项目。依法依规管理碳排放强度高的产品生产、流通和出口。

（三十四）积极推动全球能源治理中绿色低碳转型发展合作。建设和运营好"一带一路"能源合作伙伴关系和国际能源变革论坛等，力争在全球绿色低碳转型进程中发挥更好作用。依托中国—阿盟、中国—非盟、中国—东盟、中国—中东欧、亚太经合组织（APEC）可持续能源中心等合作平台，持续支持可再生能源、电力、核电、氢能等清洁低碳能源相关技术人才合作培养，开展能力建设、政策、规划、标准对接和人才交流。提升与国际能源署（IEA）、国际可再生能源署（IRENA）等国际组织的合作水平，积极参与并引导在联合国、二十国集团（G20）、APEC、金砖国家、上合组织等多边框架下的能源绿色低碳转型合作。

（三十五）充分利用国际要素助力国内能源绿色低碳发展。落实鼓励外商投资产业目录，完善相关支持政策，吸引和引导外资投入清洁低碳能源产业领域。完善鼓励外资融入我国清洁低碳能源产业创新体系的激励机制，严格知识产权保护。加强绿色电力认证国际合作，倡议建立国际绿色电力证书体系，积极引导和参与绿色电力证书核发、计量、交易等国际标准研究制定。推动建立中欧能源技术创新合作平台等清洁低碳能源技术创新国际合作平台，支持跨国企业在华设立清洁低碳能源技术联合研发中心，促进清洁低碳、脱碳无碳领域联合攻关创新与示范应用。

十一、完善能源绿色低碳发展相关治理机制

（三十六）健全能源法律和标准体系。加强能源绿色低碳发展法制建设，修订和完善能源领域法律制度，健全适应碳达峰碳中和工作需要的能源法律制度体系。增强相关法律法规的针对性和有效性，全面清理现行能源领域法律法规中与碳达峰碳中和工作要求不相适应的内容。健全清洁低碳能源相关标准体系，加快研究和制修订清洁高效火电、可再生能源发电、核电、储能、氢能、清洁能源供热以及新型电力系统等领域技术标准和安全标准。推动太阳能发电、风电等领域标准国际化。鼓励各地区和行业协会、企业等依法制定更加严格的地方标准、行业标准和企业标准。制定能源领域绿色低碳产业指导目录，建立和完善能源绿色低碳转型相关技术标准及相应的碳排放量、碳减排量等核算标准。

（三十七）深化能源领域"放管服"改革。持续推动简政放权，继续下放或取消非必要行政许可事项，进一步优化能源领域营商环境，增强市场主体创新活力。破除制约市场竞争的各类障碍和隐性壁垒，落实市场准入负面清单制度，支持各类市场主体依法平等进入负面清单以外的能源领域。优化清洁低碳能源项目核准和备案流程，简化分布式能源投资项目管理程序。创新综合能源服务项目建设管理机制，鼓励各地区依托全国投资项目在线审批监管平台建立综合能源服务项目多部门联审机制，实行一窗受理、并联审批。

（三十八）加强能源领域监管。加强对能源绿色低碳发展相关能源市场交易、清洁低碳能源利用等监管，维护公平公正的能源市场秩序。稳步推进能源领域自然垄断行业改革，加强对有关企业在规划落实、公平开放、运行调度、服务价格、社会责任等方面的监管。健全对电网、油气管网等自然垄断环节企业的考核机制，重点考核有关企业履行能源供应保障、科技创新、生态环保等职责情况。创新对综合能源服务、新型储能、智慧能源等新产业新业态监管方式。

国家发展改革委

国家能源局

2022 年 1 月 30 日

5-9 碳排放权交易管理暂行条例

（2024 年 1 月 25 日国务院令第 775 号公布）

第一条 为了规范碳排放权交易及相关活动，加强对温室气体排放的控制，积极稳妥推进碳达峰碳中和，促进经济社会绿色低碳发展，推进生态文明建设，制定本条例。

第二条 本条例适用于全国碳排放权交易市场的碳排放权交易及相关活动。

第三条 碳排放权交易及相关活动的管理，应当坚持中国共产党的领导，贯彻党和国家路线方针政策和决策部署，坚持温室气体排放控制与经济社会发展相适应，坚持政府引导与市场调节相结合，遵循公开、公平、公正的原则。

国家加强碳排放权交易领域的国际合作与交流。

第四条 国务院生态环境主管部门负责碳排放权交易及相关活动的监督管理工作。国务院有关部门按照职责分工，负责碳排放权交易及相关活动的有关监督管理工作。

地方人民政府生态环境主管部门负责本行政区域内碳排放权交易及相关活动的监督管理工作。地方人民政府有关部门按照职责分工，负责本行政区域内碳排放权交易及相关活动的有关监督管理工作。

第五条 全国碳排放权注册登记机构按照国家有关规定，负责碳排放权交易产品登记，提供交易结算等服务。全国碳排放权交易机构按照国家有关规定，负责组织开展碳排放权集中统一交易。登记和交易的收费应当合理，收费项目、收费标准和管理办法应当向社会公开。

全国碳排放权注册登记机构和全国碳排放权交易机构应当按照国家有关规定，完善相关业务规则，建立风险防控和信息披露制度。

国务院生态环境主管部门会同国务院市场监督管理部门、中国人民银行和国务院银行业监督管理机构，对全国碳排放权注册登记机构和全国碳排放权交易机构进行监督管理，并加强信息共享和执法协作配合。

碳排放权交易应当逐步纳入统一的公共资源交易平台体系。

第六条 碳排放权交易覆盖的温室气体种类和行业范围，由国务院生态环境主管部门会同国务院发展改革等有关部门根据国家温室气体排放控制目标研究提出，报国务院批准后实施。

碳排放权交易产品包括碳排放配额和经国务院批准的其他现货交易产品。

第七条 纳入全国碳排放权交易市场的温室气体重点排放单位（以下简称重点排放单位）以及符合国家有关规定的其他主体，可以参与碳排放权交易。

生态环境主管部门、其他对碳排放权交易及相关活动负有监督管理职责的部门（以下简称其他负有监督管理职责的部门）、全国碳排放权注册登记机构、全国碳排放权交易机构以及本条例规定的技术服务机构的工作人员，不得参与碳排放权交易。

第八条 国务院生态环境主管部门会同国务院有关部门，根据国家温室气体排放控制目标，制定重点排放单位的确定条件。省、自治区、直辖市人民政府（以下统称省级人民政府）生态环境主管部门会同同级有关部门，按照重点排放单位的确定条件制定本行政区域年度重点排放单位名录。

重点排放单位的确定条件和年度重点排放单位名录应当向社会公布。

第九条 国务院生态环境主管部门会同国务院有关部门，根据国家温室气体排放控制目标，综合考虑经济社会发展、产业结构调整、行业发展阶段、历史排放情况、市场调节需要等因素，制定年度碳排放配额总量和分配方案，并组织实施。碳排放配额实行免费分配，并根据国家有关要求逐步推行免费和有偿相结合的分配方式。

省级人民政府生态环境主管部门会同同级有关部门，根据年度碳排放配额总量和分配方案，向本行政区域内的重点排放单位发放碳排放配额，不得违反年度碳排放配额总量和分配方案发放或者调剂碳排放配额。

第十条　依照本条例第六条、第八条、第九条的规定研究提出碳排放权交易覆盖的温室气体种类和行业范围、制定重点排放单位的确定条件以及年度碳排放配额总量和分配方案，应当征求省级人民政府、有关行业协会、企业事业单位、专家和公众等方面的意见。

第十一条　重点排放单位应当采取有效措施控制温室气体排放，按照国家有关规定和国务院生态环境主管部门制定的技术规范，制定并严格执行温室气体排放数据质量控制方案，使用依法经计量检定合格或者校准的计量器具开展温室气体排放相关检验检测，如实准确统计核算本单位温室气体排放量，编制上一年度温室气体排放报告（以下简称年度排放报告），并按照规定将排放统计核算数据、年度排放报告报送其生产经营场所所在地省级人民政府生态环境主管部门。

重点排放单位应当对其排放统计核算数据、年度排放报告的真实性、完整性、准确性负责。

重点排放单位应当按照国家有关规定，向社会公开其年度排放报告中的排放量、排放设施、统计核算方法等信息。年度排放报告所涉数据的原始记录和管理台账应当至少保存 5 年。

重点排放单位可以委托依法设立的技术服务机构开展温室气体排放相关检验检测、编制年度排放报告。

第十二条　省级人民政府生态环境主管部门应当对重点排放单位报送的年度排放报告进行核查，确认其温室气体实际排放量。核查工作应当在规定的时限内完成，并自核查完成之日起 7 个工作日内向重点排放单位反馈核查结果。核查结果应当向社会公开。

省级人民政府生态环境主管部门可以通过政府购买服务等方式，委托依法设立的技术服务机构对年度排放报告进行技术审核。重点排放单位应当配合技术服务机构开展技术审核工作，如实提供有关数据和资料。

第十三条　接受委托开展温室气体排放相关检验检测的技术服务机构，应当遵守国家有关技术规程和技术规范要求，对其出具的检验检测报告承担相应责任，不得出具不实或者虚假的检验检测报告。重点排放单位应当按照国家有关规定制作和送检样品，对样品的代表性、真实性负责。

接受委托编制年度排放报告、对年度排放报告进行技术审核的技术服务机构，应当按照国家有关规定，具备相应的设施设备、技术能力和技术人员，建立业务质量管理制度，独立、客观、公正开展相关业务，对其出具的年度排放报告和技术审核意见承担相应责任，不得篡改、伪造数据资料，不得使用虚假的数据资料或者实施其他弄虚作假行为。年度排放报告编制和技术审核的具体管理办法由国务院生态环境主管部门会同国务院有关部门制定。

技术服务机构在同一省、自治区、直辖市范围内不得同时从事年度排放报告编制业务和技术审核业务。

第十四条　重点排放单位应当根据省级人民政府生态环境主管部门对年度排放报告的核查结果，按照国务院生态环境主管部门规定的时限，足额清缴其碳排放配额。

重点排放单位可以通过全国碳排放权交易市场购买或者出售碳排放配额，其购买的碳排放配额可以用于清缴。

重点排放单位可以按照国家有关规定，购买经核证的温室气体减排量用于清缴其碳排放配额。

第十五条　碳排放权交易可以采取协议转让、单向竞价或者符合国家有关规定的其他现货交易方式。

禁止任何单位和个人通过欺诈、恶意串通、散布虚假信息等方式操纵全国碳排放权交易市场或者扰乱全国碳排放权交易市场秩序。

第十六条　国务院生态环境主管部门建立全国碳排放权交易市场管理平台，加强对碳排放配额分配、清缴以及重点排放单位温室气体排放情况等的全过程监督管理，并与国务院有关部门实现信息共享。

第十七条　生态环境主管部门和其他负有监督管理职责的部门，可以在各自职责范围内对重点排放单位等交易主体、技术服务机构进行现场检查。

生态环境主管部门和其他负有监督管理职责的部门进行现场检查，可以采取查阅、复制相关资料，查询、检查相关信息系统等措施，并可以要求有关单位和个人就相关事项作出说明。被检查者应当如实反映情况、提供资料，不得拒绝、阻碍。

进行现场检查，检查人员不得少于 2 人，并应当出示执法证件。检查人员对检查中知悉的国家秘密、商业秘密，依法负有保密义务。

第十八条 任何单位和个人对违反本条例规定的行为，有权向生态环境主管部门和其他负有监督管理职责的部门举报。接到举报的部门应当依法及时处理，按照国家有关规定向举报人反馈处理结果，并为举报人保密。

第十九条 生态环境主管部门或者其他负有监督管理职责的部门的工作人员在碳排放权交易及相关活动的监督管理工作中滥用职权、玩忽职守、徇私舞弊的，应当依法给予处分。

第二十条 生态环境主管部门、其他负有监督管理职责的部门、全国碳排放权注册登记机构、全国碳排放权交易机构以及本条例规定的技术服务机构的工作人员参与碳排放权交易的，由国务院生态环境主管部门责令依法处理持有的碳排放配额等交易产品，没收违法所得，可以并处所交易碳排放配额等产品的价款等值以下的罚款；属于国家工作人员的，还应当依法给予处分。

第二十一条 重点排放单位有下列情形之一的，由生态环境主管部门责令改正，处 5 万元以上 50 万元以下的罚款；拒不改正的，可以责令停产整治：

（一）未按照规定制定并执行温室气体排放数据质量控制方案；

（二）未按照规定报送排放统计核算数据、年度排放报告；

（三）未按照规定向社会公开年度排放报告中的排放量、排放设施、统计核算方法等信息；

（四）未按照规定保存年度排放报告所涉数据的原始记录和管理台账。

第二十二条 重点排放单位有下列情形之一的，由生态环境主管部门责令改正，没收违法所得，并处违法所得 5 倍以上 10 倍以下的罚款；没有违法所得或者违法所得不足 50 万元的，处 50 万元以上 200 万元以下的罚款；对其直接负责的主管人员和其他直接责任人员处 5 万元以上 20 万元以下的罚款；拒不改正的，按照 50% 以上 100% 以下的比例核减其下一年度碳排放配额，可以责令停产整治：

（一）未按照规定统计核算温室气体排放量；

（二）编制的年度排放报告存在重大缺陷或者遗漏，在年度排放报告编制过程中篡改、伪造数据资料，使用虚假的数据资料或者实施其他弄虚作假行为；

（三）未按照规定制作和送检样品。

第二十三条 技术服务机构出具不实或者虚假的检验检测报告的，由生态环境主管部门责令改正，没收违法所得，并处违法所得 5 倍以上 10 倍以下的罚款；没有违法所得或者违法所得不足 2 万元的，处 2 万元以上 10 万元以下的罚款；情节严重的，由负责资质认定的部门取消其检验检测资质。

技术服务机构出具的年度排放报告或者技术审核意见存在重大缺陷或者遗漏，在年度排放报告编制或者对年度排放报告进行技术审核过程中篡改、伪造数据资料，使用虚假的数据资料或者实施其他弄虚作假行为的，由生态环境主管部门责令改正，没收违法所得，并处违法所得 5 倍以上 10 倍以下的罚款；没有违法所得或者违法所得不足 20 万元的，处 20 万元以上 100 万元以下的罚款；情节严重的，禁止其从事年度排放报告编制和技术审核业务。

技术服务机构因本条第一款、第二款规定的违法行为受到处罚的，对其直接负责的主管人员和其他直接责任人员处 2 万元以上 20 万元以下的罚款，5 年内禁止从事温室气体排放相关检验检测、年度排放报告编制和技术审核业务；情节严重的，终身禁止从事前述业务。

第二十四条 重点排放单位未按照规定清缴其碳排放配额的，由生态环境主管部门责令改正，处未清缴的碳排放配额清缴时限前 1 个月市场交易平均成交价格 5 倍以上 10 倍以下的罚款；拒不改正的，按照未清缴的碳排放配额等量核减其下一年度碳排放配额，可以责令停产整治。

第二十五条 操纵全国碳排放权交易市场的，由国务院生态环境主管部门责令改正，没收违法所得，并处违法所得 1 倍以上 10 倍以下的罚款；没有违法所得或者违法所得不足 50 万元的，处 50 万元以上 500 万元以下的罚款。单位因前述违法行为受到处罚的，对其直接负责的主管人员和其他直接责任人员给予警告，并处 10 万元以上 100 万元以下的罚款。

扰乱全国碳排放权交易市场秩序的，由国务院生态环境主管部门责令改正，没收违法所得，并处违法所得 1 倍以上 10 倍以下的罚款；没有违法所得或者违法所得不足 10 万元的，处 10 万元以上 100 万元以下的罚款。单位因前述违法行为受到处罚的，对其直接负责的主管人员和其他直接责任人员给予警告，并处 5 万元以上 50 万元以下的罚款。

第二十六条　拒绝、阻碍生态环境主管部门或者其他负有监督管理职责的部门依法实施监督检查的，由生态环境主管部门或者其他负有监督管理职责的部门责令改正，处 2 万元以上 20 万元以下的罚款。

第二十七条　国务院生态环境主管部门会同国务院有关部门建立重点排放单位等交易主体、技术服务机构信用记录制度，将重点排放单位等交易主体、技术服务机构因违反本条例规定受到行政处罚等信息纳入国家有关信用信息系统，并依法向社会公布。

第二十八条　违反本条例规定，给他人造成损害的，依法承担民事责任；构成违反治安管理行为的，依法给予治安管理处罚；构成犯罪的，依法追究刑事责任。

第二十九条　对本条例施行前建立的地方碳排放权交易市场，应当参照本条例的规定健全完善有关管理制度，加强监督管理。

本条例施行后，不再新建地方碳排放权交易市场，重点排放单位不再参与相同温室气体种类和相同行业的地方碳排放权交易市场的碳排放权交易。

第三十条　本条例下列用语的含义：

（一）温室气体，是指大气中吸收和重新放出红外辐射的自然和人为的气态成分，包括二氧化碳、甲烷、氧化亚氮、氢氟碳化物、全氟化碳、六氟化硫和三氟化氮。

（二）碳排放配额，是指分配给重点排放单位规定时期内的二氧化碳等温室气体的排放额度。1 个单位碳排放配额相当于向大气排放 1 吨的二氧化碳当量。

（三）清缴，是指重点排放单位在规定的时限内，向生态环境主管部门缴纳等同于其经核查确认的上一年度温室气体实际排放量的碳排放配额的行为。

第三十一条　重点排放单位消费非化石能源电力的，按照国家有关规定对其碳排放配额和温室气体排放量予以相应调整。

第三十二条　国务院生态环境主管部门会同国务院民用航空等主管部门可以依照本条例规定的原则，根据实际需要，结合民用航空等行业温室气体排放控制的特点，对民用航空等行业的重点排放单位名录制定、碳排放配额发放与清缴、温室气体排放数据统计核算和年度排放报告报送与核查等制定具体管理办法。

第三十三条　本条例自 2024 年 5 月 1 日起施行。

5-10　国家发展改革委　财政部　国家能源局关于享受中央政府补贴的绿电项目参与绿电交易有关事项的通知

（发改体改〔2023〕75 号，2023 年 2 月 10 日国家发展改革委、财政部、国家能源局发布）

国家电网有限公司、中国南方电网有限责任公司：

推进享受国家可再生能源补贴的绿电项目参与绿电交易是更好满足市场对绿电需求的现实需要，是推动能源绿色低碳转型的重要举措，是有效减轻国家可再生能源补贴发放压力的重要途径。为进一步完善绿电交易机制和政策，稳妥推进享受国家可再生能源补贴的绿电项目参与绿电交易，更好实现绿色电力环境价值，现就有关事项通知如下：

一、稳步推进享受国家可再生能源补贴的绿电项目参与绿电交易。扩大绿电参与市场规模，在推动平价可再生能源项目全部参与绿电交易的基础上，稳步推进享受国家可再生能源补贴的绿电项目参与绿电交易。享受国家可再生能源补贴的绿色电力，参与绿电交易时高于项目所执行的煤电基准电价的溢价收益等额冲抵国家可再生能源补贴或归国家所有；发电企业放弃补贴的，参与绿电交易的全部收益归发电企业所有。

二、由国家保障性收购的绿色电力可统一参加绿电交易或绿证交易。由电网企业依照有关政策法规要求保障性收购并享受国家可再生能源补贴的绿色电力，可由电网企业统一参加绿电交易，或由承担可再生能源发展结算服务的机构将对应的绿证统一参加绿证交易。交易方式包括双边、挂牌以及集中竞价等，初期以双边和挂牌方式为主。上述绿电交易产生的溢价收益及对应的绿证交易收益等额冲抵国家可再生能源补贴或归国家所有。

三、参与电力市场交易的绿色电力由项目单位自行参加绿电交易或绿证交易。不再由电网企业保障收购、或由项目单位自主选择参加电力市场的带补贴绿色电力，可直接参与绿电交易，也可参与电力交易（对应绿证可同时参与绿证交易）。项目单位参加绿电交易产生的溢价收益及参加对应绿证交易的收益，在国家可再生能源补贴发放时等额扣减。项目单位可委托电网企业代其参加绿电交易或委托可再生能源发展结算服务机构代其参加绿证交易。

四、享受国家可再生能源补贴的绿电项目参与市场溢价收益专账管理、定向使用。积极引导绿电、绿证价格，确保绿色电力的环境价值有效实现。享受国家可再生能源补贴的绿电项目参与绿电、绿证交易所产生的溢价收益，由北京、广州结算公司单独记账、专户管理，本年度归集后由电网企业按程序报财政部门批准后，专项用于解决可再生能源补贴缺口。

五、做好享受国家可再生能源补贴的绿电项目绿证核发和划转工作。国家可再生能源信息管理中心对享受国家可再生能源补贴的绿电项目核发绿证后，批量划转至北京、广州结算公司在电力交易平台注册的绿电交易账户。

六、享受国家可再生能源补贴并参与绿电交易的绿电优先兑付补贴。鼓励享受国家可再生能源补贴的绿电项目积极参与绿电交易。绿电交易结算电量占上网电量比例超过50%且不低于本地区绿电结算电量平均水平的绿电项目，由电网企业审核后可优先兑付中央可再生能源补贴。

七、做好组织落实。国家发展改革委、国家能源局负责完善绿电绿证交易管理制度体系，加强对各地区绿电绿证交易工作的跟踪指导。财政部做好可再生能源补贴资金管理有关工作。电网企业要切实履行在保障性收购、信息归集等方面的责任，为享受国家可再生能源补贴的绿电项目参与绿电市场交易创造条件。电力交易中心要做好绿电交易、绿证交易组织、划转工作。国家可再生能源信息管理中心要加强对享受国家可再生能源补贴的绿电项目绿证核发、注销工作的管理。北京、广州结算公司落实专户管理责任，配备必要人员和办公场地等，组织好绿电绿证交易有关工作。

此前相关规定与本通知不符的，按本通知规定执行。

本通知自印发之日起执行。

国家发展改革委

财　政　部

国家能源局

2023 年 2 月 10 日

5-11　国家发展改革委　财政部　国家能源局关于做好可再生能源绿色电力证书全覆盖工作促进可再生能源电力消费的通知

（发改能源〔2023〕1044 号，2023 年 7 月 25 日国家发展改革委、财政部、国家能源局发布）

各省、自治区、直辖市、新疆生产建设兵团发展改革委、财政厅（局）、能源局，国家能源局各派出机构，国家电网有限公司、中国南方电网有限责任公司、内蒙古电力（集团）有限责任公司，有关中央企业，水电水利规划设计总院、电力规划设计总院：

为贯彻落实党的二十大精神，完善支持绿色发展政策，积极稳妥推进碳达峰碳中和，做好可再生能源绿色电力证书全覆盖工作，促进可再生能源电力消费，保障可再生能源电力消纳，服务能源安全保供和绿色低碳转型，现就有关事项通知如下。

一、总体要求

深入贯彻党的二十大精神和习近平总书记"四个革命、一个合作"能源安全新战略，落实党中央、国务院决策部署，进一步健全完善可再生能源绿色电力证书（以下简称绿证）制度，明确绿证适用范围，规范绿证核发，健全绿证交易，扩大绿电消费，完善绿证应用，实现绿证对可再生能源电力的全覆盖，进一步发挥绿证在构建可再生能源电力绿色低碳环境价值体系、促进可再生能源开发利用、引导全社会绿色消费等方面的作用，为保障能源安全可靠供应、实现碳达峰碳中和目标、推动经济社会绿色低碳转型和高质量发展提供有力支撑。

二、明确绿证的适用范围

（一）绿证是我国可再生能源电量环境属性的唯一证明，是认定可再生能源电力生产、消费的唯一凭证。

（二）国家对符合条件的可再生能源电量核发绿证，1个绿证单位对应1000千瓦时可再生能源电量。

（三）绿证作为可再生能源电力消费凭证，用于可再生能源电力消费量核算、可再生能源电力消费认证等，其中：可交易绿证除用作可再生能源电力消费凭证外，还可通过参与绿证绿电交易等方式在发电企业和用户间有偿转让。国家发展改革委、国家能源局负责确定核发可交易绿证的范围，并根据可再生能源电力生产消费情况动态调整。

三、规范绿证核发

（四）国家能源局负责绿证相关管理工作。绿证核发原则上以电网企业、电力交易机构提供的数据为基础，与发电企业或项目业主提供数据相核对。绿证对应电量不得重复申领电力领域其他同属性凭证。

（五）对全国风电（含分散式风电和海上风电）、太阳能发电（含分布式光伏发电和光热发电）、常规水电、生物质发电、地热能发电、海洋能发电等已建档立卡的可再生能源发电项目所生产的全部电量核发绿证，实现绿证核发全覆盖。其中：

对集中式风电（含海上风电）、集中式太阳能发电（含光热发电）项目的上网电量，核发可交易绿证。

对分散式风电、分布式光伏发电项目的上网电量，核发可交易绿证。

对生物质发电、地热能发电、海洋能发电等可再生能源发电项目的上网电量，核发可交易绿证。

对存量常规水电项目，暂不核发可交易绿证，相应的绿证随电量直接无偿划转。对2023年1月1日（含）以后新投产的完全市场化常规水电项目，核发可交易绿证。

四、完善绿证交易

（六）绿证依托中国绿色电力证书交易平台，以及北京电力交易中心、广州电力交易中心开展交易，适时拓展至国家认可的其他交易平台，绿证交易信息应实时同步至核发机构。现阶段可交易绿证仅可交易一次。

（七）绿证交易采取双边协商、挂牌、集中竞价等方式进行。其中，双边协商交易由市场主体双方自主协商绿证交易数量和价格；挂牌交易中绿证数量和价格信息在交易平台发布；集中竞价交易按需适时组织开展，按照相关规则明确交易数量和价格。

（八）对享受中央财政补贴的项目绿证，初期采用双边协商和挂牌方式为主，创造条件推动尽快采用集中竞价方式进行交易，绿证收益按相关规定执行。平价（低价）项目、自愿放弃中央财政补贴和中央财政补贴已到期项目，绿证交易方式不限，绿证收益归发电企业或项目业主所有。

五、有序做好绿证应用工作

（九）支撑绿色电力交易。在电力交易机构参加绿色电力交易的，相应绿证由核发机构批量推送至电力交易机构，电力交易机构按交易合同或双边协商约定将绿证随绿色电力一同交易，交易合同中应分别明确绿证和物理电量的交易量、交易价格。

（十）核算可再生能源消费。落实可再生能源消费不纳入能源消耗总量和强度控制，国家统计局会同国家能源局核定全国和各地区可再生能源电力消费数据。

（十一）认证绿色电力消费。以绿证作为电力用户绿色电力消费和绿电属性标识认证的唯一凭证，建立基于绿证的绿色电力消费认证标准、制度和标识体系。认证机构通过两年内的绿证开展绿色电力消费认证，时间自电量生产自然月（含）起，认证信息应及时同步至核发机构。

（十二）衔接碳市场。研究推进绿证与全国碳排放权交易机制、温室气体自愿减排交易机制的衔接协调，更好发挥制度合力。

（十三）推动绿证国际互认。我国可再生能源电量原则上只能申领核发国内绿证，在不影响国家自主贡献目标实现的前提下，积极推动国际组织的绿色消费、碳减排体系与国内绿证衔接。加强绿证核发、计量、交易等国际标准研究制定，提高绿证的国际影响力。

六、鼓励绿色电力消费

（十四）深入开展绿证宣传和推广工作，在全社会营造可再生能源电力消费氛围，鼓励社会各用能单位主动承担可再生能源电力消费社会责任。鼓励跨国公司及其产业链企业、外向型企业、行业龙头企业购买绿证、使用绿电，发挥示范带动作用。推动中央企业、地方国有企业、机关和事业单位发挥先行带头作用，稳步提升绿电消费比例。强化高耗能企业绿电消费责任，按要求提升绿电消费水平。支持重点企业、园区、城市等高比例消费绿色电力，打造绿色电力企业、绿色电力园区、绿色电力城市。

七、严格防范、严厉查处弄虚作假行为

（十五）严格防范、严厉查处在绿证核发、交易及绿电交易等过程中的造假行为。加大对电网企业、电力交易机构、电力调度机构的监管力度，做好发电企业或项目业主提供数据之间的核对工作。适时组织开展绿证有关工作抽查，对抽查发现的造假等行为，采用通报、约谈、取消一定时期内发证及交易等手段督促其整改，重大违规违纪问题按程序移交纪检监察及审计部门。

八、加强组织实施

（十六）绿证核发机构应按照国家可再生能源发电项目建档立卡赋码规则设计绿证统一编号，制定绿证相关信息的加密、防伪、交互共享等相关技术标准及规范，建设国家绿证核发交易系统，全面做好绿证核发、交易、划转等工作，公开绿证核发、交易信息，做好绿证防伪查验工作，加强绿证、可再生能源消费等数据共享。

（十七）电网企业、电力交易机构应及时提供绿证核发所需信息，参与制定相关技术标准及规范。发电企业或项目业主应提供项目电量信息或电量结算材料作为核对参考。对于电网企业、电力交易机构不能提供绿证核发所需信息的项目，原则上由发电企业或项目业主提供绿证核发所需信息的材料。

（十八）各发电企业或项目业主应及时建档立卡。各用能单位、各已建档立卡的发电企业或项目业主应按照绿证核发和交易规则，在国家绿证核发交易系统注册账户，用于绿证核发和交易。省级专用账户由绿证核发机构统一分配，由各省级发改、能源部门统筹管理，用于接受无偿划转的绿证。

（十九）国家能源局负责制定绿证核发和交易规则，组织开展绿证核发和交易，监督管理实施情况，并会同有关部门根据实施情况适时调整完善政策措施，共同推动绿证交易规模和应用场景不断扩大。国家能源局各派出机构做好辖区内绿证制度实施的监管，及时提出监管意见和建议。

（二十）《关于试行可再生能源绿色电力证书核发及自愿认购交易制度的通知》（发改能源〔2017〕132号）即行废止。

国家发展改革委
财 政 部
国家能源局
2023 年 7 月 25 日

5-12 国家发展改革委 国家统计局 国家能源局关于加强绿色电力证书与节能降碳政策衔接大力促进非化石能源消费的通知

（发改环资〔2024〕113号，2024年1月27日国家发展改革委、国家统计局、国家能源局发布）

各省、自治区、直辖市、新疆生产建设兵团发展改革委、统计局、能源局，国家能源局各派出机构，江苏省工业和信息化厅，有关中央企业，内蒙古电力（集团）有限责任公司，水电水利规划设计总院、电力规划设计总院：

为全面贯彻党的二十大精神，认真落实中央经济工作会议部署，完善能源消耗总量和强度调控，重点控制化石能源消费，拓展绿色电力证书（以下简称"绿证"）应用场景，深入推进能源消费革命，加快经济社会发展全面绿色转型，推动完成"十四五"能耗强度下降约束性指标，现将有关事项通知如下：

一、总体要求

以习近平新时代中国特色社会主义思想为指导，全面贯彻党的二十大精神，落实党中央、国务院决策部署，完善能源消耗总量和强度调控，重点控制化石能源消费，加强绿证交易与能耗双控、碳排放管理等政策有效衔接，激发绿证需求潜力，夯实绿证核发交易基础，拓展绿证应用场景，加强国内国际绿证互认，为积极稳妥推进碳达峰碳中和提供有力支撑。

二、加强绿证与能耗双控政策衔接

（一）实施非化石能源不纳入能源消耗总量和强度调控。突出重点控制化石能源消费导向，非化石能源不纳入能源消耗总量和强度调控。在"十四五"省级人民政府节能目标责任评价考核中，将可再生能源、核电等非化石能源消费量从各地区能源消费总量中扣除，据此核算各地区能耗强度降低指标。

（二）推动绿证交易电量纳入节能评价考核指标核算。坚持节约优先、能效引领，持续加大节能工作力度，切实加强节能日常管理，坚决遏制高耗能高排放低水平项目盲目上马，扎实推进重点领域节能降碳改造。将绿证作为可再生能源电力消费基础凭证，加强绿证与能耗双控政策有效衔接，将绿证交易对应电量纳入"十四五"省级人民政府节能目标责任评价考核指标核算，大力促进非化石能源消费。

（三）明确绿证交易电量扣除方式。在"十四五"省级人民政府节能目标责任评价考核指标核算中，实行以物理电量为基础、跨省绿证交易为补充的可再生能源消费量扣除政策。不改变国家和省级地区现行可再生能源消费统计制度，参与跨省可再生能源市场化交易或绿色电力交易对应的电量，按物理电量计入受端省份可再生能源消费量；未参与跨省可再生能源市场化交易或绿色电力交易、但参与跨省绿证交易对应的电量，按绿证跨省交易流向计入受端省份可再生能源消费量，不再计入送端省份可再生能源消费量。受端省通过绿证交易抵扣的可再生能源消费量，原则上不超过本地区完成"十四五"能耗强度下降目标所需节能量的50%。

（四）避免可再生能源消费量重复扣除。跨省可再生能源市场化交易和绿色电力交易对应的绿证，以及省级行政区域内交易的绿证，相应电量按现行统计规则计入相关地区可再生能源消费量，在"十四五"省级人民政府节能目标责任评价考核指标核算中不再重复扣除。纳入"十四五"省级人民政府节能目标责任评价考核指标核算的绿证，相应电量生产时间与评价考核年度保持一致。

三、夯实绿证核发和交易基础

（五）加快可再生能源项目建档立卡和绿证核发。落实绿证全覆盖等工作部署，加快制定绿证核发和交易规则。绿证核发机构会同电网企业、电力交易机构、可再生能源发电企业，加快提升可再生能源发电项目建档立卡比例，加快绿证核发进度。到2024年6月底，全国集中式可再生能源发电项目基本完成建档立卡，分布式项目建档立卡规模进一步提升。

（六）扩大绿证交易范围。鼓励各地区实行新上项目可再生能源消费承诺制，加快建立高耗能企业可再生能源强制消费机制，合理提高消费比例要求。鼓励相关项目通过购买绿证绿电进行可再生能源消费替代，扩大绿证市场需求。各地区要将可再生能源消纳责任分解到重点用能单位，探索实施重点用能单位化石能源消费预算管理，超出预算部分通过购买绿证绿电进行抵消。支持各类企业特别是外向型企业、行业龙头企业通过购买绿证、使用绿电实现绿色低碳高质量发展。推动中央企业、地方国有企业、机关和事业单位发挥带头作用，稳步提升可再生能源消费比例。

（七）规范绿证交易制度。依托中国绿色电力证书交易平台、北京电力交易中心、广州电力交易中心开展绿证交易，具体由发电企业和电力用户采取双边协商、挂牌、集中竞价等方式进行。建立跨省区绿证交易协调机制和交易市场。支持绿证供需省份之间结合实际情况，通过政府间协议锁定跨省绿证交易规模，协助经营主体开展绿证供需对接、集中交易、技术服务、纠纷解决。现阶段绿证仅可交易一次，不得通过第三方开展绿证收储和转卖。各地区不得采取强制性手段向企业简单摊派绿证购买任务，不得限制绿证跨省交易。绿证交易价格由市场形成，国家发展改革委、国家能源局加强价格监测，引导绿证交易价格在合理区间运行。

四、拓展绿证应用场景

（八）健全绿色电力消费认证和节能降碳管理机制。加快建立基于绿证的绿色电力消费认证机制，明确认证标准、制度和标识。研究完善绿证有效期，简化绿色电力消费认证流程，持续提高认证及时性和便利性。充分发挥绿证在可再生能源生产和消费核算方面的作用，强化绿证在用能预算、碳排放预算管理制度中的应用。将绿证纳入固定资产投资项目节能审查、碳排放评价管理机制。

（九）完善绿证与碳核算和碳市场管理衔接机制。推动建立绿证纳入地方、行业企业、公共机构、重点产品碳排放核算的制度规则。推动研究核算不同应用场景中扣除绿证的修正电网排放因子。加快研究绿证与全国碳排放权交易机制、温室气体自愿减排机制的功能边界和衔接机制，明确各类主体参与绿证和碳市场交易有效途径。

（十）加强绿证对产品碳足迹管理支撑保障。将绿证纳入产品碳足迹核算基本方法与通用国家标准，明确绿证在产品碳足迹计算中的一般适用范围和认定方法。按照成熟一批、推进一批、持续完善的原则，强化绿证在重点产品碳足迹核算体系中的应用。在产品碳标识认证管理办法中充分考虑绿证因素。探索在特定产品中设计体现可再生能源电力消费占比的差异化产品标识。

（十一）推动绿证国际互认。充分利用多双边国际交流渠道，大力宣介绿证作为中国可再生能源电量环境属性基础凭证，解读中国绿证政策和应用实践。鼓励行业协会、有关企业、相关机构、专家学者等积极发声，推动国际机构特别是大型国际机构碳排放核算方法与绿证衔接，加快绿证国际互认进程。积极参与国际议题设置和研讨，推动绿证核发、计量、交易等国际标准研究制定，着力提高中国绿证的国际影响力和认可度。

五、加强组织实施

（十二）加强统筹协调。国家发展改革委、国家能源局会同有关部门，加强对绿证纳入能耗双控政策、拓展绿证应用场景等工作的统筹协调。绿证核发机构、电网企业、电力交易机构要落实主体责任，严格按照绿证核发和交易规则，高效规范做好绿证核发和交易。各地区可结合实际建立实施细则，统筹完善可再生能源电力消纳保障机制实施方案，强化高耗能企业绿电消费责任，依法依规将可再生能源消费责任落实到相关用能主体。

（十三）加强交易监管。国家发展改革委、国家能源局加强对绿证制度实施和各地区、各类主体绿证交易的监督管理。加强绿证核发和交易等工作抽查检查，严格防范、严厉查处在绿证核发交易及绿电交易等过程中的虚假交易、伪造和篡改数据等行为。重大违规违纪问题按程序移交纪检监察和审计部门。

（十四）及时核算数据。国家统计局会同国家能源局完善可再生能源消费量统计制度，推动可再生能源非电利用纳入可再生能源消费量统计，逐步建立以绿证核算为基础的可再生能源消费量统计制度。国家统计局根据国家能源局核算的分地区可再生能源电力及非电利用基础数据，及时向国家发展改革委提供全国和各地区可再生能源消费量统计数据。国家能源局加快建设国家绿证核发交易系统，加强绿证核发交易数据统一管理。国家发展改革委牵头开展"十四五"省级人民政府节能目标责任评价考核，根据国家统计局提供的可再生能源消费量统计数据，并结合跨省绿证交易电量数据，最终核定各地区能耗强度下降率。

（十五）加大宣传力度。通过全国生态日、全国节能宣传周、全国低碳日等重大活动，深入开展绿证宣传和应用推广，增进全社会对绿证制度的认识了解。统筹做好绿证交易管理和节能降碳工作培训，提升各类从业主体业务能力水平。加强绿色消费宣传推广，鼓励各类用能主体主动承担可再生能源消费责任，加快形成绿色低碳的生产方式和生活方式。

国家发展改革委
国家统计局
国家能源局
2024 年 1 月 22 日

5-13　国家能源局综合司　生态环境部办公厅关于做好可再生能源绿色电力证书与自愿减排市场衔接工作的通知

（国能综通新能〔2024〕124 号，2024 年 8 月 26 日国家能源局综合司、生态环境部办公厅发布）

各省（自治区、直辖市）能源局、生态环境厅（局），有关省（自治区、直辖市）和新疆生产建设兵团发展改革委、生态环境局，国家能源局各派出机构，有关中央企业：

为全面贯彻党的二十大和二十届二中、三中全会精神，积极稳妥推进碳达峰碳中和，不断健全资源环境要素市场化配置体系，推动可再生能源绿色电力证书（以下简称绿证）与全国温室气体自愿减排交易市场（以下简称自愿减排市场）有效衔接，现将有关事项通知如下。

一、设立两年过渡期。过渡期内，适用于《温室气体自愿减排项目方法学　并网海上风力发电》《温室气体自愿减排项目方法学　并网光热发电》的项目（以下简称深远海海上风电、光热发电项目）有关企业，可自主选择核发交易绿证或申请中国核证自愿减排量（以下简称 CCER）；光伏、其他风电项目暂不新纳入自愿减排市场。过渡期后，综合绿证和自愿减排市场运行等情况，适时调整绿证与自愿减排市场对于深远海海上风电、光热发电项目的衔接要求。

二、避免可再生能源发电项目从绿证和 CCER 重复获益。对于深远海海上风电、光热发电项目，拟选择参加绿证交易的，相应电量不得申请 CCER；拟申请 CCER 的，在完成自愿减排项目审定和登记后，由国家能源局资质中心"冻结"计入期内未交易绿证；在完成减排量核查和登记后，由国家能源局资质中心注销减排量对应的未交易绿证，并向社会公开信息。有关部门要切实维护和保障可再生能源发电企业自主选择权益。

三、建立信息共享机制。国家能源局、生态环境部通过国家绿证核发交易系统、CCER 注册登记平台建立信息共享机制，及时互通深远海海上风电、光热发电项目绿证核发交易和 CCER 申请有关信息。

四、加强交易监管。国家能源局、生态环境部组织指导有关方面运用大数据、区块链等技术手段加强国家绿证核发交易系统、CCER 注册登记平台建设，从源头上确保数据真实。有关方面要定期核验检查数据，防止可再生能源发电项目从绿证和 CCER 重复获益。

五、本通知自 2024 年 10 月 1 日起生效，有效期 2 年。

国家能源局综合司
生态环境部办公厅
2024 年 8 月 26 日

5-14 国家能源局关于做好新能源消纳工作保障新能源高质量发展的通知

（国能发电力〔2024〕44号，2024年5月28日国家能源局发布）

各省（自治区、直辖市）能源局，有关省（自治区、直辖市）及新疆生产建设兵团发展改革委，北京市城市管理委员会，各派出机构，有关电力企业：

做好新形势下新能源消纳工作，是规划建设新型能源体系、构建新型电力系统的重要内容，对提升非化石能源消费比重、推动实现"双碳"目标具有重要意义。为深入贯彻落实习近平总书记在中共中央政治局第十二次集体学习时的重要讲话精神，提升电力系统对新能源的消纳能力，确保新能源大规模发展的同时保持合理利用水平，推动新能源高质量发展，现就有关事项通知如下。

一、加快推进新能源配套电网项目建设

（一）加强规划管理。对500千伏及以上配套电网项目，国家能源局每年组织国家电力发展规划内项目调整，并为国家布局的大型风电光伏基地、流域水风光一体化基地等重点项目开辟纳规"绿色通道"，加快推动一批新能源配套电网项目纳规。对500千伏以下配套电网项目，省级能源主管部门要优化管理流程，做好项目规划管理；结合分布式新能源的开发方案、项目布局等，组织电网企业统筹编制配电网发展规划，科学加强配电网建设，提升分布式新能源承载力。

（二）加快项目建设。各级能源主管部门会同电网企业，每年按权限对已纳入规划的新能源配套电网项目建立项目清单，在确保安全的前提下加快推进前期、核准和建设工作，电网企业按季度向能源主管部门报送项目进展情况，同时抄送所在地相应的国家能源局派出机构。电网企业承担电网工程建设主体责任，要会同发电企业统筹确定新能源和配套电网项目的建设投产时序，优化投资计划安排，与项目前期工作进度做好衔接，不得因资金安排不及时影响项目建设。对电网企业建设有困难或规划建设时序不匹配的新能源配套送出工程，允许发电企业投资建设，经电网企业与发电企业双方协商同意后可在适当时机由电网企业依法依规进行回购。为做好2024年新能源消纳工作，重点推动一批配套电网项目建设（详见附件1、2）。

（三）优化接网流程。电网企业要优化工作流程，简化审核环节，推行并联办理，缩减办理时限，进一步提高效率。要按照国家关于电网公平开放的相关规定，主动为新能源接入电网提供服务，更多采取"线上受理""一次告知"等方式受理接入电网申请。

二、积极推进系统调节能力提升和网源协调发展

（四）加强系统调节能力建设。省级能源主管部门要会同国家能源局派出机构及相关部门，根据新能源增长规模和利用率目标，开展电力系统调节能力需求分析，因地制宜制定本地区电力系统调节能力提升方案，明确新增煤电灵活性改造、调节电源、抽水蓄能、新型储能和负荷侧调节能力规模，以及省间互济等调节措施，并组织做好落实。国家能源局结合国家电力发展规划编制，组织开展跨省区系统调节能力优化布局工作，促进调节资源优化配置。

（五）强化调节资源效果评估认定。省级能源主管部门要会同国家能源局派出机构，组织电网企业等单位，开展煤电机组灵活性改造效果综合评估，认定实际调节能力，分析运行情况，提出改进要求；开展对各类储能设施调节性能的评估认定，提出管理要求，保障调节效果；合理评估负荷侧调节资源参与系统调节的规模和置信度，持续挖掘潜力。

（六）有序安排新能源项目建设。省级能源主管部门要结合消纳能力，科学安排集中式新能源的开发布局、投产时序和消纳方向，指导督促市（县）级能源主管部门合理安排分布式新能源的开发布局，督促企业切实抓好落实，加强新能源与配套电网建设的协同力度。对列入规划布局方案的沙漠戈壁荒漠地区大型风电光伏基地，要按照国家有关部门关于风电光伏基地与配套特高压通道开工建设的时序要求，统筹推进新能源项目建设。

（七）切实提升新能源并网性能。发电企业要大力提升新能源友好并网性能，探索应用长时间尺度功率预测、构网型新能源、各类新型储能等新技术，提升新能源功率预测精度和主动支撑能力。电网企业要积极与发电企业合作，加强省级/区域级新能源场站基础信息和历史数据共享，共同促进新能源友好并网技术进步。国家能源局组织修订新能源并网标准，明确新能源并网运行规范，推动标准实施应用，提升新能源并网性能，促进新能源高质量发展。

三、充分发挥电网资源配置平台作用

（八）进一步提升电网资源配置能力。电网企业要结合新能源基地建设，进一步提升跨省跨区输电通道输送新能源比例；根据新能源消纳需要及时调整运行方式，加强省间互济，拓展消纳范围；全面提升配电网可观可测、可调可控能力；完善调度运行规程，促进各类调节资源公平调用和调节能力充分发挥；构建智慧化调度系统，提高电网对高比例新能源的调控能力。因地制宜推动新能源微电网、可再生能源局域网建设，提升分布式新能源消纳能力。

（九）充分发挥电力市场机制作用。省级能源主管部门、国家能源局派出机构及相关部门按职责加快建设与新能源特性相适应的电力市场机制。优化省间电力交易机制，根据合同约定，允许送电方在受端省份电价较低时段，通过采购受端省份新能源电量完成送电计划。加快电力现货市场建设，进一步推动新能源参与电力市场。打破省间壁垒，不得限制跨省新能源交易。探索分布式新能源通过聚合代理等方式有序公平参与市场交易。建立健全区域电力市场，优化区域内省间错峰互济空间和资源共享能力。

四、科学优化新能源利用率目标

（十）科学确定各地新能源利用率目标。省级能源主管部门要会同相关部门，在科学开展新能源消纳分析的基础上，充分考虑新能源发展、系统承载力、系统经济性、用户承受能力等因素，与本地区电网企业、发电企业充分衔接后，确定新能源利用率目标。部分资源条件较好的地区可适当放宽新能源利用率目标，原则上不低于90%，并根据消纳形势开展年度动态评估。

（十一）优化新能源利用率目标管理方式。省级能源主管部门对本地区新能源利用率目标承担总体责任，于每年一季度按相关原则组织有关单位研究提出当年新能源利用率目标。各省份新能源利用率目标要抄报国家能源局，并抄送所在地相应的国家能源局派出机构，国家能源局会同有关单位进行全国统筹，必要时对部分省份的目标进行调整。

（十二）强化新能源利用率目标执行。省级能源主管部门根据当年可再生能源电力消纳责任权重目标及新能源利用率目标，确定新能源年度开发方案和配套消纳方案。新能源年度开发方案要分地区确定开发规模，集中式新能源要具体到项目和投产时序，消纳方案要明确各类调节能力建设安排、拓展消纳空间的措施及实施效果。电网企业要进一步压实责任，围绕新能源利用率目标持续完善消纳保障措施。对实际利用率未达目标的省份，国家能源局以约谈、通报等方式予以督促整改。

五、扎实做好新能源消纳数据统计管理

（十三）统一新能源利用率统计口径。发电和电网企业要严格落实国家能源局《风电场利用率监测统计管理办法》（国能发新能规〔2022〕49号）和《光伏电站消纳监测统计管理办法》（国能发新能规〔2021〕57号）（以下简称《办法》）规定的风电场、光伏电站可用发电量和受限电量统计方法，新能源利用率按仅考虑系统原因受限电量的情况计算，电网企业要明确并公布特殊原因受限电量的认定标准及计算说明。

（十四）加强新能源消纳数据校核。发电和电网企业要严格按《办法》要求，向全国新能源电力消纳监测预警中心报送新能源并网规模、利用率和可用发电量、实际发电量、受限电量、特殊原因受限电量等基础数据，配合全国新能源电力消纳监测预警中心做好数据统计校核。全国新能源电力消纳监测预警中心会同国家可再生能源信息管理中心共同开展新能源消纳数据统计校核工作，向国家能源局报送新能源消纳情况。

（十五）强化信息披露和统计监管。各级电网企业严格按《办法》要求，每月向其电力调度机构调度范围内的风电场、光伏电站披露利用率及可用发电量、实际发电量、受限电量、特殊原因受限电量等基础数据。国家能源局派出机构对发电和电网企业的新能源消纳数据统计工作开展监督检查，督促相关单位如实统计、披露数据。

六、常态化开展新能源消纳监测分析和监管工作

（十六）加强监测分析和预警。国家能源局组织全国新能源电力消纳监测预警中心、国家可再生能源信息管理中心，开展月度消纳监测、半年分析会商和年度消纳评估工作。全面跟踪分析全国新能源消纳形势，专题研究新能源消纳困难地区问题，督促各单位按职责分工落实。每年一季度，做好上年度新能源消纳工作总结，滚动测算各省份本年度新能源利用率和新能源消纳空间，同步开展中长周期（3—5年）测算，提出措施建议。

（十七）开展新能源消纳监管。国家能源局及其派出机构将新能源消纳监管作为一项重要监管内容，围绕消纳工作要求，聚焦消纳举措落实，常态化开展监管。加强对新能源跨省消纳措施的监管，督促有关单位取消不合理的限制性措施。

各地各单位要按以上要求认真做好新能源消纳工作，如遇重大事项，及时报告国家能源局。

特此通知。

附件：
1. 2024年开工的新能源配套电网重点项目（略）
2. 2024年投产的新能源配套电网重点项目（略）

国家能源局
2024年5月28日

5-15 国家发展改革委、国家能源局关于印发《电力中长期交易基本规则——绿色电力交易专章》的通知

（发改能源〔2024〕1123号，2024年7月24日国家发展改革委、国家能源局发布）

各省、自治区、直辖市、新疆生产建设兵团发展改革委、能源局，国家能源局各派出机构，国家电网有限公司、中国南方电网有限责任公司、中国华能集团有限公司、中国大唐集团有限公司、中国华电集团有限公司、国家能源投资集团有限责任公司、国家电力投资集团公司、中国节能环保集团有限公司、中国长江三峡集团有限公司、国家开发投资集团有限公司、中国核工业集团有限公司、中国广核集团有限公司、华润（集团）有限公司、内蒙古电力（集团）有限责任公司、北京电力交易中心有限公司、广州电力交易中心有限责任公司、内蒙古电力交易中心有限公司：

为深入学习贯彻党的二十大和中央经济工作会议精神，落实《国家发展改革委、国家能源局关于加快建设全国统一电力市场体系的指导意见》（发改体改〔2022〕118号）等文件要求，加快建立有利于促进绿色能源生产消费的市场体系和长效机制，推动绿色电力交易融入电力中长期交易，满足电力用户购买绿色电力需求，我们制定了《电力中长期交易基本规则—绿色电力交易专章》，现印发给你们，并就有关事项通知如下。

一、国家发展改革委、国家能源局加强对各地绿色电力交易工作指导。国家能源局负责推动绿证核发全覆盖，拓展绿证应用场景，国家能源局及派出机构加强对绿色电力交易监管。地方政府主管部门要积极推动新能源参与电力市场，指导经营主体积极参与绿色电力交易，按照"省内为主、跨省区为辅"的原则，推动绿色电力交易有序开展，满足电力用户绿色电力购买需求。

二、国家能源局电力业务资质管理中心负责按有关要求完善绿证核发机制，配合做好绿色电力交易相关工作。国家可再生能源信息管理中心进一步优化工作流程，提升建档立卡时效，支撑绿证核发

全覆盖工作。

三、电网企业切实履行电量计量、电费结算责任，保障绿色电力交易合同执行。电力交易机构要不断优化提升绿电交易组织、交易结算、信息披露、平台建设等全方位准备工作，做好绿电交易及绿色电力消费情况汇总分析，为发电企业、电力用户和售电公司等提供绿色电力交易便捷服务。

四、加强宣传推广。地方政府主管部门通过组织政策宣贯、媒体宣传、洽谈会商等方式增进各类经营主体对绿色电力交易的认识，逐步形成主动消费绿色电力的良好氛围。

通知未尽事项，遵照电力中长期交易、现货交易基本规则执行。与港澳地区等跨境绿电交易参照本通知明确的原则执行。

国家发展改革委

国家能源局

2024 年 7 月 24 日

附件：

电力中长期交易基本规则——绿色电力交易专章

一、绿色电力交易的定义

（一）绿色电力是指符合国家有关政策要求的风电（含分散式风电和海上风电）、太阳能发电（含分布式光伏发电和光热发电）、常规水电、生物质发电、地热能发电、海洋能发电等已建档立卡的可再生能源发电项目所生产的全部电量。

（二）绿色电力交易是指以绿色电力和对应绿色电力环境价值为标的物的电力交易品种，交易电力同时提供国家核发的可再生能源绿色电力证书（以下简称绿证），用以满足发电企业、售电公司、电力用户等出售、购买绿色电力的需求。初期，参与绿色电力交易的发电侧主体为风电、光伏发电项目，条件成熟时，可逐步扩大至符合条件的其他可再生能源。

（三）绿色电力交易是电力中长期交易的组成部分，执行电力中长期交易规则，由电力交易机构在电力交易平台按照年（多年）、月（多月）、月内（旬、周、日滚动）等周期组织开展。电力交易平台依托区块链技术可靠记录绿色电力交易全业务环节信息，为交易主体提供绿色电力交易申报、交易结果查看、结算结果查看及确认等服务。

二、建立健全绿色电力交易机制

绿色电力交易应坚持绿色优先、市场导向、安全可靠的原则，充分发挥市场作用，合理反映绿色电力的电能量价值和环境价值。不得以绿电交易名义组织开展以变相降价为目的的专场交易。

（一）交易组织

绿色电力交易主要包括省内绿色电力交易和跨省区绿色电力交易，其中：

1. 省内绿色电力交易是指由电力用户或售电公司通过电力直接交易的方式向计入本省网控制区的发电企业购买绿色电力。

2. 跨省区绿色电力交易是指电力用户或售电公司向非本省网控制区的发电企业购买绿色电力。初期可按省份汇总并确认省内绿色电力购买需求，跨省区购买绿色电力。北京、广州、内蒙古电力交易中心应为有绿电消费需求的用户提供便捷有利条件，鼓励发电企业与用户直接签订绿色电力交易合同。

3. 省内绿色电力交易由各省（区、市）电力交易中心组织开展，跨省区绿色电力交易由北京、广州、内蒙古电力交易中心组织开展。

（二）交易方式

1. 绿色电力交易的组织方式主要包括双边协商、挂牌交易等。可根据市场需要进一步拓展交易方式，鼓励发用双方签订多年期绿色电力购买协议。常态化开展中长期分时段交易的地区应按照相关规则，开展分时段或带电力曲线的绿色电力交易。

2. 鼓励各地通过绿电交易方式落实跨省跨区优先发电规模计划，扩大跨省区绿色电力供给，满足跨省区绿色电力消费需求。

（三）价格机制

1. 绿色电力交易中，电能量价格与绿证价格应分别明确。

2. 绿色电力交易中，除国家有明确规定的情况外不得对交易进行限价或指定价格。

（四）合同签订与执行

1. 电力用户或售电公司与发电企业签订绿色电力交易合同，应明确交易电量、价格（包括电能量价格、绿证价格）等事项。售电公司与电力用户签订的零售合同中应明确上述事项。

2. 绿色电力交易可根据电力中长期交易基本规则、各省级电力中长期交易实施细则、跨省跨区电力中长期交易实施细则等相关规定，在合同各方协商一致、并确保绿色电力交易可追踪溯源的前提下，建立灵活的合同调整机制，按月或更短周期开展合同转让等交易。

（五）交易结算及偏差处理

1. 电力交易机构向交易主体出具的绿色电力交易结算依据包含以下内容：

（1）电能量部分结算电量、价格、结算费用；

（2）绿证部分结算数量、价格、结算费用；

（3）电能量部分偏差结算费用。

2. 绿色电力交易电能量部分与绿证部分分开结算：

（1）电能量部分按照跨省区、省内市场交易规则开展结算；

（2）绿证部分按当月合同电量、发电企业上网电量、电力用户用电量三者取小的原则确定结算数量（以兆瓦时为单位取整数，尾差滚动到次月核算），以绿证价格结算。其中，同一电力用户/售电公司与多个发电企业签约，总用电量低于总合同电量的，该电力用户/售电公司对应于各发电企业的用电量按总用电量占总合同电量比重等比例调减；同一发电企业与多个电力用户/售电公司签约的，总上网电量低于总合同电量时，该发电企业对应于各电力用户/售电公司的上网电量按总上网电量占总合同电量比重等比例调减。

（六）绿证核发划转

1. 国家能源局负责绿证相关管理工作，国家能源局电力业务资质管理中心负责绿证核发。

2. 绿证根据可再生能源发电项目每月度结算电量，经审核后统一核发，按规定将相应绿证划转至发电企业或项目业主的绿证账户，并随绿色电力交易划转至买方账户。

3. 应确保绿色电力环境价值的唯一性，不得重复计算或出售。

5-16 可再生能源绿色电力证书核发和交易规则

（国能发新能规〔2024〕67号，2024年8月26日国家能源局发布）

第一章 总 则

第一条 为规范可再生能源绿色电力证书（Green Electricity Certificate（GEC），以下简称绿证）核发和交易，依法维护各方合法权益，根据《国家发展改革委 财政部 国家能源局关于做好可再生能源绿色电力证书全覆盖工作 促进可再生能源电力消费的通知》（发改能源〔2023〕1044号）等要求，制定本规则。

第二条 本规则适用于我国境内生产的风电（含分散式风电和海上风电）、太阳能发电（含分布式光伏发电和光热发电）、常规水电、生物质发电、地热能发电、海洋能发电等可再生能源发电项目电量对应绿证的核发、交易及相关管理工作。

第三条 绿证是我国可再生能源电量环境属性的唯一证明，是认定可再生能源电力生产、消费的唯一凭证。绿证核发和交易应坚持"统一核发、交易开放、市场竞争、信息透明、全程可溯"的原则，核发由国家统一组织，交易面向社会开放，价格通过市场化方式形成，信息披露及时、准确，全生命周期数据真实可信、防篡改、可追溯。

第二章　职　责　分　工

第四条　国家能源局负责绿证具体政策设计，制定核发交易相关规则，指导核发机构和交易机构开展具体工作。

第五条　国家能源局电力业务资质管理中心（以下简称国家能源局资质中心）具体负责绿证核发工作。

第六条　电网企业、电力交易机构、国家可再生能源信息管理中心配合做好绿证核发工作，为绿证核发、交易、应用、核销等提供数据和技术支撑。

第七条　绿证交易机构按相关规范要求负责各自绿证交易平台建设运营，组织开展绿证交易，并按要求将交易信息同步至国家绿证核发交易系统。

第八条　绿证交易主体包括卖方和买方。卖方为已建档立卡的发电企业或项目业主，买方为符合国家有关规定的法人、非法人组织和自然人。买方和卖方应依照本规则合法合规参与绿证交易。交易主体可委托代理机构参与绿证核发和交易。

第九条　电网企业、电力交易机构、发电企业或项目业主，以及交易主体委托的代理机构，应按要求及时提供或核对绿证核发所需信息，并对信息的真实性、准确性负责。电网企业还应按相关规定，做好参与电力市场交易补贴项目绿证收益的补贴扣减。

第三章　绿　证　账　户

第十条　交易主体应在国家绿证核发交易系统建立唯一的实名绿证账户，用于参与绿证核发和交易，记载其持有的绿证情况。其中：

卖方在国家可再生能源发电项目信息管理平台完成可再生能源发电项目建档立卡后，在国家绿证核发交易系统注册绿证账户，注册信息自动同步至各绿证交易平台。买方可在国家绿证核发交易系统注册绿证账户，也可通过任一绿证交易平台提供注册相关信息，注册相关信息自动推送至国家绿证核发交易系统并生成绿证账户。省级专用账户通过国家绿证核发交易系统统一分配，由各省级发改、能源主管部门统筹管理，用于参与绿证交易和接受无偿划转的绿证。国家能源局资质中心可依据补贴项目参与绿色电力交易相关要求，设立相应的绿证专用账户。

第十一条　交易主体注册绿证账户时应按要求提交营业执照或国家认可的身份证明等材料，并保证账户注册申请资料真实完整、准确有效。其中卖方还须承诺仅申领中国绿证、不重复申领其他同属性凭证。

第十二条　当注册信息发生变化时，交易主体应及时提交账户信息变更申请。账户可通过原注册渠道申请注销，注销后交易主体无法使用该账户进行相关操作。

第四章　绿　证　核　发

第十三条　可再生能源发电项目电量由国家能源局按月统一核发绿证，稳步提升核发效率。

第十四条　对风电（含分散式风电和海上风电）、太阳能发电（含分布式光伏发电和光热发电）、生物质发电、地热能发电、海洋能发电等可再生能源发电项目上网电量，以及2023年1月1日（含）以后新投产的完全市场化常规水电项目上网电量，核发可交易绿证。对项目自发自用电量和2023年1月1日（不含）之前的常规存量水电项目上网电量，现阶段核发绿证但暂不参与交易。

可交易绿证核发范围动态调整。

第十五条　1个绿证单位对应1000千瓦时可再生能源电量。不足核发1个绿证的当月电量结转至次月。

第十六条　绿证核发原则上以电网企业、电力交易机构提供的数据为基础，与发电企业或项目业主提供数据相核对。

电网企业、电力交易机构应在每月 22 日前，通过国家绿证核发交易系统推送绿证核发所需上月电量信息。

对于自发自用等电网企业无法提供绿证核发所需电量信息的，可再生能源发电企业或项目业主可直接或委托代理机构提供电量信息，并附电量计量等相关证明材料，还应定期提交经法定电能计量检定机构出具的电能量计量装置检定证明。

第十七条　国家能源局资质中心依托国家绿证核发交易系统开展绿证核发工作。对于电网企业、电力交易机构无法提供绿证核发所需信息的，国家可再生能源信息管理中心对发电企业或项目业主申报数据及材料初核，国家能源局资质中心复核后核发相应绿证。

第五章　交　易　及　划　转

第十八条　绿证既可单独交易；也可随可再生能源电量一同交易，并在交易合同中单独约定绿证数量、价格及交割时间等条款。

第十九条　绿证在符合国家相关规范要求的平台开展交易，目前依托中国绿色电力证书交易平台，以及北京、广州电力交易中心开展绿证单独交易；依托北京、广州、内蒙古电力交易中心开展跨省区绿色电力交易，依托各省（区、市）电力交易中心开展省内绿色电力交易。

绿证交易平台按国家需要适时拓展。

第二十条　现阶段绿证仅可交易一次。绿证交易最小单位为 1 个，价格单位为元/个。

第二十一条　绿证交易的组织方式主要包括挂牌交易、双边协商、集中竞价等，交易价格由市场化方式形成。国家绿证核发交易系统与各绿证交易平台实时同步待出售绿证和绿证交易信息，确保同一绿证不重复成交。

（一）挂牌交易。卖方可同时将拟出售绿证的数量和价格等相关信息在多个绿证交易平台挂牌，买方通过摘牌的方式完成绿证交易和结算。

（二）双边协商交易。买卖双方可自主协商确定绿证交易的数量和价格，并通过选定的绿证交易平台完成交易和结算。鼓励双方签订省内、省间中长期双边交易合同，提前约定双边交易的绿证数量、价格及交割时间等。

（三）集中竞价交易。按需适时组织开展，具体规则另行明确。

第二十二条　可交易绿证完成交易后，交易平台应将交易主体、数量、价格、交割时间等信息实时同步至国家绿证核发交易系统。国家能源局资质中心依绿证交易信息实时做好绿证划转，划转后的绿证相关信息与对应交易平台同步。

对 2023 年 1 月 1 日（不含）前投产的存量常规水电项目对应绿证，依据电网企业、电力交易机构报送的水电电量交易结算结果，从卖方账户直接划转至买方账户；电网代理购电的，相应绿证依电量交易结算结果自动划转至相应省级绿证账户，绿证分配至用户的具体方式由省级能源主管部门会同相关部门确定。

第二十三条　参与绿色电力交易的对应绿证通过国家绿证核发交易系统，由国家能源局资质中心依绿色电力交易结算信息做好绿证划转，划转后的绿证相关信息与对应电力交易中心同步。绿色电力交易组织方式等按相关规则执行。

第二十四条　绿证有效期 2 年，时间自电量生产自然月（含）起计算。

对 2024 年 1 月 1 日（不含）之前的可再生能源发电项目电量，对应绿证有效期延至 2025 年底。

超过有效期或已声明完成绿色电力消费的绿证，国家能源局资质中心应及时予以核销。

第二十五条　任何单位不得采取强制性手段直接或间接干扰绿证市场，包括干涉绿证交易价格形成机制、限制绿证交易区域等。

第六章　信　息　管　理

第二十六条　国家绿证核发交易系统建设和运行管理由国家能源局资质中心组织实施，国家可再生能源信息管理中心配合。

第二十七条　国家绿证核发交易系统提供绿证在线查验服务，用户登录绿证账户或通过扫描绿证二维码，可获取绿证编码、项目名称、项目类型、电量生产日期等信息。

第二十八条　国家能源局资质中心按要求汇总统计全国绿证核发和交易信息，按月编制发布绿证核发和交易报告。支撑绿证与可再生能源电力消纳责任权重、能耗"双控"、碳市场等有效衔接，国家可再生能源信息管理中心会同电网企业、电力交易机构按有关要求及时核算相关绿证交易数据。

第二十九条　国家能源局资质中心通过国家绿证核发交易系统披露全国绿证核发、交易和核销信息，各绿证交易平台定期披露本平台绿证交易和核销信息。披露内容主要包括绿证核发量、交易量、平均交易价格、核销信息等。

第三十条　国家绿证核发交易系统和各绿证交易平台应按照国家相关信息数据安全管理要求，利用人工智能、云计算、区块链等新技术，保障绿证核发交易数据真实可信、系统安全可靠、全过程防篡改、可追溯，相关信息留存 5 年以上备查。

第七章　绿　证　监　管

第三十一条　国家能源局各派出机构会同地方相关部门做好辖区内绿证制度实施的监管，及时提出监管意见和建议。国家能源局会同有关部门做好指导。

第三十二条　因推送数据迟延、填报信息有误、系统故障等原因导致绿证核发或交易有误的，国家能源局资质中心或绿证交易平台应及时予以纠正。

第三十三条　当出现以下情况时，依法依规采取以下处置措施。

（一）对于绿证对应电量重复申领其他同属性凭证，或存在数据造假等行为的卖方主体，以及为绿证对应电量颁发其他同属性凭证的绿证交易平台，责令其改正；拒不改正的，予以约谈。

对于扰乱正常绿证交易市场秩序的交易主体，责令其改正；拒不改正的，予以约谈。

（二）对于发生违纪违法问题，按程序移交纪检监察和司法部门处理。

第八章　附　　　则

第三十四条　国家能源局资质中心依据本规则编制绿证核发实施细则，各绿证交易平台依据本规则完善绿证交易实施细则。

第三十五条　本规则由国家能源局负责解释。

本规则自印发之日起实施，有效期 5 年。

5-17　国家发展改革委　国家能源局关于深化新能源上网电价市场化改革　促进新能源高质量发展的通知

（发改价格〔2025〕136 号，2025 年 1 月 27 日国家发展改革委、国家能源局发布）

各省、自治区、直辖市及新疆生产建设兵团发展改革委、能源局，天津市工业和信息化局、辽宁省工业和信息化厅、重庆市经济和信息化委员会、甘肃省工业和信息化厅，北京市城市管理委员会，国家能源局各派出机构，国家电网有限公司、中国南方电网有限责任公司、内蒙古电力（集团）有限责任公司、中国核工业集团有限公司、中国华能集团有限公司、中国大唐集团有限公司、中国华电集团有限公司、国家电力投资集团有限公司、中国长江三峡集团有限公司、国家能源投资集团有限责任公司、国家开发投资集团有限公司、华润（集团）有限公司、中国广核集团有限公司：

为贯彻落实党的二十届三中全会精神和党中央、国务院关于加快构建新型电力系统、健全绿色低碳发展机制的决策部署，充分发挥市场在资源配置中的决定性作用，大力推动新能源高质量发展，现就深化新能源上网电价市场化改革有关事项通知如下。

一、总体思路

按照价格市场形成、责任公平承担、区分存量增量、政策统筹协调的要求，深化新能源上网电价市场化改革。坚持市场化改革方向，推动新能源上网电量全面进入电力市场、通过市场交易形成价格。坚持责任公平承担，完善适应新能源发展的市场交易和价格机制，推动新能源公平参与市场交易。坚持分类施策，区分存量项目和增量项目，建立新能源可持续发展价格结算机制，保持存量项目政策衔接，稳定增量项目收益预期。坚持统筹协调，行业管理、价格机制、绿色能源消费等政策协同发力，完善电力市场体系，更好支撑新能源发展规划目标实现。

二、推动新能源上网电价全面由市场形成

（一）推动新能源上网电量参与市场交易。新能源项目（风电、太阳能发电，下同）上网电量原则上全部进入电力市场，上网电价通过市场交易形成。新能源项目可报量报价参与交易，也可接受市场形成的价格。

参与跨省跨区交易的新能源电量，上网电价和交易机制按照跨省跨区送电相关政策执行。

（二）完善现货市场交易和价格机制。完善现货市场交易规则，推动新能源公平参与实时市场，加快实现自愿参与日前市场。适当放宽现货市场限价，现货市场申报价格上限考虑各地目前工商业用户尖峰电价水平等因素确定，申报价格下限考虑新能源在电力市场外可获得的其他收益等因素确定，具体由省级价格主管部门商有关部门制定并适时调整。

（三）健全中长期市场交易和价格机制。不断完善中长期市场交易规则，缩短交易周期，提高交易频次，实现周、多日、逐日开市。允许供需双方结合新能源出力特点，合理确定中长期合同的量价、曲线等内容，并根据实际灵活调整。完善绿色电力交易政策，申报和成交价格应分别明确电能量价格和相应绿色电力证书（以下简称绿证）价格；省内绿色电力交易中不单独组织集中竞价和滚动撮合交易。

鼓励新能源发电企业与电力用户签订多年期购电协议，提前管理市场风险，形成稳定供求关系。指导电力交易机构在合理衔接、风险可控的前提下，探索组织开展多年期交易。

三、建立健全支持新能源高质量发展的制度机制

（四）建立新能源可持续发展价格结算机制。新能源参与电力市场交易后，在市场外建立差价结算的机制，纳入机制的新能源电价水平（以下简称机制电价）、电量规模、执行期限等由省级价格主管部门会同省级能源主管部门、电力运行主管部门等明确。对纳入机制的电量，市场交易均价低于或高于机制电价的部分，由电网企业按规定开展差价结算，结算费用纳入当地系统运行费用。

（五）新能源可持续发展价格结算机制的电量规模、机制电价和执行期限。2025年6月1日以前投产的新能源存量项目：（1）电量规模，由各地妥善衔接现行具有保障性质的相关电量规模政策。新能源项目在规模范围内每年自主确定执行机制的电量比例、但不得高于上一年。鼓励新能源项目通过设备更新改造升级等方式提升竞争力，主动参与市场竞争。（2）机制电价，按现行价格政策执行，不高于当地煤电基准价。（3）执行期限，按照现行相关政策保障期限确定。光热发电项目、已开展竞争性配置的海上风电项目，按照各地现行政策执行。

2025年6月1日起投产的新能源增量项目：（1）每年新增纳入机制的电量规模，由各地根据国家下达的年度非水电可再生能源电力消纳责任权重完成情况，以及用户承受能力等因素确定。超出消纳责任权重的，次年纳入机制的电量规模可适当减少；未完成的，次年纳入机制的电量规模可适当增加。通知实施后第一年新增纳入机制的电量占当地增量项目新能源上网电量的比例，要与现有新能源价格非市场化比例适当衔接、避免过度波动。单个项目申请纳入机制的电量，可适当低于其全部发电量。（2）机制电价，由各地每年组织已投产和未来12个月内投产、且未纳入过机制执行范围的项目自愿参与竞价形成，初期对成本差异大的可按技术类型分类组织。竞价时按报价从低到高确定入选项目，机制电价原则上按入选项目最高报价确定、但不得高于竞价上限。竞价上限由省级价格主管部门考虑合理成本收益、绿色价值、电力市场供需形势、用户承受能力等因素确定，初期可考虑成本因素、避免无序竞争等设定竞价下限。（3）执行期限，按照同类项目回收初始投资的平均期限确定，起始时间按项目申报的投产时间确定，入选时已投产的项目按入选时间确定。

（六）新能源可持续发展价格结算机制的结算方式。对纳入机制的电量，电网企业每月按机制电价开展差价结算，将市场交易均价与机制电价的差额纳入当地系统运行费用；初期不再开展其他形式的差价结算。电力现货市场连续运行地区，市场交易均价原则上按照月度发电侧实时市场同类项目加权平均价格确定；电力现货市场未连续运行地区，市场交易均价原则上按照交易活跃周期的发电侧中长期交易同类项目加权平均价格确定。各地将每年纳入机制的电量分解至月度，各月实际上网电量低于当月分解电量的，按实际上网电量结算，并在年内按月滚动清算。

（七）新能源可持续发展价格结算机制的退出规则。已纳入机制的新能源项目，执行期限内可自愿申请退出。新能源项目执行到期，或者在期限内自愿退出的，均不再纳入机制执行范围。

四、保障措施

（八）加强组织落实。各省级价格主管部门会同能源主管部门、电力运行主管部门等制定具体方案，做好影响测算分析，充分听取有关方面意见，周密组织落实，主动协调解决实施过程中遇到的问题；加强政策宣传解读，及时回应社会关切，凝聚改革共识。国家能源局派出机构会同有关部门加强市场监管，保障新能源公平参与交易，促进市场平稳运行。电网企业做好结算和合同签订等相关工作，对新能源可持续发展价格结算机制执行结果单独归集。

（九）强化政策协同。强化规划协同，各地改革实施方案要有利于国家新能源发展规划目标的落实，并做好与国家能源电力规划的衔接。强化改革与绿证政策协同，纳入可持续发展价格结算机制的电量，不重复获得绿证收益。电网企业可通过市场化方式采购新能源电量作为代理购电来源。强化改革与市场协同，新能源参与市场后因报价等因素未上网电量，不纳入新能源利用率统计与考核。强化改革与优化环境协同，坚决纠正不当干预电力市场行为，不得向新能源不合理分摊费用，不得将配置储能作为新建新能源项目核准、并网、上网等的前置条件。享有财政补贴的新能源项目，全生命周期合理利用小时数内的补贴标准按照原有规定执行。

（十）做好跟踪评估。各地要密切跟踪市场价格波动、新能源发电成本和收益变化、终端用户电价水平等，认真评估改革对行业发展和企业经营等方面的影响，及时总结改革成效，优化政策实施，持续增强市场价格信号对新能源发展的引导作用。国家结合新能源技术进步、电力市场发展、绿色电力消费增长和绿证市场发展等情况，不断完善可再生能源消纳责任权重制度，适时对新能源可持续发展价格结算机制进行评估优化、条件成熟时择机退出。

各地要在 2025 年底前出台并实施具体方案，实施过程中遇有问题及时向国家发展改革委、国家能源局报告，国家将加强指导。现行政策相关规定与本通知不符的，以本通知为准。对生物质、地热等发电项目，各地可参照本通知研究制定市场化方案。

国家发展改革委
国家能源局
2025 年 1 月 27 日

5-18　国家发展改革委等部门关于促进可再生能源绿色电力证书市场高质量发展的意见

（发改能源〔2025〕262 号，2025 年 3 月 6 日国家发展改革委、国家能源局、工业和信息化部、商务部、国家数据局发布）

各省、自治区、直辖市、新疆生产建设兵团发展改革委、能源局，工业和信息化主管部门、商务主管部门、数据管理部门，国家能源局各派出机构，国家电网有限公司、中国南方电网有限责任公司、内蒙古电力（集团）有限责任公司，有关中央企业，北京、广州、内蒙古电力交易中心，水电水利规划设计总院、电力规划设计总院：

加快推进可再生能源绿色电力证书（以下简称绿证）市场建设，是以更大力度推动可再生能源高质量发展的关键举措，是健全绿色低碳发展机制的重要内容，是经济社会发展全面绿色转型的内在要求。为贯彻落实《中华人民共和国能源法》有关规定，加快建立绿色能源消费促进机制，推动绿证市场高质量发展，进一步提升全社会绿色电力消费水平，提出以下意见。

一、总体要求

以习近平新时代中国特色社会主义思想为指导，全面贯彻落实党的二十大和二十届二中、三中全会精神，深入落实"四个革命、一个合作"能源安全新战略，充分发挥市场在资源配置中的决定性作用，更好发挥政府作用，大力培育绿证市场，激发绿色电力消费需求，引导绿证价格合理体现绿色电力环境价值，加快形成绿色生产方式和生活方式。

到 2027 年，绿证市场交易制度基本完善，强制消费与自愿消费相结合的绿色电力消费机制更加健全，绿色电力消费核算、认证、标识等制度基本建立，绿证与其他机制衔接更加顺畅，绿证市场潜力加快释放，绿证国际应用稳步推进，实现全国范围内绿证畅通流动。到2030年，绿证市场制度体系进一步健全，全社会自主消费绿色电力需求显著提升，绿证市场高效有序运行，绿证国际应用有效实现，绿色电力环境价值合理体现，有力支撑可再生能源高质量发展，助力经济社会发展全面绿色转型。

二、稳定绿证市场供给

（一）及时自动核发绿证。加快可再生能源发电项目建档立卡，原则上当月完成上个月并网项目建档立卡。强化国家绿证核发交易系统功能技术支撑，依据电网企业和电力交易机构提供的已建档立卡可再生能源发电项目月度结算电量，逐月统一批量自动核发绿证，原则上当月完成上个月电量对应绿证核发。

（二）提升绿色电力交易规模。加快提升以绿色电力和对应绿色电力环境价值为标的物的绿色电力交易规模，稳步推动风电（含分散式风电和海上风电）、太阳能发电（含分布式光伏发电和光热发电），以及生物质发电、地热能发电、海洋能发电等可再生能源发电项目参与绿色电力交易。

（三）健全绿证核销机制。完善绿证全生命周期闭环管理，规范绿证核销机制。对已声明完成绿色电力消费的绿证，依据绿色电力消费认证凭证或其他声明材料予以核销；对未交易或已交易但未声明完成绿色电力消费的绿证，超过有效期后自动予以核销；对申请中国核证自愿减排量（CCER）的深远海海上风电、光热发电项目，在完成减排量核查和登记后，对减排量对应的绿证予以核销。

（四）支持绿证跨省流通。推动绿证在全国范围内合理流通，各地区不得以任何方式限制绿证交易区域。支持发用双方自主参与绿证交易或绿色电力交易，推动绿证在更大范围内优化配置。

三、激发绿证消费需求

（五）明确绿证强制消费要求。依法稳步推进绿证强制消费，逐步提高绿色电力消费比例并使用绿证核算。加快提升钢铁、有色、建材、石化、化工等行业企业和数据中心，以及其他重点用能单位和行业的绿色电力消费比例，到2030年原则上不低于全国可再生能源电力总量消纳责任权重平均水平；国家枢纽节点新建数据中心绿色电力消费比例在80%基础上进一步提升。在有条件的地区分类分档打造一批高比例消费绿色电力的绿电工厂、绿电园区等，鼓励其实现100%绿色电力消费。将绿色电力消费信息纳入上市企业环境、社会和公司治理（ESG）报告体系。

（六）健全绿证自愿消费机制。鼓励相关用能单位在强制绿色电力消费比例之上，进一步提升绿色电力消费比例。发挥政府部门、事业单位、国有企业引领作用，稳步提升绿色电力消费水平。鼓励企业主动披露绿色电力消费情况。鼓励行业龙头企业、跨国公司及其产业链企业、外向型企业打造绿色产业链供应链，逐年提高绿色电力消费比例，协同推进企业绿色转型。建设一批高比例消费绿色电力的绿电建筑、绿电社区。推广绿色充电桩，支持新能源汽车充绿电。鼓励居民消费绿色电力，推动电网企业、绿证交易平台等机构为居民购买绿证提供更便利服务，将绿色电力消费纳入绿色家庭、绿色出行等评价指标。研究建立以绿证为基础的绿色电力消费分档分级标识。

（七）完善金融财政相关支持政策。加大绿色金融对企业、产品和活动等开展绿色电力消费的支持力度，强化绿色信贷支持。将绿色电力消费要求纳入绿色产品评价标准，研究制定政府采购支持绿色产品政策。

四、完善绿证交易机制

（八）健全绿证市场价格机制。健全绿证价格形成机制，加强绿证价格监测，研究建立绿证价格指数，引导绿证价格在合理水平运行。参考绿证单独交易价格，合理形成绿色电力交易中的绿证价格。

（九）优化绿证交易机制。完善全国统一的绿证交易体系，强化绿证交易平台建设。推动发用双方签订绿证中长期购买协议。支持代理机构参与分布式新能源发电项目绿证核发和交易。加快设立省级绿证账户，完善电网代理购电相应存量水电绿证的划转机制。

（十）完善绿色电力交易机制。推进多年、年度、月度以及月内绿色电力交易机制建设，鼓励发用双方签订多年期购买协议。鼓励各地通过绿色电力交易形式落实国家能源战略、规划，有效扩大跨省跨区供给。鼓励具备条件的地区结合分布式新能源资源禀赋和用户实际需求，推动分布式新能源就近聚合参与绿色电力交易。

五、拓展绿证应用场景

（十一）加快绿证标准体系建设。研究绿证相关标准体系，编制绿色电力消费标准目录，按照急用先行原则，加快各类标准制定工作。推动绿证与重点行业企业碳排放核算和重点产品碳足迹核算标准有效衔接。

（十二）建立绿色电力消费核算机制。建立基于绿证的绿色电力消费核算机制，制定绿色电力消费核算规范，明确绿色电力消费核算流程和核算方法。开展绿色电力消费核算服务，为企业提供权威的绿色电力消费清单。完善绿色电力消费统计排名维度和层级。

（十三）开展绿色电力消费认证。制定绿色电力消费认证相关技术标准、规则、标识，建立符合我国国情的绿色电力消费认证机制，鼓励第三方认证机构开展面向不同行业和领域的绿色电力消费认证，推进认证结果在相关领域的采信和应用。鼓励相关主体积极使用绿色电力消费标识，提高其品牌形象和市场竞争力。

（十四）推动绿证与其他机制有效衔接。推动将可再生能源电力消纳责任权重压实至重点用能单位，使用绿证用于权重核算。逐步扩大绿色电力消费比例要求的行业企业范围并使用绿证核算。推动将绿色电力消费要求纳入重点用能和碳排放单位节能降碳管理办法。加强绿证与碳排放核算衔接，强化绿证在重点产品碳足迹核算和产品碳标识中的应用。

六、推动绿证应用走出去

（十五）推动绿证标准国际化。坚持"引进来"和"走出去"相结合，统筹做好国际标准和国内标准编制。推动我国绿色电力消费标准用于国际绿色电力消费核算与认证，提升标准的权威性和认可度。加快绿色电力消费国际标准编制，推动我国绿色电力消费标准转化为国际标准。做好通用核算方法和标准国际推广工作。

（十六）加强国际合作交流。在政府间机制性对话中将绿证作为重要议题，支持各类机构及企业针对绿色电力消费的标准制定、认证对接、核算应用等工作与国际社会开展务实交流与合作，引导贸易伙伴认可中国绿证。与国际组织做好沟通交流，加大宣介力度，推动扩大中国绿证使用场景。培育具有国际影响力的绿色电力消费认证机构，鼓励行业成立绿色电力消费倡议国际组织，提升绿证对用能企业覆盖面和影响力，增强企业绿色竞争力。

（十七）强化政策宣介服务。灵活多样开展绿证政策宣贯活动，推动形成主动消费绿色电力的良好氛围。鼓励开展宣贯会、洽谈会等促进绿证交易的活动。鼓励各地，特别是京津冀、长三角、粤港澳大湾区等绿证需求较多的地区，探索设立绿证绿电服务中心，更好满足绿色电力消费需求。

国家能源局会同相关部门开展绿证市场监测，加强绿证与其他机制的统筹衔接，共同推动绿证市场建设，营造消费绿色电力良好氛围。绿证核发机构和各绿证交易平台要认真落实主体责任，高效规范做好绿证核发和交易。各省级能源主管部门会同相关部门，组织相关用能单位落实好绿色电力消费比例目标要求。国家能源局各派出机构做好辖区内绿证市场监管。

国家发展改革委
国家能源局
工业和信息化部
商务部
国家数据局
2025 年 3 月 6 日

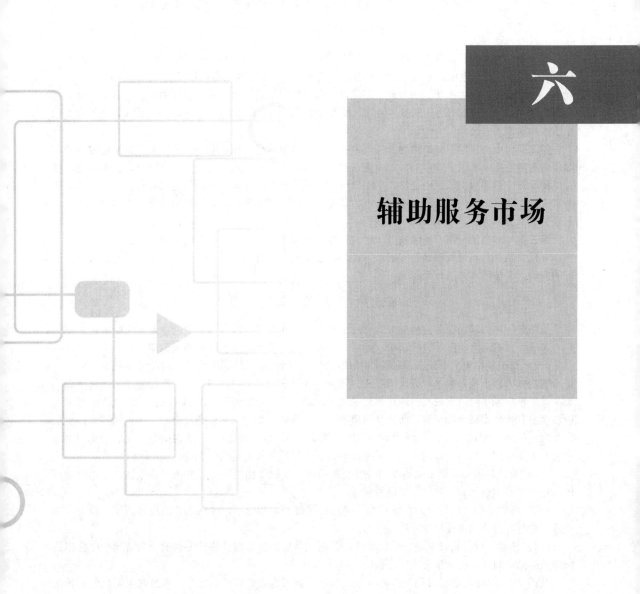

六

辅助服务市场

6-1 电力辅助服务管理办法

（国能发监管规〔2021〕61 号，2021 年 12 月 21 日国家能源局发布）

第一章 总 则

第一条 为深入贯彻落实党中央、国务院决策部署，完整准确全面贯彻新发展理念，做好碳达峰、碳中和工作，构建新型电力系统，深化电力体制改革，持续推动能源高质量发展，保障电力系统安全、优质、经济运行及电力市场有序运营，促进源网荷储协调发展，建立用户参与的电力辅助服务分担共享新机制，进一步规范电力辅助服务管理，根据《中华人民共和国电力法》《电力监管条例》等有关法律法规，制定本办法。

第二条 电力辅助服务是指为维持电力系统安全稳定运行，保证电能质量，促进清洁能源消纳，除正常电能生产、输送、使用外，由火电、水电、核电、风电、光伏发电、光热发电、抽水蓄能、自备电厂等发电侧并网主体，电化学、压缩空气、飞轮等新型储能，传统高载能工业负荷、工商业可中断负荷、电动汽车充电网络等能够响应电力调度指令的可调节负荷（含通过聚合商、虚拟电厂等形式聚合）提供的服务。

第三条 本办法适用于省级及以上电力调度机构调度管辖范围内电力辅助服务的提供、调用、考核、补偿、结算和监督管理等。省级以下电力调度机构调度管辖范围内的并网主体视其对电力系统运行的影响，可参照本办法执行。

第二章 定义与分类

第四条 电力辅助服务的种类分为有功平衡服务、无功平衡服务和事故应急及恢复服务。

第五条 有功平衡服务包括调频、调峰、备用、转动惯量、爬坡等电力辅助服务。

（一）调频是指电力系统频率偏离目标频率时，并网主体通过调速系统、自动功率控制等方式，调整有功出力减少频率偏差所提供的服务。调频分为一次调频和二次调频。一次调频是指当电力系统频率偏离目标频率时，常规机组通过调速系统的自动反应、新能源和储能等并网主体通过快速频率响应，调整有功出力减少频率偏差所提供的服务。二次调频是指并网主体通过自动功率控制技术，包括自动发电控制（AGC）、自动功率控制（APC）等，跟踪电力调度机构下达的指令，按照一定调节速率实时调整发用电功率，以满足电力系统频率、联络线功率控制要求的服务。

（二）调峰是指为跟踪系统负荷的峰谷变化及可再生能源出力变化，并网主体根据调度指令进行的发用电功率调整或设备启停所提供的服务。

（三）备用是指为保证电力系统可靠供电，在调度需求指令下，并网主体通过预留调节能力，并在规定的时间内响应调度指令所提供的服务。

（四）转动惯量是指在系统经受扰动时，并网主体根据自身惯量特性提供响应系统频率变化率的快速正阻尼，阻止系统频率突变所提供的服务。

（五）爬坡是指为应对可再生能源发电波动等不确定因素带来的系统净负荷短时大幅变化，具备较强负荷调节速率的并网主体根据调度指令调整出力，以维持系统功率平衡所提供的服务。

第六条 无功平衡服务即电压控制服务，电压控制服务是指为保障电力系统电压稳定，并网主体根据调度下达的电压、无功出力等控制调节指令，通过自动电压控制（AVC）、调相运行等方式，向电网注入、吸收无功功率，或调整无功功率分布所提供的服务。

（一）自动电压控制是指利用计算机系统、通信网络和可调控设备，根据电网实时运行工况在线计算控制策略，自动闭环控制无功和电压调节设备，以实现合理的无功电压分布。

（二）调相运行是指发电机不发出有功功率，只向电网输送感性无功功率的运行状态，起到调节系统无功、维持系统电压水平的作用。

第七条 事故应急及恢复服务包括稳定切机服务、稳定切负荷服务和黑启动服务。

（一）稳定切机服务是指电力系统发生故障时，稳控装置正确动作后，发电机组自动与电网解列所提供的服务。

（二）稳定切负荷（含抽水蓄能电站切泵）服务是指电网发生故障时，安全自动装置正确动作切除部分用户负荷，用户在规定响应时间及条件下以损失负荷来确保电力系统安全稳定所提供的服务。

（三）黑启动是指电力系统大面积停电后，在无外界电源支持的情况下，由具备自启动能力的发电机组或抽水蓄能、新型储能等所提供的恢复系统供电的服务。

第三章　提　供　与　调　用

第八条 电力辅助服务的提供方式分为基本电力辅助服务和有偿电力辅助服务。基本电力辅助服务为并网主体义务提供，无需补偿。有偿电力辅助服务可通过固定补偿或市场化方式提供，所提供的电力辅助服务应达到规定标准，鼓励采用竞争方式确定承担电力辅助服务的并网主体，市场化方式包括集中竞价、公开招标/挂牌/拍卖、双边协商等。鼓励新型储能、可调节负荷等并网主体参与电力辅助服务。

第九条 电力辅助服务提供方有义务向电力调度机构申报基础技术参数以确定电力辅助服务能力，或满足相关技术参数指标的要求。

第十条 为保证电力系统平衡和安全，电力辅助服务应按照国家、行业有关标准或规定进行选取和调用。未开展市场化交易的电力辅助服务品种，统筹考虑并网主体的特性和贡献等实际情况，研究明确提供主体；已开展市场化交易的电力辅助服务品种，根据市场出清结果确定提供主体。

第四章　补偿方式与分摊机制

第十一条 国家能源局派出机构根据本规定，结合当地电网运行需求和特性，按照"谁提供、谁获利；谁受益、谁承担"的原则，确定各类电力辅助服务品种、补偿类型并制定具体细则。

第十二条 并网主体参与有偿电力辅助服务时，应根据其提供电力辅助服务的种类和性能，或对不同类型电力辅助服务的差异化需求及使用情况，制定差异化补偿或分摊标准。

第十三条 国家能源局派出机构在制定电力辅助服务管理实施细则和市场交易规则时，应合理确定电力辅助服务品种，建立相应补偿、分摊和考核机制。电力辅助服务管理实施细则原则上主要明确通过义务提供、固定补偿方式获取的电力辅助服务品种的相关机制；电力辅助服务市场交易规则主要明确通过市场化竞争方式获取的电力辅助服务品种的相关机制。

第十四条 各类电力辅助服务品种的补偿机制参见附件。固定补偿方式确定补偿标准时应综合考虑电力辅助服务成本、性能表现及合理收益等因素，按"补偿成本、合理收益"的原则确定补偿力度；市场化补偿形成机制应遵循考虑电力辅助服务成本、合理确定价格区间、通过市场化竞争形成价格的原则。

第十五条 承诺提供电力辅助服务的并网主体，在实际运行中，未按照约定提供有效电力辅助服务的，具体考核依照电力并网运行管理实施细则或市场交易规则执行。已通过市场机制完全实现的，不得在实施细则中重复考核。

第十六条 在电力辅助服务管理实施细则或市场交易规则中，应合理明确电力辅助服务需求的确定原则、电力辅助服务费用的分摊标准及市场交易机制等，并根据需要进行动态调整完善。

（一）对采用电力辅助服务管理实施细则管理的电力辅助服务品种，考核费用的收支管理可独立进行或与补偿费用一并进行。对已开展市场化交易的电力辅助服务品种，应在市场交易规则中约定考核机制，且考核费用需与补偿费用一并进行收支管理。

（二）为电力系统运行整体服务的电力辅助服务，补偿费用由发电企业、市场化电力用户等所有并网主体共同分摊，逐步将非市场化电力用户纳入补偿费用分摊范围。原则上，为特定发电侧并网主体服务的电力辅助服务，补偿费用由相关发电侧并网主体分摊。为特定电力用户服务的电力辅助服务，补偿费用由相关电力用户分摊。

第十七条　已开展市场化交易的电力辅助服务品种，根据市场交易规则进行清算、结算。未开展市场化交易的电力辅助服务品种，按月进行电力辅助服务补偿清算、结算。现货市场运行期间，已通过电能量市场机制完全实现系统调峰功能的，原则上不再设置与现货市场并行的调峰辅助服务品种。

第十八条　省级及以上电力调度机构针对调管的并网主体应满足调度、计量、结算等相关要求，并保证调度指令下达至并网主体。省级以下电力调度机构直接调度的并网主体（含自备电厂），具备相关调度、计量、结算等要求的，可通过独立单元、聚合商和第三方代理等形式，纳入所在地电力辅助服务管理实施细则或市场交易规则的管理范围。

第十九条　电力辅助服务计量以电力调度指令、调度自动化系统采集的实时数据、电能量计量装置的数据等为依据。电网频率、实际有功（无功）出力和发/用电负荷按国家和行业标准规定的周期进行采集。电能量计量装置按国家和行业标准规定的周期，存储电量数据。

第二十条　通过采取购买调峰资源或调峰服务方式建设的可再生能源发电项目，入市前项目主体应向调度机构申报承担电力辅助服务责任的主体，并报国家能源局派出机构备案，参与电力辅助服务的规则可依据国家相关规定并结合各地实际情况另行制定。项目投产后，电力调度机构应按月汇总分析，向国家能源局派出机构报告对应调峰服务执行情况。

第二十一条　新建发电机组调试运行期形成的差额资金纳入电力辅助服务补偿资金管理。

第二十二条　电力调度机构和电网企业根据本办法，按照专门记账、收支平衡原则，建立专门账户，对电力辅助服务补偿和考核费用进行管理。

第五章　电力用户参与辅助服务分担共享机制

第二十三条　逐步建立电力用户参与的电力辅助服务分担共享机制，根据不同类型电力用户的用电特性，因地制宜制定相应分担标准。电力用户参与电力辅助服务可采取以下两种方式。

（一）独立参与方式：具备与电力调度机构数据交互，且能够响应实时调度指令的可调节负荷，根据系统运行需要和自身情况，响应电力调度机构调节指令，调节自身用电负荷曲线，提供电力辅助服务，并参与电力辅助服务补偿和分摊。

（二）委托代理参与方式：电力用户可由代理其参与电力中长期交易的售电公司，或聚合商、虚拟电厂签订委托代理协议，按照公平合理原则协商确定补偿和分摊方式，参与电力辅助服务。聚合商、虚拟电厂参与方式同电力用户独立参与。

不具备提供调节能力或调节能力不足的电力用户、聚合商、虚拟电厂应按用电类型、电压等级等方式参与分摊电力辅助服务费用，或通过购买电力辅助服务来承担电力辅助服务责任，相应的电力辅助服务责任确定机制在各地实施细则或市场交易规则中明确。

第二十四条　电力用户签订的带负荷曲线电能量交易合同中应明确承担电力辅助服务的责任和费用等相关条款，并满足所参与电力辅助服务的技术要求，参照发电企业标准进行补偿和分摊，随电力用户电费一并结算。电费账单中单独列支电力辅助服务费用。费用补偿和分摊可采取以下两种方式。

（一）电力用户直接承担方式：与电力用户开展电能量交易的发电企业相应交易电量不再参与电力辅助服务费用分摊，由电力用户按照当地实施细则有关规定分摊电力辅助服务费用。

（二）电力用户经发电企业间接承担方式：电力用户与发电企业开展电能量交易时约定交易电价含电力辅助服务费用的，发电企业相应交易电量应继续承担电力辅助服务费用分摊。电力用户也可与发电企业自行约定分摊比例，在各自电费账单中单独列支。

第六章　跨省跨区电力辅助服务机制

第二十五条　跨省跨区送电配套电源机组均应按照本办法纳入电力辅助服务管理，原则上根据调度关系在送端或受端电网参与电力辅助服务，不重复参与送、受两端电力辅助服务管理。

第二十六条　为保障跨省跨区送电稳定运行提供电力辅助服务的发电机组，应当获得相应的电力辅助服务补偿。

第二十七条　参与国家指令性计划、地方政府协议以及跨省跨区市场化交易的送电发电机组按照同一标准和要求参与电力辅助服务管理。

第二十八条　与电力用户开展跨省跨区"点对点"电能量交易的发电机组参与辅助服务管理，参照本办法第二十五条、第二十六条执行。

第二十九条　由于跨省跨区线路检修停运等原因，跨省跨区配套机组临时向其他地区送电期间，原则上应参与送端辅助服务管理。

第三十条　跨省跨区电能量交易的购售双方应在协商跨省跨区电能量交易价格中明确电力辅助服务的责任和费用等相关条款，对受端或送端电网提供电力辅助服务的并网主体予以合理补偿。

第三十一条　跨省跨区电力辅助服务费用随跨省跨区电能量交易电费一起结算，相关电网企业应按时足额结算。

第七章　信 息 披 露

第三十二条　信息披露应当遵循真实、准确、完整、及时、易于使用的原则，披露内容应包括但不限于考核/补偿/分摊、具体品种、调度单元等信息类型。信息披露主体对其提供信息的真实性、准确性、完整性负责。

第三十三条　电力交易机构负责通过信息披露平台向所有市场主体披露相关考核和补偿结果，制定信息披露标准格式，开放数据接口。

第三十四条　电力调度机构应及时向电力交易机构按信息类型推送考核、补偿和分摊公示信息，由电力交易机构于次月 10 日之前向所有市场主体公示。并网主体对公示有异议的，应在 3 个工作日内提出复核。电力调度机构在接到并网主体问询的 3 个工作日内，应进行核实并予以答复。并网主体经与电力调度机构协商后仍有争议的，可向国家能源局派出机构提出申诉。无异议后，由电力调度机构执行，并将结果报国家能源局派出机构。

第八章　监 督 管 理

第三十五条　国家能源局及其派出机构负责电力辅助服务的监督与管理，监管本办法及相关规则的实施。国家能源局派出机构负责所在地区的电力辅助服务管理，组织建设电力辅助服务市场，组织电网企业和并网主体确定电力辅助服务补偿标准或价格机制，调解辖区内电力辅助服务管理争议，监管电力辅助服务管理实施细则和市场交易规则的执行、电力辅助服务的需求确定和评估实际执行效果等工作。工作中发现的重大问题应及时向国家能源局报告。

第三十六条　国家能源局派出机构可依据实际需要，组织对电力调度机构和电力交易机构的执行情况进行评估和监管。

第三十七条　国家能源局各区域监管局根据本办法，按照公开、透明、经济的原则，商相关省监管办、电网企业、并网主体组织修订本区域电力辅助服务管理实施细则和市场交易规则，报国家能源局备案后施行。实施细则和市场交易规则中应明确提供电力辅助服务的并网主体的具体范围、性能指标（参数）、辅助服务品种、需求确定原则、市场出清机制、补偿分摊标准、信息披露细则等内容。各省监管办可在本区域实施细则和市场交易规则的基础上，结合各省（区）实际情况约定不同补偿标准或价格机制，修订辖区内实施细则和市场交易规则，保持实施细则和市场交易规则在区域内的基本统一和相互协调。电力现货试点地区，由国家能源局派出机构根据当地电力系统运行需要和现货市场运行情况，统筹做好衔接，制定电力辅助服务市场交易规则。

第三十八条　电力调度机构遵照电力辅助服务管理实施细则和市场交易规则，负责电力辅助服务的选取、调用、计量和费用计算、数据统计、公示、核对、技术支持系统建设运行。电网企业、电力调度机构、电力交易机构按照有关规定和职责分工，向并网主体结算费用。

第九章　附　　则

第三十九条　本办法自发布之日起实施，有效期 5 年。原国家电力监管委员会《并网发电厂辅助服务管理暂行办法》（电监市场〔2006〕43 号）同时废止。

第四十条　本办法由国家能源局负责解释，国家能源局其他相关文件与本办法不一致的，以本办法为准。

附件

各类电力辅助服务品种补偿机制

电力辅助服务分类	具体品种	补偿方式	固定补偿参考因素
有功平衡服务	一次调频	义务提供、固定补偿、市场化方式（集中竞价、公开招标/挂牌/拍卖、双边协商）	电网转动惯量需求和单体惯量大小
	二次调频		常规机组：维持电网频率稳定过程中实际贡献量； 其他并网主体：改造成本和维持电网频率稳定过程中实际贡献量
	调峰		社会平均容量成本、提供有偿辅助服务的投资成本和由于提供电力辅助服务而减少的有功发电量损失
	备用		
	转动惯量		
	爬坡		
无功平衡服务	自动电压控制		按低于电网投资新建无功补偿装置和运行维护的成本的原则
	调相		
事故应急及恢复服务	稳定切机	义务提供、固定补偿、市场化方式（公开招标/挂牌/拍卖、双边协商）	稳控投资成本、错失参与其他市场的机会成本和机组启动成本
	稳定切负荷		用户损失负荷成本
	黑启动		投资成本、维护费用、黑启动期间运行费用以及每年用于黑启动测试和人员培训费用

6-2　国家发展改革委　国家能源局关于建立健全电力辅助服务市场价格机制的通知

（发改价格〔2024〕196 号，2024 年 2 月 7 日国家发展改革委、国家能源局发布）

各省、自治区、直辖市、新疆生产建设兵团发展改革委、能源局，国家能源局各派出机构，国家电网有限公司、中国南方电网有限责任公司、内蒙古电力（集团）有限责任公司、中国核工业集团有限公司、中国华能集团有限公司、中国大唐集团有限公司、中国华电集团有限公司、国家电力投资集团有限公司、中国长江三峡集团有限公司、国家能源投资集团有限责任公司、国家开发投资集团有限公司、华润（集团）有限公司、中国广核集团有限公司：

电力辅助服务市场是电力市场体系的重要组成部分。近年来，各地推进电力辅助服务市场建设，建立调峰、调频、备用等辅助服务市场机制，对保障电能质量和电力系统安全稳定运行、促进新能源消纳发挥了积极作用。为贯彻落实党中央、国务院关于深化电力体制改革加快构建新型电力系统的决策部署，进一步完善电力价格形成机制，提升电力系统综合调节能力，促进清洁能源消纳和绿色低碳转型，现就建立健全电力辅助服务市场价格机制通知如下。

一、总体思路

适应新型电力系统发展需要，持续推进电力辅助服务市场建设。加强电力辅助服务市场与中长期市场、现货市场等统筹衔接，科学确定辅助服务市场需求，合理设置有偿辅助服务品种，规范辅助服务计价等市场规则。按照"谁服务、谁获利，谁受益、谁承担"的总体原则，不断完善辅助服务价格形成机制，推动辅助服务费用规范有序传导分担，充分调动灵活调节资源主动参与系统调节积极性。加强政策协同配套，规范辅助服务价格管理工作机制。

二、优化调峰辅助服务交易和价格机制

（一）完善调峰市场交易机制。电力现货市场连续运行的地区，完善现货市场规则，适当放宽市场限价，引导实现调峰功能，调峰及顶峰、调峰容量等具有类似功能的市场不再运行。电力现货市场未连续运行的地区，原则上风电、光伏发电机组不作为调峰服务提供主体，研究适时推动水电机组参与有偿调峰，其他机组在现货市场未运行期间按规则自主申报分时段出力及价格，通过市场竞争确定出清价格和中标调峰出力。区域调峰、存在电能量交换的区域备用等交易，应当及时转为电能量交易。

（二）合理确定调峰服务价格上限。各地统筹调峰需求、调节资源成本和新能源消纳等因素，按照新能源项目消纳成本不高于发电价值的原则，合理确定调峰服务价格上限，调峰服务价格上限原则上不高于当地平价新能源项目的上网电价。

三、健全调频辅助服务交易和价格机制

（三）规范调频市场交易机制。调频市场原则上采用基于调频里程的单一制价格机制。各机组按规则自主申报分时段调频容量及价格，通过市场竞争确定出清价格和中标调频容量。调频费用根据出清价格、调频里程、性能系数三者乘积计算。

（四）合理确定调频服务价格上限。调频性能系数由调节速率、调节精度、响应时间三个分项参数乘积或加权平均确定，分项参数以当地性能最优煤电机组主机（不含火储联合机组）对应的设计参数为基准折算。原则上性能系数最大不超过2，调频里程出清价格上限不超过每千瓦0.015元。

四、完善备用辅助服务交易和价格机制

（五）规范备用市场交易机制。备用市场原则上采用基于中标容量和时间的单一制价格机制。备用容量需求由电力调度机构根据系统安全经济要求与实际情况确定，各机组按规则申报备用容量及价格，通过市场竞争确定出清价格、中标容量和时间。备用费用根据出清价格、中标容量、中标时间三者乘积计算，实际备用容量低于中标容量的，按实际备用容量结算。

（六）合理确定备用服务价格上限。统筹考虑提供备用服务的机会成本（因预留备用容量、不发电而产生的损失）等因素，合理确定备用服务价格上限，原则上备用服务价格上限不超过当地电能量市场价格上限。

五、规范辅助服务价格传导

（七）合理确定辅助服务需求。各地要以保障电力系统安全稳定运行为目标，按照规范透明的原则，科学测算确定辅助服务需求。可结合当地实际探索开展爬坡等辅助服务机制，通过市场竞争确定出清价格、中标机组和中标容量，合理安排价格上限。不得采用事后调整结算公式等方式，确定辅助服务费用规模和价格标准。电网企业要加强精细化管理，提高经济调度水平。

（八）健全辅助服务费用传导机制。各地要规范辅助服务费用管理，由用户侧承担的辅助服务成本，应当为电能量市场无法补偿的因提供辅助服务而未能发电带来的损失。电力现货市场未连续运行的地区，原则上不向用户侧疏导辅助服务费用。电力现货市场连续运行的地区，符合上述要求的调频、备用辅助服务费用（不含提供辅助服务过程中产生的电量费用），原则上由用户用电量和未参与电能量市场交易的上网电量共同分担，分担比例由省级价格主管部门确定。其他需由经营主体承担的辅助服务费用，按程序报批。

（九）规范辅助服务费用结算。由用户承担的辅助服务费用纳入系统运行费用，随电费一同结算，电力现货市场连续运行的地区采用"日清月结"模式。各品种辅助服务补偿、分摊、考核费用应单独计算，并在结算单中单独列示。

六、强化政策配套

（十）推动各类经营主体公平参与辅助服务市场。各地按照国家有关规定确定参与辅助服务市场的准入条件时，应当实行公平准入，不得指定特定主体或对特定主体作出歧视性规定。已获得容量电费的经营主体，应当参加辅助服务市场报价。对同时具备发电和用电身份的经营主体，在放电、充（用）电时分别按发电主体、用电主体参与辅助服务市场，同等接受各类考核。

（十一）加强辅助服务市场与中长期市场、现货市场等统筹衔接。各地要统筹辅助服务市场和中长期市场、现货市场规则制定，加快辅助服务市场建设，尽快实现调频、备用等辅助服务市场规范高效运行，满足新能源大规模并网的系统安全需求。现货市场连续运行的地区，推动辅助服务市场和现货市场联合出清。提供辅助服务过程中产生的电量，按照现货市场价格或中长期交易规则结算。

（十二）健全辅助服务价格管理工作机制。国家发展改革委会同国家能源局加强顶层设计和工作指导，制定辅助服务价格相关政策；电力辅助服务市场规则由国家能源局会同国家发展改革委另行制定。国家能源局派出机构会同省级价格主管部门按照国家有关规定，提出辖区内辅助服务品种、需求确定机制、价格机制、市场限价标准、费用疏导方式等实施方案，征求当地能源、电力运行等部门意见后，报国家能源局，经国家发展改革委同意后实施。

各地要对照本通知要求，系统梳理辅助服务市场运行和收费情况，抓紧完善辅助服务价格政策和交易规则等，本通知下发后六个月内按程序重新明确辅助服务价格机制和水平。

（十三）加强市场监测和监督检查。各地要加强电力辅助服务市场运行和价格机制跟踪监测，及时评估辅助服务资金使用、政策执行等情况；加强政策解读，帮助经营主体更好理解与执行。各地电网企业定期将有偿辅助服务交易的价格、费用、计价关键参数、各类主体收益和分担情况等报国家发展改革委（价格司）、国家能源局（市场监管司）以及所在地国家能源局派出机构、省级价格主管部门，并同步向相关经营主体披露。省级价格主管部门要加强电价管理，做好辅助服务价格测算、影响分析等工作并及时报告。国家发展改革委会同国家能源局等部门将加强市场监督检查，及时纠正和规范不符合国家有关规定的辅助服务价格政策和交易规则等，督促指导各地完善机制，促进辅助服务价格合理形成。

本通知自 2024 年 3 月 1 日起执行，现行政策相关规定与本通知不符的，以本通知规定为准。

国家发展改革委
国家能源局
2024 年 2 月 7 日

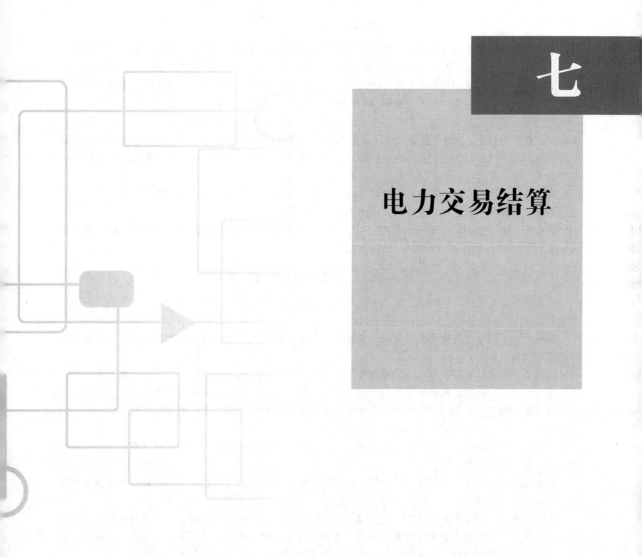

七

电力交易结算

7-1 发电企业与电网企业电费结算办法

(国能发监管〔2020〕79号，2020年12月30日国家能源局发布)

第一章 总 则

第一条 为维护电力市场秩序，保障电力企业合法权益，规范发电企业与电网企业之间电费结算行为，根据《电力监管条例》（中华人民共和国国务院令第432号）及相关法律法规，制定本办法。

第二条 本办法适用于发电企业与电网企业（包括地方电网、增量配网）按照购售电合同开展的电费结算。电网企业在电力市场交易中承担代收代付电费职责的，与发电企业电费结算参照执行。

第三条 本办法所称的发电企业是指依法取得电力业务许可证（发电类）或符合许可豁免条件，从事发电业务的企业；电网企业是指依法取得电力业务许可证（输电类或供电类），从事输电或供电业务的企业，包括增量配电网企业；电费结算是指发电企业与电网企业就购售电业务相关的电量计量、电费确认、发票开具和资金收付等行为的总称。

第四条 发电企业与电网企业电费结算应当遵循依法依规、公平公正、诚实守信的原则。任何一方不得利用电费结算扰乱社会经济秩序，损害社会公共利益。

第五条 国家能源局及其派出机构（以下统称"能源监管机构"）依据《电力监管条例》和本办法对发电企业与电网企业电费结算行为进行监管。

第二章 电 费 结 算 要 求

第六条 发电企业与电网企业应当按照有关要求签订购售电合同，未签订购售电合同的，不得进行电费结算。

第七条 电网企业代理优先用电用户的年度、月度、月内（多日）省内及跨省跨区电力中长期交易需签订购售电合同。

第八条 电费结算有关事项应当在购售电合同中予以明确，包括但不限于：计量装置及其设置，上网电量的抄录、计算、核对和确认，上网电费的计算、核对、修正和确认，基准电价、市场交易电价、超低排放电价、环保电价等各类价格水平，可再生能源补贴结算，上网电费发票开具，上网电费支付方式，发电企业收款账号，以及违约处理等。

第九条 发电企业、电网企业应当按照有关要求安装符合技术规范的上网电量计量装置，确保计费电量真实、准确。

第十条 发电企业、电网企业应当严格执行国家电价政策和市场规则，不得自行变更电价水平或电价机制进行电费结算。

第十一条 电费结算原则上以月度为周期（结算周期应当为每个自然月）。新建发电机组调试电费自并网运行后以月为周期进行结算。燃煤发电企业超低排放电费原则上以季度为周期进行结算，电网企业自收到环保部门出具的监测报告之日起十个工作日内向燃煤电厂兑现电价加价资金。

第十二条 电网企业应当及时足额向纳入国家补贴范围的可再生能源发电企业转付中央财政等补贴。原则上电网企业在收到中央财政补贴资金十个工作日内，按照有关要求及时兑付给可再生能源发电企业。电网企业转付地方财政补贴有明确规定的，按照有关规定执行；没有明确规定的，电网企业在收到地方财政补贴资金十个工作日内，及时兑付给可再生能源发电企业。

第十三条 发电企业上网电量根据相关地区交易结算有关规定进行抄录和确认，逐步实现发用双方抄表日历同期，原则上应当在次月初五个工作日内完成。

第十四条 发电企业上网电费应当严格按照购售电合同的约定进行计算，按规定进行核对、修正和确认，原则上应当在上网电量确认日后五个工作日内完成。

第十五条 发电企业应当根据厂网双方确认的电费结算单（结算依据）及时、足额向电网企业开具增值税专用发票，原则上应当在上网电费确认日后五个工作日内完成。电费结算单（结算依据）应当详细列明交易品种、交易电量、交易金额、辅助服务考核项目及金额。实行分时电价机制的应当详细列明分时电量、电费等内容。

第十六条　跨省跨区交易结算由相应电力交易机构统一出具结算依据，由电网企业负责电费收取，向输电方支付输配电费及线损折价，向发电企业支付购电费。

第十七条　电网企业根据结算双方确认的电费结算单（结算依据），及时足额支付电费。

电费原则上一次性支付，在电费确认日后十个工作日内，由电网企业将当期电费全额支付给发电企业。电网企业经与发电企业协商一致后，也可分两次支付。第一次支付不低于该期电费的百分之五十，付清时间不得超过电费确认日后五个工作日，第二次付清时间不得超过电费确认日后十个工作日。

第十八条　电费结算采取国家规定的结算方式，由发电企业与电网企业协商一致，在购售电合同中作出明确、合理约定。

从用户侧收取电费中承兑汇票占比较高且经营效益较差的电网企业，向发电企业支付的承兑汇票，不得高于当期从用户侧收取承兑汇票的百分之五十，且应当在发电企业间进行合理分摊。经双方协商一致，电网企业与发电企业结算电费中使用承兑汇票的比例，应当在购售电合同中明确。电网企业不得使用承兑汇票兑付可再生能源发电企业中央财政补贴。

第十九条　电网企业应当采取有效措施从用户侧收取电费，不得以用户侧欠费为由停止或者减少向发电企业支付上网电费。电网企业如不能按合同约定期限支付上网电费（不可抗力因素除外），应当向发电企业支付违约金。违约金由双方协商约定，由电网企业支付至发电企业电费结算账户。

第二十条　电网企业代理的优先用电用户电量（包括跨省跨区交易电量）应当合理分摊辅助服务费用。

第二十一条　发电企业、电网企业应当保存各自电费结算的原始资料与记录。

第二十二条　发电企业、电网企业在电费结算过程中发生争议，双方可自行协商解决。无法达成一致的，可向能源监管机构申请调解，争议和调解不得影响无争议电费的结算。

第三章　电费结算监管

第二十三条　能源监管机构可采取信息统计、座谈交流、查阅资料、现场监管等方式进行监管，并适时在一定范围内发布监管报告。

第二十四条　发电企业、电网企业应当按照电力企业信息报送有关规定，向能源监管机构报送电费结算情况。

第二十五条　能源监管机构按照《国家能源局能源争议纠纷调解规定》（国能监管〔2017〕74号）对电费结算争议进行调解。经调解仍无法达成一致的，发电企业、电网企业可按照司法程序解决。

第二十六条　电网企业无正当理由未按合同约定支付上网电费的，能源监管机构可责令改正；恶意拖欠电费的，能源监管机构可依据《电力监管条例》有关规定进行处罚，并公示处理结果。

第二十七条　发电企业、电网企业进行电费结算时如有不执行国家电价政策、不执行市场规则、擅自改变电价水平和电价机制等行为，能源监管机构有权制止，责令其限期改正，并公示处理结果。

第二十八条　发电企业和电网企业如有拒绝或者阻碍能源监管机构工作人员依法依规履行监管职责、不按要求向能源监管机构提供有关信息等行为，能源监管机构可依据《电力监管条例》以及电力企业信息报送和披露等有关规定对其进行处罚。

发电企业、电网企业在电费结算过程中扰乱社会经济秩序，损害社会公共利益构成犯罪的，按照司法程序依法追究刑事责任。

第四章　附　　则

第二十九条　本办法由国家能源局负责解释。

第三十条　本办法自2021年1月1日起施行，有效期三年，原国家电力监管委员会《发电企业与电网企业电费结算暂行办法》（电监价财〔2008〕24号）同时废止。

7-2　国家能源局综合司关于进一步明确电网企业与发电企业电费结算有关要求的通知

（国能综通法改〔2022〕92号，2022年9月19日国家能源局综合司发布）

各派出机构，中国核工业集团有限公司、国家电网有限公司、中国南方电网有限责任公司、中国华能集团有限公司、中国大唐集团有限公司、中国华电集团有限公司、国家电力投资集团有限公司、中国长江三峡集团有限公司、国家能源投资集团有限责任公司、国家开发投资集团有限公司、华润（集团）有限公司、中国广核集团有限公司、内蒙古电力（集团）有限责任公司，有关电力企业：

为贯彻党中央、国务院关于深化"放管服"改革决策部署，落实《优化营商环境条例》《保障中小企业款项支付条例》《电力监管条例》有关规定，维护电力市场秩序，保障电费结算公平及时，进一步规范电网企业与发电企业电费结算行为，现就有关要求通知如下。

一、电网企业与发电企业签订购售电合同未事先明确约定使用非现金结算支付的，应使用现金结算支付，不得使用承兑汇票（包括银行承兑汇票、财务公司承兑汇票、商业承兑汇票）、国内信用证，以及业务规则、业务形式、应用场景与票据类似的应收账款电子凭证等企业自设电子债务凭证工具延期支付。

二、电网企业如确需使用承兑汇票等非现金支付工具延期支付电费的，应采取买方付息等方式承担资金成本和兑付风险，由双方协商一致以书面形式明确支付条件，并遵守《发电企业与电网企业电费结算办法》（国能发监管〔2020〕79号）第十八条有关规定。

三、电网企业应进一步加强信息报送工作，每半年向所在地能源监管机构报送电费结算使用承兑汇票等情况。

特此通知。

国家能源局综合司
2022年9月19日

7-3　国家发展改革委办公厅关于取消临时接电费和明确自备电厂有关收费政策的通知

（发改办价格〔2017〕1895号，2017年11月21日国家发展改革委发布）

各省、自治区、直辖市发展改革委、物价局，国家电网公司、南方电网公司、内蒙古电力公司：

为贯彻落实好国务院要求，进一步助推企业减负，推进供给侧结构性改革，确保国家电价政策落实到位，现将有关事项通知如下。

一、取消临时接电费

（一）自2017年12月1日起，临时用电的电力用户不再缴纳临时接电费。《国家发展改革委关于停止收取供配电贴费有关问题的补充通知》（发改价格〔2003〕2279号）中关于临时接电费的规定停止执行。

（二）已向电力用户收取的临时接电费，电网企业应按照合同约定及时组织清退。

二、减免余热、余压、余气自备电厂有关收费

（一）为减轻综合利用企业负担，推动燃煤消减，各省级价格主管部门要按照《国家发展改革委国家能源局关于印发电力体制改革配套文件的通知》（发改经体〔2015〕2752号）要求，结合本地实际，研究出台减免余热、余压、余气自备电厂政策性交叉补贴和系统备用费的办法，报国家发展改革委备案。

（二）各省级价格主管部门应在办法中明确余热、余压、余气自备电厂的资质认定和运行监管要求，对安全生产不合规，能效、环保指标不达标，未按期开展改造升级等工作的自备电厂，要依法依规予以严肃处理。

三、有关要求

请各省级价格主管部门于 2017 年 12 月 15 日前将本省（区、市）落实情况报国家发展改革委价格司。

国家发展改革委办公厅

2017 年 11 月 21 日

7-4　国家发展改革委办公厅　国家能源局综合司关于印发电力市场运营系统现货交易和现货结算功能指南（试行）的通知

（发改办能源〔2018〕1518 号，2018 年 11 月 21 日国家发展改革委办公厅、国家能源局综合司发布）

各省、自治区、直辖市、新疆生产建设兵团发展改革委（能源局）、经信委（工信委、工信厅），北京市城管委，各派出能源监管机构，国家电网公司、南方电网公司，华能、大唐、华电、国家能源、国家电投集团，三峡、国投、中核、中广核、华润集团：

为贯彻落实《中共中央　国务院关于进一步深化电力体制改革的若干意见》（中发〔2015〕9 号）及其配套文件精神，加快建设统一开放、竞争有序的电力市场体系，按照开展电力现货市场建设试点（以下简称"现货试点"）有关工作要求，国家发展改革委、国家能源局组织编制了《电力市场运营系统现货交易功能指南（适用于分散式电力市场）》（试行）、《电力市场运营系统现货交易功能指南（适用于集中式电力市场）》（试行）、《电力市场运营系统现货结算功能指南》（试行）（以下统称《功能指南》），现印发给你们，请结合实际，参照实施。

一、第一批 8 个现货试点地区，根据经专家论证后的电力现货市场试点方案和运营规则，参照《功能指南》，结合实际，制定电力市场运营系统现货交易和现货结算具体功能要求和系统建设方案，履行有关程序后实施。条件较成熟的非现货试点地区，可结合实际，参照《功能指南》，研究推动相关工作。结合现货试点地区探索实践，国家发展改革委、国家能源局将及时总结完善《功能指南》，适时推动出台相关标准。

二、现货试点第一责任单位应加强对现货交易和现货结算系统建设的指导，及时组织第三方机构对系统进行评估验收，评估验收通过后投入运行。电力交易机构、调度机构应根据审定的电力市场运营系统现货交易和现货结算具体功能要求和系统建设方案，按分工负责系统的开发、建设、运行、管理和维护，电网企业应给予充分的人、财、物支持，确保系统建设按现货试点地区市场建设进度有序推进。各派出能源监管机构要加强对电力市场运营系统现货交易和结算系统运行情况的监管，维护市场公平竞争秩序。

附件：

1. 《电力市场运营系统现货交易功能指南（适用于分散式电力市场）》（试行）（略）

2. 《电力市场运营系统现货交易功能指南（适用于集中式电力市场）》（试行）（略）

3. 《电力市场运营系统现货结算功能指南》（试行）（略）

国家发展改革委办公厅

国家能源局综合司

2018 年 11 月 21 日

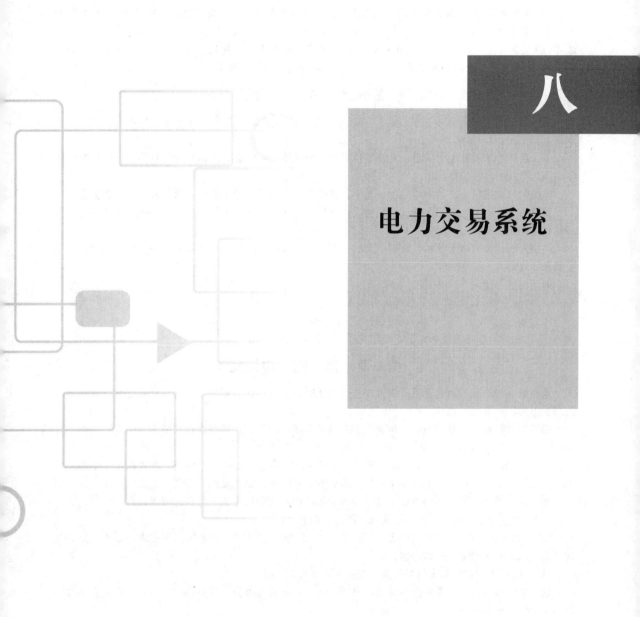

八

电力交易系统

8-1 中华人民共和国电子签名法

（2004 年 8 月 28 日第十届全国人民代表大会常务委员会第十一次会议通过，根据 2015 年 4 月 24 日第十二届全国人民代表大会常务委员会第十四次会议《关于修改〈中华人民共和国电力法〉等六部法律的决定》第一次修正，根据 2019 年 4 月 23 日第十三届全国人民代表大会常务委员会第十次会议《关于修改〈中华人民共和国建筑法〉等八部法律的决定》第二次修正）

第一章 总 则

第一条 为了规范电子签名行为，确立电子签名的法律效力，维护有关各方的合法权益，制定本法。

第二条 本法所称电子签名，是指数据电文中以电子形式所含、所附用于识别签名人身份并表明签名人认可其中内容的数据。

本法所称数据电文，是指以电子、光学、磁或者类似手段生成、发送、接收或者储存的信息。

第三条 民事活动中的合同或者其他文件、单证等文书，当事人可以约定使用或者不使用电子签名、数据电文。

当事人约定使用电子签名、数据电文的文书，不得仅因为其采用电子签名、数据电文的形式而否定其法律效力。

前款规定不适用下列文书：

（一）涉及婚姻、收养、继承等人身关系的；

（二）涉及停止供水、供热、供气等公用事业服务的；

（三）法律、行政法规规定的不适用电子文书的其他情形。

第二章 数 据 电 文

第四条 能够有形地表现所载内容，并可以随时调取查用的数据电文，视为符合法律、法规要求的书面形式。

第五条 符合下列条件的数据电文，视为满足法律、法规规定的原件形式要求：

（一）能够有效地表现所载内容并可供随时调取查用；

（二）能够可靠地保证自最终形成时起，内容保持完整、未被更改。但是，在数据电文上增加背书以及数据交换、储存和显示过程中发生的形式变化不影响数据电文的完整性。

第六条 符合下列条件的数据电文，视为满足法律、法规规定的文件保存要求：

（一）能够有效地表现所载内容并可供随时调取查用；

（二）数据电文的格式与其生成、发送或者接收时的格式相同，或者格式不相同但是能够准确表现原来生成、发送或者接收的内容；

（三）能够识别数据电文的发件人、收件人以及发送、接收的时间。

第七条 数据电文不得仅因为其是以电子、光学、磁或者类似手段生成、发送、接收或者储存的而被拒绝作为证据使用。

第八条 审查数据电文作为证据的真实性，应当考虑以下因素：

（一）生成、储存或者传递数据电文方法的可靠性；

（二）保持内容完整性方法的可靠性；

（三）用以鉴别发件人方法的可靠性；

（四）其他相关因素。

第九条 数据电文有下列情形之一的，视为发件人发送：

（一）经发件人授权发送的；

（二）发件人的信息系统自动发送的；

（三）收件人按照发件人认可的方法对数据电文进行验证后结果相符的。

当事人对前款规定的事项另有约定的，从其约定。

第十条　法律、行政法规规定或者当事人约定数据电文需要确认收讫的，应当确认收讫。发件人收到收件人的收讫确认时，数据电文视为已经收到。

第十一条　数据电文进入发件人控制之外的某个信息系统的时间，视为该数据电文的发送时间。

收件人指定特定系统接收数据电文的，数据电文进入该特定系统的时间，视为该数据电文的接收时间；未指定特定系统的，数据电文进入收件人的任何系统的首次时间，视为该数据电文的接收时间。

当事人对数据电文的发送时间、接收时间另有约定的，从其约定。

第十二条　发件人的主营业地为数据电文的发送地点，收件人的主营业地为数据电文的接收地点。没有主营业地的，其经常居住地为发送或者接收地点。

当事人对数据电文的发送地点、接收地点另有约定的，从其约定。

第三章　电子签名与认证

第十三条　电子签名同时符合下列条件的，视为可靠的电子签名：

（一）电子签名制作数据用于电子签名时，属于电子签名人专有；

（二）签署时电子签名制作数据仅由电子签名人控制；

（三）签署后对电子签名的任何改动能够被发现；

（四）签署后对数据电文内容和形式的任何改动能够被发现。

当事人也可以选择使用符合其约定的可靠条件的电子签名。

第十四条　可靠的电子签名与手写签名或者盖章具有同等的法律效力。

第十五条　电子签名人应当妥善保管电子签名制作数据。电子签名人知悉电子签名制作数据已经失密或者可能已经失密时，应当及时告知有关各方，并终止使用该电子签名制作数据。

第十六条　电子签名需要第三方认证的，由依法设立的电子认证服务提供者提供认证服务。

第十七条　提供电子认证服务，应当具备下列条件：

（一）取得企业法人资格；

（二）具有与提供电子认证服务相适应的专业技术人员和管理人员；

（三）具有与提供电子认证服务相适应的资金和经营场所；

（四）具有符合国家安全标准的技术和设备；

（五）具有国家密码管理机构同意使用密码的证明文件；

（六）法律、行政法规规定的其他条件。

第十八条　从事电子认证服务，应当向国务院信息产业主管部门提出申请，并提交符合本法第十七条规定条件的相关材料。国务院信息产业主管部门接到申请后经依法审查，征求国务院商务主管部门等有关部门的意见后，自接到申请之日起四十五日内作出许可或者不予许可的决定。予以许可的，颁发电子认证许可证书；不予许可的，应当书面通知申请人并告知理由。

取得认证资格的电子认证服务提供者，应当按照国务院信息产业主管部门的规定在互联网上公布其名称、许可证号等信息。

第十九条　电子认证服务提供者应当制定、公布符合国家有关规定的电子认证业务规则，并向国务院信息产业主管部门备案。

电子认证业务规则应当包括责任范围、作业操作规范、信息安全保障措施等事项。

第二十条　电子签名人向电子认证服务提供者申请电子签名认证证书，应当提供真实、完整和准确的信息。

电子认证服务提供者收到电子签名认证证书申请后，应当对申请人的身份进行查验，并对有关材料进行审查。

第二十一条　电子认证服务提供者签发的电子签名认证证书应当准确无误，并应当载明下列内容：

（一）电子认证服务提供者名称；

（二）证书持有人名称；

（三）证书序列号；

（四）证书有效期；

（五）证书持有人的电子签名验证数据；

（六）电子认证服务提供者的电子签名；

（七）国务院信息产业主管部门规定的其他内容。

第二十二条　电子认证服务提供者应当保证电子签名认证证书内容在有效期内完整、准确，并保证电子签名依赖方能够证实或者了解电子签名认证证书所载内容及其他有关事项。

第二十三条　电子认证服务提供者拟暂停或者终止电子认证服务的，应当在暂停或者终止服务九十日前，就业务承接及其他有关事项通知有关各方。

电子认证服务提供者拟暂停或者终止电子认证服务的，应当在暂停或者终止服务六十日前向国务院信息产业主管部门报告，并与其他电子认证服务提供者就业务承接进行协商，作出妥善安排。

电子认证服务提供者未能就业务承接事项与其他电子认证服务提供者达成协议的，应当申请国务院信息产业主管部门安排其他电子认证服务提供者承接其业务。

电子认证服务提供者被依法吊销电子认证许可证书的，其业务承接事项的处理按照国务院信息产业主管部门的规定执行。

第二十四条　电子认证服务提供者应当妥善保存与认证相关的信息，信息保存期限至少为电子签名认证证书失效后五年。

第二十五条　国务院信息产业主管部门依照本法制定电子认证服务业的具体管理办法，对电子认证服务提供者依法实施监督管理。

第二十六条　经国务院信息产业主管部门根据有关协议或者对等原则核准后，中华人民共和国境外的电子认证服务提供者在境外签发的电子签名认证证书与依照本法设立的电子认证服务提供者签发的电子签名认证证书具有同等的法律效力。

第四章　法　律　责　任

第二十七条　电子签名人知悉电子签名制作数据已经失密或者可能已经失密未及时告知有关各方、并终止使用电子签名制作数据，未向电子认证服务提供者提供真实、完整和准确的信息，或者有其他过错，给电子签名依赖方、电子认证服务提供者造成损失的，承担赔偿责任。

第二十八条　电子签名人或者电子签名依赖方因依据电子认证服务提供者提供的电子签名认证服务从事民事活动遭受损失，电子认证服务提供者不能证明自己无过错的，承担赔偿责任。

第二十九条　未经许可提供电子认证服务的，由国务院信息产业主管部门责令停止违法行为；有违法所得的，没收违法所得；违法所得三十万元以上的，处违法所得一倍以上三倍以下的罚款；没有违法所得或者违法所得不足三十万元的，处十万元以上三十万元以下的罚款。

第三十条　电子认证服务提供者暂停或者终止电子认证服务，未在暂停或者终止服务六十日前向国务院信息产业主管部门报告的，由国务院信息产业主管部门对其直接负责的主管人员处一万元以上五万元以下的罚款。

第三十一条　电子认证服务提供者不遵守认证业务规则、未妥善保存与认证相关的信息，或者有其他违法行为的，由国务院信息产业主管部门责令限期改正；逾期未改正的，吊销电子认证许可证书，其直接负责的主管人员和其他直接责任人员十年内不得从事电子认证服务。吊销电子认证许可证书的，应当予以公告并通知工商行政管理部门。

第三十二条　伪造、冒用、盗用他人的电子签名，构成犯罪的，依法追究刑事责任；给他人造成损失的，依法承担民事责任。

第三十三条 依照本法负责电子认证服务业监督管理工作的部门的工作人员，不依法履行行政许可、监督管理职责的，依法给予行政处分；构成犯罪的，依法追究刑事责任。

第五章 附 则

第三十四条 本法中下列用语的含义：

（一）电子签名人，是指持有电子签名制作数据并以本人身份或者以其所代表的人的名义实施电子签名的人；

（二）电子签名依赖方，是指基于对电子签名认证证书或者电子签名的信赖从事有关活动的人；

（三）电子签名认证证书，是指可证实电子签名人与电子签名制作数据有联系的数据电文或者其他电子记录；

（四）电子签名制作数据，是指在电子签名过程中使用的，将电子签名与电子签名人可靠地联系起来的字符、编码等数据；

（五）电子签名验证数据，是指用于验证电子签名的数据，包括代码、口令、算法或者公钥等。

第三十五条 国务院或者国务院规定的部门可以依据本法制定政务活动和其他社会活动中使用电子签名、数据电文的具体办法。

第三十六条 本法自 2005 年 4 月 1 日起施行。

8-2 中华人民共和国网络安全法

（2016 年 11 月 7 日第十二届全国人民代表大会常务委员会第二十四次会议通过）

第一章 总 则

第一条 为了保障网络安全，维护网络空间主权和国家安全、社会公共利益，保护公民、法人和其他组织的合法权益，促进经济社会信息化健康发展，制定本法。

第二条 在中华人民共和国境内建设、运营、维护和使用网络，以及网络安全的监督管理，适用本法。

第三条 国家坚持网络安全与信息化发展并重，遵循积极利用、科学发展、依法管理、确保安全的方针，推进网络基础设施建设和互联互通，鼓励网络技术创新和应用，支持培养网络安全人才，建立健全网络安全保障体系，提高网络安全保护能力。

第四条 国家制定并不断完善网络安全战略，明确保障网络安全的基本要求和主要目标，提出重点领域的网络安全政策、工作任务和措施。

第五条 国家采取措施，监测、防御、处置来源于中华人民共和国境内外的网络安全风险和威胁，保护关键信息基础设施免受攻击、侵入、干扰和破坏，依法惩治网络违法犯罪活动，维护网络空间安全和秩序。

第六条 国家倡导诚实守信、健康文明的网络行为，推动传播社会主义核心价值观，采取措施提高全社会的网络安全意识和水平，形成全社会共同参与促进网络安全的良好环境。

第七条 国家积极开展网络空间治理、网络技术研发和标准制定、打击网络违法犯罪等方面的国际交流与合作，推动构建和平、安全、开放、合作的网络空间，建立多边、民主、透明的网络治理体系。

第八条 国家网信部门负责统筹协调网络安全工作和相关监督管理工作。国务院电信主管部门、公安部门和其他有关机关依照本法和有关法律、行政法规的规定，在各自职责范围内负责网络安全保护和监督管理工作。

县级以上地方人民政府有关部门的网络安全保护和监督管理职责，按照国家有关规定确定。

第九条 网络运营者开展经营和服务活动，必须遵守法律、行政法规，尊重社会公德，遵守商业道德，诚实信用，履行网络安全保护义务，接受政府和社会的监督，承担社会责任。

第十条　建设、运营网络或者通过网络提供服务，应当依照法律、行政法规的规定和国家标准的强制性要求，采取技术措施和其他必要措施，保障网络安全、稳定运行，有效应对网络安全事件，防范网络违法犯罪活动，维护网络数据的完整性、保密性和可用性。

第十一条　网络相关行业组织按照章程，加强行业自律，制定网络安全行为规范，指导会员加强网络安全保护，提高网络安全保护水平，促进行业健康发展。

第十二条　国家保护公民、法人和其他组织依法使用网络的权利，促进网络接入普及，提升网络服务水平，为社会提供安全、便利的网络服务，保障网络信息依法有序自由流动。

任何个人和组织使用网络应当遵守宪法法律，遵守公共秩序，尊重社会公德，不得危害网络安全，不得利用网络从事危害国家安全、荣誉和利益，煽动颠覆国家政权、推翻社会主义制度，煽动分裂国家、破坏国家统一，宣扬恐怖主义、极端主义，宣扬民族仇恨、民族歧视，传播暴力、淫秽色情信息，编造、传播虚假信息扰乱经济秩序和社会秩序，以及侵害他人名誉、隐私、知识产权和其他合法权益等活动。

第十三条　国家支持研究开发有利于未成年人健康成长的网络产品和服务，依法惩治利用网络从事危害未成年人身心健康的活动，为未成年人提供安全、健康的网络环境。

第十四条　任何个人和组织有权对危害网络安全的行为向网信、电信、公安等部门举报。收到举报的部门应当及时依法作出处理；不属于本部门职责的，应当及时移送有权处理的部门。

有关部门应当对举报人的相关信息予以保密，保护举报人的合法权益。

第二章　网络安全支持与促进

第十五条　国家建立和完善网络安全标准体系。国务院标准化行政主管部门和国务院其他有关部门根据各自的职责，组织制定并适时修订有关网络安全管理以及网络产品、服务和运行安全的国家标准、行业标准。

国家支持企业、研究机构、高等学校、网络相关行业组织参与网络安全国家标准、行业标准的制定。

第十六条　国务院和省、自治区、直辖市人民政府应当统筹规划，加大投入，扶持重点网络安全技术产业和项目，支持网络安全技术的研究开发和应用，推广安全可信的网络产品和服务，保护网络技术知识产权，支持企业、研究机构和高等学校等参与国家网络安全技术创新项目。

第十七条　国家推进网络安全社会化服务体系建设，鼓励有关企业、机构开展网络安全认证、检测和风险评估等安全服务。

第十八条　国家鼓励开发网络数据安全保护和利用技术，促进公共数据资源开放，推动技术创新和经济社会发展。

国家支持创新网络安全管理方式，运用网络新技术，提升网络安全保护水平。

第十九条　各级人民政府及其有关部门应当组织开展经常性的网络安全宣传教育，并指导、督促有关单位做好网络安全宣传教育工作。

大众传播媒介应当有针对性地面向社会进行网络安全宣传教育。

第二十条　国家支持企业和高等学校、职业学校等教育培训机构开展网络安全相关教育与培训，采取多种方式培养网络安全人才，促进网络安全人才交流。

第三章　网 络 运 行 安 全

第一节　一 般 规 定

第二十一条　国家实行网络安全等级保护制度。网络运营者应当按照网络安全等级保护制度的要求，履行下列安全保护义务，保障网络免受干扰、破坏或者未经授权的访问，防止网络数据泄露或者被窃取、篡改：

（一）制定内部安全管理制度和操作规程，确定网络安全负责人，落实网络安全保护责任；

（二）采取防范计算机病毒和网络攻击、网络侵入等危害网络安全行为的技术措施；

（三）采取监测、记录网络运行状态、网络安全事件的技术措施，并按照规定留存相关的网络日志不少于六个月；

（四）采取数据分类、重要数据备份和加密等措施；

（五）法律、行政法规规定的其他义务。

第二十二条　网络产品、服务应当符合相关国家标准的强制性要求。网络产品、服务的提供者不得设置恶意程序；发现其网络产品、服务存在安全缺陷、漏洞等风险时，应当立即采取补救措施，按照规定及时告知用户并向有关主管部门报告。

网络产品、服务的提供者应当为其产品、服务持续提供安全维护；在规定或者当事人约定的期限内，不得终止提供安全维护。

网络产品、服务具有收集用户信息功能的，其提供者应当向用户明示并取得同意；涉及用户个人信息的，还应当遵守本法和有关法律、行政法规关于个人信息保护的规定。

第二十三条　网络关键设备和网络安全专用产品应当按照相关国家标准的强制性要求，由具备资格的机构安全认证合格或者安全检测符合要求后，方可销售或者提供。国家网信部门会同国务院有关部门制定、公布网络关键设备和网络安全专用产品目录，并推动安全认证和安全检测结果互认，避免重复认证、检测。

第二十四条　网络运营者为用户办理网络接入、域名注册服务，办理固定电话、移动电话等入网手续，或者为用户提供信息发布、即时通讯等服务，在与用户签订协议或者确认提供服务时，应当要求用户提供真实身份信息。用户不提供真实身份信息的，网络运营者不得为其提供相关服务。

国家实施网络可信身份战略，支持研究开发安全、方便的电子身份认证技术，推动不同电子身份认证之间的互认。

第二十五条　网络运营者应当制定网络安全事件应急预案，及时处置系统漏洞、计算机病毒、网络攻击、网络侵入等安全风险；在发生危害网络安全的事件时，立即启动应急预案，采取相应的补救措施，并按照规定向有关主管部门报告。

第二十六条　开展网络安全认证、检测、风险评估等活动，向社会发布系统漏洞、计算机病毒、网络攻击、网络侵入等网络安全信息，应当遵守国家有关规定。

第二十七条　任何个人和组织不得从事非法侵入他人网络、干扰他人网络正常功能、窃取网络数据等危害网络安全的活动；不得提供专门用于从事侵入网络、干扰网络正常功能及防护措施、窃取网络数据等危害网络安全活动的程序、工具；明知他人从事危害网络安全的活动的，不得为其提供技术支持、广告推广、支付结算等帮助。

第二十八条　网络运营者应当为公安机关、国家安全机关依法维护国家安全和侦查犯罪的活动提供技术支持和协助。

第二十九条　国家支持网络运营者之间在网络安全信息收集、分析、通报和应急处置等方面进行合作，提高网络运营者的安全保障能力。

有关行业组织建立健全本行业的网络安全保护规范和协作机制，加强对网络安全风险的分析评估，定期向会员进行风险警示，支持、协助会员应对网络安全风险。

第三十条　网信部门和有关部门在履行网络安全保护职责中获取的信息，只能用于维护网络安全的需要，不得用于其他用途。

第二节　关键信息基础设施的运行安全

第三十一条　国家对公共通信和信息服务、能源、交通、水利、金融、公共服务、电子政务等重要行业和领域，以及其他一旦遭到破坏、丧失功能或者数据泄露，可能严重危害国家安全、国计民生、公共利益的关键信息基础设施，在网络安全等级保护制度的基础上，实行重点保护。关键信息基础设施的具体范围和安全保护办法由国务院制定。

国家鼓励关键信息基础设施以外的网络运营者自愿参与关键信息基础设施保护体系。

第三十二条　按照国务院规定的职责分工，负责关键信息基础设施安全保护工作的部门分别编制并组织实施本行业、本领域的关键信息基础设施安全规划，指导和监督关键信息基础设施运行安全保护工作。

第三十三条　建设关键信息基础设施应当确保其具有支持业务稳定、持续运行的性能，并保证安全技术措施同步规划、同步建设、同步使用。

第三十四条　除本法第二十一条的规定外，关键信息基础设施的运营者还应当履行下列安全保护义务：

（一）设置专门安全管理机构和安全管理负责人，并对该负责人和关键岗位的人员进行安全背景审查；

（二）定期对从业人员进行网络安全教育、技术培训和技能考核；

（三）对重要系统和数据库进行容灾备份；

（四）制定网络安全事件应急预案，并定期进行演练；

（五）法律、行政法规规定的其他义务。

第三十五条　关键信息基础设施的运营者采购网络产品和服务，可能影响国家安全的，应当通过国家网信部门会同国务院有关部门组织的国家安全审查。

第三十六条　关键信息基础设施的运营者采购网络产品和服务，应当按照规定与提供者签订安全保密协议，明确安全和保密义务与责任。

第三十七条　关键信息基础设施的运营者在中华人民共和国境内运营中收集和产生的个人信息和重要数据应当在境内存储。因业务需要，确需向境外提供的，应当按照国家网信部门会同国务院有关部门制定的办法进行安全评估；法律、行政法规另有规定的，依照其规定。

第三十八条　关键信息基础设施的运营者应当自行或者委托网络安全服务机构对其网络的安全性和可能存在的风险每年至少进行一次检测评估，并将检测评估情况和改进措施报送相关负责关键信息基础设施安全保护工作的部门。

第三十九条　国家网信部门应当统筹协调有关部门对关键信息基础设施的安全保护采取下列措施：

（一）对关键信息基础设施的安全风险进行抽查检测，提出改进措施，必要时可以委托网络安全服务机构对网络存在的安全风险进行检测评估；

（二）定期组织关键信息基础设施的运营者进行网络安全应急演练，提高应对网络安全事件的水平和协同配合能力；

（三）促进有关部门、关键信息基础设施的运营者以及有关研究机构、网络安全服务机构等之间的网络安全信息共享；

（四）对网络安全事件的应急处置与网络功能的恢复等，提供技术支持和协助。

第四章　网络信息安全

第四十条　网络运营者应当对其收集的用户信息严格保密，并建立健全用户信息保护制度。

第四十一条　网络运营者收集、使用个人信息，应当遵循合法、正当、必要的原则，公开收集、使用规则，明示收集、使用信息的目的、方式和范围，并经被收集者同意。

网络运营者不得收集与其提供的服务无关的个人信息，不得违反法律、行政法规的规定和双方的约定收集、使用个人信息，并应当依照法律、行政法规的规定和与用户的约定，处理其保存的个人信息。

第四十二条　网络运营者不得泄露、篡改、毁损其收集的个人信息；未经被收集者同意，不得向他人提供个人信息。但是，经过处理无法识别特定个人且不能复原的除外。

网络运营者应当采取技术措施和其他必要措施，确保其收集的个人信息安全，防止信息泄露、毁损、丢失。在发生或者可能发生个人信息泄露、毁损、丢失的情况时，应当立即采取补救措施，按照规定及时告知用户并向有关主管部门报告。

第四十三条　个人发现网络运营者违反法律、行政法规的规定或者双方的约定收集、使用其个人信息的，有权要求网络运营者删除其个人信息；发现网络运营者收集、存储的其个人信息有错误的，有权要求网络运营者予以更正。网络运营者应当采取措施予以删除或者更正。

第四十四条　任何个人和组织不得窃取或者以其他非法方式获取个人信息，不得非法出售或者非法向他人提供个人信息。

第四十五条　依法负有网络安全监督管理职责的部门及其工作人员，必须对在履行职责中知悉的个人信息、隐私和商业秘密严格保密，不得泄露、出售或者非法向他人提供。

第四十六条　任何个人和组织应当对其使用网络的行为负责，不得设立用于实施诈骗，传授犯罪方法，制作或者销售违禁物品、管制物品等违法犯罪活动的网站、通讯群组，不得利用网络发布涉及实施诈骗，制作或者销售违禁物品、管制物品以及其他违法犯罪活动的信息。

第四十七条　网络运营者应当加强对其用户发布的信息的管理，发现法律、行政法规禁止发布或者传输的信息的，应当立即停止传输该信息，采取消除等处置措施，防止信息扩散，保存有关记录，并向有关主管部门报告。

第四十八条　任何个人和组织发送的电子信息、提供的应用软件，不得设置恶意程序，不得含有法律、行政法规禁止发布或者传输的信息。

电子信息发送服务提供者和应用软件下载服务提供者，应当履行安全管理义务，知道其用户有前款规定行为的，应当停止提供服务，采取消除等处置措施，保存有关记录，并向有关主管部门报告。

第四十九条　网络运营者应当建立网络信息安全投诉、举报制度，公布投诉、举报方式等信息，及时受理并处理有关网络信息安全的投诉和举报。

网络运营者对网信部门和有关部门依法实施的监督检查，应当予以配合。

第五十条　国家网信部门和有关部门依法履行网络信息安全监督管理职责，发现法律、行政法规禁止发布或者传输的信息的，应当要求网络运营者停止传输，采取消除等处置措施，保存有关记录；对来源于中华人民共和国境外的上述信息,应当通知有关机构采取技术措施和其他必要措施阻断传播。

第五章　监测预警与应急处置

第五十一条　国家建立网络安全监测预警和信息通报制度。国家网信部门应当统筹协调有关部门加强网络安全信息收集、分析和通报工作，按照规定统一发布网络安全监测预警信息。

第五十二条　负责关键信息基础设施安全保护工作的部门，应当建立健全本行业、本领域的网络安全监测预警和信息通报制度，并按照规定报送网络安全监测预警信息。

第五十三条　国家网信部门协调有关部门建立健全网络安全风险评估和应急工作机制，制定网络安全事件应急预案，并定期组织演练。

负责关键信息基础设施安全保护工作的部门应当制定本行业、本领域的网络安全事件应急预案，并定期组织演练。

网络安全事件应急预案应当按照事件发生后的危害程度、影响范围等因素对网络安全事件进行分级，并规定相应的应急处置措施。

第五十四条　网络安全事件发生的风险增大时，省级以上人民政府有关部门应当按照规定的权限和程序，并根据网络安全风险的特点和可能造成的危害，采取下列措施：

（一）要求有关部门、机构和人员及时收集、报告有关信息，加强对网络安全风险的监测；

（二）组织有关部门、机构和专业人员，对网络安全风险信息进行分析评估，预测事件发生的可能性、影响范围和危害程度；

（三）向社会发布网络安全风险预警，发布避免、减轻危害的措施。

第五十五条　发生网络安全事件，应当立即启动网络安全事件应急预案，对网络安全事件进行调查和评估，要求网络运营者采取技术措施和其他必要措施，消除安全隐患，防止危害扩大，并及时向社会发布与公众有关的警示信息。

第五十六条　省级以上人民政府有关部门在履行网络安全监督管理职责中，发现网络存在较大安全风险或者发生安全事件的，可以按照规定的权限和程序对该网络的运营者的法定代表人或者主要负责人进行约谈。网络运营者应当按照要求采取措施，进行整改，消除隐患。

第五十七条　因网络安全事件，发生突发事件或者生产安全事故的，应当依照《中华人民共和国突发事件应对法》、《中华人民共和国安全生产法》等有关法律、行政法规的规定处置。

第五十八条　因维护国家安全和社会公共秩序，处置重大突发社会安全事件的需要，经国务院决定或者批准，可以在特定区域对网络通信采取限制等临时措施。

第六章　法　律　责　任

第五十九条　网络运营者不履行本法第二十一条、第二十五条规定的网络安全保护义务的，由有关主管部门责令改正，给予警告；拒不改正或者导致危害网络安全等后果的，处一万元以上十万元以下罚款，对直接负责的主管人员处五千元以上五万元以下罚款。

关键信息基础设施的运营者不履行本法第三十三条、第三十四条、第三十六条、第三十八条规定的网络安全保护义务的，由有关主管部门责令改正，给予警告；拒不改正或者导致危害网络安全等后果的，处十万元以上一百万元以下罚款，对直接负责的主管人员处一万元以上十万元以下罚款。

第六十条　违反本法第二十二条第一款、第二款和第四十八条第一款规定，有下列行为之一的，由有关主管部门责令改正，给予警告；拒不改正或者导致危害网络安全等后果的，处五万元以上五十万元以下罚款，对直接负责的主管人员处一万元以上十万元以下罚款：

（一）设置恶意程序的；

（二）对其产品、服务存在的安全缺陷、漏洞等风险未立即采取补救措施，或者未按照规定及时告知用户并向有关主管部门报告的；

（三）擅自终止为其产品、服务提供安全维护的。

第六十一条　网络运营者违反本法第二十四条第一款规定，未要求用户提供真实身份信息，或者对不提供真实身份信息的用户提供相关服务的，由有关主管部门责令改正；拒不改正或者情节严重的，处五万元以上五十万元以下罚款，并可以由有关主管部门责令暂停相关业务、停业整顿、关闭网站、吊销相关业务许可证或者吊销营业执照，对直接负责的主管人员和其他直接责任人员处一万元以上十万元以下罚款。

第六十二条　违反本法第二十六条规定，开展网络安全认证、检测、风险评估等活动，或者向社会发布系统漏洞、计算机病毒、网络攻击、网络侵入等网络安全信息的，由有关主管部门责令改正，给予警告；拒不改正或者情节严重的，处一万元以上十万元以下罚款，并可以由有关主管部门责令暂停相关业务、停业整顿、关闭网站、吊销相关业务许可证或者吊销营业执照，对直接负责的主管人员和其他直接责任人员处五千元以上五万元以下罚款。

第六十三条　违反本法第二十七条规定，从事危害网络安全的活动，或者提供专门用于从事危害网络安全活动的程序、工具，或者为他人从事危害网络安全的活动提供技术支持、广告推广、支付结算等帮助，尚不构成犯罪的，由公安机关没收违法所得，处五日以下拘留，可以并处五万元以上五十万元以下罚款；情节较重的，处五日以上十五日以下拘留，可以并处十万元以上一百万元以下罚款。

单位有前款行为的，由公安机关没收违法所得，处十万元以上一百万元以下罚款，并对直接负责的主管人员和其他直接责任人员依照前款规定处罚。

违反本法第二十七条规定，受到治安管理处罚的人员，五年内不得从事网络安全管理和网络运营关键岗位的工作；受到刑事处罚的人员，终身不得从事网络安全管理和网络运营关键岗位的工作。

第六十四条　网络运营者、网络产品或者服务的提供者违反本法第二十二条第三款、第四十一条至第四十三条规定，侵害个人信息依法得到保护的权利的，由有关主管部门责令改正，可以根据情节单处或者并处警告、没收违法所得、处违法所得一倍以上十倍以下罚款，没有违法所得的，处一百万元以下罚款，对直接负责的主管人员和其他直接责任人员处一万元以上十万元以下罚款；情节严重的，并可以责令暂停相关业务、停业整顿、关闭网站、吊销相关业务许可证或者吊销营业执照。

违反本法第四十四条规定，窃取或者以其他非法方式获取、非法出售或者非法向他人提供个人信息，尚不构成犯罪的，由公安机关没收违法所得，并处违法所得一倍以上十倍以下罚款，没有违法所得的，处一百万元以下罚款。

第六十五条 关键信息基础设施的运营者违反本法第三十五条规定，使用未经安全审查或者安全审查未通过的网络产品或者服务的，由有关主管部门责令停止使用，处采购金额一倍以上十倍以下罚款；对直接负责的主管人员和其他直接责任人员处一万元以上十万元以下罚款。

第六十六条 关键信息基础设施的运营者违反本法第三十七条规定，在境外存储网络数据，或者向境外提供网络数据的，由有关主管部门责令改正，给予警告，没收违法所得，处五万元以上五十万元以下罚款，并可以责令暂停相关业务、停业整顿、关闭网站、吊销相关业务许可证或吊销营业执照；对直接负责的主管人员和其他直接责任人员处一万元以上十万元以下罚款。

第六十七条 违反本法第四十六条规定，设立用于实施违法犯罪活动的网站、通讯群组，或者利用网络发布涉及实施违法犯罪活动的信息，尚不构成犯罪的，由公安机关处五日以下拘留，可以并处一万元以上十万元以下罚款；情节较重的，处五日以上十五日以下拘留，可以并处五万元以上五十万元以下罚款。关闭用于实施违法犯罪活动的网站、通讯群组。

单位有前款行为的，由公安机关处十万元以上五十万元以下罚款，并对直接负责的主管人员和其他直接责任人员依照前款规定处罚。

第六十八条 网络运营者违反本法第四十七条规定，对法律、行政法规禁止发布或者传输的信息未停止传输、采取消除等处置措施、保存有关记录的，由有关主管部门责令改正，给予警告，没收违法所得；拒不改正或者情节严重的，处十万元以上五十万元以下罚款，并可以责令暂停相关业务、停业整顿、关闭网站、吊销相关业务许可证或者吊销营业执照，对直接负责的主管人员和其他直接责任人员处一万元以上十万元以下罚款。

电子信息发送服务提供者、应用软件下载服务提供者，不履行本法第四十八条第二款规定的安全管理义务的，依照前款规定处罚。

第六十九条 网络运营者违反本法规定，有下列行为之一的，由有关主管部门责令改正；拒不改正或者情节严重的，处五万元以上五十万元以下罚款，对直接负责的主管人员和其他直接责任人员，处一万元以上十万元以下罚款：

（一）不按照有关部门的要求对法律、行政法规禁止发布或者传输的信息，采取停止传输、消除等处置措施的；

（二）拒绝、阻碍有关部门依法实施的监督检查的；

（三）拒不向公安机关、国家安全机关提供技术支持和协助的。

第七十条 发布或者传输本法第十二条第二款和其他法律、行政法规禁止发布或者传输的信息的，依照有关法律、行政法规的规定处罚。

第七十一条 有本法规定的违法行为的，依照有关法律、行政法规的规定记入信用档案，并予以公示。

第七十二条 国家机关政务网络的运营者不履行本法规定的网络安全保护义务的，由其上级机关或者有关机关责令改正；对直接负责的主管人员和其他直接责任人员依法给予处分。

第七十三条 网信部门和有关部门违反本法第三十条规定，将在履行网络安全保护职责中获取的信息用于其他用途的，对直接负责的主管人员和其他直接责任人员依法给予处分。

网信部门和有关部门的工作人员玩忽职守、滥用职权、徇私舞弊，尚不构成犯罪的，依法给予处分。

第七十四条 违反本法规定，给他人造成损害的，依法承担民事责任。

违反本法规定，构成违反治安管理行为的，依法给予治安管理处罚；构成犯罪的，依法追究刑事责任。

第七十五条 境外的机构、组织、个人从事攻击、侵入、干扰、破坏等危害中华人民共和国的关键信息基础设施的活动，造成严重后果的，依法追究法律责任；国务院公安部门和有关部门并可以决定对该机构、组织、个人采取冻结财产或者其他必要的制裁措施。

第七章　附　　则

第七十六条 本法下列用语的含义：

（一）网络，是指由计算机或者其他信息终端及相关设备组成的按照一定的规则和程序对信息进行收集、存储、传输、交换、处理的系统。

（二）网络安全，是指通过采取必要措施，防范对网络的攻击、侵入、干扰、破坏和非法使用以及意外事故，使网络处于稳定可靠运行的状态，以及保障网络数据的完整性、保密性、可用性的能力。

（三）网络运营者，是指网络的所有者、管理者和网络服务提供者。

（四）网络数据，是指通过网络收集、存储、传输、处理和产生的各种电子数据。

（五）个人信息，是指以电子或者其他方式记录的能够单独或者与其他信息结合识别自然人个人身份的各种信息，包括但不限于自然人的姓名、出生日期、身份证件号码、个人生物识别信息、住址、电话号码等。

第七十七条 存储、处理涉及国家秘密信息的网络的运行安全保护，除应当遵守本法外，还应当遵守保密法律、行政法规的规定。

第七十八条 军事网络的安全保护，由中央军事委员会另行规定。

第七十九条 本法自 2017 年 6 月 1 日起施行。

8-3　中华人民共和国数据安全法

（2021 年 6 月 10 日第十三届全国人民代表大会常务委员会第二十九次会议通过）

第一章　总　　则

第一条 为了规范数据处理活动，保障数据安全，促进数据开发利用，保护个人、组织的合法权益，维护国家主权、安全和发展利益，制定本法。

第二条 在中华人民共和国境内开展数据处理活动及其安全监管，适用本法。

在中华人民共和国境外开展数据处理活动，损害中华人民共和国国家安全、公共利益或者公民、组织合法权益的，依法追究法律责任。

第三条 本法所称数据，是指任何以电子或者其他方式对信息的记录。

数据处理，包括数据的收集、存储、使用、加工、传输、提供、公开等。

数据安全，是指通过采取必要措施，确保数据处于有效保护和合法利用的状态，以及具备保障持续安全状态的能力。

第四条 维护数据安全，应当坚持总体国家安全观，建立健全数据安全治理体系，提高数据安全保障能力。

第五条 中央国家安全领导机构负责国家数据安全工作的决策和议事协调，研究制定、指导实施国家数据安全战略和有关重大方针政策，统筹协调国家数据安全的重大事项和重要工作，建立国家数据安全工作协调机制。

第六条 各地区、各部门对本地区、本部门工作中收集和产生的数据及数据安全负责。

工业、电信、交通、金融、自然资源、卫生健康、教育、科技等主管部门承担本行业、本领域数据安全监管职责。

公安机关、国家安全机关等依照本法和有关法律、行政法规的规定，在各自职责范围内承担数据安全监管职责。

国家网信部门依照本法和有关法律、行政法规的规定，负责统筹协调网络数据安全和相关监管工作。

第七条 国家保护个人、组织与数据有关的权益，鼓励数据依法合理有效利用，保障数据依法有序自由流动，促进以数据为关键要素的数字经济发展。

第八条 开展数据处理活动，应当遵守法律、法规，尊重社会公德和伦理，遵守商业道德和职业道德，诚实守信，履行数据安全保护义务，承担社会责任，不得危害国家安全、公共利益，不得损害个人、组织的合法权益。

第九条 国家支持开展数据安全知识宣传普及，提高全社会的数据安全保护意识和水平，推动有关部门、行业组织、科研机构、企业、个人等共同参与数据安全保护工作，形成全社会共同维护数据安全和促进发展的良好环境。

第十条 相关行业组织按照章程，依法制定数据安全行为规范和团体标准，加强行业自律，指导会员加强数据安全保护，提高数据安全保护水平，促进行业健康发展。

第十一条 国家积极开展数据安全治理、数据开发利用等领域的国际交流与合作，参与数据安全相关国际规则和标准的制定，促进数据跨境安全、自由流动。

第十二条 任何个人、组织都有权对违反本法规定的行为向有关主管部门投诉、举报。收到投诉、举报的部门应当及时依法处理。

有关主管部门应当对投诉、举报人的相关信息予以保密，保护投诉、举报人的合法权益。

第二章 数据安全与发展

第十三条 国家统筹发展和安全，坚持以数据开发利用和产业发展促进数据安全，以数据安全保障数据开发利用和产业发展。

第十四条 国家实施大数据战略，推进数据基础设施建设，鼓励和支持数据在各行业、各领域的创新应用。

省级以上人民政府应当将数字经济发展纳入本级国民经济和社会发展规划，并根据需要制定数字经济发展规划。

第十五条 国家支持开发利用数据提升公共服务的智能化水平。提供智能化公共服务，应当充分考虑老年人、残疾人的需求，避免对老年人、残疾人的日常生活造成障碍。

第十六条 国家支持数据开发利用和数据安全技术研究，鼓励数据开发利用和数据安全等领域的技术推广和商业创新，培育、发展数据开发利用和数据安全产品、产业体系。

第十七条 国家推进数据开发利用技术和数据安全标准体系建设。国务院标准化行政主管部门和国务院有关部门根据各自的职责，组织制定并适时修订有关数据开发利用技术、产品和数据安全相关标准。国家支持企业、社会团体和教育、科研机构等参与标准制定。

第十八条 国家促进数据安全检测评估、认证等服务的发展，支持数据安全检测评估、认证等专业机构依法开展服务活动。

国家支持有关部门、行业组织、企业、教育和科研机构、有关专业机构等在数据安全风险评估、防范、处置等方面开展协作。

第十九条 国家建立健全数据交易管理制度，规范数据交易行为，培育数据交易市场。

第二十条 国家支持教育、科研机构和企业等开展数据开发利用技术和数据安全相关教育和培训，采取多种方式培养数据开发利用技术和数据安全专业人才，促进人才交流。

第三章 数据安全制度

第二十一条 国家建立数据分类分级保护制度，根据数据在经济社会发展中的重要程度，以及一旦遭到篡改、破坏、泄露或者非法获取、非法利用，对国家安全、公共利益或者个人、组织合法权益造成的危害程度，对数据实行分类分级保护。国家数据安全工作协调机制统筹协调有关部门制定重要数据目录，加强对重要数据的保护。

关系国家安全、国民经济命脉、重要民生、重大公共利益等数据属于国家核心数据，实行更加严格的管理制度。

各地区、各部门应当按照数据分类分级保护制度，确定本地区、本部门以及相关行业、领域的重要数据具体目录，对列入目录的数据进行重点保护。

第二十二条 国家建立集中统一、高效权威的数据安全风险评估、报告、信息共享、监测预警机制。国家数据安全工作协调机制统筹协调有关部门加强数据安全风险信息的获取、分析、研判、预警工作。

第二十三条 国家建立数据安全应急处置机制。发生数据安全事件，有关主管部门应当依法启动应急预案，采取相应的应急处置措施，防止危害扩大，消除安全隐患，并及时向社会发布与公众有关的警示信息。

第二十四条 国家建立数据安全审查制度，对影响或者可能影响国家安全的数据处理活动进行国家安全审查。

依法作出的安全审查决定为最终决定。

第二十五条 国家对与维护国家安全和利益、履行国际义务相关的属于管制物项的数据依法实施出口管制。

第二十六条 任何国家或者地区在与数据和数据开发利用技术等有关的投资、贸易等方面对中华人民共和国采取歧视性的禁止、限制或者其他类似措施的，中华人民共和国可以根据实际情况对该国家或者地区对等采取措施。

第四章　数据安全保护义务

第二十七条 开展数据处理活动应当依照法律、法规的规定，建立健全全流程数据安全管理制度，组织开展数据安全教育培训，采取相应的技术措施和其他必要措施，保障数据安全。利用互联网等信息网络开展数据处理活动，应当在网络安全等级保护制度的基础上，履行上述数据安全保护义务。

重要数据的处理者应当明确数据安全负责人和管理机构，落实数据安全保护责任。

第二十八条 开展数据处理活动以及研究开发数据新技术，应当有利于促进经济社会发展，增进人民福祉，符合社会公德和伦理。

第二十九条 开展数据处理活动应当加强风险监测，发现数据安全缺陷、漏洞等风险时，应当立即采取补救措施；发生数据安全事件时，应当立即采取处置措施，按照规定及时告知用户并向有关主管部门报告。

第三十条 重要数据的处理者应当按照规定对其数据处理活动定期开展风险评估，并向有关主管部门报送风险评估报告。

风险评估报告应当包括处理的重要数据的种类、数量，开展数据处理活动的情况，面临的数据安全风险及其应对措施等。

第三十一条 关键信息基础设施的运营者在中华人民共和国境内运营中收集和产生的重要数据的出境安全管理，适用《中华人民共和国网络安全法》的规定；其他数据处理者在中华人民共和国境内运营中收集和产生的重要数据的出境安全管理办法，由国家网信部门会同国务院有关部门制定。

第三十二条 任何组织、个人收集数据，应当采取合法、正当的方式，不得窃取或者以其他非法方式获取数据。

法律、行政法规对收集、使用数据的目的、范围有规定的，应当在法律、行政法规规定的目的和范围内收集、使用数据。

第三十三条 从事数据交易中介服务的机构提供服务，应当要求数据提供方说明数据来源，审核交易双方的身份，并留存审核、交易记录。

第三十四条　法律、行政法规规定提供数据处理相关服务应当取得行政许可的，服务提供者应当依法取得许可。

第三十五条　公安机关、国家安全机关因依法维护国家安全或者侦查犯罪的需要调取数据，应当按照国家有关规定，经过严格的批准手续，依法进行，有关组织、个人应当予以配合。

第三十六条　中华人民共和国主管机关根据有关法律和中华人民共和国缔结或者参加的国际条约、协定，或者按照平等互惠原则，处理外国司法或者执法机构关于提供数据的请求。非经中华人民共和国主管机关批准，境内的组织、个人不得向外国司法或者执法机构提供存储于中华人民共和国境内的数据。

第五章　政务数据安全与开放

第三十七条　国家大力推进电子政务建设，提高政务数据的科学性、准确性、时效性，提升运用数据服务经济社会发展的能力。

第三十八条　国家机关为履行法定职责的需要收集、使用数据，应当在其履行法定职责的范围内依照法律、行政法规规定的条件和程序进行；对在履行职责中知悉的个人隐私、个人信息、商业秘密、保密商务信息等数据应当依法予以保密，不得泄露或者非法向他人提供。

第三十九条　国家机关应当依照法律、行政法规的规定，建立健全数据安全管理制度，落实数据安全保护责任，保障政务数据安全。

第四十条　国家机关委托他人建设、维护电子政务系统，存储、加工政务数据，应当经过严格的批准程序，并应当监督受托方履行相应的数据安全保护义务。受托方应当依照法律、法规的规定和合同约定履行数据安全保护义务，不得擅自留存、使用、泄露或者向他人提供政务数据。

第四十一条　国家机关应当遵循公正、公平、便民的原则，按照规定及时、准确地公开政务数据。依法不予公开的除外。

第四十二条　国家制定政务数据开放目录，构建统一规范、互联互通、安全可控的政务数据开放平台，推动政务数据开放利用。

第四十三条　法律、法规授权的具有管理公共事务职能的组织为履行法定职责开展数据处理活动，适用本章规定。

第六章　法　律　责　任

第四十四条　有关主管部门在履行数据安全监管职责中，发现数据处理活动存在较大安全风险的，可以按照规定的权限和程序对有关组织、个人进行约谈，并要求有关组织、个人采取措施进行整改，消除隐患。

第四十五条　开展数据处理活动的组织、个人不履行本法第二十七条、第二十九条、第三十条规定的数据安全保护义务的，由有关主管部门责令改正，给予警告，可以并处五万元以上五十万元以下罚款，对直接负责的主管人员和其他直接责任人员可以处一万元以上十万元以下罚款；拒不改正或者造成大量数据泄露等严重后果的，处五十万元以上二百万元以下罚款，并可以责令暂停相关业务、停业整顿、吊销相关业务许可证或者吊销营业执照，对直接负责的主管人员和其他直接责任人员处五万元以上二十万元以下罚款。

违反国家核心数据管理制度，危害国家主权、安全和发展利益的，由有关主管部门处二百万元以上一千万元以下罚款，并根据情况责令暂停相关业务、停业整顿、吊销相关业务许可证或者吊销营业执照；构成犯罪的，依法追究刑事责任。

第四十六条　违反本法第三十一条规定，向境外提供重要数据的，由有关主管部门责令改正，给予警告，可以并处十万元以上一百万元以下罚款，对直接负责的主管人员和其他直接责任人员可以处一万元以上十万元以下罚款；情节严重的，处一百万元以上一千万元以下罚款，并可以责令暂停相关业务、停业整顿、吊销相关业务许可证或者吊销营业执照，对直接负责的主管人员和其他直接责任人员处十万元以上一百万元以下罚款。

第四十七条 从事数据交易中介服务的机构未履行本法第三十三条规定的义务的，由有关主管部门责令改正，没收违法所得，处违法所得一倍以上十倍以下罚款，没有违法所得或者违法所得不足十万元的，处十万元以上一百万元以下罚款，并可以责令暂停相关业务、停业整顿、吊销相关业务许可证或者吊销营业执照；对直接负责的主管人员和其他直接责任人员处一万元以上十万元以下罚款。

第四十八条 违反本法第三十五条规定，拒不配合数据调取的，由有关主管部门责令改正，给予警告，并处五万元以上五十万元以下罚款，对直接负责的主管人员和其他直接责任人员处一万元以上十万元以下罚款。

违反本法第三十六条规定，未经主管机关批准向外国司法或者执法机构提供数据的，由有关主管部门给予警告，可以并处十万元以上一百万元以下罚款，对直接负责的主管人员和其他直接责任人员可以处一万元以上十万元以下罚款；造成严重后果的，处一百万元以上五百万元以下罚款，并可以责令暂停相关业务、停业整顿、吊销相关业务许可证或者吊销营业执照，对直接负责的主管人员和其他直接责任人员处五万元以上五十万元以下罚款。

第四十九条 国家机关不履行本法规定的数据安全保护义务的，对直接负责的主管人员和其他直接责任人员依法给予处分。

第五十条 履行数据安全监管职责的国家工作人员玩忽职守、滥用职权、徇私舞弊的，依法给予处分。

第五十一条 窃取或者以其他非法方式获取数据，开展数据处理活动排除、限制竞争，或者损害个人、组织合法权益的，依照有关法律、行政法规的规定处罚。

第五十二条 违反本法规定，给他人造成损害的，依法承担民事责任。

违反本法规定，构成违反治安管理行为的，依法给予治安管理处罚；构成犯罪的，依法追究刑事责任。

第七章 附 则

第五十三条 开展涉及国家秘密的数据处理活动，适用《中华人民共和国保守国家秘密法》等法律、行政法规的规定。

在统计、档案工作中开展数据处理活动，开展涉及个人信息的数据处理活动，还应当遵守有关法律、行政法规的规定。

第五十四条 军事数据安全保护的办法，由中央军事委员会依据本法另行制定。

第五十五条 本法自 2021 年 9 月 1 日起施行。

8-4 关键信息基础设施安全保护条例

（2021 年 7 月 30 日国务院令第 745 号公布）

第一章 总 则

第一条 为了保障关键信息基础设施安全，维护网络安全，根据《中华人民共和国网络安全法》，制定本条例。

第二条 本条例所称关键信息基础设施，是指公共通信和信息服务、能源、交通、水利、金融、公共服务、电子政务、国防科技工业等重要行业和领域的，以及其他一旦遭到破坏、丧失功能或者数据泄露，可能严重危害国家安全、国计民生、公共利益的重要网络设施、信息系统等。

第三条 在国家网信部门统筹协调下，国务院公安部门负责指导监督关键信息基础设施安全保护工作。国务院电信主管部门和其他有关部门依照本条例和有关法律、行政法规的规定，在各自职责范围内负责关键信息基础设施安全保护和监督管理工作。

省级人民政府有关部门依据各自职责对关键信息基础设施实施安全保护和监督管理。

第四条 关键信息基础设施安全保护坚持综合协调、分工负责、依法保护，强化和落实关键信息基础设施运营者（以下简称运营者）主体责任，充分发挥政府及社会各方面的作用，共同保护关键信息基础设施安全。

第五条 国家对关键信息基础设施实行重点保护，采取措施，监测、防御、处置来源于中华人民共和国境内外的网络安全风险和威胁，保护关键信息基础设施免受攻击、侵入、干扰和破坏，依法惩治危害关键信息基础设施安全的违法犯罪活动。

任何个人和组织不得实施非法侵入、干扰、破坏关键信息基础设施的活动，不得危害关键信息基础设施安全。

第六条 运营者依照本条例和有关法律、行政法规的规定以及国家标准的强制性要求，在网络安全等级保护的基础上，采取技术保护措施和其他必要措施，应对网络安全事件，防范网络攻击和违法犯罪活动，保障关键信息基础设施安全稳定运行，维护数据的完整性、保密性和可用性。

第七条 对在关键信息基础设施安全保护工作中取得显著成绩或者作出突出贡献的单位和个人，按照国家有关规定给予表彰。

第二章 关键信息基础设施认定

第八条 本条例第二条涉及的重要行业和领域的主管部门、监督管理部门是负责关键信息基础设施安全保护工作的部门（以下简称保护工作部门）。

第九条 保护工作部门结合本行业、本领域实际，制定关键信息基础设施认定规则，并报国务院公安部门备案。

制定认定规则应当主要考虑下列因素：

（一）网络设施、信息系统等对于本行业、本领域关键核心业务的重要程度；

（二）网络设施、信息系统等一旦遭到破坏、丧失功能或者数据泄露可能带来的危害程度；

（三）对其他行业和领域的关联性影响。

第十条 保护工作部门根据认定规则负责组织认定本行业、本领域的关键信息基础设施，及时将认定结果通知运营者，并通报国务院公安部门。

第十一条 关键信息基础设施发生较大变化，可能影响其认定结果的，运营者应当及时将相关情况报告保护工作部门。保护工作部门自收到报告之日起3个月内完成重新认定，将认定结果通知运营者，并通报国务院公安部门。

第三章 运营者责任义务

第十二条 安全保护措施应当与关键信息基础设施同步规划、同步建设、同步使用。

第十三条 运营者应当建立健全网络安全保护制度和责任制，保障人力、财力、物力投入。运营者的主要负责人对关键信息基础设施安全保护负总责，领导关键信息基础设施安全保护和重大网络安全事件处置工作，组织研究解决重大网络安全问题。

第十四条 运营者应当设置专门安全管理机构，并对专门安全管理机构负责人和关键岗位人员进行安全背景审查。审查时，公安机关、国家安全机关应当予以协助。

第十五条 专门安全管理机构具体负责本单位的关键信息基础设施安全保护工作，履行下列职责：

（一）建立健全网络安全管理、评价考核制度，拟订关键信息基础设施安全保护计划；

（二）组织推动网络安全防护能力建设，开展网络安全监测、检测和风险评估；

（三）按照国家及行业网络安全事件应急预案，制定本单位应急预案，定期开展应急演练，处置网络安全事件；

（四）认定网络安全关键岗位，组织开展网络安全工作考核，提出奖励和惩处建议；

（五）组织网络安全教育、培训；

（六）履行个人信息和数据安全保护责任，建立健全个人信息和数据安全保护制度；

（七）对关键信息基础设施设计、建设、运行、维护等服务实施安全管理；

（八）按照规定报告网络安全事件和重要事项。

第十六条 运营者应当保障专门安全管理机构的运行经费、配备相应的人员，开展与网络安全和信息化有关的决策应当有专门安全管理机构人员参与。

第十七条 运营者应当自行或者委托网络安全服务机构对关键信息基础设施每年至少进行一次网络安全检测和风险评估，对发现的安全问题及时整改，并按照保护工作部门要求报送情况。

第十八条 关键信息基础设施发生重大网络安全事件或者发现重大网络安全威胁时，运营者应当按照有关规定向保护工作部门、公安机关报告。

发生关键信息基础设施整体中断运行或者主要功能故障、国家基础信息以及其他重要数据泄露、较大规模个人信息泄露、造成较大经济损失、违法信息较大范围传播等特别重大网络安全事件或者发现特别重大网络安全威胁时，保护工作部门应当在收到报告后，及时向国家网信部门、国务院公安部门报告。

第十九条 运营者应当优先采购安全可信的网络产品和服务；采购网络产品和服务可能影响国家安全的，应当按照国家网络安全规定通过安全审查。

第二十条 运营者采购网络产品和服务，应当按照国家有关规定与网络产品和服务提供者签订安全保密协议，明确提供者的技术支持和安全保密义务与责任，并对义务与责任履行情况进行监督。

第二十一条 运营者发生合并、分立、解散等情况，应当及时报告保护工作部门，并按照保护工作部门的要求对关键信息基础设施进行处置，确保安全。

第四章　保障和促进

第二十二条 保护工作部门应当制定本行业、本领域关键信息基础设施安全规划，明确保护目标、基本要求、工作任务、具体措施。

第二十三条 国家网信部门统筹协调有关部门建立网络安全信息共享机制，及时汇总、研判、共享、发布网络安全威胁、漏洞、事件等信息，促进有关部门、保护工作部门、运营者以及网络安全服务机构等之间的网络安全信息共享。

第二十四条 保护工作部门应当建立健全本行业、本领域的关键信息基础设施网络安全监测预警制度，及时掌握本行业、本领域关键信息基础设施运行状况、安全态势，预警通报网络安全威胁和隐患，指导做好安全防范工作。

第二十五条 保护工作部门应当按照国家网络安全事件应急预案的要求，建立健全本行业、本领域的网络安全事件应急预案，定期组织应急演练；指导运营者做好网络安全事件应对处置，并根据需要组织提供技术支持与协助。

第二十六条 保护工作部门应当定期组织开展本行业、本领域关键信息基础设施网络安全检查检测，指导监督运营者及时整改安全隐患、完善安全措施。

第二十七条 国家网信部门统筹协调国务院公安部门、保护工作部门对关键信息基础设施进行网络安全检查检测，提出改进措施。

有关部门在开展关键信息基础设施网络安全检查时，应当加强协同配合、信息沟通，避免不必要的检查和交叉重复检查。检查工作不得收取费用，不得要求被检查单位购买指定品牌或者指定生产、销售单位的产品和服务。

第二十八条 运营者对保护工作部门开展的关键信息基础设施网络安全检查检测工作，以及公安、国家安全、保密行政管理、密码管理等有关部门依法开展的关键信息基础设施网络安全检查工作应当予以配合。

第二十九条 在关键信息基础设施安全保护工作中，国家网信部门和国务院电信主管部门、国务院公安部门等应当根据保护工作部门的需要，及时提供技术支持和协助。

第三十条　网信部门、公安机关、保护工作部门等有关部门，网络安全服务机构及其工作人员对于在关键信息基础设施安全保护工作中获取的信息，只能用于维护网络安全，并严格按照有关法律、行政法规的要求确保信息安全，不得泄露、出售或者非法向他人提供。

第三十一条　未经国家网信部门、国务院公安部门批准或者保护工作部门、运营者授权，任何个人和组织不得对关键信息基础设施实施漏洞探测、渗透性测试等可能影响或者危害关键信息基础设施安全的活动。对基础电信网络实施漏洞探测、渗透性测试等活动，应当事先向国务院电信主管部门报告。

第三十二条　国家采取措施，优先保障能源、电信等关键信息基础设施安全运行。

能源、电信行业应当采取措施，为其他行业和领域的关键信息基础设施安全运行提供重点保障。

第三十三条　公安机关、国家安全机关依据各自职责依法加强关键信息基础设施安全保卫，防范打击针对和利用关键信息基础设施实施的违法犯罪活动。

第三十四条　国家制定和完善关键信息基础设施安全标准，指导、规范关键信息基础设施安全保护工作。

第三十五条　国家采取措施，鼓励网络安全专门人才从事关键信息基础设施安全保护工作；将运营者安全管理人员、安全技术人员培训纳入国家继续教育体系。

第三十六条　国家支持关键信息基础设施安全防护技术创新和产业发展，组织力量实施关键信息基础设施安全技术攻关。

第三十七条　国家加强网络安全服务机构建设和管理，制定管理要求并加强监督指导，不断提升服务机构能力水平，充分发挥其在关键信息基础设施安全保护中的作用。

第三十八条　国家加强网络安全军民融合，军地协同保护关键信息基础设施安全。

第五章　法　律　责　任

第三十九条　运营者有下列情形之一的，由有关主管部门依据职责责令改正，给予警告；拒不改正或者导致危害网络安全等后果的，处 10 万元以上 100 万元以下罚款，对直接负责的主管人员处 1 万元以上 10 万元以下罚款：

（一）在关键信息基础设施发生较大变化，可能影响其认定结果时未及时将相关情况报告保护工作部门的；

（二）安全保护措施未与关键信息基础设施同步规划、同步建设、同步使用的；

（三）未建立健全网络安全保护制度和责任制的；

（四）未设置专门安全管理机构的；

（五）未对专门安全管理机构负责人和关键岗位人员进行安全背景审查的；

（六）开展与网络安全和信息化有关的决策没有专门安全管理机构人员参与的；

（七）专门安全管理机构未履行本条例第十五条规定的职责的；

（八）未对关键信息基础设施每年至少进行一次网络安全检测和风险评估，未对发现的安全问题及时整改，或者未按照保护工作部门要求报送情况的；

（九）采购网络产品和服务，未按照国家有关规定与网络产品和服务提供者签订安全保密协议的；

（十）发生合并、分立、解散等情况，未及时报告保护工作部门，或者未按照保护工作部门的要求对关键信息基础设施进行处置的。

第四十条　运营者在关键信息基础设施发生重大网络安全事件或者发现重大网络安全威胁时，未按照有关规定向保护工作部门、公安机关报告的，由保护工作部门、公安机关依据职责责令改正，给予警告；拒不改正或者导致危害网络安全等后果的，处 10 万元以上 100 万元以下罚款，对直接负责的主管人员处 1 万元以上 10 万元以下罚款。

第四十一条　运营者采购可能影响国家安全的网络产品和服务，未按照国家网络安全规定进行安全审查的，由国家网信部门等有关主管部门依据职责责令改正，处采购金额 1 倍以上 10 倍以下罚款，对直接负责的主管人员和其他直接责任人员处 1 万元以上 10 万元以下罚款。

第四十二条 运营者对保护工作部门开展的关键信息基础设施网络安全检查检测工作，以及公安、国家安全、保密行政管理、密码管理等有关部门依法开展的关键信息基础设施网络安全检查工作不予配合的，由有关主管部门责令改正；拒不改正的，处 5 万元以上 50 万元以下罚款，对直接负责的主管人员和其他直接责任人员处 1 万元以上 10 万元以下罚款；情节严重的，依法追究相应法律责任。

第四十三条 实施非法侵入、干扰、破坏关键信息基础设施，危害其安全的活动尚不构成犯罪的，依照《中华人民共和国网络安全法》有关规定，由公安机关没收违法所得，处 5 日以下拘留，可以并处 5 万元以上 50 万元以下罚款；情节较重的，处 5 日以上 15 日以下拘留，可以并处 10 万元以上 100 万元以下罚款。

单位有前款行为的，由公安机关没收违法所得，处 10 万元以上 100 万元以下罚款，并对直接负责的主管人员和其他直接责任人员依照前款规定处罚。

违反本条例第五条第二款和第三十一条规定，受到治安管理处罚的人员，5 年内不得从事网络安全管理和网络运营关键岗位的工作；受到刑事处罚的人员，终身不得从事网络安全管理和网络运营关键岗位的工作。

第四十四条 网信部门、公安机关、保护工作部门和其他有关部门及其工作人员未履行关键信息基础设施安全保护和监督管理职责或者玩忽职守、滥用职权、徇私舞弊的，依法对直接负责的主管人员和其他直接责任人员给予处分。

第四十五条 公安机关、保护工作部门和其他有关部门在开展关键信息基础设施网络安全检查工作中收取费用，或者要求被检查单位购买指定品牌或者指定生产、销售单位的产品和服务的，由其上级机关责令改正，退还收取的费用；情节严重的，依法对直接负责的主管人员和其他直接责任人员给予处分。

第四十六条 网信部门、公安机关、保护工作部门等有关部门、网络安全服务机构及其工作人员将在关键信息基础设施安全保护工作中获取的信息用于其他用途，或者泄露、出售、非法向他人提供的，依法对直接负责的主管人员和其他直接责任人员给予处分。

第四十七条 关键信息基础设施发生重大和特别重大网络安全事件，经调查确定为责任事故的，除应当查明运营者责任并依法予以追究外，还应查明相关网络安全服务机构及有关部门的责任，对有失职、渎职及其他违法行为的，依法追究责任。

第四十八条 电子政务关键信息基础设施的运营者不履行本条例规定的网络安全保护义务的，依照《中华人民共和国网络安全法》有关规定予以处理。

第四十九条 违反本条例规定，给他人造成损害的，依法承担民事责任。

违反本条例规定，构成违反治安管理行为的，依法给予治安管理处罚；构成犯罪的，依法追究刑事责任。

第六章 附 则

第五十条 存储、处理涉及国家秘密信息的关键信息基础设施的安全保护，还应当遵守保密法律、行政法规的规定。

关键信息基础设施中的密码使用和管理，还应当遵守相关法律、行政法规的规定。

第五十一条 本条例自 2021 年 9 月 1 日起施行。

8-5 电力行业网络安全等级保护管理办法

（国能发安全规〔2022〕101 号，2022 年 11 月 16 日国家能源局发布）

第一章 总 则

第一条 为规范电力行业网络安全等级保护管理，提高电力行业网络安全保障能力和水平，维护国家安全、社会稳定和公共利益，根据《中华人民共和国网络安全法》、《中华人民共和国密码法》、《中华人民共和国计算机信息系统安全保护条例》、《关键信息基础设施安全保护条例》、《信息安全等级保护管理办法》等法律法规和规范性文件，制定本办法。

第二条 电力企业在中华人民共和国境内建设、运营、维护、使用网络（除核安全外），开展网络安全等级保护工作，适用本办法。

本办法所称网络是指由计算机或者其他信息终端及相关设备组成的按照一定的规则和程序对信息进行收集、存储、传输、交换、处理的系统，包括电力监控系统、管理信息系统及通信网络设施。

本办法不适用于涉及国家秘密的网络。涉及国家秘密的网络应当按照国家保密工作部门有关涉密信息系统分级保护的管理规定和技术标准，结合网络实际情况进行管理。

第三条 国家能源局根据国家网络安全等级保护政策法规和技术标准要求，结合行业实际，组织制定适用于电力行业的网络安全等级保护管理规范和技术标准，对电力行业网络安全等级保护工作的实施进行指导和监督管理。国家能源局各派出机构根据国家能源局授权，对本辖区电力企业网络安全等级保护工作的实施进行监督管理。

电力企业依照国家和电力行业相关法律法规和规范性文件，履行网络安全等级保护的义务和责任。

第二章 等级划分与保护

第四条 根据电力行业网络在国家安全、经济建设、社会生活中的重要程度，以及一旦遭到破坏、丧失功能或者数据被篡改、泄露、丢失、损毁后，对国家安全、社会秩序、公共利益以及公民、法人和其他组织的合法权益的危害程度等因素，电力行业网络划分为五个安全保护等级：

第一级，受到破坏后，会对相关公民、法人和其他组织的合法权益造成一般损害，但不危害国家安全、社会秩序和公共利益。

第二级，受到破坏后，会对相关公民、法人和其他组织的合法权益造成严重损害或特别严重损害，或者对社会秩序和公共利益造成危害，但不危害国家安全。

第三级，受到破坏后，会对社会秩序和公共利益造成严重危害，或者对国家安全造成危害。

第四级，受到破坏后，会对社会秩序和公共利益造成特别严重危害，或者对国家安全造成严重危害。

第五级，受到破坏后，会对国家安全造成特别严重危害。

第五条 电力行业网络安全等级保护坚持分等级保护、突出重点、积极防御、综合防范的原则。

第三章 等级保护的实施与管理

第六条 国家能源局根据《信息安全技术 网络安全等级保护定级指南》（GB/T 22240）等国家标准规范，结合电力行业网络特点，制定电力行业网络安全等级保护定级指南，指导电力行业网络安全等级保护定级工作。

第七条 电力企业应当在网络规划设计阶段，依据《信息安全技术 网络安全等级保护定级指南》（GB/T 22240）等国家标准规范和电力行业网络安全等级保护定级指南，确定定级对象（网络）及其安全保护等级，并在网络功能、服务范围、服务对象和处理的数据等发生重大变化时，及时申请变更其安全保护等级。

对拟定为第二级及以上的网络，电力企业应当组织网络安全专家进行定级评审。其中，拟定为第四级及以上的网络，还应当由国家能源局统一组织国家网络安全等级保护专家进行定级评审。

第八条 全国电力安全生产委员会企业成员单位汇总集团总部拟定为第二级及以上网络的定级结果和专家评审意见，报国家能源局审核。各区域（省）内的电力企业汇总本单位拟定为第二级及以上网络的定级结果，报国家能源局派出机构审核。

第九条 电力企业办理网络安全等级保护定级审核手续时，应当提交《电力行业网络安全等级保护定级审核表》（详见附件），含各定级对象的定级报告及专家评审意见。

国家能源局或其派出机构应当在收到审核材料之日起 30 日内反馈审核意见。

第十条　电力企业应当在收到国家能源局或其派出机构审核意见后，按照有关规定向公安机关备案并按照第八条规定的定级审核权限向国家能源局或其派出机构报告定级备案结果。

第十一条　电力企业应当采购、使用符合国家法律法规和有关标准规范要求且满足网络安全等级保护需求的网络产品和服务。

对于电力监控系统，应当按照电力监控系统安全防护有关要求，采购和使用电力专用横向单向安全隔离装置、电力专用纵向加密认证装置或者加密认证网关等设备设施；在设备选型及配置时，禁止选用经国家能源局通报存在漏洞和风险的系统及设备，对已经投入运行的系统及设备应及时整改并加强运行管理和安全防护。

采购网络产品和服务，影响或可能影响国家安全的，应当按照国家网络安全规定通过安全审查。

第十二条　电力企业在网络规划、建设、运营过程中，应当遵循同步规划、同步建设、同步使用的原则，并按照该网络的安全保护等级要求，建设网络安全设备设施，制定并落实安全管理制度，健全网络安全防护体系。

第十三条　网络建设完成后，电力企业应当依据国家和行业有关标准或规范要求，定期对网络安全等级保护状况开展网络安全等级保护测评。第二级网络应当每两年进行一次等级保护测评，第三级及以上网络应当每年进行一次等级保护测评。新建的第三级及以上网络应当在通过等级保护测评后投入运行。

电力监控系统网络安全等级保护测评工作应当与电力监控系统安全防护评估、关键信息基础设施网络安全检测评估、商用密码应用安全性评估工作相衔接，避免重复测评。

电力企业应当定期对网络安全状况、安全保护制度及措施的落实情况进行自查。第二级电力监控系统应当每两年至少进行一次自查，第三级及以上网络应当每年至少进行一次自查。

电力企业应当对自查和等级保护测评中发现的安全风险隐患，制定整改方案，并开展安全建设整改。

电力企业应当要求网络安全等级保护测评机构（以下简称测评机构）组织专家对第三级及以上网络的等级保护测评报告进行评审，并随测评报告提交专家评审意见。

第十四条　电力企业应当按照第八条规定的定级审核权限，每年向国家能源局或其派出机构报告网络安全等级保护工作情况，包括网络安全等级保护定级备案、等级保护测评、安全建设整改、安全自查等情况。

第十五条　国家能源局及其派出机构结合关键信息基础设施网络安全检查，定期组织对运营有第三级及以上网络的电力企业开展抽查。开展网络安全检查时应当加强协同配合和信息沟通，避免不必要的检查和交叉重复检查。

检查事项主要包括：

（一）网络安全等级保护定级工作开展情况，包括定级评审、审核、备案及根据网络安全需求变化调整定级等情况；

（二）电力企业网络安全管理制度、措施的落实情况；

（三）电力企业对网络安全状况的自查情况；

（四）网络安全等级保护测评工作开展情况；

（五）网络安全产品使用情况；

（六）网络安全建设整改情况；

（七）备案材料与电力企业及其网络的符合情况；

（八）其他应当进行监督检查的事项。

第十六条　电力企业应当接受国家能源局及其派出机构的安全监督、检查、指导，根据需要如实提供下列有关网络安全等级保护的信息资料及数据文件：

（一）网络安全等级保护定级备案事项变更情况；

（二）网络安全组织、人员、岗位职责的变动情况；

（三）网络安全管理制度、措施变更情况；

（四）网络运行状况记录；

（五）电力企业对网络安全状况的自查记录；

（六）测评机构出具的网络安全等级保护测评报告；

（七）网络安全产品使用的变更情况；

（八）网络安全事件应急预案，网络安全事件应急处置结果报告；

（九）网络数据容灾备份情况；

（十）网络安全建设、整改结果报告；

（十一）其他需要提供的材料。

第十七条　针对网络安全检查发现的问题，电力企业应当按照网络安全等级保护管理规范和技术标准组织整改。必要时，国家能源局及其派出机构可对整改情况进行抽查。

第十八条　电力企业选择测评机构进行网络安全等级保护测评时，应当遵循以下要求：

（一）测评机构应当获得由国家认证认可委员会批准的认证机构发放的《网络安全等级测评与检测评估机构服务认证证书》（以下简称测评机构服务认证证书）。

（二）从事电力监控系统网络安全等级保护测评的机构应当熟悉电力监控系统网络安全管理和技术防护要求，具备相应的服务能力和经验。从事电力监控系统第二级网络等级保护测评的机构应当具备近 2 年内 30 套以上工业控制系统等级保护测评或风险评估服务经验；从事电力监控系统第三级网络等级保护测评的机构应当具备近 3 年内 50 套以上电力监控系统等级保护测评或安全防护评估服务经验；从事电力监控系统第四级及以上网络等级保护测评的机构应当具备近 5 年内 90 套以上电力监控系统等级保护测评或安全防护评估服务经验。

（三）对属于电力行业关键信息基础设施的网络，选择测评机构时应当保证其安全可信，必要时可要求测评机构及其主要负责人、技术骨干提供无犯罪记录证明等材料。

（四）不得委托近 3 年内被国家能源局通报有本办法规定不良行为，或被认证机构通报取消或暂停使用测评机构服务认证证书，或被国家网络安全等级保护工作主管部门、行业协会通报暂停开展等级保护测评业务并处于整改期内的测评机构。

（五）电力企业应当采取签署保密协议、开展安全保密培训和现场监督等措施，加强对测评机构、测评人员和测评过程的安全保密管理，避免发生失泄密事件。

第十九条　国家能源局及其派出机构在开展电力企业网络安全检查工作时，可同步对测评机构开展的测评工作情况进行监督检查。

第二十条　国家能源局鼓励电力企业按照国家有关要求开展测评机构建设、申请测评机构服务认证，支持电力企业参与制定电力行业网络安全等级保护技术标准。

第四章　网络安全等级保护的密码管理

第二十一条　电力企业采用密码进行等级保护的，应当遵照《中华人民共和国密码法》等有关法律法规和国家密码管理部门制定的网络安全等级保护密码技术标准执行。

第二十二条　电力企业网络安全等级保护中密码的配备、使用和管理等，应当严格执行国家密码管理的有关规定。运用密码技术进行网络安全等级保护建设与整改时，应当采用商用密码检测、认证机构检测认证合格的商用密码产品和服务。涉及商用密码进口的，还应当符合国家商用密码进口许可有关要求。

第二十三条　电力企业应当按照有关法律法规要求，开展商用密码应用安全性评估工作。

第二十四条　各级密码管理部门对网络安全等级保护工作中密码配备、使用和管理的情况进行检查和安全性评估时，相关电力企业应当积极配合。对于检查和安全性评估发现的问题，应当按照要求及时整改。

第五章 法 律 责 任

第二十五条 电力企业违反国家相关规定及本办法规定，由国家能源局及其派出机构按照职责分工责令其限期改正；逾期不改正的，给予警告，并向其上级部门通报情况，建议对其直接负责的主管人员和其他直接责任人员予以处理，造成严重损害的，由公安机关、密码管理部门依照有关法律、法规予以处理。

第二十六条 有关部门及其工作人员在履行监督管理职责中，玩忽职守、滥用职权、徇私舞弊的，依法给予行政处分；构成犯罪的，依法追究刑事责任。

第二十七条 测评机构违反有关法律法规和规范性文件要求，发生以下不良行为时，国家能源局可向国家有关部门、认证机构、行业协会等提出限期整改、取消/暂停使用测评机构服务认证证书等建议，并向电力企业通报相关风险信息：

（一）提供不客观、不公正的等级保护测评服务，出具虚假或不符合实际情况的测评报告，影响等级保护测评的质量和效果；

（二）泄露、出售或者非法向他人提供在服务中知悉的国家秘密、工作秘密、商业秘密、重要数据、个人信息和隐私，非法使用或擅自发布、披露在服务中收集掌握的数据信息和系统漏洞、恶意代码、网络入侵攻击等网络安全信息；

（三）由于测评机构从业人员的因素，导致发生网络安全事件；

（四）未向公安机关报备，测评机构从业人员擅自参加境外组织的网络安全竞赛等活动；

（五）其他危害或可能危害电力生产安全或网络安全的行为。

第六章 附   则

第二十八条 本办法自发布之日起施行，有效期5年。《电力行业信息安全等级保护管理办法》（国能安全〔2014〕318号）同时废止。

附

电力行业网络安全等级保护定级审核表（略）

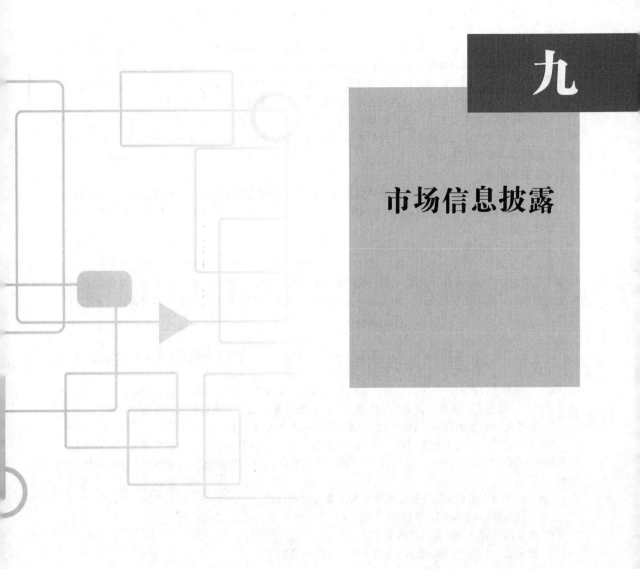

九

市场信息披露

9-1 国家能源局关于进一步完善电力调度交易与市场秩序厂网联席会议制度的通知

(国能发监管〔2020〕78号，2020年12月30日国家能源局发布)

各派出机构，中国核工业集团有限公司、国家电网有限公司、中国南方电网有限责任公司、中国华能集团有限公司、中国大唐集团有限公司、中国华电集团有限公司、国家电力投资集团有限公司、中国长江三峡集团有限公司、国家能源投资集团有限公司、国家开发投资集团有限公司、华润（集团）有限公司、中国广核集团有限公司、内蒙古电力（集团）有限责任公司，有关电力企业：

为适应电力体制改革需要，维护市场秩序，加强厂网信息交流，协调厂网关系，促进电网公平开放，规范电力调度交易与市场秩序，经研究，决定进一步完善电力调度交易与市场秩序厂网联席会议制度。现就有关事项通知如下。

一、主要职责

构建厂网之间信息发布、沟通、协调的平台。组织开展电力调度交易与市场秩序相关政策措施研究，通报电力市场监管工作开展、厂网界面生产经营等情况，协调厂网界面重大经济技术等方面问题，通报会议议定事项的落实情况。

二、组织及参加单位

电力调度交易与市场秩序厂网联席会议（以下简称"联席会议"）由国家能源局派出机构（以下简称"派出机构"）组织召开，省（区、市）级以上电网企业、电力调度机构、电力交易机构及相关发电企业参加。相关配售电企业、电力用户、行业协会根据会议需要参加。会议可邀请政府相关部门参加。

三、工作规则

（一）联席会议应本着依法依规、信息共享、平等协商、民主决策的原则，电力企业无论规模大小、所有权性质，在联席会议中均享有平等的参与权、议事权。

（二）联席会议根据工作需要召开，尽可能精简会议数量。如会议内容与信息发布会等相同，可以合并召开。原则上，联席会议每年至少召开一至两次，派出机构可根据实际情况适当调整。

（三）联席会议根据实际需要可以采取现场会议或视频会议等多种形式召开。

（四）电网企业、电力调度机构、电力交易机构及相应并网发电企业应加强日常生产经营分析，遇有需要通过联席会议发布、沟通、协调事项，应及时向派出机构提交会议议题及其他需要提供的资料。

（五）相关电力企业应按照会议要求提前准备会议材料。

（六）通报和协调事项主要包括以下内容：

1. 国家出台的有关政策以及落实举措；

2. 派出机构已出台、拟出台的电力市场等方面制度文件；

3. 电力市场监管工作开展情况；

4. 电力供需形势；

5. 电网运行方式；

6. 电力企业生产经营情况；

7. 电力调度运行管理情况；

8. 厂网电费结算情况；

9. 电力市场运营、交易（含跨省跨区交易信息等）、结算相关问题，各类电力交易合同执行情况、基准电价合同偏差率等相关情况；

10. 清洁能源发展及消纳情况；

11. 新建线路、变电站等投运情况及新建电厂接入电网情况；

12. 并网发电厂运行考核和电力辅助服务相关情况；

13. 上次联席会议议定事项的落实情况；

14. 其他需要通报或协调的事项。

四、有关要求

（一）派出机构应加强对联席会议的组织工作，加强对厂网界面重大经济技术问题的研究协商，做好会前准备和会后督促落实工作。按规定收集、管理、披露联席会议相关信息，及时将会议材料提供各参会单位。

（二）派出机构应将联席会议反映的涉及系统运行和企业发展的重大问题及时报告国家能源局，省监管办应同时抄送区域监管局。

（三）派出机构可根据工作需要和当地实际情况制定当地电力调度交易与市场秩序厂网联席会议制度。

五、其他

本通知印发后，原国家电力监管委员会办公厅《关于建立厂网联席会议制度的通知》（办市场函〔2006〕38 号）、《关于进一步健全厂网联席会议制度的通知》（办市场〔2011〕22 号）同时废止。

国家能源局

2020 年 12 月 30 日

9-2　电力市场信息披露基本规则

（国能发监管〔2024〕9 号，2024 年 1 月 31 日国家能源局发布）

第一章　总　　则

第一条　为贯彻落实党中央、国务院进一步深化电力体制改革、加快建设全国统一大市场的有关精神，统一全国电力市场信息披露机制，加强和规范信息披露工作，进一步满足市场经营主体信息需求，维护市场经营主体合法权益，依据《电力监管条例》（中华人民共和国国务院令第 432 号）《国家发展改革委　国家能源局关于加快建设全国统一电力市场体系的指导意见》（发改体改〔2022〕118 号）《电力企业信息披露规定》等有关规定，结合电力市场实践，制定本规则。

第二条　本规则所称电力市场包含电力中长期、现货、辅助服务市场等。

第三条　本规则所称信息披露主体包括发电企业、售电公司、电力用户、新型主体（独立储能等）、电网企业和市场运营机构。市场运营机构包括电力交易机构和电力调度机构。

第四条　本规则所称信息披露是指信息披露主体提供、发布与电力市场相关信息的行为。

第五条　各地区根据电力市场运营情况，若存在无法满足本规则要求的信息披露内容，有关信息披露主体应向国家能源局或其派出机构书面报备。

第二章　信息披露原则和方式

第六条　信息披露应当遵循安全、真实、准确、完整、及时、易于使用的原则。

第七条　信息披露主体应严格按照本规则要求披露信息，并对其披露信息的真实性、准确性、完整性、及时性负责。

第八条　电力交易机构负责电力市场信息披露的实施，以电力交易平台为基础设立信息披露平台，做好国家能源局及其派出机构、政府相关部门、市场经营主体信息披露平台登录账号运维管理工作。电力交易机构制定全国统一的信息披露标准数据格式，在保障信息安全的前提下提供数据接口服务。相关数据接口标准另行制定。

第九条　信息披露主体按照标准数据格式在信息披露平台披露信息，披露的信息保留或可供查询的时间不少于 2 年。信息披露应以结构化数据为主，非结构化信息采用 PDF 等文件格式。

第十条 电力市场信息应在信息披露平台上进行披露，在确保信息安全基础上，按信息公开范围要求，可同时通过信息发布会、交易机构官方公众号等渠道发布。

第十一条 电力市场信息按照年、季、月、周、日等周期开展披露。预测类信息在交易申报开始前披露，运行类信息在运行日次日披露。现货未开展的地区或时期，可根据市场运行需要披露周、日信息，现货市场不结算试运行期间暂不披露现货市场相关信息。

第十二条 涉及多省业务的信息披露主体应以法人为主体披露其全量及分省信息。

第十三条 市场成员对披露的信息内容、时限等有异议或者疑问，可向电力交易机构提出，电力交易机构根据本规则规定要求相关信息披露主体予以解释及配合。

第三章 信息披露内容

第十四条 按照信息公开范围，电力市场信息分为公众信息、公开信息、特定信息三类。

（一）公众信息：是指向社会公众披露的信息。

（二）公开信息：是指向有关市场成员披露的信息。

（三）特定信息：是指根据电力市场运营需要向特定市场成员披露的信息。

第一节 发 电 企 业

第十五条 发电企业应当披露的公众信息包括：

（一）企业全称、企业性质、所属集团、工商注册时间、统一社会信用代码、股权结构、法定代表人、电源类型、装机容量、联系方式等。

（二）企业变更情况，包括企业更名或法定代表人变更，企业增减资、合并、分立、解散及申请破产的决定，依法进入破产程序、被责令关闭等重大经营信息。

（三）与其他市场经营主体之间的股权关联关系信息。

（四）其他政策法规要求向社会公众披露的信息。

第十六条 发电企业应当披露的公开信息包括：

（一）电厂机组信息，包括电厂调度名称、所在地市、电力业务许可证（发电类）编号、机组调度管辖关系、投运机组台数、单机容量及类型、投运日期、接入电压等级、单机最大出力、机组出力受限的技术类型（如流化床、高背压供热）、抽蓄机组最大及最小抽水充电能力、静止到满载发电及抽水时间等。

（二）配建储能信息（如有）。

（三）机组出力受限情况。

（四）机组检修及设备改造计划。

第十七条 发电企业应当向特定市场成员披露的特定信息包括：

（一）市场交易申报信息、合同信息。

（二）核定（设计）最低技术出力，核定（设计）深调极限出力，机组爬坡速率，机组边际能耗曲线，机组最小开停机时间，机组预计并网和解列时间，机组启停出力曲线，机组调试计划曲线，调频、调压、日内允许启停次数，厂用电率，热电联产机组供热信息等机组性能参数。

（三）机组实际出力和发电量、上网电量、计量点信息等。

（四）发电企业燃料供应情况、燃料采购价格、存储情况、供应风险等。

（五）发电企业批发市场月度售电量、售电均价。

（六）水电、新能源机组发电出力预测。

第二节 售 电 公 司

第十八条 售电公司应当披露的公众信息包括：

（一）企业全称、企业性质、售电公司类型、工商注册时间、注册资本金、统一社会信用代码、股权结构、经营范围、法定代表人、联系方式、营业场所地址、信用承诺书等。

（二）企业资产信息，包括资产证明方式、资产证明出具机构、报告文号（编号）、报告日期、资产总额、实收资本总额等。

（三）从业人员信息，包括从业人员数量、职称及社保缴纳人数等。

（四）企业变更情况，包括企业更名或法定代表人变更，企业增减资、合并、分立、解散及申请破产的决定，或者依法进入破产程序、被责令关闭等重大经营信息，配电网运营资质变化等。

（五）售电公司年报信息，内容包括但不限于企业基本情况、持续满足市场准入条件情况、财务情况、经营状况、业务范围、履约情况、重大事项，信用信息、竞争力等。

（六）售电公司零售套餐产品信息。

（七）与其他市场经营主体之间的股权关联关系信息。

（八）其他政策法规要求向社会公众披露的信息。

第十九条 售电公司应当披露的公开信息包括：

（一）履约保函、保险缴纳金额、有效期等信息。

（二）拥有配电网运营权的售电公司应当披露电力业务许可证（供电类）编号、配电网电压等级、配电区域、配电价格等信息。

（三）财务审计报告（如有）。

第二十条 售电公司应当向特定市场成员披露的特定信息包括：

（一）市场交易申报信息。

（二）与代理用户签订的购售电合同信息或者协议信息。

（三）与发电企业签订的交易合同信息。

（四）售电公司批发侧月度结算电量、结算均价。

（五）可参与系统调节的响应能力和响应方式等。

第三节 电 力 用 户

第二十一条 电力用户应当披露的公众信息包括：

（一）企业全称、企业性质、行业分类、用户类别、工商注册时间、统一社会信用代码、法定代表人、联系方式、经营范围、所属行业等。

（二）企业变更情况，包括企业更名或法定代表人变更，企业增减资、合并、分立、解散及申请破产的决定，依法进入破产程序、被责令关闭等重大经营信息。

（三）与其他市场经营主体之间的股权关联关系信息。

（四）其他政策法规要求向社会公众披露的信息。

第二十二条 电力用户应当披露的公开信息包括：

（一）企业用电类别、接入地市、用电电压等级、自备电源（如有）、变压器报装容量以及最大需量等。

（二）配建储能信息（如有）。

第二十三条 电力用户应当向特定市场成员披露的特定信息包括：

（一）市场交易申报信息。

（二）与发电企业、售电公司签订的购售电合同信息或协议信息。

（三）企业用电信息，包括用电户号、用电户名、结算户号、用电量及分时用电数据、计量点信息等。

（四）可参与系统调节的响应能力和响应方式等。

（五）用电需求信息，包括月度、季度、年度的用电需求安排。

（六）大型电力用户计划检修信息。

第四节　新　型　主　体

第二十四条　独立储能应当披露的公众信息包括：

（一）企业全称、企业性质、额定容量、工商注册时间、统一社会信用代码、股权结构、经营范围、法定代表人、联系方式等。

（二）企业变更情况，包括企业更名或法定代表人变更，企业增减资、合并、分立、解散及申请破产的决定，依法进入破产程序、被责令关闭等重大经营信息。

（三）与其他市场经营主体之间的股权关联关系信息。

（四）其他政策法规要求向社会公众披露的信息。

第二十五条　独立储能应当披露的公开信息包括：

（一）调度名称、调度管辖关系、投运日期、接入电压等级、机组技术类型（电化学、压缩空气等）、所在地市。

（二）满足参与市场交易的相关技术参数，包括额定充（放）电功率、额定充（放）电时间、最大可调节容量、最大充放电功率、最大持续充放电时间等。

第二十六条　独立储能应当向特定市场成员披露的特定信息包括：

（一）市场交易申报信息、合同信息。

（二）性能参数类信息，包括提供调峰、调频、旋转备用等辅助服务的持续响应时长，最大最小响应能力、最大上下调节功（速）率、充放电爬坡速率等。

（三）计量信息，包括户名、发电户号、用电户号、结算户号、计量点信息、充放电电力电量等信息。

第二十七条　虚拟电厂、负荷聚合商等其他新型主体信息披露要求根据市场发展需要另行明确。

第五节　电　网　企　业

第二十八条　电网企业应当披露的公众信息包括：

（一）企业全称、企业性质、工商注册时间、统一社会信用代码、法定代表人、联系方式、供电区域等。

（二）与其他市场经营主体之间的股权关联关系信息。

（三）政府定价信息，包括输配电价、政府核定的输配电线损率、各类政府性基金及其他市场相关收费标准等。

（四）代理购电信息，包括代理购电电量及构成、代理购电电价及构成、代理购电用户分电压等级电价及构成等。

（五）其他政策法规要求向社会公众披露的信息。

第二十九条　电网企业应当披露的公开信息包括：

（一）电力业务许可证（输电类、供电类）编号。

（二）发电机组装机、电量及分类构成（含独立储能）情况。

（三）年度发用电负荷实际情况。

（四）全社会用电量及分产业用电量信息（转载披露）。

（五）年度电力电量供需平衡预测及实际情况。

（六）输变电设备建设、投产情况。

（七）市场经营主体电费违约总体情况。

（八）需求响应执行情况。

第三十条　电网企业应当向特定市场成员披露的特定信息包括：

（一）向电力用户披露历史用电数据、用电量等用电信息。

（二）经电力用户授权同意后，应允许市场经营主体获取电力用户历史用电数据、用电量等信息。

第六节 市场运营机构

第三十一条 市场运营机构应当披露的公众信息包括：

（一）电力交易机构全称、工商注册时间、股权结构、统一社会信用代码、法定代表人、服务电话、办公地址、网站网址等。

（二）电力市场公开适用的法律法规、政策文件、规则细则类信息，包括交易规则、交易相关收费标准，制定、修订市场规则过程中涉及的解释性文档等。

（三）业务标准规范，包括注册流程、争议解决流程、负荷预测方法和流程、辅助服务需求计算方法、电网安全校核规范、电力市场服务指南、数据通讯格式规范等。

（四）信用信息，包括市场经营主体电力交易信用信息（经政府部门同意）、售电公司违约情况等。

（五）电力市场运行情况，包括市场注册、交易总体情况。

（六）强制或自愿退出且公示生效后的市场经营主体名单。

（七）市场结构情况，可采用 HHI、Top-m 等指标。

（八）市场暂停、中止、重新启动等情况。

（九）其他政策法规要求向社会公众披露的信息。

第三十二条 市场运营机构应当披露的公开信息包括：

（一）报告信息，包括信息披露报告等定期报告、经国家能源局派出机构或者地方政府电力管理部门认定的违规行为通报、市场干预情况、电力现货市场第三方校验报告、经审计的收支总体情况（收费的电力交易机构披露）等。

（二）交易日历，包括多年、年、月、周、多日、日各类交易安排。

（三）电网主要网络通道示意图。

（四）约束信息，包括发输变电设备投产、检修、退役计划，关键断面输电通道可用容量，省间联络线输电可用容量，必открытый停机组名单及总容量，开停机不满最小约束时间机组名单等。

（五）参数信息，包括市场出清模块算法及运行参数、价格限值、约束松弛惩罚因子、节点分配因子及其确定方法、节点及分区划分依据和详细数据等。

（六）预测信息，包括系统负荷预测、电力电量供需平衡预测、省间联络线输电曲线预测、发电总出力预测、非市场机组总出力预测、新能源（分电源类型）总出力预测、水电（含抽蓄）出力预测等。

（七）辅助服务需求信息，包括各类辅助服务市场需求情况，具备参与辅助服务市场的机组台数及容量、用户及售电公司总体情况。

（八）交易公告，包括交易品种、经营主体、交易方式、交易申报时间、交易合同执行开始时间及终止时间、交易参数、出清方式、交易约束信息、交易操作说明、其他准备信息等必要信息。

（九）中长期交易申报及成交情况，包括参与的主体数量、申报电量、成交的主体数量、最终成交总量及分电源类型电量、成交均价及分电源类型均价、中长期交易安全校核结果及原因等。

（十）绿电交易申报及成交情况，包括参与的主体数量、申报电量、成交的主体数量、最终成交总量、成交均价等。

（十一）省间月度交易计划。

（十二）现货、辅助服务市场申报出清信息，包括各时段出清总量及分类电源中标台数和电量、出清电价、输电断面约束及阻塞情况等。

（十三）运行信息，包括机组状态、实际负荷、系统备用信息，重要通道实际输电情况、实际运行输电断面约束情况、省间联络线潮流、重要线路与变压器平均潮流、发输变电设备检修计划执行情况、重要线路非计划停运情况、发电机组非计划停运情况，非市场机组实际出力曲线，月度发用电负荷总体情况等。

（十四）市场结算总体情况，包括结算总量、均价及分类构成情况，绿电交易结算情况，省间交易结算情况，不平衡资金构成、分摊和分享情况，偏差考核情况等。

（十五）电力并网运行管理考核和返还明细情况，包括各并网主体分考核种类的考核费用、返还费用、免考核情况等。

（十六）电力辅助服务考核、补偿、分摊明细情况，包括各市场经营主体分辅助服务品种的电量/容量、补偿费用、考核费用、分摊比例、分摊费用等。

（十七）售电公司总体经营情况，包括售电公司总代理电量、户数、批发侧及零售侧结算均价信息，各售电公司履约保障凭证缴纳、执行情况、结合资产总额确定的售电量规模限额。

（十八）交易总体情况，包括年度、月度、月内、现货交易成交均价及电量。

（十九）发电机组转商情况，包括发电机组、独立储能完成整套设备启动试运行时间。

（二十）到期未取得电力业务许可证的市场经营主体名单。

（二十一）市场干预情况原始日志，包括干预时间、干预主体、干预操作、干预原因，涉及《电力安全事故应急处置和调查处理条例》（中华人民共和国国务院令第 599 号）规定电力安全事故等级的事故处理情形除外。

第三十三条 市场运营机构应当向特定市场成员披露的特定信息包括：

（一）成交信息，包括各类交易成交量价信息。

（二）日前省内机组预计划。

（三）月度交易计划。

（四）结算信息，包括各类交易结算量价信息、绿证划转信息、日清算单（现货市场）、月结算依据等。

（五）争议解决结果。

第四章　披露信息调整

第三十四条 信息调整是指市场成员扩增或变更本规则规定披露的信息，包括新增披露信息，变更披露内容、披露范围、披露周期等。

第三十五条 市场成员可申请扩增或变更信息，申请人应当将申请发送至电力交易机构，内容应包括扩增或变更信息内容、披露范围、披露周期、必要性描述、申请主体名称、联系方式等。

第三十六条 电力交易机构收到扩增或变更信息披露申请后在交易平台发布相关信息，征求市场成员意见。受影响的市场成员在信息发布后 7 个工作日反馈意见，电力交易机构汇总各市场成员的反馈意见并形成初步审核建议，报国家能源局或其派出机构审核，审核结果通过信息披露平台公示。

第三十七条 申请审核通过后，电力交易机构组织相关信息披露主体开展披露工作。

第三十八条 现货市场信息如有变更应及时发布变更说明。

第五章　信息保密和封存

第三十九条 信息披露主体在披露、查阅信息之前应在信息披露平台签订信息披露承诺书。信息披露承诺书中应明确信息安全保密责任与义务等条款。

第四十条 任何市场成员不得违规获取或者泄露未经授权披露的信息。市场成员的工作人员未经许可不得公开发表可能影响市场成交结果的言论。市场成员应当建立健全信息保密管理制度，定期开展保密培训，明确保密责任，必要时应当对办公系统、办公场所采取隔离措施。

第四十一条 信息封存是指对关键信息的记录留存。任何有助于还原运行日情况的关键信息应当记录、封存。封存信息包括但不限于：

（一）运行日市场出清模型信息。

（二）市场申报量价信息。

（三）市场边界信息，包括外来（外送）电曲线、检修停运类信息、预测信息、新能源发电曲线、电网约束信息等。

（四）市场干预行为，包括修改计划机组出力、修改外来（外送）电出力、修改市场出清参数、修改预设约束条件、调整检修计划、调整既有出清结果等，应当涵盖人工干预时间、干预主体、干预操作、干预原因等。

（五）实时运行数据，包括机组状态、实际负荷等。

（六）市场结算数据、计量数据。

第四十二条　市场运营机构应当建立市场干预记录管理机制，明确记录保存方式。任何单位或者个人不得违法违规更改已封存信息。市场干预记录应当报国家能源局或其派出机构备案，国家能源局及其派出机构定期对市场干预行为进行监管，保证市场干预行为的公平性。

第四十三条　封存的信息应当以易于访问的形式存档，存储系统应当满足访问、数据处理和安全方面的要求。

第四十四条　信息的封存期限为 5 年，特殊情形除外。

第六章　监　督　管　理

第四十五条　国家能源局及其派出机构对市场成员的信息披露工作进行监管。

第四十六条　电力交易机构配合国家能源局及其派出机构开展信息披露监管工作，对未按本规则披露信息的信息披露主体，采取提醒信息披露主体、报送国家能源局或其派出机构等方式进行管理。

第四十七条　市场成员应按照本规则要求，做好电力市场信息披露工作，不得出现以下行为：

（一）信息披露不及时、不准确、不完整的。

（二）制造传播虚假信息的。

（三）发布误导性信息的。

（四）其他违反信息披露有关规定的行为。

第四十八条　对于出现以上行为的市场成员，纳入电力交易信用评价，国家能源局及其派出机构可依法依规将其纳入失信管理，采取有关监管措施，并根据《电力监管条例》等有关规定作出行政处罚。

第四十九条　国家能源局及其派出机构组织电力交易机构对各市场成员披露信息的及时性、完整性、准确性等情况作出评价，评价结果向所有市场成员公布。

第七章　附　　则

第五十条　本规则自 2024 年 1 月 31 日起施行，《电力现货市场信息披露办法（暂行）》（国能发监管〔2020〕56 号）同时废止。

第五十一条　本规则由国家能源局负责解释。

第五十二条　本规则有效期五年。

附表：电力市场信息披露内容（公众、公开部分）

附表

电力市场信息披露内容（公众、公开部分）

一、发电企业

编号	信息名称	信息内容	披露时间或周期	披露范围	备注
1.1	基本信息	企业全称、所属集团、工商注册时间、统一社会信用代码、股权结构、法定代表人、电源类型、装机容量、联系方式等	注册生效后披露，及时更新	公众	股权结构只披露直接股东及股份占比

编号	信息名称	信息内容	披露时间或周期	披露范围	备注
1.2	变更情况	包括企业更名或法定代表人变更，企业增减资、合并、分立、解散及申请破产的决定，依法进入破产程序、被责令关闭等重大经营信息	注册生效后披露，及时更新	公众	
1.3	关联信息	直接或间接控股其他企业25%以上的，双方被同一股东控股50%以上的	注册生效后披露，及时更新	公众	
1.4	电厂机组信息	包括电厂调度名称、所在地市、电力业务许可证（发电类）编号、机组调度管辖关系、投运机组台数、单机容量及类型、投运日期、接入电压等级、单机最大出力、机组出力受限的技术类型（如流化床、高背压供热）等	注册生效后披露，及时更新	公开	
1.5	抽蓄机组信息	包括最大发电能力、正常最小发电出力、最大抽水充电能力、正常最小抽水充电能力、静止到满载发电最小时间、静止到满载抽水最小时间、机组解列到重新并网最小间隔时间等	注册生效后披露，及时更新	公开	
1.6	配建储能信息（如有）	额定充（放）电功率、最大调节容量、最大充（放）电功率、额定充（放）电时间、最大持续充（放）电时间	注册生效后披露，及时更新	公开	
1.7	机组出力受限情况		及时披露	公开	
1.8	机组检修及设备改造计划		年	公开	

二、售电公司

编号	信息名称	信息内容	披露时间或周期	披露范围	备注
2.1	基本信息	企业全称、企业性质、售电公司类型、工商注册时间、注册资本金、统一社会信用代码、股权结构、经营范围、法定代表人、联系方式、营业场所地址、信用承诺书等	注册生效后披露，及时更新	公众	股权结构只披露直接股东及股份占比
2.2	变更情况	包括企业更名或法定代表人变更，企业增减资、合并、分立、解散及申请破产的决定，或者依法进入破产程序、被责令关闭等重大经营信息，配电网运营资质变化等	注册生效后披露，及时更新	公众	
2.3	关联信息	直接或间接控股25%以上的，双方被同一股东控股50%以上的	注册生效后披露，及时更新	公众	
2.4	资产信息	包括资产证明方式、资产证明出具机构、报告文号（编号）、报告日期、资产总额、实收资本总额等	年	公众	
2.5	从业人员信息	从业人员数量、职称及社保缴纳人数	年	公众	
2.6	售电公司年报	企业基本情况、持续满足市场准入条件情况、财务情况、经营状况、业务范围、履约情况、重大事项、信用信息、竞争力等	年	公众	
2.7	零售套餐产品信息（如有）		及时披露	公众	

编号	信息名称	信息内容	披露时间或周期	披露范围	备注
2.8	履约保函、保险信息（如有）	各省履约保函（保险）缴纳金额、有效期等	及时披露	公开	
2.9	配电网运营有关信息（如有）	电力业务许可证（供电类）编号、配电网电压等级、配电区域、配电价格等	及时披露	公开	
2.10	财务审计报告（如有）		年	公开	

三、电力用户

编号	信息名称	信息内容	披露时间或周期	披露范围	备注
3.1	基本信息	企业全称、企业性质、行业分类、用户类别、工商注册时间、统一社会信用代码、法定代表人、联系方式、经营范围、所属行业等	注册生效后披露，及时更新	公众	
3.2	变更情况	包括企业更名或法定代表人变更，企业增减资、合并、分立、解散及申请破产的决定，依法进入破产程序、被责令关闭等重大经营信息	注册生效后披露，及时更新	公众	
3.3	关联信息	直接或间接控股25%以上的，双方被同一股东控股50%以上的	注册生效后披露，及时更新	公众	
3.4	用电信息	用电类别、接入地市、自备电源（如有）、变压器报装容量以及最大需量等	注册生效后披露，及时更新	公开	
3.5	配建储能信息（如有）	额定充（放）电功率、最大调节容量、最大充（放）电功率、额定充（放）电时间、最大持续充（放）电时间	注册生效后披露，及时更新	公开	

四、新型主体

编号	信息名称	信息内容	披露时间或周期	披露范围	备注
4.1	基本信息	企业全称、企业性质、额定容量、工商注册时间、统一社会信用代码、股权结构、经营范围、法定代表人、联系方式等	注册生效后披露，及时更新	公众	股权结构只披露直接股东及股份占比
4.2	变更情况	包括企业更名或法定代表人变更，企业增减资、合并、分立、解散及申请破产的决定，依法进入破产程序、被责令关闭等重大经营信息	注册生效后披露，及时更新	公众	
4.3	关联信息	直接或间接控股25%以上的，双方被同一股东控股50%以上的	注册生效后披露，及时更新	公众	
4.4	储能设备信息	调度名称、调度管辖关系、投运日期、接入电压等级、机组技术类型（电化学、压缩空气等）、所在地市	注册生效后披露，及时更新	公开	
4.5	技术参数	额定充（放）电功率、最大调节容量、最大充（放）电功率、额定充（放）电时间、最大持续充（放）电时间	注册生效后披露，及时更新	公开	

五、电网企业

编号	信息名称	信息内容	披露时间或周期	披露范围	披露市场	备注
5.1	基本信息	企业全称、企业性质、工商注册时间、统一社会信用代码、法定代表人、联系方式、供电区域等	注册生效后披露，及时更新	公众	省间、省内	
5.2	关联信息	直接或间接控股25%以上的，双方被同一股东控股50%以上的	注册生效后披露，及时更新	公众	省间、省内	
5.3	政府定价信息	政府印发的电价政策相关文件、输配电价、政府核定的输配电线损率、政府性基金及附加等	收到文件后5个工作日内	公众	省间、省内	
5.4	代理购电信息	代理购电量及构成、代理购电价及构成（含上网环节线损折价，系统运行费用折价等）、代理购电用户分电压等级电价及构成	月	公众	省内	
5.5	电力业务许可证	电力业务许可证（输电类、供电类）编号	注册生效后披露，及时更新	公开	省间、省内	
5.6	发电机组装机及发电总体情况	各类型电源（含独立储能）的装机容量、投产及退役容量、发电量等	月	公开	省间、省内	
5.7	全社会以及分产业用电量信息		月	公开	省间、省内	转载披露
5.8	年度供需实际情况	电网最高负荷、负荷变化和供需情况	年	公开	省间、省内	
5.9	年度电力电量供需预测	次年度供需预测情况（最高负荷、供需形势分析）	年	公开	省间、省内	
5.10	输变电设备建设、投产情况	220kV及以上输变电设备年度建设投产规模	年	公开	省内	
5.11		220千伏及以上电源送出工程建设投产计划	年	公开	省内	
5.12		省间联络线工程建设投产计划	年	公开	省间	
5.13	市场经营主体电费违约总体情况		月	公开	省内	
5.14	需求响应执行情况		地方政府发布后及时更新	公开	省内	

六、市场运营机构

编号	信息名称	信息内容	披露时间或周期	披露范围	披露市场	提供方	备注
6.1	交易机构基本信息	机构全称、工商注册时间、股权结构、统一社会信用代码、法定代表人、服务电话、办公地址、网站网址等	注册生效后披露，及时更新	公众	省间、省内	电力交易机构	股权结构披露直接股东及股份占比
6.2	法律法规、政策文件、规则及细则	电力市场公开适用的法律法规、政策文件	收到文件后5个工作日内	公众	省间、省内	电力交易机构	
6.3		可公开的电力市场规则细则类信息，包括交易规则，制定、修订市场规则过程中涉及的解释性文档等	文件印发后5个工作日内	公众	省间、省内	电力交易机构	

编号	信息名称	信息内容	披露时间或周期	披露范围	披露市场	提供方	备注
6.4	法律法规、政策文件、规则及细则	交易收费标准	收到文件后5个工作日内	公众	省间、省内	电力交易机构	
6.5	业务标准规范	负荷预测方法和流程	及时更新	公众	省内	电力调度机构	
6.6		辅助服务需求计算方法	及时更新	公众	省内	电力调度机构	
6.7		电网安全校核规范	及时更新	公众	省间、省内	电力调度机构	
6.8		市场经营主体注册流程	制定后及时披露	公众	省间、省内	电力交易机构	
6.9		争议解决流程	制定后及时披露	公众	省间、省内	电力交易机构	
6.10		电力市场服务指南	制定后及时披露	公众	省间、省内	电力交易机构	
6.11		数据通讯格式规范	制定后及时披露	公众	省间、省内	电力交易机构	
6.12	信用信息	经政府同意的市场经营主体电力交易信用信息	年	公众		电力交易机构	
6.13		售电公司违约情况	发生后及时披露	公众	省间、省内	电力交易机构	
6.14	电力市场运行情况	截至上一年底各类市场经营主体注册情况,上一年度交易结算总量、均价情况	年	公众	省间、省内	电力交易机构	
6.15	退市市场经营主体名单	强制或自愿退出且公示生效后的市场经营主体名单	及时更新	公众	省间、省内	电力交易机构	
6.16	市场结构情况	HHI、Top-m指标	年	公众	省内	电力交易机构	
6.17	市场暂停、中止、重新启动等情况		发生后及时披露	公众	省间、省内	电力调度机构 电力交易机构	
6.18	市场信息披露报告	市场信息披露报告,包括电网概况、电力供需及预测情况、市场准入、市场交易、市场结算、市场建设、违规情况、市场干预情况等	季、月	公开	省间、省内	电力交易机构	交易机构牵头编制报告,其他信息披露主体提供相关信息
6.19	违规行为通报及市场干预情况	经国家能源局派出机构或者地方政府电力管理部门认定的违规行为通报、市场干预情况	收到文件后5个工作日内	公开	省间、省内	电力交易机构	
6.20	电力现货市场第三方校验报告		按照市场管理委员会要求时间	公开	省间、省内	电力调度机构	
6.21	交易机构经审计的收支总体情况		年	公开	—	电力交易机构	向市场经营主体收费的电力交易机构披露

编号	信息名称	信息内容	披露时间或周期	披露范围	披露市场	提供方	备注
6.22	交易日历	多年、年、月、周、多日、日各类交易安排	年	公开	省间、省内	电力交易机构	
6.23	电网主要网络通道示意图	500kV 电压等级及以上	年	公开	省间、省内	电力调度机构	
6.24	约束信息	发输变电设备投产、退役计划	年、月	公开	省间、省内	电力调度机构	
6.25		发输变电设备检修计划	年、月、日	公开	省间、省内	电力调度机构	
6.26		省间联络线输电可用容量（考虑所有已知影响）	年、月、周	公开	省间	电力调度机构	月度分周按峰平谷时段披露，周按交易时间单元披露
6.27		省内关键输电断面可用容量（考虑所有已知影响）	年、月、周	公开	省内	电力调度机构	
6.28		必开必停机组名单及总容量	日	公开	省间、省内	电力调度机构	
6.29		开停机不满最小约束时间机组名单	日	公开	省间、省内	电力调度机构	
6.30	参数信息	市场出清模块算法及运行参数	及时更新	公开	省间、省内	电力调度机构	
6.31		价格限值	及时更新	公开	省间、省内	电力调度机构	
6.32		约束松弛惩罚因子	及时更新	公开	省间、省内	电力调度机构	
6.33		节点分配因子	日	公开	省内	电力调度机构	以每两小时为单位披露，适用于节点边际电价市场
6.34		节点分配因子确定方法	及时更新	公开	省内	电力调度机构	适用于节点边际电价市场
6.35		节点及分区划分依据和详细数据	及时更新	公开	省内	电力调度机构	适用于节点边际电价市场
6.36	预测信息	系统负荷预测	月	公开	省内	电力调度机构	月最大负荷
6.37			周、日	公开	省内	电力调度机构	按交易时间单元披露
6.38		电力电量供需平衡预测	月	公开	省内	电力调度机构	供需形势分析
6.39			日	公开	省内	电力调度机构	按交易时间单元披露供需差额
6.40		各电网电力平衡预测	月	公开	省间	电力调度机构	
6.41		省间联络线输电曲线预测	日前、日内	公开	省内	电力调度机构	按交易时间单元披露

编号	信息名称	信息内容	披露时间或周期	披露范围	披露市场	提供方	备注
6.42	预测信息	发电总出力预测	日	公开	省间、省内	电力调度机构	按交易时间单元披露，分区边际电价市场需发布分区预测
6.43		非市场机组总出力预测	日	公开	省间、省内	电力调度机构	按交易时间单元披露
6.44		新能源总出力预测	周、日	公开	省内	电力调度机构	分电源类型按交易时间单元披露
6.45		水电（含抽蓄）总出力预测	周、日	公开	省间、省内	电力调度机构	按交易时间单元披露
6.46	辅助服务需求信息	各类辅助服务需求总量	日	公开	省间、省内	电力调度机构	按交易时间单元披露
6.47		具备参与辅助服务市场的机组台数及容量、用户及售电公司个数等	日	公开	省间、省内	电力调度机构	按交易时间单元披露
6.48	交易公告	包括交易品种、交易主体、交易方式、交易申报时间、交易合同执行开始时间及终止时间、交易参数、出清方式、交易约束信息、交易操作说明、其他准备信息等	交易组织前及时披露	公开	省间、省内	电力交易机构	
6.49	中长期交易申报及成交情况	包括交易参与的主体数量、申报情况、成交的主体数量、成交总量及分电源类型电量、成交均价及分电源类型均价等	交易出清后及时披露	公开	省间、省内	电力交易机构	
6.50	中长期交易安全校核及原因		交易出清后及时披露	公开	省间、省内	电力调度机构	
6.51	绿电交易申报及成交情况	包括参与的主体数量、申报电量、成交的主体数量、最终成交总量、成交均价	交易出清后及时披露	公开	省间、省内	电力交易机构	
6.52	现货市场申报、出清信息	日前、日内平均申报电价，日前、日内各时段出清电量及各类电源电量和台数，日前、日内平均出清电价	出清后及时披露	公开	省间、省内	电力调度机构	节点边际电价市场应当披露交易时间单元所有节点的节点边际电价以及各节点边际电价的电能量、阻塞等各分量价格
6.53	辅助服务市场申报、出清信息	各类辅助服务市场申报总电量及平均价格，各时段出清电量及各类电源电量和台数、平均中标价格	出清后及时披露	公开	省间、省内	电力调度机构	出清按交易时间单元披露，其他按日披露
6.54	日前、实时市场各时段出清的断面约束及阻塞情况		日	公开	省间、省内	电力调度机构	运行结束按交易时间单元披露，适用节点边际电价市场

编号	信息名称	信息内容	披露时间或周期	披露范围	披露市场	提供方	备注
6.55	省间交易计划		月	公开	省间	电力交易机构	
6.56	运行信息	机组状态	日	公开	省间、省内	电力调度机构	运行日次日按交易时间单元披露
6.57		发电总出力	日	公开	省间、省内	电力调度机构	
6.58		非市场机组总出力	日	公开	省间、省内	电力调度机构	
6.59		新能源总出力	日	公开	省内	电力调度机构	
6.60		水电（含抽蓄）总出力	日	公开	省间、省内	电力调度机构	
6.61		实际负荷	日	公开	省内	电力调度机构	
6.62		系统备用信息	日	公开	省内	电力调度机构	
6.63		重要通道实际输电情况	日	公开	省内	电力调度机构	
6.64		实际运行输电断面约束情况	日	公开	省内	电力调度机构	
6.65		省间联络线输电情况	日	公开	省间、省内	电力调度机构	
6.66		重要线路与变压器平均潮流	日	公开	省内	电力调度机构	
6.67		发输变电设备投产、退役、检修、改造等计划执行情况	月、日	公开	省间、省内	电力调度机构	
6.68		重要线路实际停运情况	日	公开	省间、省内	电力调度机构	
6.69		发电机组非停情况	日	公开	省间、省内	电力调度机构	
6.70		电网负荷总体情况	月	公开	省内	电力调度机构	最高最低负荷和负荷变化情况
6.71	电力并网运行管理考核和返还明细	各并网主体分考核种类考核费用、返还费用、免考核情况等	月	公开	省间、省内	电力调度机构	
6.72	电力辅助服务考核、补偿和分摊明细	各市场经营主体分辅助服务品种的电量/容量、补偿费用、考核费用、分摊比例、分摊费用等	月	公开	省间、省内	电力调度机构	
6.73	结算情况	结算总体情况及分类构成情况	月	公开	省间、省内	电力交易机构	
6.74			日	公开	省间、省内	电力交易机构	
6.75		绿电交易结算情况	月	公开	省间、省内	电力交易机构	
6.76		省间交易结算情况	月	公开	省间	电力交易机构	
6.77		不平衡资金构成、分摊和分享情况	月	公开	省内	电力交易机构	不平衡资金分项计列
6.78		偏差考核情况	月	公开	省间、省内	电力交易机构	

编号	信息名称	信息内容	披露时间或周期	披露范围	披露市场	提供方	备注
6.79	售电公司结算总体情况	售电公司代理电量，批发侧、零售侧结算均价	月	公开	省内	电力交易机构	零售侧结算均价不含输配电价及基金附加等
6.80	售电公司履约保障凭证情况	各售电公司履约保障凭证缴纳、执行情况，结合资产总额确定的售电量规模限额	月	公开	省内	电力交易机构	
6.81	交易总体情况	年度、月度、月内、现货交易成交均价及电量	月	公开	省间、省内	电力交易机构	中长期交易分电源类型披露
6.82	发电机组转商情况	发电机组、独立储能完成整套设备启动试运行时间	及时更新	公开	省间、省内	电力调度机构	
6.83	到期未取得电力业务许可证的市场经营主体名单		及时更新	公开	省间、省内	电力交易机构	
6.84	市场干预情况原始日志	干预时间、干预主体、干预操作、干预原因	发生后及时披露	公开	省间、省内	电力调度机构 电力交易机构	
6.85	省间联络线输电容量分配结果		日	公开	省内	电力调度机构	
6.86	省间联络线输电容量预留		日	公开	省内	电力调度机构	适用于分区边际电价市场
6.87	平衡市场交易电量、价格		日	公开	省内	电力调度机构	
6.88	再调度费用及明细		季	公开	省内	电力调度机构	

9-3 电力企业信息披露规定

（2005 年 11 月 30 日国家电力监管委员会令第 14 号公布，根据 2024 年 1 月 4 日国家发展改革委令第 11 号《关于修改部分规章的决定》修订）

第一章 总 则

第一条 为了加强电力监管，规范电力企业、电力调度机构、电力交易机构的信息披露行为，维护电力市场秩序，根据《电力监管条例》，制定本规定。

第二条 电力企业、电力调度机构、电力交易机构披露有关电力建设、生产、经营、价格和服务等方面的信息，适用本规定。

第三条 电力企业、电力调度机构、电力交易机构披露信息遵循真实、及时、透明的原则。

第四条 国家能源局及其派出机构（以下简称电力监管机构）对电力企业、电力调度机构、电力交易机构如实披露有关信息的情况实施监管。

第二章 披 露 内 容

第五条 从事发电业务的企业应当向电力调度机构、电力交易机构披露下列信息：

（一）发电机组基础参数；

（二）新增或者退役发电机组、装机容量；

（三）机组运行检修情况；

（四）机组设备改造情况；

（五）火电厂燃料情况或者水电厂来水情况；

（六）电力市场运行规则要求披露的信息；

（七）电力监管机构要求披露的其他信息。

第六条 从事输电业务的企业应当向从事发电业务的企业披露下列信息：

（一）输电网结构情况，输电线路和变电站规划、建设、投产的情况；

（二）电网内各类发电装机规模及明细；

（三）网内负荷和大用户负荷的情况；

（四）电力供需情况；

（五）主要输电通道的构成和关键断面的输电能力，网内发电厂送出线的输电能力；

（六）输变电设备检修计划和检修执行情况；

（七）电力安全生产情况；

（八）输电损耗情况；

（九）国家批准的输电电价；跨区域、跨省（自治区、直辖市）电能交易输电电价；大用户直购电输配电价；国家批准的收费标准；

（十）发电机组、直接供电用户并网接入情况，电网互联情况；

（十一）电力监管机构要求披露的其他信息。

第七条 从事供电业务的企业应当向电力用户披露下列信息：

（一）国家规定的供电质量标准；

（二）国家批准的配电电价、销售电价和收费标准；

（三）用电业务的办理程序；

（四）停电、限电和事故抢修处理情况；

（五）用电投诉处理情况；

（六）电力监管机构要求披露的其他信息。

第八条 电力调度机构应当向从事发电业务的企业披露下列信息：

（一）电网结构情况，并网运行机组技术性能等基础资料，新建或者改建发电设备、输电设备投产运行情况；

（二）电网安全运行的主要约束条件，电网重要运行方式的变化情况；

（三）发电设备、重要输变电设备的检修计划和执行情况；

（四）年度电力电量需求预测和电网中长期运行方式，电网年度分月负荷预测；电网总发电量、最高最低负荷和负荷变化情况；年、季、月发电量计划安排和执行情况；

（五）跨区域、跨省（自治区、直辖市）电力电量交换年、季、月计划及执行情况；

（六）并网发电厂机组的上网电量、年度合同电量和其他电量完成情况，发电利用小时数；实行峰谷分时电价的，各机组峰、谷、平段发电量情况；

（七）并网发电厂执行调度指令、调度纪律情况，发电机组非计划停运情况，提供调峰、调频、无功调节、备用等辅助服务的情况；

（八）并网发电厂运行考核情况，考核所得电量、资金的使用情况；

（九）电力市场运行基本规则要求披露的有关信息；

（十）电力监管机构要求披露的其他信息。

第九条 电力交易机构应当向从事发电业务的企业披露下列信息：

（一）电力市场规则、电力市场交易制度等信息；

（二）市场暂停、中止、重新启动等情况；

（三）市场日历、交易公告信息；

（四）市场注册和管理情况；

（五）各类合同电量的交易组织、执行和结算情况，偏差电量考核以及有关费用分摊、返还情况，电网代理购电情况；

（六）并网发电主体上网电量、发电利用小时数情况，电量结算依据和服务提供情况；

（七）跨区域、跨省（自治区、直辖市）电力电量交换、电价执行和费用结算情况；

（八）其他公告信息，包括信息披露报告、违规行为通报、市场干预情况等；

（九）电力市场运行规则要求披露的有关信息；

（十）电力监管机构要求披露的其他信息。

第十条 电力监管机构根据监管工作的需要适时调整电力企业、电力调度机构、电力交易机构披露信息的范围和内容。

第三章 披 露 方 式

第十一条 电力监管机构根据电力企业、电力调度机构、电力交易机构披露信息的范围和内容，确定相应的披露方式和期限。

第十二条 电力企业、电力调度机构、电力交易机构披露信息可以采取下列方式：

（一）门户网站及其子网站，电力市场技术支持系统、媒体公众号等；

（二）报刊、广播、电视等媒体；

（三）信息发布会；

（四）简报、公告；

（五）便于及时披露信息的其他方式。

第十三条 电力企业、电力调度机构、电力交易机构披露信息应当保证所披露信息的真实性、及时性、完整性，并方便相关电力企业和用户获取。

第十四条 电力企业、电力调度机构、电力交易机构应当指定具体负责信息披露的机构和人员，公开咨询电话和电子咨询邮箱，并报电力监管机构备案。

第四章 监 督 管 理

第十五条 电力监管机构对电力企业、电力调度机构、电力交易机构披露信息的情况进行监督检查。

电力监管机构根据工作需要，对电力企业、电力调度机构、电力交易机构披露信息的情况进行不定期抽查，并将抽查情况向社会公布。

第十六条 电力监管机构每年对在信息披露工作中取得突出成绩的单位和个人给予表彰。

第十七条 电力企业、电力调度机构、电力交易机构未按照本规定披露有关信息或者披露虚假信息的，由电力监管机构给予批评，责令改正；拒不改正的，处 5 万元以上 50 万元以下的罚款，对直接负责的主管人员和其他直接责任人员，依法给予处分。

第五章 附 则

第十八条 国家能源局区域监管局根据本规定制定实施办法，报国家能源局批准后施行。

第十九条 本规定自 2006 年 1 月 1 日起施行。

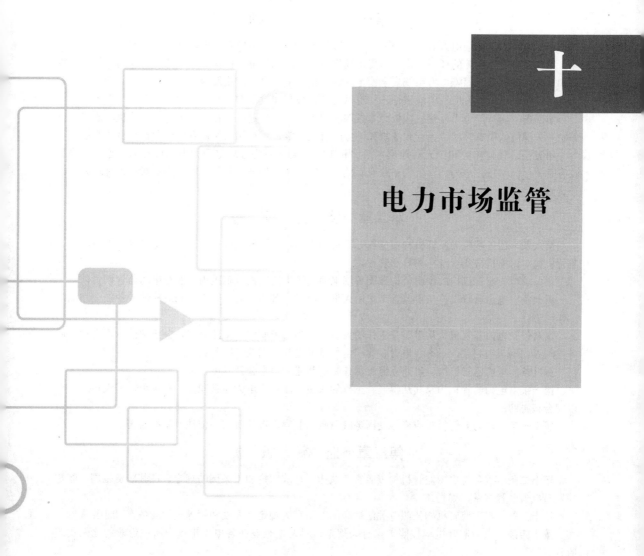

十

电力市场监管

10-1 电力监管条例

（2005 年 2 月 15 日国务院令第 432 号公布）

第一章 总　　则

第一条　为了加强电力监管，规范电力监管行为，完善电力监管制度，制定本条例。

第二条　电力监管的任务是维护电力市场秩序，依法保护电力投资者、经营者、使用者的合法权益和社会公共利益，保障电力系统安全稳定运行，促进电力事业健康发展。

第三条　电力监管应当依法进行，并遵循公开、公正和效率的原则。

第四条　国务院电力监管机构依照本条例和国务院有关规定，履行电力监管和行政执法职能；国务院有关部门依照有关法律、行政法规和国务院有关规定，履行相关的监管职能和行政执法职能。

第五条　任何单位和个人对违反本条例和国家有关电力监管规定的行为有权向电力监管机构和政府有关部门举报，电力监管机构和政府有关部门应当及时处理，并依照有关规定对举报有功人员给予奖励。

第二章 监 管 机 构

第六条　国务院电力监管机构根据履行职责的需要，经国务院批准，设立派出机构。国务院电力监管机构对派出机构实行统一领导和管理。

国务院电力监管机构的派出机构在国务院电力监管机构的授权范围内，履行电力监管职责。

第七条　电力监管机构从事监管工作的人员，应当具备与电力监管工作相适应的专业知识和业务工作经验。

第八条　电力监管机构从事监管工作的人员，应当忠于职守，依法办事，公正廉洁，不得利用职务便利谋取不正当利益，不得在电力企业、电力调度交易机构兼任职务。

第九条　电力监管机构应当建立监管责任制度和监管信息公开制度。

第十条　电力监管机构及其从事监管工作的人员依法履行电力监管职责，有关单位和人员应当予以配合和协助。

第十一条　电力监管机构应当接受国务院财政、监察、审计等部门依法实施的监督。

第三章 监 管 职 责

第十二条　国务院电力监管机构依照有关法律、行政法规和本条例的规定，在其职责范围内制定并发布电力监管规章、规则。

第十三条　电力监管机构依照有关法律和国务院有关规定，颁发和管理电力业务许可证。

第十四条　电力监管机构按照国家有关规定，对发电企业在各电力市场中所占份额的比例实施监管。

第十五条　电力监管机构对发电厂并网、电网互联以及发电厂与电网协调运行中执行有关规章、规则的情况实施监管。

第十六条　电力监管机构对电力市场向从事电力交易的主体公平、无歧视开放的情况以及输电企业公平开放电网的情况依法实施监管。

第十七条　电力监管机构对电力企业、电力调度交易机构执行电力市场运行规则的情况，以及电力调度交易机构执行电力调度规则的情况实施监管。

第十八条　电力监管机构对供电企业按照国家规定的电能质量和供电服务质量标准向用户提供供电服务的情况实施监管。

第十九条　电力监管机构具体负责电力安全监督管理工作。

国务院电力监管机构经商国务院发展改革部门、国务院安全生产监督管理部门等有关部门后，制订重大电力生产安全事故处置预案，建立重大电力生产安全事故应急处置制度。

第二十条　国务院价格主管部门、国务院电力监管机构依照法律、行政法规和国务院的规定，对电价实施监管。

第四章　监　管　措　施

第二十一条　电力监管机构根据履行监管职责的需要，有权要求电力企业、电力调度交易机构报送与监管事项相关的文件、资料。

电力企业、电力调度交易机构应当如实提供有关文件、资料。

第二十二条　国务院电力监管机构应当建立电力监管信息系统。

电力企业、电力调度交易机构应当按照国务院电力监管机构的规定将与监管相关的信息系统接入电力监管信息系统。

第二十三条　电力监管机构有权责令电力企业、电力调度交易机构按照国家有关电力监管规章、规则的规定如实披露有关信息。

第二十四条　电力监管机构依法履行职责，可以采取下列措施，进行现场检查：

（一）进入电力企业、电力调度交易机构进行检查；

（二）询问电力企业、电力调度交易机构的工作人员，要求其对有关检查事项作出说明；

（三）查阅、复制与检查事项有关的文件、资料，对可能被转移、隐匿、损毁的文件、资料予以封存；

（四）对检查中发现的违法行为，有权当场予以纠正或者要求限期改正。

第二十五条　依法从事电力监管工作的人员在进行现场检查时，应当出示有效执法证件；未出示有效执法证件的，电力企业、电力调度交易机构有权拒绝检查。

第二十六条　发电厂与电网并网、电网与电网互联，并网双方或者互联双方达不成协议，影响电力交易正常进行的，电力监管机构应当进行协调；经协调仍不能达成协议的，由电力监管机构作出裁决。

第二十七条　电力企业发生电力生产安全事故，应当及时采取措施，防止事故扩大，并向电力监管机构和其他有关部门报告。电力监管机构接到发生重大电力生产安全事故报告后，应当按照重大电力生产安全事故处置预案，及时采取处置措施。

电力监管机构按照国家有关规定组织或者参加电力生产安全事故的调查处理。

第二十八条　电力监管机构对电力企业、电力调度交易机构违反有关电力监管的法律、行政法规或者有关电力监管规章、规则，损害社会公共利益的行为及其处理情况，可以向社会公布。

第五章　法　律　责　任

第二十九条　电力监管机构从事监管工作的人员有下列情形之一的，依法给予行政处分；构成犯罪的，依法追究刑事责任：

（一）违反有关法律和国务院有关规定颁发电力业务许可证的；

（二）发现未经许可擅自经营电力业务的行为，不依法进行处理的；

（三）发现违法行为或者接到对违法行为的举报后，不及时进行处理的；

（四）利用职务便利谋取不正当利益的。

电力监管机构从事监管工作的人员在电力企业、电力调度交易机构兼任职务的，由电力监管机构责令改正，没收兼职所得；拒不改正的，予以辞退或者开除。

第三十条　违反规定未取得电力业务许可证擅自经营电力业务的，由电力监管机构责令改正，没收违法所得，可以并处违法所得5倍以下的罚款；构成犯罪的，依法追究刑事责任。

第三十一条　电力企业违反本条例规定，有下列情形之一的，由电力监管机构责令改正；拒不改正的，处 10 万元以上 100 万元以下的罚款；对直接负责的主管人员和其他直接责任人员，依法给予处分；情节严重的，可以吊销电力业务许可证：

（一）不遵守电力市场运行规则的；

（二）发电厂并网、电网互联不遵守有关规章、规则的；

（三）不向从事电力交易的主体公平、无歧视开放电力市场或者不按照规定公平开放电网的。

第三十二条　供电企业未按照国家规定的电能质量和供电服务质量标准向用户提供供电服务的，由电力监管机构责令改正，给予警告；情节严重的，对直接负责的主管人员和其他直接责任人员，依法给予处分。

第三十三条　电力调度交易机构违反本条例规定，不按照电力市场运行规则组织交易的，由电力监管机构责令改正；拒不改正的，处 10 万元以上 100 万元以下的罚款；对直接负责的主管人员和其他直接责任人员，依法给予处分。

电力调度交易机构工作人员泄露电力交易内幕信息的，由电力监管机构责令改正，并依法给予处分。

第三十四条　电力企业、电力调度交易机构有下列情形之一的，由电力监管机构责令改正；拒不改正的，处 5 万元以上 50 万元以下的罚款，对直接负责的主管人员和其他直接责任人员，依法给予处分；构成犯罪的，依法追究刑事责任：

（一）拒绝或者阻碍电力监管机构及其从事监管工作的人员依法履行监管职责的；

（二）提供虚假或者隐瞒重要事实的文件、资料的；

（三）未按照国家有关电力监管规章、规则的规定披露有关信息的。

第三十五条　本条例规定的罚款和没收的违法所得，按照国家有关规定上缴国库。

第六章　附　　则

第三十六条　电力企业应当按照国务院价格主管部门、财政部门的有关规定缴纳电力监管费。

第三十七条　本条例自 2005 年 5 月 1 日起施行。

10-2　关于加强电力中长期交易监管的意见

（国能发监管〔2019〕70 号，2019 年 9 月 4 日国家能源局发布）

为深入贯彻习近平新时代中国特色社会主义思想和党的十九大精神，认真落实《中共中央　国务院关于进一步深化电力体制改革的若干意见》（中发〔2015〕9 号，以下简称 9 号文）及相关配套文件和《电力监管条例》《电力中长期交易基本规则（暂行）》等要求，进一步加强电力中长期交易监管，规范电力中长期交易行为，维护电力市场秩序，制定本意见。

一、重要意义

9 号文印发以来，竞争性环节电价、配售电业务、发用电计划有序放开，电力交易机构陆续组建，电力中长期交易稳步推进，电力辅助服务市场、电力现货市场试点陆续启动，电力市场化交易取得积极进展，市场监管积累了重要经验。但电力市场建设运行中，还存在市场交易机制不健全、交易规则执行不到位、交易组织不规范、交易竞争不充分、信息披露不及时等问题。

9 号文明确要加强市场监管，改进政府监管办法，创新监管措施和监管手段。《2019 年政府工作报告》提出，用公正监管管出公平、管出效率、管出活力。市场主体和社会各界希望尽快出台加强市场监管相应的规章制度。本意见适用于电力中长期交易的监管，主要是电力市场交易规则执行和交易行为实施监管，进一步规范电力市场交易行为，维护公平竞争的市场秩序，加快推进电力市场化改革。

二、总体原则

坚持市场改革。按照党中央、国务院进一步深化电力体制改革总体部署，坚持社会主义市场经济改革方向，持续健全完善电力市场化交易机制，着力构建主体多元、竞争有序的电力交易格局，发挥市场在资源配置中的决定性作用，确保电力系统安全稳定运行和电力可靠供应，助推高质量发展。

坚持自主自律。进一步明确和规范电力市场主体、市场运营机构的义务、职责，依据市场交易规则和相关规章制度规范组织或参与市场交易行为，加强自律监督，加强运营监控和风险防控，规范市场干预行为，落实相应主体责任。

坚持科学监管。加强市场交易事中事后监管，加强信息披露和报送监管，加强市场信用监管，开展第三方机构业务稽核，更好发挥派出机构一线监管作用，加强与地方政府相关部门监管协作，促进市场公平竞争。

三、主要任务

（一）规范制定市场交易规则。国家能源局各派出机构要按照《国家发展改革委国家能源局关于印发〈电力中长期交易基本规则（暂行）〉的通知》（发改能源〔2016〕2784号）要求，会同地方政府有关部门，组织电力交易机构及市场管理委员会等，在基本规则的框架下起草各地中长期交易规则，经市场管理委员会审议，北京、广州等区域性交易机构的中长期交易规则要报国家发展改革委、国家能源局审定后执行，各省（区、市）交易机构的中长期交易规则报国家能源局派出机构和所在地区政府有关部门审定后执行。中长期交易规则实施后，交易机构无权变更交易规则。需要修订的，应提请市场管理委员会审议后，报原审定机构和部门批准。

（二）规范组织市场交易。电力交易机构、电力调度机构按照职责分工，建设维护技术支持系统，按照有关规定做好信息披露工作，并将相关信息报送国家能源局及其派出机构。电力交易机构负责电力交易平台的建设、运营和管理，负责市场组织，主要负责建立和执行注册管理制度，为市场主体提供注册、结算依据和相关服务，编制交易计划，管理电力交易合同，公布交易执行结果。电力调度机构负责向电力交易机构提供安全约束条件和基础数据，履行电力交易安全校核责任，合理安排电网运行方式，严格按照交易规则开展交易出清和执行，并将出清和执行结果提供电力交易机构。

（三）规范参与交易行为。参加市场交易的发电企业、售电企业、电力用户、电网企业（作为购电方）等市场主体要严格遵守市场注册管理制度，按照市场交易规则等有关规定进入和退出电力市场、向电力交易机构提交市场交易合同、参与市场交易，严禁不正当竞争、串通报价等违规交易行为。

（四）做好市场交易服务。电网企业要为参与市场交易的市场主体提供公平的输配电和电网接入服务，按照市场结算规则提供计量、抄表等服务，按照有关规定收取输配电费、代收代付电费。

（五）促进售电企业公平参与市场交易。电网企业、发电企业的售电企业（含全资、控股或参股）应当具有独立法人资格、独立运营。电网企业应当从人员、财务、办公地点、信息等方面确保参与市场交易的售电业务与其他业务独立运营并制定相关工作规范。电力交易机构未完成股份制改造的、电网企业内设机构承担电力交易职能的，其电网企业的售电企业暂不参与市场交易。拥有配电网运营权的售电企业，其配电业务与参与市场交易的售电业务应当实现财务分离。

（六）加强市场成员行为自律监督。电力市场成员包括电力交易机构、电力调度机构等市场运营机构，参与市场交易的发电企业、售电企业、电力用户、电网企业（作为购电方）等市场主体，以及提供市场交易相关服务的电网企业等。国家能源局及其派出机构依法依规制定电力市场交易规则和市场监管制度，指导市场管理委员会建立市场自律监督工作机制。市场管理委员会对参与市场交易的市场成员实施市场内部自律管理，共同维护良好的市场秩序。电力市场成员应当自觉遵守市场交易规则、相关法律法规，加强行为自律，接受国家能源局及其派出机构监管。

（七）加强运营监控和风险防控。电力交易机构、电力调度机构根据有关规定，履行市场运营、市场监控和风险防控等职责。根据国家能源局及其派出机构的监管要求，将相关信息系统接入电力监管信息系统，按照"谁运营、谁防范，谁运营、谁监控"的原则，采取有效风险防控措施，加强对市场运营情况的监控分析，按照有关规定定期向国家能源局及其派出机构提交市场监控分析报告。市场监控分析报告内容包括但不限于：市场报价和运行情况；市场成员执行市场交易规则情况；市场主体在市场中份额占比等市场结构化指标情况；网络阻塞情况；非正常报价等市场异常事件；市场风险防控措施和风险评估情况；市场交易规则修订建议等。

（八）规范市场干预行为。出现《电力市场监管办法》（国家电力监管委员会令第 11 号）第二十四条有关情形的，电力交易机构、电力调度机构按照规定程序进行市场干预，干预情况应当及时向电力市场成员公布，并向国家能源局及其派出机构报告。

（九）加强市场交易事中事后监管。国家能源局及其派出机构依据有关法规规章规定，对电力市场成员按照市场交易规则组织和参与市场交易相关行为进行监管，对电力调度机构和电网企业执行交易结果的行为进行监管。出现《电力市场监管办法》（国家电力监管委员会令第 11 号）第二十五条有关情形的，国家能源局及其派出机构可以做出中止市场交易的决定，并向电力市场成员公布原因。对市场主体违反有关规定的，或者单一市场主体所占电力市场份额超过一定比例影响市场有效竞争的，国家能源局及其派出机构可以采取中止其参与部分或全部市场交易品种等措施。

（十）加强信息披露和报送监管。国家能源局及其派出机构制定电力市场信息披露和报送管理相关规定，要求电力市场成员按照规定披露相关信息，提供与监管事项相关的信息资料。电力市场成员要按照有关规定，遵循真实、及时、透明的原则，披露和报送相关信息。

（十一）加强市场信用监管。积极探索创新监管方式，研究推进“双随机、一公开”监管、信用监管和“互联网＋监管”。对电力市场成员拒不履约、恶意欠费、滥用市场力、开放歧视、未按照规定披露信息等失信行为，国家能源局及其派出机构可以在电力市场成员内部进行通报，并通过有关信息平台、网站向社会公布。对于严重失信的市场主体，依法依规列入“黑名单”管理，实施信用约束、联合惩戒；对于严重失信并造成严重后果的，可以限制有关市场主体参与交易或强制其退出市场。

（十二）建立政府监管与外部专业化监督密切配合的监管体系。国家能源局及其派出机构应建立健全交易机构专业化监管制度，推动成立独立的电力交易机构专家委员会，积极发展第三方专业机构，形成政府监管与外部专业化监督密切配合的有效监管体系。国家能源局及其派出机构应组织第三方专业机构对电力交易机构提交审定的中长期交易实施细则开展评估，并根据评估意见出具审核意见。国家能源局及其派出机构可以根据实际需要，聘请第三方专业机构对市场交易开展情况进行业务稽核。有关电力交易机构、电力调度机构、市场主体要为第三方专业机构开展业务稽核工作提供必要保障，第三方专业机构应当承担保密责任。

四、有关要求

（一）充分发挥派出机构一线监管作用。国家能源局派出机构要充分发挥“派驻”作用，根据本意见并结合辖区实际制定电力市场监管实施细则，依法依规履行电力市场监管职责，对辖区内组织和参与电力市场交易的市场成员开展属地化监管。

（二）做好与电力现货市场建设等工作的有效衔接。开展电力现货市场试点建设地区，国家能源局派出机构在制定电力市场监管实施细则时，结合实际增加现货市场监管相应条款或出台相应的电力现货市场监管办法。

（三）加强工作协同形成监管合力。国家能源局派出机构应当会同地方政府能源主管部门等建立完善市场监管工作协同机制，加强工作沟通协调，形成监管合力。本意见未明确的其他监管事项，国家能源局派出机构、地方政府相关部门依法依规履行相应监管职责或协同开展监管。

10-3 电力市场监管办法

（2024 年 4 月 12 日国家发展和改革委员会令第 18 号公布）

第一章 总 则

第一条 为了维护电力市场秩序，保障电力市场的统一、开放、竞争、有序，按照《中共中央 国务院关于进一步深化电力体制改革的若干意见》《中共中央 国务院关于加快建设全国统一大市场的意见》有关精神，根据《电力监管条例》和有关法律、行政法规，制定本办法。

第二条 本办法适用于中华人民共和国境内的电力市场监管。

第三条 国家能源局依照本办法和国务院有关规定，履行全国电力市场监管职责。国家能源局派出机构负责辖区内的电力市场监管。

各有关部门和单位按职责分工做好电力市场监管相关工作。

第四条 电力市场监管依法进行，并遵循公开、公正和效率的原则。

第五条 电力市场监管的对象为电力市场成员。电力市场成员应当自觉遵守有关电力市场的法规、规章。

电力市场成员包括电力交易主体、电力市场运营机构和提供输配电服务的电网企业等。

电力交易主体包括参与电力市场交易的发电企业、售电企业、电力用户、储能企业、虚拟电厂、负荷聚合商等。电网企业按照国家有关规定对暂未直接参与电力市场交易的用户实施代理购电时，可视为电力交易主体。

电力市场运营机构是指电力交易机构、电力调度机构。

第六条 任何单位和个人对违反本规定的行为有权向国家能源局及其派出机构（以下简称电力监管机构）举报，电力监管机构应当及时处理，并为举报人保密。

第二章 监 管 内 容

第七条 电力监管机构对电力市场成员的下列情况实施监管：

（一）履行电力系统安全义务的情况；

（二）进入和退出电力市场的情况；

（三）参与电力市场交易资质的情况；

（四）执行电力市场运行规则的情况；

（五）进行交易和电费结算的情况；

（六）披露信息的情况；

（七）执行国家标准、行业标准的情况；

（八）平衡资金管理和资金使用的情况。

第八条 除本办法第七条所列情况外，电力监管机构还对发电企业的下列情况实施监管：

（一）在各电力市场中所占份额的比例；

（二）新增装机、兼并、重组、股权变动或者租赁经营的情况；

（三）不正当竞争、串通报价和违规交易行为；

（四）执行调度指令的情况；

（五）执行与售电企业、电力用户签订有关合同的情况。

第九条 除本办法第七条所列情况外，电力监管机构还对电网企业的下列情况实施监管：

（一）公平、无歧视开放电网和提供输配电服务的情况；

（二）电网互联的情况；

（三）所属或者关联发电企业的发电情况；

（四）所属或者关联售电企业参与市场交易的情况；

（五）执行输配电价格的情况；

（六）对有偿辅助服务补偿的情况；

（七）代理购电的情况；

（八）按照国家规定的电能质量和供电服务质量标准向用户提供供电服务的情况。

第十条 除本办法第七条所列情况外，电力监管机构还对售电企业、电力用户、储能企业、虚拟电厂、负荷聚合商等参与批发电力市场交易行为中的不正当竞争、串通报价和其他违规交易行为实施监管。

对拥有配电网运营权的售电企业还应当按照第九条相关条款实施监管。

第十一条 除本办法第七条所列情况外,电力监管机构还对电力市场运营机构的下列情况实施监管:

(一)公开、公平、公正地实施电力调度的情况;

(二)执行电力调度规则的情况;

(三)按照电力市场运行规则组织电力市场交易的情况;

(四)对电力市场实施干预的情况;

(五)对电力市场技术支持系统建设、维护、运营和管理的情况;

(六)执行市场限价的情况;

(七)履行市场风险防控职责的情况。

第十二条 电力监管机构对售电企业、电力用户履行与发电企业签订有关合同的情况进行监管。

第三章 电力市场运行规则

第十三条 国家发展改革委、国家能源局依法组织制定电力市场运行规则。电力市场运行规则包括电力市场运行基本规则及配套的市场准入注册、交易组织、计量结算、信用管理、信息披露等相关规则、细则。

第十四条 有下列情形之一的,应当修订电力市场运行规则:

(一)法律或者国家政策发生重大调整的;

(二)电力市场运行环境发生重大变化的;

(三)电力市场成员提出修订意见和建议,电力监管机构、地方政府有关部门认为确有必要的;

(四)电力监管机构、地方政府有关部门认为必要的其他情形。

第十五条 制定或者修订电力市场运行规则时,应当充分听取电力市场成员、相关利益主体和社会有关方面的意见。

第四章 电力市场注册管理

第十六条 电力市场实行注册管理制度。进入或者退出电力市场应当办理相应的注册手续。电力交易机构具体负责电力市场注册管理工作。

第十七条 电力交易主体进入电力市场,应当向电力交易机构提出注册申请。注册完成后,方可参与电力市场交易。

第十八条 电力交易主体办理市场注册应当提供与申请事项有关的经济、技术、安全等信息。

第十九条 电力交易主体办理注册信息变更或者市场退出,应当按照电力市场运行规则的规定,向电力交易机构提出申请。经审核后,方可变更信息或者退出市场。

第二十条 电力交易机构应当按照电力市场运行规则规定的程序和时限,办理注册手续。注册审核情况应当向电力交易主体公布。

第五章 电力市场干预与中止

第二十一条 电力市场运营机构应当对电力市场运行情况进行监控和风险防范,按照有关规定定期向电力监管机构提交市场监控分析报告。

第二十二条 电力市场运营机构为保证电力市场安全运营,依照电力市场运行规则,可以进行市场干预。电力市场运营机构进行市场干预应当向电力交易主体公布干预原因。

第二十三条 有下列情形之一的,电力市场运营机构可以进行市场干预:

(一)电力系统出力不足,无法保证电力市场正常运行的;

(二)电力系统内发生重大事故危及电网安全的;

(三)电力市场技术支持系统、自动化系统、数据通信系统等发生故障导致交易无法正常进行的;

（四）地方政府有关部门、电力监管机构做出中止电力市场决定的；

（五）地方政府有关部门、电力监管机构规定的其他情形。

第二十四条　有下列情形之一的，地方政府有关部门、电力监管机构可以做出中止电力市场的决定，并向电力市场成员公布中止原因：

（一）电力市场未按照规则运行和管理的；

（二）电力市场运行规则不适应电力市场交易需要，必须进行重大修改的；

（三）电力市场交易发生恶意串通操纵市场的行为，并严重影响交易结果的；

（四）电力市场技术支持系统、自动化系统、数据通信系统等发生重大故障，导致交易长时间无法进行的；

（五）因不可抗力不能竞价交易的；

（六）电力监管机构规定的其他情形。

第二十五条　干预或者中止电力市场时，电力市场交易的方式按照电力市场运行规则执行。

第二十六条　干预或者中止电力市场期间，电力市场运营机构应当采取措施保证电力系统安全，记录干预或者中止过程，并向电力监管机构报告。电力监管机构应当向电力市场成员公布干预或中止过程。

第六章　电力市场争议处理

第二十七条　电力交易主体之间、电力交易主体与电力市场运营机构之间因电力市场交易发生争议，由电力监管机构依法协调。其中，因履行合同发生的争议，可以由电力监管机构按照电力争议调解的有关规定进行调解。

第二十八条　电力交易主体、电力市场运营机构对电力监管机构处理决定不服的，可以依法申请行政复议或者提起行政诉讼。

第七章　信息公开与披露

第二十九条　电力监管机构对电力企业、电力市场运营机构违反有关电力监管的法律、行政法规或者有关电力监管规章、规则，损害社会公共利益的行为及其处理情况，可以向社会公布。

第三十条　电力市场成员应当按照有关规定，及时、真实、准确和完整地披露有关信息。

第三十一条　电力监管机构、电力市场成员不得泄露影响公平竞争的交易秘密。

第八章　监　管　措　施

第三十二条　电力监管机构可以依照《电力监管条例》等法律、法规规定的监管措施对相关电力企业、电力市场运营机构进行监管，并作出相应处理。

第三十三条　电力监管机构履行监管职责时，有权要求电力市场运营机构将与监管相关的信息系统接入电力监管信息系统。电力监管机构可以按照监管需要，聘请第三方机构对电力市场运营机构进行电力市场业务专业评估。第三方机构应当承担保密义务。

第三十四条　电力监管机构可以对电力交易主体不履约、滥用市场支配地位操纵市场价格、未按照规定披露信息等失信行为按照有关规定作出处理，依法依规纳入信用体系，归集至能源行业信用信息平台，实施与其失信程度相对应的分级分类监管。

第九章　法　律　责　任

第三十五条　电力监管机构从事监管工作的人员违反有关规定的，依照《电力监管条例》第二十九条的规定处理。

第三十六条　电力市场成员违反本办法规定，有下列情形之一的，依照《电力监管条例》第三十一条的规定处理：

（一）未按照规定办理电力市场注册手续的；

（二）提供虚假注册资料的；

（三）未履行电力系统安全义务的；

（四）有关设备、设施不符合国家标准、行业标准的；

（五）行使市场操纵力的；

（六）有不正当竞争、串通报价等违规交易行为的；

（七）不执行调度指令的；

（八）发电厂并网、电网互联不遵守有关规章、规则的。

第三十七条 电网企业未按照国家规定的电能质量和供电服务质量标准向用户提供供电服务的，依照《电力监管条例》第三十二条的规定处理。

第三十八条 电力市场运营机构违反本办法规定，有下列情形之一的，依照《电力监管条例》第三十三条的规定处理：

（一）未按照规定办理电力市场注册的；

（二）未按照电力市场运行规则组织电力市场交易的；

（三）未按照规定公开、公平、公正地实施电力调度的；

（四）未执行电力调度规则的；

（五）未按照规定对电力市场进行干预的；

（六）泄露电力交易内幕信息的。

第三十九条 电力企业、电力市场运营机构未按照本办法和电力市场运行规则的规定披露有关信息的，依照《电力监管条例》第三十四条的有关规定处理。

第十章 附　　则

第四十条 国家能源局派出机构应当根据本办法制定实施办法，报国家能源局备案。

第四十一条 本办法由国家发展改革委、国家能源局解释。

第四十二条 本办法自 2024 年 6 月 1 日起施行。2005 年 10 月 13 日发布的《电力市场监管办法》（原国家电力监管委员会令第 11 号）同时废止。

10-4　电力业务许可证监督管理办法

（国能发资质〔2020〕69 号，2020 年 12 月 25 日国家能源局发布）

第一章 总　　则

第一条 为加强电力业务许可证监督管理，规范电力业务许可行为，维护电力市场秩序，保护电力企业合法权益，保障电力系统安全、优质、经济运行，根据《电力监管条例》《电力业务许可证管理规定》及相关法律、行政法规的规定，制定本办法。

第二条 本办法适用于对发电企业、输电企业、供电企业（含拥有配电网运营权的售电公司）及电力交易机构遵守电力业务许可制度的监督管理。

第三条 国家能源局负责全国电力业务许可证的监督管理工作。国家能源局派出机构（以下简称派出机构）负责辖区内电力业务许可证的监督管理工作。

第四条 电力业务许可证监督管理工作遵循依法、公正、公开、高效的原则。国家能源局及其派出机构依法开展电力业务许可证监督管理工作，发电、输电、供电企业及电力交易机构应当予以配合，并按照要求如实提供有关情况和材料。

第五条 任何组织或者个人有权对发电、输电、供电企业及电力交易机构违反电力业务许可制度的行为进行举报或投诉，国家能源局及其派出机构按照有关规定核实、处理。

第二章　准入与条件保持

第六条　国家能源局及其派出机构对发电、输电、供电企业实施许可准入监管和相关行为的监督管理。

除国家能源局规定的豁免情形外，任何单位或者个人未取得电力业务许可证（发电类、输电类、供电类），不得从事相应的发电、输电、供电业务（含增量配电业务）。

取得电力业务许可证的企业（以下简称持证企业），应当遵守国家法律、法规和能源监管规章制度，按照《电力业务许可证管理规定》规定的权利和义务在许可范围内从事发电、输电、供电业务，并接受国家能源局及其派出机构的监督管理。

第七条　国家能源局及其派出机构对发电、输电、供电企业及时取得许可证情况实施监督管理。

除豁免情形外，发电企业应在项目完成启动试运工作后 3 个月内（风电、光伏发电项目应当在并网后 6 个月内）取得电力业务许可证，分批投产的发电项目可分批申请。超过规定时限仍未取得电力业务许可证的，有关机组不得继续发电上网。

拥有配电网运营权的售电公司具备向配电区域内现有负荷供电的能力，具有配电网络后续建设规划，承诺供电能力、供电质量符合《供电监管办法》等有关规定，即可申请电力业务许可证，不需待完成配电区域内所有配电网络建设后申请。

第八条　国家能源局及其派出机构对发电、输电、供电企业申请电力业务许可证时有关承诺的真实性实施监督管理。

对于采用告知承诺方式取得电力业务许可证的企业，派出机构应按告知承诺制有关规定对企业承诺的真实性进行监督检查。

第九条　国家能源局及其派出机构对持证企业按照电力业务许可证确定的条件、范围从事电力业务的情况进行监督检查。持证企业应当保持许可条件，并在许可证确定的范围内从事电力业务。

持证企业生产运行负责人、技术负责人、安全负责人和财务负责人的任职资格和工作经历应符合《电力业务许可证管理规定》要求。主要管理人员发生变化的，应在 30 日内向所在地派出机构报告。

第十条　国家能源局及其派出机构可以根据国家有关政策要求，规定电力业务许可证的"特别规定事项"。持证企业应当履行许可证载明的"特别规定事项"，并将履行结果及时报送所在地派出机构。

第三章　变更延续与退出

第十一条　持证企业具有下列情形之一的，应当自变化之日起 30 日内向派出机构提出登记事项变更申请：

（一）企业名称、住所、法定代表人等发生变化的；

（二）发电企业发电机组调度关系发生变化的；

（三）发电企业发电机组类型、单机容量发生变化的。发电机组技改后装机容量发生变化的，应符合国家有关规定。

第十二条　持证供电企业主要供电设施及供电营业分支机构发生变化的，应当于每年二季度集中向派出机构提出登记事项变更申请。

第十三条　持证企业具有下列情形之一的，应当自变化之日起 30 日内向派出机构提出许可事项变更申请：

（一）发电企业新建、改建发电机组投入运营的；

（二）发电企业取得或者转让已运营的发电机组的；

（三）发电企业发电机组退役的；

（四）供电企业供电营业区变更的。

前款第一项所列情形应在本办法第七条规定的时限内完成许可事项变更。

第十四条　持证输电企业主网架新建、改建输电线路或变电设施投入运营，以及主网架输电线路或变电设施终止运营的，应当于每年二季度集中向派出机构提出许可事项变更申请。

第十五条　发电机组运行达到设计使用年限的，应当向派出机构申请退役或申请延续运行。申请延续运行的，应当符合下列条件：

（一）符合国家产业政策和节能减排政策；

（二）未纳入政府有关部门关停或停运计划；

（三）机组实行必要的改造并经过相关安全评估。机组延续运行时限依据相关评估结论确定。

第十六条　输电、供电企业（以下简称电网企业）因故需要停业、歇业的，应当在停业、歇业之前以书面形式向发证机关提出申请，经批准后方可停业、歇业。

未经批准，电网企业不得擅自停业、歇业。

电网企业被撤销的，其上级单位应当在撤销之前以书面形式将实施方案报告发证机关。

第十七条　电力业务许可证有效期届满需要延续的，持证企业应当在有效期届满 30 日前向派出机构提出许可证有效期延续申请。

第十八条　持证企业电力业务许可证损毁、遗失的，应当及时向派出机构申请补办。派出机构原则上应在受理当日予以补办，并在派出机构官方网站发布公告。补办许可证有效期应与原证一致。

第十九条　持证企业具有下列情形之一的，派出机构应当按照有关规定办理电力业务许可证注销手续：

（一）许可证有效期届满未延续的；

（二）不再具有发电机组、输电网络或者供电营业区的；

（三）申请停业、歇业被批准的；

（四）因解散、破产、倒闭等原因而依法终止的；

（五）许可证依法被吊销，或者许可被撤销、撤回的；

（六）经核查，已丧失从事许可事项活动能力的；

（七）法律、法规规定应当注销的其他情形。持证企业未配合派出机构在规定时间内办理注销手续的，派出机构可公告注销其电力业务许可证。

第二十条　发电企业变更、延续或注销电力业务许可证后，应将有关情况及时告知相关电网企业、电力交易机构。

第二十一条　派出机构应当及时公告电力业务许可证颁发、变更、延续、注销、补办等有关情况。

第四章　并网与交易注册

第二十二条　国家能源局及其派出机构对电网企业及电力调度机构落实许可制度情况实施监督管理。

电网企业在与发电企业签订并执行《并网调度协议》和《购售电合同》时，应核实发电企业是否取得电力业务许可证、机组信息是否与许可证记录相符。

发电企业在本办法第七条规定时限之前签订《并网调度协议》和《购售电合同》的，可暂不提供电力业务许可证；取得电力业务许可证后，应将有关许可内容及时告知相关电网企业。超过规定时限仍未取得电力业务许可证、并网机组信息与许可证记录信息差异较大的机组不得继续发电上网。

电力调度机构应当在每年第一季度向所在地派出机构报送其调度管辖的上一年度发电机组清单等信息。

第二十三条　国家能源局及其派出机构对电力交易机构落实许可制度情况实施监督管理。

发电企业、拥有配电网运营权的售电公司在电力交易机构注册时，电力交易机构应当核实其是否取得电力业务许可证，注册信息是否与许可证记录相符。

发电企业在本办法第七条规定时限之前到电力交易机构注册的，可暂不提供电力业务许可证；取得电力业务许可证后，应将有关许可内容及时告知相关电力交易机构。超过规定时限仍未取得电力业务许可证的、注册信息与许可证记录信息差异较大的机组不得继续参与交易。

拥有配电网运营权的售电公司未按规定取得电力业务许可证的,电力交易机构不得允许其注册、交易。

第五章 监督管理方式

第二十四条 派出机构应对持证企业执行许可制度情况开展日常监管;国家能源局及其派出机构可针对重点领域、重点问题开展不定期的专项监管。

第二十五条 国家能源局及其派出机构应按照电力业务许可信用监管要求,开展持证企业信用状况综合评价,根据企业信用等级采取差异化监管措施。对监管中产生的信用信息,国家能源局及其派出机构应及时归集至能源行业信用信息平台和全国信用信息共享平台。

第二十六条 国家能源局及其派出机构开展监督检查可采取现场和非现场方式。监督检查应落实"双随机、一公开"要求,并结合企业信用状况,确定企业抽查比例、频次和检查方式。

第二十七条 国家能源局及其派出机构进行监督检查时,应当将监督检查情况、检查结果、违规行为处理意见如实记录,并将有关情况反馈被检查单位。国家能源局及其派出机构可根据监管需要公布有关信息。

第六章 法 律 责 任

第二十八条 国家能源局及其派出机构在监督管理中发现企业违反电力业务许可制度的,按照《电力监管条例》《电力业务许可证管理规定》及有关法律、行政法规的规定处理。

第二十九条 电网企业违反本办法第二十二条规定,允许超过规定时限仍未取得电力业务许可证的机组发电上网的,或未按要求核实机组信息与许可证记录是否相符的,由派出机构责令改正;拒不改正的,按照《电力监管条例》及有关规定处理。

电力交易机构违反第二十三条规定,允许超过规定时限仍未取得电力业务许可证的发电企业、拥有配电网运营权的售电公司注册、交易的,或未按要求核实企业注册信息与许可证记录是否相符的,由派出机构责令改正;拒不改正的,按照《电力监管条例》及有关规定处理。

第三十条 持证企业违反本办法第十一、十二、十三、十四条规定,未在规定时限内提出登记事项变更、许可事项变更申请的,由派出机构责令改正,并按照《电力业务许可证管理规定》有关规定处理。

第三十一条 国家能源局及其派出机构工作人员在电力业务许可证监督管理中有违法违规行为的,按照《电力监管条例》《电力业务许可证管理规定》及有关法律、行政法规的规定处理。

第七章 附 则

第三十二条 派出机构可依据本办法制定实施细则,并报国家能源局备案。

第三十三条 本办法自发布之日起施行。原《关于印发〈电力业务许可证(发电类)监督管理办法(试行)〉的通知》(电监资质〔2010〕36号)和《关于印发〈电力业务许可证(输电类、供电类)监督管理办法(试行)〉的通知》(电监资质〔2011〕10号)同时废止。

10-5 电网公平开放监管办法

(国能发监管规〔2021〕49号,2021年9月29日国家能源局发布)

第一章 总 则

第一条 为规范电网公平开放行为,加强电网公平开放监管,保护相关各方合法权益和社会公共利益,根据《中共中央 国务院关于进一步深化电力体制改革的若干意见》、《电力监管条例》等有关规定,制定本办法。

第二条　本办法适用于电源接入各类电网，以及地方独立电网、增量配电网、微电网与省级及以下大电网互联工程建设项目的流程、时限、信息公开等相关工作。跨省跨区电源外送和电网互联另行规定。电网企业向电力交易主体公平无歧视提供输配电服务适用电力市场监管相关规定。电力用户接入电网工程适用《供电监管办法》等相关规定。地方电网、增量配电网、微电网等之间的电网互联参照执行。

　　第三条　电源项目业主和电网企业均享有本办法规定的电网公平开放相关权利，并根据国家法律法规和本办法要求履行相应的义务。

　　第四条　电网公平开放应遵循以下原则：

　　（一）依法依规。遵守国家法律法规，满足国家、地方及行业有关政策要求和技术标准。

　　（二）程序规范。符合国家能源发展战略规划、电力发展规划及地方相关规划要求，加强统筹，避免重复建设，规范有序实施公平开放服务。

　　（三）公开透明。强化信息公开，保障电网公平开放相关企业知情权。

　　（四）加强监管。科学高效开展监管工作，严肃查处违法违规行为，维护公平公正的市场秩序。

　　第五条　国家能源局依照本办法和国家有关规定，负责全国电网公平开放监管和行政执法工作。

　　国家能源局派出机构负责辖区内电网公平开放监管和行政执法工作。各级地方能源主管部门负责辖区内电网公平开放涉及的电力规划、建设管理工作。

　　第六条　对电网企业及电源项目业主、电网互联双方违反本办法的行为，任何单位和个人有权通过12398能源监管热线等向国家能源局及其派出机构投诉和举报，国家能源局及其派出机构应依法及时处理。

第二章　电　源　接　入　电　网

　　第七条　电网企业应公平无歧视地向电源项目业主提供电网接入服务，不得从事下列行为：

　　（一）无正当理由拒绝电源项目业主提出的接入申请，或拖延接入系统；

　　（二）拒绝向电源项目业主提供接入电网须知晓的输配电网络的接入位置、可用容量、实际使用容量、出线方式、可用间隔数量等必要信息；

　　（三）对分布式发电等符合国家要求建设的发电设施，除保证电网和设备安全运行的必要技术要求外，接入适用的技术要求高于国家和行业技术标准、规范；

　　（四）违规收取不合理服务费用；

　　（五）其他违反电网公平开放的行为。

　　第八条　电网企业应建立电源项目接入电网工作制度，明确提供接入服务的工作部门、工作流程、工作时限，以及负责电源项目配套送出工程建设的工作部门、工作流程。

　　第九条　向电网企业申请接入电网的电源项目，应满足以下条件：

　　（一）符合国家产业政策，不属于国家《产业结构调整指导目录》中淘汰类及限制类项目；

　　（二）已列入政府能源主管部门批准的电力发展规划或专项规划项目，或已纳入省级及以上政府能源主管部门年度实施方案的项目；

　　（三）接入增量配电网的电源项目，应满足国家关于增量配电业务改革试点的相关政策。

　　第十条　申请接入电网的电源项目业主应向电网企业提交并网意向书等相关材料，并网意向书应包括以下内容：

　　（一）电源项目名称及所在地；

　　（二）电源项目规划及本期工程规模（本期建设总容量、机组数量、单机容量、机组类型、主要技术参数等）；

　　（三）电源项目拟建成投产时间；

　　（四）电源项目的性质（公用或自备）；

　　（五）电源项目前期工作进展情况；

（六）电源项目纳入政府能源主管部门批准的电力发展规划或专项规划，或省级及以上政府能源主管部门年度实施方案的证明文件，以及有权部门出具的核准文件、备案文件等；

（七）与电源项目并网相关的其他必要信息。

第十一条 收到电源项目并网意向书后，电网企业应于 5 个工作日内（对于分布式新能源发电项目，应于 2 个工作日内）给予书面回复。电源项目并网意向书的内容完整性和规范性符合相关要求的，电网企业应出具受理通知书；不符合相关要求的，电网企业应出具不予受理的书面凭证，并告知其原因；需要补充相关材料的，电网企业应一次性书面告知。逾期不回复的，电网企业自收到电源项目并网意向书之日起视为已经受理。

第十二条 电源项目业主应委托具有相应资质、独立的设计单位开展电源项目接入系统设计工作（分布式新能源发电项目按相关规定执行），一般应在电源项目本体可行性研究阶段开展。电网企业应按照相关行业标准，根据接入系统设计要求，及时一次性地提供开展接入系统设计所需的电网现状、电网规划、接入条件等基础资料。确实不能及时提供的，电网企业应书面告知电源项目业主，并说明原因。各方应按照国家有关信息安全与保密的要求，规范提供和使用有关资料。

第十三条 在接入系统设计工作完成后，电源项目业主应向电网企业提交接入系统设计方案报告。收到接入系统设计方案报告后，电网企业应于 5 个工作日内（对于分布式新能源发电项目，应于 2 个工作日内）给予书面回复。接入系统设计方案报告的内容完整性和规范性符合相关要求的，电网企业应出具受理通知书；不符合相关要求的，电网企业出具不予受理的书面凭证，并告知其原因；需要补充相关材料的，电网企业应一次性书面告知。逾期不回复的，自电网企业收到接入系统设计方案报告之日起即视为已经受理。

第十四条 电网企业受理电源项目接入系统设计方案报告后，应按照"公平、公开、高效、安全"的原则，根据国家和行业技术标准、规范，及时会同电源项目业主组织对接入系统设计方案进行研究，并向电源项目业主出具书面回复意见。

（一）接入系统电压等级为 500 千伏及以上的，电网企业应于 40 个工作日内出具书面回复意见；

（二）接入系统电压等级为 110（66）～220（330）千伏的，电网企业应于 30 个工作日内出具书面回复意见，其中分布式新能源发电项目接入应于 20 个工作日内出具书面答复意见；

（三）接入系统电压等级为 35 千伏及以下的，电网企业应于 20 个工作日内出具书面回复意见，其中分布式新能源发电项目接入应于 10 个工作日内出具答复意见。

第十五条 电网企业应按照国家有关规定依法依规组织开展接入工程相关前期工作。接入工程前期工作所需时间原则上不超过电网企业同电压等级、条件相近的其他电网工程。接入工程受规划、土地、环保等外部条件限制不可实施时，电源项目业主应重新开展接入系统方案设计。

因单方原因调整接入系统设计方案的，应商对方按照程序重新确定新的方案，相关费用原则上由调整提出方承担。

国家政策文件允许的电网企业以外其他投资方开展接入工程相关前期工作时，按照相关政策文件规定执行。

第十六条 电源项目和接入工程项目均核准（备案）后，电网企业与电源项目业主一般情况下应于 30 个工作日内（对于分布式新能源发电项目，应于 15 个工作日内）签订接网协议。接网协议应考虑电源本体和接入工程的合法建设和合理工期，内容包括电源项目本期规模、开工时间、投产时间、配套送出工程投产时间、产权分界点、电力电量计量点、并网点电能质量限值要求及控制措施、违约责任及赔偿标准等内容。

第十七条 电网企业、电源项目业主应严格执行接网协议，确保电源电网同步建成投产。因单方原因违反接网协议约定并给对方造成损失的，违约方应根据约定承担违约责任。

第十八条 对于依法核准（备案）建设的分布式新能源发电项目，电网企业应简化工作流程，提供"一站式"办理服务。经双方协商一致，在不违反法律法规及国家有关规定的情况下，可以合并优化或取消某些接入电网工作环节，进一步缩短工作时限。

第三章　电网互联

第十九条　电网企业应公平无歧视提供电网互联服务，不得从事下列行为：

（一）无正当理由拒绝电网互联提出方提出的联网申请，或拖延联网；

（二）拒绝向电网互联提出方提供电网互联须知晓的输配电网络的互联位置、可用容量、实际使用容量、出线方式、可用间隔数量等必要信息；

（三）对电网互联提出方符合国家要求建设的输配电设施，除保证电网和设备安全运行的必要技术要求外，联网适用的技术要求高于国家和行业技术标准、规范；

（四）违规收取不合理服务费用；

（五）其他违反电网公平开放的行为。

第二十条　电网企业应建立本企业电网互联相关工作制度，明确提供联网服务的工作部门、工作流程、工作时限，以及负责电网互联配套工程建设的工作部门、工作流程。

第二十一条　电网互联项目应符合政府能源主管部门批准的电网发展规划。电网互联提出方应向电网企业提交联网意向书等相关材料。

收到电网互联提出方提交的联网意向书后，电网企业应于 5 个工作日内给予书面回复。纳入电网发展规划的，电网企业应出具受理通知书；未纳入电网发展规划的，电网企业应出具不予受理的书面凭证，并告知其原因；需要补充相关材料的，电网企业应一次性书面告知。逾期不回复的，电网企业自收到联网意向书之日起视为已经受理。

第二十二条　电网互联提出方应组织开展电网互联系统设计工作。在受理联网通知书出具后 20 个工作日内，电网互联双方互相向对方提供开展联网设计所需的电网现状（包括相关主变的负载率和间隔情况等）、运行方式、电网规划（包括电网投资建设方案等）、电源分布、联网条件等基础资料；不能及时提供的，应书面告知对方原因。电网企业应向电网互联提出方书面告知互联有关的技术标准和要求。双方应按照国家有关信息安全与保密的要求，规范提供和使用有关资料。

第二十三条　在电网互联系统设计工作完成后，电网互联提出方应向电网企业提交电网互联系统设计方案报告。收到电网互联系统设计方案报告后，电网企业应于 5 个工作日内给予书面回复。电网互联系统设计方案报告的内容完整性和规范性符合相关要求的，电网企业应出具受理通知书；不符合相关要求的，电网企业应出具不予受理的书面凭证，并告知原因；需要补充相关材料的，电网企业应一次性书面告知。逾期不回复的，电网企业自收到电网互联系统设计方案报告之日起即视为已经受理。

鼓励电网企业采用线上方式提供本办法第十一条、第十三条、第二十一条和本条上款规定的受理及回复服务。

第二十四条　电网企业受理电网互联提出方提交的电网互联系统设计方案报告后，按照"公平、公开、高效、安全"原则，根据国家和行业技术标准、规范，及时会同电网互联提出方组织对设计方案进行研究，并出具书面回复意见。

（一）电网互联系统电压等级为 110（66）～220（330）千伏的，电网企业应于 30 个工作日内出具书面回复意见；

（二）电网互联系统电压等级为 35 千伏及以下的，电网企业应于 20 个工作日内出具书面回复意见。

双方对互联方案有争议经协商不能达成一致的，由当地省级能源主管部门会同当地国家能源局派出机构协调确定。

第二十五条　电网互联工程投资建设方应按照国家有关规定依法依规开展联网工程相关前期工作。电网互联工程受规划、土地、环保等外部条件限制不可实施时，电网互联提出方应重新开展电网互联系统设计。

因单方原因调整电网互联系统设计方案的，应商对方按照程序重新确定新的方案，相关费用原则上由调整提出方承担。

第二十六条　电网互联工程核准（备案）后，电网互联双方一般情况下应于 30 个工作日内签订互联协议。互联协议应包括互联工程开工时间、投产时间、产权分界点、电力电量计量点、违约责任及赔偿标准等内容。

第二十七条 电网互联双方应严格执行互联协议,确保互联工程及时建成投产。因单方原因造成投产时间迟于互联协议约定时间并给对方造成损失的,违约方应根据约定承担违约责任。

第四章 信 息 公 开

第二十八条 电网企业应公开电源接入制度,为电源项目业主查询相关信息提供便利,并通过门户网站等方式每月向电源项目业主公布以下信息:

(一)截至上月末配套送出工程尚未投产的电源项目列表,配套送出工程前期工作进展情况,各电源项目业主提交并网意向书、接入系统设计方案报告时间,电网企业出具相应受理通知书、接入系统方案书面回复时间;

(二)上述电源项目配套电网工程项目概况、投产计划及工程建设进度;

(三)与电网公平开放相关的其他信息。

申请接入的电源项目业主应每月向电网企业通报电源项目前期工作进展、方案变化调整情况、建设进度情况以及与电源项目接入电网相关的其他信息。

第二十九条 电网企业应公开电网互联制度,为电网互联提出方查询相关信息提供便利,并通过门户网站等方式每月向电网互联提出方公布以下信息:

(一)截至上月末联网工程尚未投产的电网互联项目列表,电网互联提出方提交联网意向书、电网互联系统设计方案报告时间,电网企业出具相应受理通知书、电网互联系统方案书面回复时间;

(二)与电网公平开放相关的其他信息。

电网互联提出方应每月向电网企业通报电网互联项目概况、前期工作进展、工程计划、建设进度以及与电网互联相关的其他信息。

第三十条 电网公平开放相关企业按照本办法第二十八条、第二十九条规定公开相关信息时,应遵守国家有关信息安全与保密要求。

第五章 监 管 措 施

第三十一条 电网企业按照第八条、第二十条建立的相关工作制度,应在编制完成后一个月内报送国家能源局及其派出机构。上述工作制度如有更新,应于更新之日起 10 个工作日内另行报送。

电网企业应每季度第一个月 10 日前向国家能源局及其派出机构报送上一季度电网公平开放情况,包括各类电源接入、电网互联、信息公开等情况。

国家能源局及其派出机构根据履行监管职责的需要,可要求电网企业报送与监管事项相关的其他信息和资料。

第三十二条 国家能源局及其派出机构可采取下列现场监管措施,有关企业及其工作人员应予以配合:

(一)进入电网公平开放相关企业进行检查;

(二)询问电网公平开放相关企业的工作人员,要求其对有关检查事项作出说明;

(三)查阅、复制与检查事项有关的文件、资料和电子数据,对可能被转移、隐匿、损毁的文件、资料予以封存;

(四)通过电网公平开放相关企业数据信息系统对有关信息进行调取、分析。

现场监管时可以邀请第三方机构专家参加并提供专业意见建议。现场监管中发现的违法违规行为,国家能源局及其派出机构有权当场予以纠正或要求限期改正。

第三十三条 电网公平开放相关企业违反本办法规定的,国家能源局及其派出机构应依法查处并予以记录,可以对其采取监管约谈、限期整改、监管通报、出具警示函、行政处罚等措施,依法依规纳入不良信用记录。造成重大损失或重大影响的,国家能源局及其派出机构可对责任单位直接负责的主管人员和其他直接责任人员依法提出处理建议。

第三十四条　国家能源局及其派出机构对电网公平开放相关企业违反本办法规定、损害相关方合法权益和社会公共利益的行为及其处理情况，可适时向社会公布。

第六章　法　律　责　任

第三十五条　国家能源局及其派出机构从事监管工作的人员违反能源监管有关规定，损害电网公平开放相关企业的合法权益或社会公共利益的，依照国家有关规定追究其责任；构成犯罪的，依法追究其刑事责任。

第三十六条　电网企业违反本办法第二章、第三章规定，未按要求提供电源接入电网、电网互联服务的，由国家能源局及其派出机构责令限期改正；拒不改正的，按照《电力监管条例》第三十一条规定进行处罚，并可对直接负责的主管人员和其他直接责任人员提出处理建议。

第三十七条　电网企业有下列情形之一的，由国家能源局及其派出机构责令限期改正；拒不改正的，按照《电力监管条例》第三十四条规定进行处罚，并可对直接负责的主管人员和其他直接责任人员提出处理建议。

（一）拒绝或阻挠国家能源局及其派出机构从事监管工作的人员依法履行监管职责的；

（二）提供虚假或隐瞒重要事实的文件、资料的；

（三）违反本办法第四章规定，未按要求公开有关信息。

第七章　附　　　则

第三十八条　本办法下列用语的含义：

（一）本办法所称电网企业是指依法取得电力业务许可证、负责电网设施运营、从事输电或配电业务的企业。

（二）本办法所称地方独立电网是指地方独立电网企业所建设运营的电网系统；本办法所称省级及以下大电网是指国家电网有限公司、中国南方电网有限责任公司所建设运营的省级及以下电网系统。

（三）本办法所称电源包括常规电源、集中式新能源发电、分布式发电、储能等。常规电源是指除分布式发电外的燃煤发电、燃气发电、核电、水电等。集中式新能源发电是指除分布式发电外的风电、太阳能发电、生物质发电等。分布式发电是指在用户所在场地或附近安装，以用户侧自发自用为主、多余电量上网、且在配电网系统平衡调节为特征的发电设施或有电力输出的能量综合梯级利用多联供设施。

（四）本办法所称储能（含抽水蓄能）包括电源侧储能、电网侧储能和用户侧储能等。电源侧储能是指装设并接入在常规电厂、风电场、光伏电站等电源厂站内部的储能设施。电网侧储能是指在专用站址建设，直接接入公用电网的储能设施。电源侧储能、电网侧储能接入电网参照常规电源接入电网。用户侧储能是指在用户内部场地或邻近建设的储能设施。用户侧储能接入电网参照分布式发电接入电网。

（五）本办法所称电网公平开放相关企业包括电网企业和电源项目业主。

第三十九条　国家能源局派出机构可依据本办法会同地方政府有关部门制订辖区实施细则。

第四十条　本办法自发布之日起施行，有效期为 5 年。

10-6　全额保障性收购可再生能源电量监管办法

（2024 年 2 月 8 日国家发展和改革委员会令第 15 号公布）

第一条　为促进可再生能源高质量发展，推动新型电力系统建设，规范电力市场相关成员全额保障性收购可再生能源电量行为，依照《中华人民共和国可再生能源法》《电力监管条例》《企业投资项目核准和备案管理条例》和国家有关规定，制定本办法。

第二条　本办法适用于风力发电、太阳能发电、生物质能发电、海洋能发电、地热能发电等非水可再生能源发电。水力发电参照执行。

第三条　本办法所称全额保障性收购范围是指至少同时满足以下条件的可再生能源发电项目的上网电量：

（一）符合可再生能源开发利用规划（沼气发电除外）；

（二）项目依法取得行政许可或者报送备案；

（三）符合并网技术标准。

第四条　可再生能源发电项目的上网电量包括保障性收购电量和市场交易电量。保障性收购电量是指按照国家可再生能源消纳保障机制、比重目标等相关规定，应由电力市场相关成员承担收购义务的电量。市场交易电量是指通过市场化方式形成价格的电量，由售电企业和电力用户等电力市场相关成员共同承担收购责任。

第五条　电网企业、电力调度机构、电力交易机构等应按照国家相关政策要求，组织可再生能源发电企业、售电企业和电力用户等电力市场相关成员，按照以下分工完成可再生能源电量全额保障性收购工作：

（一）电网企业应组织电力市场相关成员，确保可再生能源发电项目保障性收购电量的消纳；

（二）电力交易机构应组织电力市场相关成员，推动可再生能源发电项目参与市场交易；

（三）电力调度机构应落实可再生能源发电项目保障性电量收购政策要求，并保障已达成市场交易电量合同的执行。对未达成市场交易的电量，在确保电网安全的前提下，电网企业、电力调度机构可按照相关规定，采用临时调度措施充分利用各级电网富余容量进行消纳。

第六条　因可再生能源发电企业原因、电网安全约束、电网检修、市场报价或者不可抗力等因素影响可再生能源电量收购的，对应电量不计入全额保障性收购范围，电网企业、电力调度机构、电力交易机构应记录具体原因及对应的电量。

第七条　国家能源局及其派出机构（以下简称电力监管机构）依照本办法对电网企业、电力调度机构、电力交易机构等电力市场相关成员全额保障性收购可再生能源电量情况实施监管。

第八条　电力企业应依照法律、行政法规和规章的有关规定，从事可再生能源电力的建设、生产和交易，并依法接受电力监管机构的监管。

第九条　电网企业应按照相关规划和规定要求，统筹建设或者改造可再生能源发电项目配套电网设施。电网企业与可再生能源发电企业应加强协调，根据项目建设合理工期安排建设时序，力争实现同步投产。如遇客观原因接入工程无法按期投入运行，电网企业应通过临时接入等方式最大限度保障可再生能源发电机组接入并网。

第十条　电网企业应为可再生能源发电企业提供接入并网设计必要信息、办理流程时限查询、受理咨询答疑等规范便捷的并网服务，并在接网协议中明确接网工程建设时间，提高接网服务效率。

电网企业、电力调度机构应按规定与可再生能源发电企业签订并网调度协议、购售电合同等。售电企业、电力用户、可再生能源发电企业之间应签订代理售电协议、电力交易合同等，并在电网企业、电力调度机构、电力交易机构的组织下完成可再生能源电力消纳。

第十一条　电网企业和可再生能源发电企业应严格落实安全生产主体责任，加强安全生产管理，强化电力可靠性管理，保障设备安全，避免或者减少设备原因影响可再生能源电量收购。双方应按照国家有关规定，确定设备维护和保障设备安全的责任分界点。国家有关规定未明确的，由双方协商确定。

第十二条　电力调度机构应按照相关规定要求，编制可再生能源发电调度计划并组织实施。电力调度机构进行日计划安排和实时调度时，应按照国家有关规定和市场交易规则，保障可再生能源发电优先调度。

第十三条　电力调度机构应根据可再生能源发电机组特性，编制保障可再生能源发电优先调度的具体操作规程。

第十四条 电力交易机构应按照国家有关规定和电力市场公平公正交易的要求，为可再生能源发电企业、售电企业、电力用户等电力市场相关成员做好市场注册服务，严格按照市场交易规则要求组织完成可再生能源电力交易。

第十五条 电网企业和可再生能源发电企业应按要求做好可再生能源电量收购监测统计，真实、完整地记载和保存有关数据资料，及时记录未收购电量（不含自发自用电量），必要时互相进行对照核实，并进行具体原因分析。

第十六条 省级及以上电网企业应于每月 8 日前按对应级别向国家发展改革委、国家能源局及其派出机构报送上一月度可再生能源发电相关信息：

（一）上网电量、保障性收购电量、市场交易电量和临时调度电量等；

（二）未收购电量及相关原因。

第十七条 电力调度机构和电力交易机构应于每月 8 日前向可再生能源发电企业披露上一月度可再生能源电量收购相关信息：

（一）上网电量、电价，保障性收购、市场交易和临时调度的电量、电价；

（二）未收购电量及相关原因。

第十八条 电力监管机构依法对电网企业、电力调度机构、电力交易机构、可再生能源发电企业进行现场检查，被检查单位应予以配合，提供与检查事项有关的文件、资料，并如实回答有关问题。电力监管机构对电网企业、电力调度机构、电力交易机构、可再生能源发电企业提供的统计数据和文件资料可依法进行核查，对核查中发现的问题，应责令限期改正。

第十九条 可再生能源发电并网双方达不成协议，影响可再生能源电力正常消纳的，电力监管机构应进行协调；经协调仍不能达成协议的，由电力监管机构按照有关规定予以裁决。

电网企业、电力调度机构、电力交易机构和可再生能源发电企业因履行合同或协议发生争议，可向电力监管机构申请调解。

电力监管机构对电网企业、电力调度机构、电力交易机构、可再生能源发电企业违反本办法，损害公共利益的行为及其处理情况，可定期向社会公布。

电力监管机构工作人员未依照本办法履行监管职责的，依法追究其责任。

第二十条 电网企业、电力调度机构、电力交易机构有下列行为之一，未按规定收购可再生能源电量造成可再生能源发电企业经济损失的，应承担赔偿责任，并由电力监管机构责令限期改正；拒不改正的，电力监管机构可处以可再生能源发电企业经济损失额一倍以下的罚款：

（一）未按有关规定建设或者未及时完成建设可再生能源发电项目接入工程的；

（二）拒绝或者阻碍与可再生能源发电企业签订购售电合同、并网调度协议和电力交易合同的；

（三）未提供或者未及时提供可再生能源发电并网服务的；

（四）未优先调度可再生能源发电的；

（五）因电网企业、电力调度机构或者电力交易机构原因造成未能全额保障性收购可再生能源电量的其他情形。

第二十一条 电力调度机构、电力交易机构不按照电力市场运行规则组织交易的，由电力监管机构责令改正；拒不改正的，依照《电力监管条例》等规定追究其责任。

第二十二条 电网企业、电力调度机构、电力交易机构、可再生能源发电企业未按照国家有关规定记载和保存可再生能源发电相关资料的，依照《电力监管条例》等规定追究其责任。

第二十三条 国家能源局各派出机构可根据实际制定辖区监管办法实施细则。

第二十四条 本办法自 2024 年 4 月 1 日起施行，2007 年 9 月 1 日起施行的《电网企业全额收购可再生能源电量监管办法》（原国家电力监管委员会令第 25 号）同时废止。

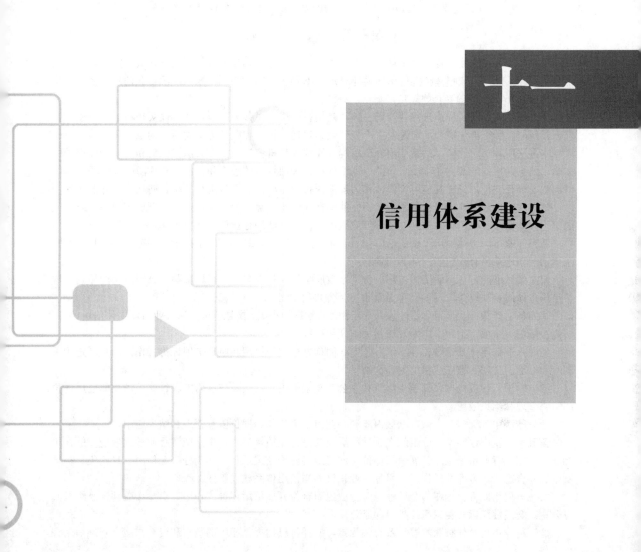

十一

信用体系建设

11-1　能源行业市场主体信用评价工作管理办法（试行）

（国能发资质〔2017〕37号，2017年8月1日国家能源局发布）

第一章　总　　则

第一条　为推进能源行业信用体系建设，建立健全守信激励与失信惩戒机制，规范能源行业市场主体信用评价活动，依据《社会信用体系建设规划纲要（2014-2020年）》《能源行业信用体系建设实施意见（2016-2020年）》有关规定，制定本办法。

第二条　本办法所称能源行业市场主体，是指在中华人民共和国境内从事煤炭、石油、天然气、电力、新能源和可再生能源等能源的生产、建设、输送、供应和服务等相关活动的法人和其他组织。

本办法所称信用评价，是指信用评价机构（简称评价机构）依据有关法律法规和能源行业市场主体信用信息，根据能源行业市场主体信用评价标准，采用规范的程序和方法，对能源行业市场主体的信用状况进行评价，确定其信用等级，并通过能源行业信用信息平台进行共享、向社会公开的活动。

本办法所称信用评价机构，是指全国性能源行业组织，经国务院征信业监督管理部门许可或备案的第三方信用服务机构可与全国性能源行业组织合作开展能源行业信用评价工作。

能源行业市场主体信用评价的信用信息收集、信用状况评定、评价结果公开与应用，适用本办法。法律法规和规章另有规定的，从其规定。

第三条　能源行业市场主体信用评价遵循政府指导、行业自律、自愿参与、公开透明的原则，维护市场主体的合法权益，不得损害国家和社会公共利益。

第四条　能源行业信用体系建设领导小组（简称领导小组）指导全国能源行业市场主体信用评价，研究决策重大事项，组织审定并发布相关制度和标准。

能源行业信用体系建设领导小组办公室（简称办公室）协调和监督信用评价工作，牵头制定相关制度和标准，披露并推广应用信用评价结果。

派出能源监管机构按照领导小组及其办公室要求，组织落实本辖区内能源行业市场主体信用评价的监督管理和结果应用。

地方能源主管部门配合做好辖区内能源行业市场主体信用评价监督管理和结果应用。

第五条　全国性能源行业组织在领导小组及其办公室的指导下，根据能源行业各领域统一的评价标准，对能源行业市场主体开展信用评价，并对最终评价结果承担主体责任；在信用信息归集、标准制定、联合惩戒等方面发挥作用，引导企业积极参与信用体系建设工作。

第三方信用服务机构在与全国性能源行业组织合作开展信用评价工作中，自觉接受领导小组及其办公室、全国性能源行业组织的指导和监督。

能源行业市场主体按照本办法及有关规定，向评价机构提供相应的数据和资料，配合开展信用评价工作。

第二章　评　价　标　准

第六条　办公室组织制定能源行业市场主体信用评价标准，明确能源行业不同领域信用评价的指标体系、评分标准、信用等级与标识等内容，并经领导小组审定后公布。

办公室应适时组织调整信用评价标准。

第七条　能源行业市场主体信用评价应从市场主体履行社会承诺的意愿、能力和表现等方面进行综合评价。履约意愿是指经营过程中推崇的基本信念和追求的目标，包括价值理念、制度规范、品牌形象等内容。履约能力是指履行承诺、实现自身价值的综合性能力，包括管理能力、财务能力、市场能力、生产经营能力等内容。履约表现是指承担利益相关方责任和承诺兑现情况，包括公共管理、相关方履约、公益支持等内容。

能源行业信用评价指标分为一级指标、二级指标和三级指标。能源行业不同领域需结合行业自身特点及重要影响因素，设置评价指标及相应权重，分别形成统一的信用评价标准。

第八条 能源行业市场主体信用等级统一划分为 AAA、AA、A、B、C 三等五级。其中 AAA 级表示信用很好，AA 级表示信用好，A 级表示信用较好，B 级表示信用一般，C 级表示信用差。根据能源行业各领域特点和评价需要，可将 B、C 两等扩展为 BBB、BB、B、CCC、CC、C 六级。必要时可对每个信用级别用"＋"、"－"进行微调，表示略高或略低于本等级。

第三章 评 价 程 序

第九条 能源行业信用评价参评市场主体应具备以下条件：
（一）依法持有合法经营所需的相关证照；
（二）具有 1 年以上稳定经营记录。

第十条 市场主体应以声明、自主申报、社会承诺等形式，向评价机构提供以下申报材料，并保证信息的合法、真实、完整：
（一）能源行业信用评价申报书及相关资料；
（二）申报材料真实性声明；
（三）其他有关反映履约意愿、能力及表现的证明材料。

其中，依据法律法规规章应当主动公开的信用信息和能源行业市场主体信用信息目录中要求公开的信息，应当公开，作为评价依据。

第十一条 评价机构可以根据实际需要，拓展评价信息来源，通过国家能源局及其他政府部门依法已公开的信息，人民法院依法公布的判决、裁定等渠道，依法查询属于政府信息公开范围的公共信用信息，或经市场主体书面授权查询非公开的公共信用信息，作为能源行业市场主体信用评价信息的补充。

第十二条 评价机构可根据需要通过实地调查等方式对市场主体的申报信息进行核查比对，市场主体应给予配合。

第十三条 评价机构应按照能源行业市场主体信用评价标准，组织开展信用评价，计算信用评价分值，形成信用初评报告，初步拟定信用等级。

第十四条 评价机构应将市场主体信用评价初评结果通过网站、报刊等渠道进行公示，向社会征询意见，公示期为 7 个工作日。

第十五条 对信用评价初评结果有异议的，应在公示期限内以书面方式向评价机构提出异议，说明理由并提供相关证明材料。评价机构自收到书面异议及相关证明材料之日，如需补充相关证明材料，评价机构一次告知，并自收到补充证明材料起，在 15 个工作日内对提出的异议完成复核，并反馈复核意见。

第十六条 对信用评价无异议的，或完成异议处理的，评价机构应形成正式的信用评价结果和信用评价报告，并在 7 个工作日内，按照能源行业市场主体信用信息目录要求，将评价机构基本信息和信用评价结果录入能源行业信用信息平台，按照统一样式制作并颁发信用等级证书和标牌。

第十七条 评价机构将市场主体的信用评价结果记入信用档案，并通过评价机构网站、"信用能源"网站等渠道依法依规向社会披露。

第四章 动 态 管 理

第十八条 信用评价结果有效期为 2 年。有效期满前 3 个月，市场主体应申请信用复评，复评程序按照本办法第三章的规定执行。有效期满后，市场主体未申请信用复评的，评价结果逾期作废。

第十九条 能源行业市场主体取得信用等级 1 年后，可申请信用等级升级，从信用等级升级获批之日起，有效期自动延展 2 年。升级评价程序按照本办法第三章的规定执行。

第二十条 评价机构加强能源行业市场主体信用行为动态监测与信用评价复查。信用评价结果有效期内，评价机构发现可能影响评价结果的不良信息，应将其列入观察名单，并在信用档案中予以标记。同时，告知列入观察名单的市场主体。

列入观察名单的市场主体，应在2个月内向评价机构申请信用评价复查。复查合格者继续保留原信用等级，不合格者应相应下调。未在规定期限内申请信用评价复查的，评价机构应相应下调其信用等级，并告知。

第二十一条 能源行业市场主体信用评价实行一票否决制，凡发生严重失信行为的，一律为最低信用等级，且2年内不受理其升级申请。上述严重失信行为包括：

（一）在信用评价申报或动态管理过程中有严重弄虚作假行为或串通操纵评价结果的；

（二）伪造或冒用较高信用等级证明从事经营活动的；

（三）在市场经营活动中，严重违反行业自律公约，存在恶意竞争、扰乱市场等行为，造成严重后果的；

（四）存在合同诈骗等严重违法活动的；

（五）被列入能源行业严重失信黑名单，或其他相关政府部门、司法机关联合惩戒黑名单的；

（六）其他严重违反现行法律法规规定的。

第五章 评价结果应用

第二十二条 能源行业主管部门在项目核准（备案）、市场准入、日常监管、政府采购、专项资金补贴、评优评奖等工作中，应加强信用评价结果应用。

第二十三条 健全与其他政府部门、行业组织的信用信息和信用评价结果的共享互通，建立联合激励惩戒机制，发挥协同效应。

鼓励能源行业组织加强行业信用管理建设，对守信主体采取重点推荐、业内表彰、提升会员级别等激励措施；对失信主体采取业内警告、通报批评、降低会员级别、取消会员资格等惩戒措施。

鼓励市场主体在生产经营、交易谈判、招投标等经济活动中使用信用信息和信用评价结果，对守信主体采取优惠便利、增加交易机会等降低市场交易成本的激励措施；对失信主体采取取消优惠、提高保证金等增加交易成本的惩戒措施。

第六章 监督管理

第二十四条 行政部门、评价机构及其工作人员在信用评价过程中，应当确保信息安全，不得存在下列行为：

（一）窃取、伪造授权证明或者以其他方式非法获取信用信息；

（二）采集禁止采集的个人信息或者未经同意采集个人信息；

（三）违规披露、泄露未经授权公开的信用信息；

（四）泄露涉及国家机密、商业秘密、个人隐私的信用信息；

（五）篡改、虚构、违规删除信用信息；

（六）其他造成信息主体合法权益受到侵害的行为。

第二十五条 评价机构应向办公室提交在能源行业信用信息平台公开、共享评价信息的申请，每年向办公室报告年度能源行业信用评价业务开展情况。报告内容包括信用信息采集、信用产品开发、信用信息服务、异议处理、信息安全保障情况等。评价机构应当对报告材料的真实性、准确性、完整性负责。

办公室通过定期报告、随机抽查、材料核实、接受举报投诉等方式，监管评价机构的工作状况和质量。评价机构及其工作人员有下列情形之一的，视情节轻重对其实施督促整改、通报批评、列入"黑名单"和联合惩戒。

（一）违反本办法第二十三条规定，未履行信息安全义务的；

（二）违反评价标准和评价程序、有失客观公正的；

（三）在评价活动中弄虚作假、与市场主体串通操纵评价结果的；

（四）被大量投诉并经核查属实的；

（五）未按照规定处理异议申请的；

（六）其他违反本办法规定，造成严重后果的。

第二十六条 行政部门及其工作人员违反本办法规定，在工作中滥用职权、玩忽职守、弄虚作假、徇私舞弊的，由所在单位或上级主管部门根据情节轻重，对直接负责的主管人员和其他直接责任人员依法依纪给予处分；对市场主体造成损失的，依法承担相应责任；构成犯罪的，依法追究刑事责任。

第二十七条 能源行业市场主体信用评价接受社会监督，任何单位和个人对违法违规行为可通过网站、电话向办公室进行举报和投诉。

第七章 附 则

第二十八条 本办法自印发之日起施行。

11-2 能源行业市场主体信用信息归集和使用管理办法

（国能资质〔2016〕388号，2016年12月26日国家能源局发布）

第一章 总 则

第一条 为规范能源行业市场主体信用信息的归集和使用，推进能源行业信用体系建设，根据《社会信用体系建设规划纲要（2014—2020年）》、《企业信息公示暂行条例》、《政务信息资源共享管理暂行办法》、《能源行业信用体系建设实施意见（2016—2020年）》等规定，结合能源行业实际，制定本办法。

第二条 能源行业市场主体信用信息归集、使用和相关管理活动，适用本办法。法律法规另有规定的，从其规定。

第三条 本办法所称信用信息，是指能源行业信用信息目录规定范围内的信息，可用于识别能源行业市场主体信用状况的数据和资料。包括国家能源局及其派出能源监管机构在履行职责过程中产生或掌握的，能源行业相关协会等社会团体在开展信用评价、行业自律等工作中产生或掌握的，能源行业市场主体按要求申报的。国家能源局及其派出能源监管机构、能源行业相关协会等社会团体、能源行业市场主体统称信源单位。

本办法所称能源行业市场主体，是指从事煤炭、石油、天然气、电力、新能源和可再生能源等能源的生产、供应、建设等相关活动的法人和其他组织，以及其法定代表人、生产运行负责人、技术负责人、安全负责人和财务负责人等相关执（从）业人员。

本办法所称信用信息目录是指规定信用信息内容范围、分类标准和披露方式，规范信用信息归集和使用的指南文件。目录另行制定。

第四条 能源行业市场主体信用信息的归集和使用应当遵循"合法、安全、及时、准确、共享"的原则，维护市场主体的合法权益，不得泄露国家秘密、危害国家安全、有损社会公共利益，不得侵犯商业秘密和个人隐私。

第五条 能源行业信用体系建设领导小组（以下简称领导小组）负责组织、协调和推进能源行业市场主体信用信息的归集和使用，组织审定并发布相关制度和标准，指导能源行业信用信息平台和"信用能源"网站的建设。

能源行业信用体系建设领导小组办公室（以下简称办公室）负责牵头制定相关制度和标准，负责能源行业信用信息平台和"信用能源"网站的建设，监督和管理能源行业信用信息平台和"信用能源"网站，并委托运行单位对能源行业信用信息平台和"信用能源"网站进行运行和维护。

运行单位承担能源行业信用信息平台和"信用能源"网站的运行和维护工作，承担本办法规定的异议受理和结果反馈工作，并做好与全国信用信息共享平台及信源单位的互联互通和信息共享工作。

信源单位根据其职责和管理权限，负责能源行业市场主体信用信息的归集、使用与管理工作，并按本办法及有关规定向能源行业信用信息平台提供信用信息。

第六条 能源行业信用信息平台是能源行业市场主体信用信息归集、共享与使用的统一平台。能源行业市场主体信用信息通过"信用能源"网站提供公示、查询等。

第二章　信　息　归　集

第七条 能源行业市场主体信用信息实行目录管理，由办公室组织编制信用信息数据清单等相关行业标准，并经领导小组审定后公布。

第八条 信用信息目录实行动态管理。办公室应当定期更新信用信息目录。

第九条 能源行业市场主体信用信息包括基本信息、优良信息、不良信息和其他信息。

（一）基本信息

法人和其他组织的登记/注册/备案信息，资质信息，行政许可/行政确认信息；产品、服务、管理体系获得的认证认可信息；经营和财务状况信息；董事、监事、经理及其他主要经营管理者基本信息；分支机构信息；其他能够反映基本情况的信息。

相关执（从）业人员的身份、学历、工作情况等信息；取得的资格、资质等信息；其他能够反映基本情况的信息。

（二）优良信息

法人和其他组织及相关执（从）业人员受到县级以上行政机关表彰或被授予荣誉称号的信息；获得有关社会团体的奖励和表彰信息；其他良好信息。

（三）不良信息

法人和其他组织的行政处罚、行政强制信息；安全生产、环境污染等事故信息；价格欺诈、价格垄断等信息；董事、监事、经理及其他主要经营者受到行业禁入处理等信息；其他失信信息。

相关执（从）业人员的行政处罚信息；与执业行为相关的民事赔偿信息；因违法行为被取消执业资格（资质）的信息；行贿、受贿等违法记录；其他失信信息。

（四）其他信息

法人和其他组织的行政检查、行政裁决信息；日常监管、专项监管信息；12398热线经调查属实的投诉举报的处理信息；获得的信用评价信息；不在列举范围内、但能反映其信用状况的其他信息。

相关执（从）业人员不在列举范围内、但能反映其信用状况的其他信息。

第十条 禁止归集自然人的种族、家庭出身、宗教信仰、基因、指纹、血型、疾病和病史信息以及法律法规禁止采集的其他自然人信息。

第十一条 信源单位应按照规定的信息项、数据标准、归集途径等要求，向能源行业信用信息平台提供信用信息，保证信息的合法性、准确性和完整性，并维持信用信息的动态更新。

已建立业务系统的信源单位，通过与能源行业信用信息平台建立数据接口的方式，将信用信息实时传送至能源行业信用信息平台；未建立业务系统的信源单位，通过登录能源行业信用信息平台申请账号的方式，将信用信息自产生之日起7个工作日内录入能源行业信用信息平台。

第十二条 信源单位对其提供信用信息的真实性负责。

第十三条 运行单位确保能源行业信用信息平台记录的信息与信源单位提供信息的一致性，不得擅自更改。

第三章　信　息　披　露

第十四条 能源行业市场主体信用信息应当按照信用信息目录确定的披露方式进行披露，披露方式分为公示、查询、共享三种。

第十五条　依据法律法规和规章规定应当主动公开的信用信息应通过"信用能源"网站、能源局网站或其他方式向社会公示。

行政许可、行政处罚等信息应在自作出行政决定之日起 7 个工作日内进行公示，并同步将公示内容推送至"信用中国"网站；其他信息应在自产生或者变更之日起 20 个工作日内进行公示。法律法规另有规定的，从其规定。

第十六条　办公室应当制定并公布查询规范，通过服务窗口、平台网站、手机 APP 等方式向社会提供便捷的查询服务。在确保信息安全的前提下，可以通过开设端口等方式，为符合条件的信用服务机构提供适应其业务需求的批量查询服务。

运行单位应在收到查询申请之日起 15 个工作日内予以答复。申请查询的信息属于未公示信息的，还应取得被查询市场主体的书面授权。通过查询获得的未公示信用信息，不得用作与被查询市场主体约定以外的用途，未经被查询市场主体同意不得向任何第三方披露。能源行业信用信息平台应当记载未公示信息的查询情况，并将查询情况自查询之日起至少保存 3 年。

第十七条　政府部门及法律法规授权具有行政职能的事业单位和社会组织（以下统称政务部门）基于本部门履行职责的需要，可以通过能源行业信用信息平台进行信息共享。

能源行业市场主体信用信息按共享类型分为无条件共享、有条件共享和不予共享三种类型。可提供给所有政务部门共享使用的信用信息属于无条件共享类；可提供给相关政务部门使用或仅能够部分提供给所有政务部门共享使用的信用信息属于有条件共享类；不宜提供给其他政务部门共享使用的信用信息属于不予共享类。

使用部门通过能源行业信用信息平台申请共享信息，提交信用信息的使用用途和共享类型。属于无条件共享的信用信息，使用部门通过平台直接获取；属于有条件共享和不予共享的信用信息，使用部门还应依据有关规定提交书面申请，并经办公室审核同意并签订信息安全责任书，提供部门应在 10 个工作日内予以答复，使用部门通过平台获取信息并按答复意见使用共享信息，提供部门若不予共享应说明理由。

第十八条　不良信息的披露期限原则上不超过自失信行为或者失信事件终止之日起 5 年，超过 5 年的转为档案保存。

第四章　信　息　使　用

第十九条　办公室负责组织编制和发布能源行业信用行为清单、信用信息应用清单，并维持动态更新，推动有关部门和单位在履行职能中使用能源行业市场主体信用信息，实行信用监管，指导开展信用评价，建立健全守信激励和失信惩戒机制，推动信用信息的社会化应用。

第二十条　根据相关规定，有随机抽查事项的国家能源局各司、派出能源监管机构，可依托能源行业信用信息平台，开展随机抽查工作，随机抽取市场主体，加强事中事后监管。

第二十一条　办公室负责制定能源行业市场主体信用分类分级标准，明确评定内容、评定程序、评定标准等，对能源行业市场主体进行信用分类等级评定，对不同等级的市场主体确定相应的监管措施，加强以信用为核心的市场监管。

办公室负责推动能源行业市场主体信用信息数据价值挖掘，充分运用大数据技术，依托能源行业信用信息平台开发信用统计分析、监测预警等管理功能，提高政府服务和监管水平。

第二十二条　办公室组负责制定和发布能源行业市场主体信用评价管理办法等相关制度，培育和引进合格的、具有行业经验的信用评价机构，依托能源行业信用信息平台，以能源行业市场主体信用信息为基础，指导开展能源行业市场主体信用评价工作，推广评价结果的使用。

第二十三条　对信用等级较高、信用状况良好的市场主体，加大表扬和宣传力度，在行政许可、项目核准等工作中可根据实际情况予以简化程序、优先办理等便利，在日常监管、专项监管、随机抽查等工作中减少监管频次，在可再生能源项目申请国家补贴、核电重大专项审批等活动中优先考虑。

第二十四条　对信用等级较低、信用状况不良的市场主体，在行政许可、项目核准等工作中重点核查，在日常监管、专项监管、随机抽查等工作中加大监管频次、增强监管力度，在可再生能源项目申请国家补贴、核电重大专项审批等活动中予以限制。

第二十五条　领导小组及办公室负责推动与其他政府部门开展信用协同监管，加强信用信息的互联互通与共享共用，实施信用联合奖惩措施。

第二十六条　鼓励自然人、法人和其他组织在开展金融活动、市场交易、企业治理、行业管理、社会公益等活动中应用能源行业市场主体信用信息，防范交易风险，促进行业自律，推动形成市场化的激励和约束机制。

鼓励社会征信机构加强对能源行业市场主体信用信息的使用，开发和创新信用服务产品。

第五章　异　议　处　理

第二十七条　本办法所规定的异议处理，仅针对能源行业市场主体信用信息在归集和披露过程中产生的异议事宜，不涉及信用信息在产生或掌握过程中产生的异议事宜。

第二十八条　市场主体对"信用能源"网站公示的或通过查询获取的与其相关的信用信息存在异议的，可向运行单位提交书面异议申请，并递交相关证据材料。

第二十九条　运行单位在收到异议申请之日起5个工作日内决定是否受理并告知市场主体。对决定不予受理的异议申请，应说明理由；对决定受理的异议申请，应通过能源行业信用信息平台进行处理。

第三十条　对于决定受理的异议申请，运行单位应及时进行核查，信源单位应及时进行处理并将结果报送运行单位。运行单位应自决定受理异议申请之日起15个工作日内将处理结果告知市场主体。

第三十一条　市场主体对处理结果仍存在异议的，可依法申请行政复议或提起行政诉讼。

第三十二条　异议申请正在处理过程中，或者异议申请已经处理完毕但市场主体仍有异议的，运行单位应将该信息标记为异议信息。

第六章　信　息　安　全

第三十三条　运行单位和信源单位应当建立内部信息安全管理制度规范，明确岗位职责，设定工作人员的查询权限和查询程序，建立信用信息归集、查询、共享、更改日志并长期保存，保障能源行业信用信息平台的正常运行和信息安全。

第三十四条　能源行业信用信息平台涉及信用信息的归集、使用和管理等，应当符合国家有关计算机信息系统安全等级保护的要求。

第三十五条　运行单位、信源单位及其工作人员，不得违法违规归集、披露、使用信用信息，不得篡改、虚构信用信息，不得泄露未经授权公开的信用信息以及涉及国家秘密、商业秘密、个人隐私的信用信息。

第七章　责　任　追　究

第三十六条　运行单位、信源单位及其工作人员有下列情形之一，造成不良后果的，依法依规承担相应责任：

（一）不规范使信用信息目录、不及时准确归集信用信息、归集信用信息出现重大失误的；

（二）不按规定更新维护信用信息目录的；

（三）将查询结果用于本办法规定之外其他用途的；

（四）违反异议处理规定的；

（五）违反本办法规定，造成国家机密、商业秘密和个人隐私泄露的；

（六）篡改、毁损信用信息的；

（七）其他违反本办法规定的情形。

对负有相关责任的工作人员,由所在单位或当地行政监察机关依法给予处分;构成犯罪的,依法追究刑事责任。

第八章 附 则

第三十七条 本办法自印发之日起施行。

11-3 国家发展改革委 国家能源局关于加强和规范涉电力领域失信联合惩戒对象名单管理工作的实施意见

(发改运行规〔2018〕233号,2018年2月3日国家发展改革委、国家能源局发布)

各省、自治区、直辖市和新疆生产建设兵团发展改革委、经信委(工信委、工信厅)、能源局,国家能源局各派出能源监管机构,中国电力企业联合会,中国核工业集团有限公司、国家电网有限公司、中国南方电网有限责任公司、中国华能集团有限公司、中国大唐集团有限公司、中国华电集团有限公司、国家电力投资集团有限公司、中国长江三峡集团有限公司、国家能源投资集团有限责任公司、国家开发投资集团有限公司、华润集团有限公司、中国广核集团有限公司:

为贯彻落实党的十九大精神,加强诚信体系建设,根据《中共中央 国务院关于进一步深化电力体制改革的若干意见》(中发〔2015〕9号)、《国务院关于印发社会信用体系建设规划纲要(2014—2020年)的通知》(国发〔2014〕21号)、《国务院关于建立完善守信联合激励和失信联合惩戒制度加快推进社会诚信建设的指导意见》(国发〔2016〕33号)、《国家发展改革委 人民银行关于加强和规范守信联合激励和失信联合惩戒对象名单管理工作的指导意见》(发改财金规〔2017〕1798号)的相关要求及规定,加强对涉电力领域市场主体的信用监管,建立失信联合惩戒对象名单(以下简称"黑名单")制度,完善违法失信惩戒的联动机制,促进行业健康发展,现提出如下实施意见。

一、总体要求

(一)政府主管部门及行业监管部门对存在严重违反电力法律、法规、规章等严重失信行为的涉电力领域市场主体,依法依规列入"黑名单",并向社会公布,实施信用约束、联合惩戒。市场主体存在违法失信行为且情节较轻的,可先纳入诚信状况重点关注对象名单(以下简称"重点关注名单")。

(二)国家发展改革委、国家能源局负责对全国涉电力领域"黑名单"管理工作进行指导和协调,县级以上行业主管部门、相关监管部门根据职能负责本地区"黑名单"管理工作。

(三)坚持"谁认定、谁负责"的原则,认定"黑名单"的部门和单位负责"黑名单"的公布、信用修复、异议处理、退出等工作。

(四)认定为涉电力领域"黑名单"市场主体的相关信息应纳入全国信用信息共享平台,按照《关于对电力行业严重违法失信市场主体及其有关人员实施联合惩戒的合作备忘录》等有关规定,实施联合惩戒。

二、认定标准

(五)涉电力领域市场主体包括发电企业、售电企业、参与电力市场交易的电力用户、电网企业、电力建设、施工、监理、勘察、设计企业、电能服务企业、电力设备供应企业。

(六)涉电力领域市场主体存在下列情形之一的,应按照规定程序列入"黑名单":

1. 未取得许可从事相关业务、涂改许可证、隐瞒有关情况或者以提供虚假申请材料等方式违法违规进入市场,未按要求及时变更注册信息和用户登记信息,且拒不整改;

2. 违反信用承诺且拒不整改;

3. 在其他领域因严重违法失信行为被列入相关"黑名单";

4. 存在其他违法违规行为,受到行政处罚等法律处罚,情节严重或拒不整改。

(七)发电企业存在下列情形之一,情节严重或拒不整改的,应按照规定程序列入"黑名单":

1．未执行并网调度协议，未服从电力调度管理；

2．经审核符合准入条件的企业自备电厂，未足额缴纳政府性基金及政策性交叉补贴；

3．违反相关规定，建设电厂向用户直接供电的专用线路，以及与其参与投资的增量配电网络连接的专用线路。

（八）售电企业存在下列情形之一，情节严重或拒不整改的，应按照规定程序列入"黑名单"：

1．超出准入条件规定的售电量范围开展售电业务；

2．未承担保密义务，违规泄露用户信息。

（九）参与电力市场交易的电力用户存在下列情形之一，情节严重或拒不整改的，应按照规定程序列入"黑名单"：

1．存在违约用电、窃电或者破坏电力设施行为；

2．存在用电安全隐患等影响电力安全稳定运行或威胁人身安全的行为；

3．以各种形式逃缴、拒缴和拖欠政府性基金或政策性交叉补贴。

（十）电网企业存在下列情形之一，情节严重或拒不整改的，应按照规定程序列入"黑名单"：

1．未按国家有关规定和合同约定承担保底供电服务和普遍服务；

2．未严格落实电网安全责任，供电质量未达到承诺标准；

3．未做到对发电企业、电力用户及其他电网企业的无歧视公平接入；

4．存在干预发电企业、售电公司、电力用户之间相互自主选择的行为。

（十一）电力建设、施工、监理、勘察、设计企业存在下列情形之一，情节严重或拒不整改的，应按照规定程序列入"黑名单"：

1．转让、出租出借、借用挂靠、涂改、伪造许可资质（资格）证书或者以其他方式允许其他单位或者个人以本单位名义承揽工程；

2．超越许可范围承揽工程；

3．弄虚作假骗取中标、不正当手段承揽工程；

4．将工程转包或者违法分包；

5．存在重大安全、质量隐患，经督查不及时整改；

6．未按核准文件确定的招标方式开展招标；

7．发生因工程安全质量问题引发的较大安全责任事故；

8．严重违反合同约定。

（十二）电能服务企业存在下列情形之一，情节严重或拒不整改的，应按照规定程序列入"黑名单"：

1．提供的平台或产品问题给用户造成经济损失；

2．拒不处理客户投诉；

3．采用不正当手段竞争，扰乱市场秩序；

4．骗取国家政府补贴。

（十三）电力设备供应企业存在下列情形之一，情节严重或拒不整改的，应按照规定程序列入"黑名单"：

1．降低产品设计标准、偷工减料，或在生产制造过程中使用伪劣原材料、组部件以次充好；

2．在施工（建筑、安装等）、调试或运行过程中，出现质量问题，发生安全事故或质量事故；

3．不能安全稳定运行或技术、质量等性能指标与设计值出现重大偏差，且无法通过进一步调试和正常维护得到解决；

4．存在商业行贿受贿行为，经营者为销售或购买商品而采用财务或其他手段贿赂对方单位或个人。

（十四）涉电力领域市场主体在电力市场交易方面存在下列情形之一，情节严重或拒不整改的，应按照规定程序列入"黑名单"：

1．无故未履行市场交易合同或具有法律效力的交易意向；

2．未按时进行交易结算，拖欠电费；

3．恶意串通、操纵市场或变相操纵市场；

4．提供虚假信息，违规发布信息，或未按规定披露、提供信息；

5．违反电力市场交易规则开展交易。

（十五）涉电力领域市场主体在电力规划设计、政策标准执行及项目合作、建设管理方面有下列情形之一，情节严重或拒不整改的，应按规定程序列入"黑名单"：

1．未按照规划总量进行产能布局、重复建设、开发利用效率低下、发展失衡，违反相关优选原则；

2．选择性执行或变相、消极、错误执行国家有关能源政策；

3．违反电力行业标准化工作有关强制性规定或执行国家强制性标准情况不达标；

4．新建电力项目违法违规转让开展前期工作资格或核准文件；

5．违法违规变更新建项目投资主体；

6．需核准的电力项目未经核准先行开工建设，或者未按核准文件规定建设；

7．电力项目存在超容量建设、停产整顿项目继续建设、为争取国家补贴指标而虚拟项目、以资源综合利用名义建设低效项目等情形。

（十六）涉电力领域市场主体在安全生产、应急管理和节能减排方面有下列情形之一，情节严重或拒不整改的，应按照规定程序列入"黑名单"：

1．发生《生产安全事故报告和调查处理条例》所规定的重大生产安全事故，或一年内累计发生责任事故死亡10人（含）以上；

2．发生《电力安全事故应急处置和调查处理条例》所规定的重大电力安全事故；

3．重大安全生产隐患不及时整改或整改不到位；

4．发生暴力抗法的行为，或未按时完成行政执法指令；

5．发生事故隐瞒不报、谎报或迟报，故意破坏事故现场、毁灭有关证据；

6．经监管执法部门认定严重威胁安全生产的其他行为；

7．在电力、核电厂等领域未按国家要求有效落实应急管理责任；未建立电力应急指挥体系，未制定电力安全应急预案，不按规定开展应急演练；

8．未按规定安装、运行环保设备，污染物排放不符合环保标准和规定，瞒报、伪造、篡改统计数据和相关备查资料；

9．阻碍、抗拒依法实施的节能监管，情节严重或隐匿、拒不提供相关资料。

（十七）在许可监管中发现涉电力领域市场主体有下列情形之一，情节严重或拒不整改的，应按照规定程序列入"黑名单"：

1．出租出借或借用挂靠许可资质；

2．超出许可范围或者超过许可期限从事相关业务且限期未完成整改；

3．不具备许可条件仍从事相关业务，未在规定期限内申请许可变更或注销且限期内未完成整改；

4．未经批准，擅自停业、歇业。

（十八）市场主体具有相关失信行为，但尚未达到"黑名单"认定标准的，应按照规定程序列入重点关注名单，通过约谈、提醒、下达整改函等方式督促整改。

（十九）市场主体列入重点关注名单未能在整改期限完成整改并退出，或无明确整改期限的未能在3个月内完成整改并退出，或一年内3次或3次以上被列入重点关注名单，应按照规定程序列入"黑名单"。

三、认定与发布

（二十）县级以上行业主管部门、相关监管部门可按照认定标准，根据职能认定涉电力领域"黑名单"、重点关注名单。国家发展改革委、国家能源局可根据需要授权全国性行业协会商会，按照认定标准认定涉电力领域"黑名单"、重点关注名单。

（二十一）鼓励电力交易机构、行业协会商会等各类单位和公民个人积极支持和配合认定工作，向认定部门（单位）提供市场主体的失信行为信息。认定部门（单位）应积极委托大数据企业开展大数据监管，将大数据分析结果作为认定"黑名单"的重要参考依据。

（二十二）认定部门（单位）应按照以下程序认定"黑名单"：

1．正式告知拟列入"黑名单"的市场主体列入事由和列入依据，允许其在10个工作日内提交有关申辩材料；

2．组成相关政府部门、社会组织及行业专家参加的小组，根据各方提供的材料进行审查，提出市场主体是否列入"黑名单"的认定意见书；

3．县级以上行业主管部门、相关监管部门认定的"黑名单"直接生效；授权的全国性行业协会商会认定的"黑名单"，需经相应信用建设牵头部门或能源监管部门审核后生效；

4．完成认定后，认定部门（单位）应向列入"黑名单"的市场主体下达认定决定函。

（二十三）建立全国涉电力领域"黑名单"信息管理系统，各认定部门（单位）认定的"黑名单"均统一纳入信息管理系统。市场主体被列入"黑名单"后，认定部门（单位）应于列入当日将有关信息录入"黑名单"信息管理系统。录入信息主要内容包括：一是基本信息，包括法人和其他组织名称（或自然人姓名）、统一社会信用代码、全球法人机构识别编码（LEI码）（或公民身份证号码、港澳台居民的公民社会信用代码、外国籍人身份证号码）、法定代表人（或单位负责人）姓名及其身份证件类型和号码等；二是列入名单的事由，包括认定违法失信行为的事实、认定部门（单位）、认定依据、认定日期、有效期等；三是市场主体受到联合奖惩、信用修复、退出名单的相关情况。

（二十四）涉电力领域"黑名单"信息管理系统应主动将相关信息共享至全国信用信息共享平台，供各级国家机关、法律法规授权具有管理公共事务职能的组织共享使用。

（二十五）认定生效的"黑名单"，由认定部门（单位）通过其门户网站、地方政府信用网站、"信用中国"网站、电力交易机构网站等向社会公众发布。对于涉及企业商业秘密和个人隐私的信息，发布前应进行必要的技术处理。

（二十六）认定部门（单位）对列入重点关注名单的市场主体，应制定有关标准和程序，录入"黑名单"信息管理系统，共享至全国信用信息共享平台。

四、名单退出与权益保护

（二十七）已被列入"黑名单"的市场主体，符合以下条件的，经认定部门（单位）确认，可以退出"黑名单"：

1．市场主体自被列入"黑名单"之日起满3年，未再发生严重违法失信行为；

2．市场主体被列入"黑名单"的主要事实依据被撤销；

3．"黑名单"认定标准发生改变，不符合新认定标准；

4．按照有关规定和标准完成自主信用修复，经认定部门（单位）审核同意；

5．经异议处理，"黑名单"认定有误。

（二十八）市场主体退出"黑名单"后，认定部门（单位）应及时通过原发布渠道发布名单退出公告，并将其列入重点关注名单。对于认定有误的"黑名单"，不列入重点关注名单。

（二十九）认定部门（单位）应建立市场主体自主信用修复机制，在下达"黑名单"认定决定函时结合失信行为的严重程度，明确市场主体能否修复信用以及修复的方式和期限。可通过履行相关义务纠正失信行为的"黑名单"市场主体，可在履行相关义务后，向认定部门（单位）提交相关材料申请退出。

（三十）认定部门（单位）应建立"黑名单"异议处理机制，明确异议受理渠道、办理流程和时限。有关单位和个人对被列入"黑名单"有异议的，可向认定部门（单位）提交异议申请并提供证明材料。认定部门（单位）应严格按时限反馈是否受理的意见，受理后要按时限反馈处理结果。当事人对反馈结果仍有异议的，可依法申请复议。

（三十一）认定部门（单位）自主发现的，或接到相关部门、单位、个人反映、投诉的名单信息不准确情况，要及时进行核实。确因认定部门（单位）工作失误导致有关单位和个人被误列入"黑名单"的，认定部门（单位）应及时更正当事人的诚信记录，向当事人书面道歉并进行澄清，恢复其名誉。导致当事人权益受损的，依法给予赔偿。

五、保障措施

（三十二）国家发展改革委、国家能源局负责指导监督全国涉电力领域"黑名单"管理工作，各认定部门（单位）按照国家统一规定开展"黑名单"认定工作。

（三十三）国家发展改革委、国家能源局负责建设和管理全国涉电力领域"黑名单"信息管理系统，建立健全并严格执行保障信息安全的规章制度并做好落实。各认定部门（单位）要严格按照规定录入、查询、维护和使用信息，确保信息真实，严防信息泄露。

（三十四）对"黑名单"认定过程中出现的违法违规行为，各认定部门（单位）应当及时予以纠正。各认定部门（单位）及其相关工作人员在"黑名单"认定相关工作过程中存在滥用职权、玩忽职守、徇私舞弊、因故意或工作失误泄露不公开信息等行为的，由所在单位或上级主管部门视情节轻重对直接责任人和其他负有责任的主管人员依法依规予以处理；对市场主体造成损失的，依法承担相应责任；构成犯罪的，移送司法机关依法追究刑事责任。

（三十五）省级行业主管部门和相关监管部门在管辖区域内可根据本实施意见，制定涉电力领域失信联合惩戒对象名单管理实施细则。经授权的全国性行业协会商会可根据本实施意见，制定本协会商会内部的管理实施细则。

（三十六）行业协会商会、电力交易机构、大数据企业等在配合政府部门开展"黑名单"管理工作中要注重加强自身信用建设，坚持公平公正、实事求是。

本文件自发布之日起试行，有效期至 2020 年 12 月 31 日。

附件：中国电力企业联合会关于涉电力领域会员单位失信联合惩戒对象及重点关注名单管理实施细则（略）

国家发展改革委

国家能源局

2018 年 2 月 3 日

11-4　国家能源局关于印发《能源行业市场主体信用数据清单（2022 年版）》和《能源行业市场主体信用行为清单（2022 年版）》的通知

（国能发资质规〔2022〕75 号，2022 年 7 月 16 日国家能源局发布）

各派出机构：

为进一步规范能源行业市场主体信用信息归集和共享，推进信用分级分类监管，按照《国务院办公厅关于进一步完善失信约束制度构建诚信建设长效机制的指导意见》（国办发〔2020〕49 号）、《国家发展改革委　人民银行关于印发〈全国公共信用信息基础目录（2021 年版）〉和〈全国失信惩戒措施基础清单（2021 年版）〉》（发改财金规〔2021〕1827 号）等文件要求，我局编制了《能源行业市场主体信用数据清单（2022 年版）》和《能源行业市场主体信用行为清单（2022 年版）》，现予印发实施。

附件：1. 能源行业市场主体信用数据清单（2022 年版）（略）

　　　 2. 能源行业市场主体信用行为清单（2022 年版）（节选）

国家能源局

2022 年 7 月 16

附件 2

能源行业市场主体信用行为清单（2022 年版）（节选）

一、信用行为清单（法人）

类别	序号	违法违规事项	行政处罚标准	信用行为分类	法规政策依据
（二）电力类	81	电力建设项目使用国家明令淘汰的电力设备和技术。	责令停止使用，没收国家明令淘汰的电力设备，并处五万元以下的罚款。	轻微失信	《电力法》第六十二条第二款
	82	未经许可，从事供电或者变更供电营业区。	由电力管理部门责令改正，没收违法所得。	轻微失信	《电力法》第六十三条
			由电力管理部门责令改正，没收违法所得，并处违法所得五倍以下的罚款。	较重失信	
	83	危害供电、用电安全或者扰乱供电、用电秩序。	由电力管理部门责令改正，给予警告。	轻微失信	《电力法》第六十五条
			情节严重或者拒绝改正的，可以中止供电，可以并处 5 万元以下的罚款。	较重失信	
	84	擅自伸入或者跨越供电营业区供电。	由电力管理部门责令改正，没收违法所得。	轻微失信	《电力供应与使用条例》第三十八条
			由电力管理部门责令改正，没收违法所得，并处违法所得五倍以下的罚款。	较重失信	
	85	擅自向外转供电。	由电力管理部门责令改正，没收违法所得。	轻微失信	《电力供应与使用条例》第三十八条
			由电力管理部门责令改正，没收违法所得，并处违法所得 5 倍以下的罚款。	较重失信	
	86	未取得电力业务许可证擅自经营电力业务。	由电力监管机构责令改正，没收违法所得。	轻微失信	《电力监管条例》第三十条《电力业务许可证管理规定》第四十条
			由电力监管机构责令改正，没收违法所得，并处违法所得 5 倍以下的罚款。	较重失信	
	87	电力企业不遵守电力市场运行规则。	由电力监管机构责令改正，拒不改正的，处 10 万元以上 100 万元以下罚款。	较重失信	
			情节严重的，可以吊销电力业务许可证。	严重失信	
	88	发电厂并网、电网互联不遵守有关规章、规则。	由电力监管机构责令改正，拒不改正的，处 10 万元以上 100 万元以下罚款。	较重失信	《电力监管条例》第三十一条
			情节严重的，可以吊销电力业务许可证。	严重失信	
	89	电力企业不向从事电力交易的主体公平、无歧视开放电力市场或者不按照规定公平开放电网。	由电力监管机构责令改正，拒不改正的，处 10 万元以上 100 万元以下罚款。	较重失信	
			情节严重的，可以吊销电力业务许可证。	严重失信	

类别	序号	违法违规事项	行政处罚标准	信用行为分类	法规政策依据
	90	供电企业未按照国家规定的电能质量和供电服务质量标准向用户提供供电服务。	由电力监管机构责令改正,给予警告。	轻微失信	《电力监管条例》第三十二条
	91	电力调度交易机构不按照电力市场运行规则组织交易。	由电力监管机构责令改正,拒不改正的,处10万元以上100万元以下罚款。	较重失信	《电力监管条例》第三十三条
	92	电力企业、电力调度交易机构拒绝或者阻碍电力监管机构及其从事监管工作的人员依法履行监管职责。	由电力监管机构责令改正,拒不改正的,处5万元以上50万元以下的罚款。	较重失信	《电力监管条例》第三十四条
	93	电力企业、电力调度交易机构提供虚假或者隐瞒重要事实的文件、资料。		较重失信	
	94	电力企业、电力调度交易机构未按照国家有关电力监管规章、规则的规定披露有关信息。		较重失信	
	95	供电企业违反《供电监管办法》第六条规定,没有能力对其供电区域内的用户提供供电服务并造成严重后果。	电力监管机构可以变更或者吊销电力业务许可证,指定其他供电企业供电。	严重失信	《供电监管办法》第三十三条
(二)电力类	96	供电企业违反《供电监管办法》第七条、第八条、第九条、第十条、第十一条、第十二条、第十三条、第十四条、第十五条、第十六条、第二十一条、第二十四条规定。	由电力监管机构责令改正,给予警告。	轻微失信	《供电监管办法》第三十四条
	97	供电企业无正当理由拒绝用户用电申请。	由电力监管机构责令改正,拒不改正的,处10万元以上100万元以下罚款。	较重失信	
			情节严重的,可以吊销电力业务许可证。	严重失信	
	98	供电企业对趸购转售电企业符合国家规定条件的输配电设施,拒绝或者拖延接入系统。	由电力监管机构责令改正,拒不改正的,处10万元以上100万元以下罚款。	较重失信	
			情节严重的,可以吊销电力业务许可证。	严重失信	《供电监管办法》第三十五条
	99	供电企业违反市场竞争规则,以不正当手段损害竞争对手的商业信誉或者排挤竞争对手。	由电力监管机构责令改正,拒不改正的,处10万元以上100万元以下罚款。	较重失信	
			情节严重的,可以吊销电力业务许可证。	严重失信	
	100	供电企业对用户受电工程指定设计单位、施工单位和设备材料供应单位。	由电力监管机构责令改正,拒不改正的,处10万元以上100万元以下罚款。	较重失信	
			情节严重的,可以吊销电力业务许可证。	严重失信	

类别	序号	违法违规事项	行政处罚标准	信用行为分类	法规政策依据
（二）电力类	101	供电企业有其他违反国家有关公平竞争规定的行为。	由电力监管机构责令改正，拒不改正的，处10万元以上100万元以下罚款。	较重失信	《供电监管办法》第三十五条
			情节严重的，可以吊销电力业务许可证。	严重失信	
	102	电网企业、电力调度机构违反规定未建设或者未及时建设可再生能源发电项目接入工程，造成可再生能源发电企业经济损失。	电网企业应当承担赔偿责任，并由电力监管机构责令限期改正，拒不改正的，电力监管机构可以处以可再生能源发电企业经济损失额一倍以下的罚款。	较重失信	《可再生能源法》第二十九条 《电网企业全额收购可再生能源电量监管办法》第二十条
	103	电网企业、电力调度机构拒绝或者阻碍与可再生能源发电企业签订购售电合同、并网调度协议，造成可再生能源发电企业经济损失。			
	104	电网企业、电力调度机构未提供或者未及时提供可再生能源发电上网服务，造成可再生能源发电企业经济损失。			
	105	电网企业、电力调度机构未优先调度可再生能源发电，造成可再生能源发电企业经济损失。			
	106	因电网企业或者电力调度机构原因造成未能全额收购可再生能源电量，造成可再生能源发电企业经济损失。			
	107	电力市场主体未按照规定办理电力市场注册手续。	由电力监管机构责令改正，拒不改正的，处10万元以上100万元以下罚款。	较重失信	《电力市场监管办法》第三十四条
			情节严重的，可以吊销电力业务许可证。	严重失信	
	108	电力市场主体提供虚假注册资料。	由电力监管机构责令改正，拒不改正的，处10万元以上100万元以下罚款。	较重失信	
			情节严重的，可以吊销电力业务许可证。	严重失信	
	109	电力市场主体未履行电力系统安全义务。	由电力监管机构责令改正，拒不改正的，处10万元以上100万元以下罚款。	较重失信	
			情节严重的，可以吊销电力业务许可证。	严重失信	
	110	电力市场主体有关设备、设施不符合国家标准、行业标准。	由电力监管机构责令改正，拒不改正的，处10万元以上100万元以下罚款。	较重失信	
			情节严重的，可以吊销电力业务许可证。	严重失信	

类别	序号	违法违规事项	行政处罚标准	信用行为分类	法规政策依据
	111	电力市场主体行使市场操纵力。	由电力监管机构责令改正，拒不改正的，处10万元以上100万元以下罚款。	较重失信	
			情节严重的，可以吊销电力业务许可证。	严重失信	
	112	电力市场主体有不正当竞争、串通报价等违规交易行为。	由电力监管机构责令改正，拒不改正的，处10万元以上100万元以下罚款。	较重失信	
			情节严重的，可以吊销电力业务许可证。	严重失信	
	113	电力市场主体不执行调度指令。	由电力监管机构责令改正，拒不改正的，处10万元以上100万元以下罚款。	较重失信	《电力市场监管办法》第三十四条
			情节严重的，可以吊销电力业务许可证。	严重失信	
	114	发电厂并网、电网互联不遵守有关规章、规则。	由电力监管机构责令改正，拒不改正的，处10万元以上100万元以下罚款。	较重失信	
			情节严重的，可以吊销电力业务许可证。	严重失信	
（二）电力类	115	电力调度交易机构未按照规定办理电力市场注册。	由电力监管机构责令改正，拒不改正的，处10万元以上100万元以下罚款。	较重失信	《电力市场监管办法》第三十六条
	116	电力调度交易机构未按照规定公开、公平、公正地实施电力调度。			
	117	电力调度交易机构未执行电力调度规则。			
	118	电力调度交易机构未按照规定对电力市场进行干预。			
	119	电力调度交易机构泄露电力交易内幕信息。			
	120	拒绝或者阻碍国家能源局及其派出机构从事电力可靠性监管工作的人员依法履行监管职责的。	由电力监管机构责令改正；拒不改正的，处5万元以上50万元以下的罚款。	较重失信	《电力可靠性管理办法（暂行）》第六十二条《电力监管条例》第三十四条
	121	提供虚假或者隐瞒重要事实的电力可靠性信息。			
	122	供电企业未按照规定定期披露其供电可靠性指标的。	由电力监管机构责令改正；拒不改正的，处5万元以上50万元以下的罚款。	较重失信	《电力监管条例》第三十四条
	123	被许可人以欺骗、贿赂等不正当手段获得电力业务许可证。	给予警告，处以1万元以下的罚款。	轻微失信	《电力业务许可证管理规定》第四十一条

类别	序号	违法违规事项	行政处罚标准	信用行为分类	法规政策依据
	124	电力业务被许可人超出许可范围或者超出许可期限，从事电力业务。	给予警告，责令改正，并向社会公告。	轻微失信	《电力业务许可证管理规定》第四十二条
	125	电力业务被许可人未经批准，擅自停业、歇业。	给予警告，责令改正，并可向社会公告。	轻微失信	《电力业务许可证管理规定》第四十三条
	126	电力业务被许可人未在规定的期限内申请变更。		轻微失信	
	127	涂改、倒卖、出租、出借电力业务许可证或者以其他形式非法转让电力业务许可。	依法给予行政处罚。	较重失信	《电力业务许可证管理规定》第四十五条
	128	申请人隐瞒有关情况或者提供虚假申请材料申请承装（修、试）电力设施许可的。	派出机构不予受理或者不予许可，并给予警告。	轻微失信	《承装（修、试）电力设施许可证管理办法》第三十二条
			情节严重的，一年内不再受理其许可申请。	较重失信	
	129	承装（修、试）电力设施单位采取欺骗、贿赂等不正当手段取得许可的。	由派出机构撤销许可，给予警告，处一万元以上三万元以下罚款。	较重失信	《承装（修、试）电力设施许可证管理办法》第三十三条
			情节严重的，三年内不再受理其许可申请。	严重失信	
（二）电力类	130	承装（修、试）电力设施单位转包或违法分包承装（修、试）电力设施业务，涂改、倒卖、出租、出借许可证，或者以其他形式非法转让许可证的。	《建设工程质量管理条例》等法律法规对上述违法行为有相关行政处罚规定的，依照其规定执行。	较重失信	《承装（修、试）电力设施许可证管理办法》第三十四条
			未作规定的，由派出机构责令其改正，给予警告，并处一万元以上三万元以下罚款。	轻微失信	
	131	违反本办法规定未取得许可证或者超越许可范围，非法从事承装、承修、承试电力设施活动的。	《无证无照经营查处办法》《建设工程质量管理条例》等法律法规对上述违法行为有相关行政处罚规定的，依照其规定执行。	较重失信	《承装（修、试）电力设施许可证管理办法》第三十五条
			未作规定的，由派出机构责令其停止相关经营活动，给予警告，并处一万元以上三万元以下罚款。	轻微失信	
	132	承装（修、试）电力设施单位在从事承装、承修、承试电力设施活动中发生重大以上生产安全事故或者重大质量责任事故。	由派出机构依法降低许可证等级。	较重失信	《承装（修、试）电力设施许可证管理办法》第三十六条
			情节严重的，依法吊销许可证。	严重失信	
	133	承装（修、试）电力设施单位未按照本办法规定办理许可证登记事项变更手续。	逾期未办理的，处五千元以下罚款。	轻微失信	《承装（修、试）电力设施许可证管理办法》第三十七条
	134	电力企业违反国家有关规定，将承装（修、试）电力设施业务发包给未取得许可证或者超越许可范围承揽工程的单位或者个人。	由派出机构责令其限期改正，给予警告，并处一万元以上三万元以下罚款。	轻微失信	《承装（修、试）电力设施许可证管理办法》第三十八条
	135	电网企业发现未取得许可证或者超越许可范围承揽用户受电工程的单位或者个人，未按照本办法规定及时报告的。	由派出机构给予警告，处一万元以上三万元以下罚款。	轻微失信	

类别	序号	违法违规事项	行政处罚标准	信用行为分类	法规政策依据
（二）电力类	136	电力企业、电力调度交易机构未按照本规定披露有关信息或者披露虚假信息的。	由电力监管机构给予批评，责令改正，拒不改正的，处5万元以上50万元以下的罚款。	较重失信	《电力企业信息披露规定》第十六条
	137	电力企业、电力调度交易机构未按照本规定报送信息的。	由电力监管机构责令其改正，情节严重的，给予通报批评。	轻微失信	《电力企业信息披露规定》第二十七条
	138	电力企业、电力调度交易机构提供虚假信息或者隐瞒重要事实的。	由电力监管机构责令其改正，拒不改正的，处5万元以上50万元以下的罚款。	较重失信	《电力企业信息披露规定》第二十八条

二、信用行为清单（自然人）

类别	序号	违法违规事项	行政处罚标准	信用行为分类	法规政策依据
（二）电力类	41	电力企业不遵守电力市场运行规则。	对直接负责的主管人员和其他直接责任人员，依法给予处分。	较重失信	《电力监管条例》第三十一条
	42	发电厂并网、电网互联不遵守有关规章、规则。		较重失信	
	43	电力企业不向从事电力交易的主体公平、无歧视开放电力市场或者不按照规定公平开放电网。		较重失信	
	44	供电企业未按照国家规定的电能质量和供电服务质量标准向用户提供供电服务。	情节严重的，对直接负责的主管人员和其他直接责任人员，依法给予处分。	较重失信	《电力监管条例》第三十二条
	45	电力调度交易机构不按照电力市场运行规则组织交易。	对直接负责的主管人员和其他直接责任人员，依法给予处分。	较重失信	《电力监管条例》第三十三条
	46	电力调度交易机构工作人员泄露电力交易内幕信息。	由电力监管机构责令改正，并依法给予处分。	较重失信	
	47	电力企业、电力调度交易机构拒绝或者阻碍电力监管机构及其从事监管工作的人员依法履行监管职责的。	对直接负责的主管人员和其他直接责任人员，依法给予处分。	较重失信	《电力监管条例》第三十四条
	48	电力企业、电力调度交易机构提供虚假或者隐瞒重要事实的文件、资料。		较重失信	
	49	电力企业、电力调度交易机构未按照国家有关电力监管规章、规则的规定披露有关信息。		较重失信	
	50	供电企业无正当理由拒绝用户用电申请。	由电力监管机构责令改正，拒不改正的，对直接负责的主管人员和其他直接责任人员，依法给予处分。	较重失信	《供电监管办法》第三十五条
	51	供电企业对趸购转售电企业符合国家规定条件的输配电设施，拒绝或者拖延接入系统。			
	52	供电企业违反市场竞争规则，以不正当手段损害竞争对手的商业信誉或者排挤竞争对手。			

类别	序号	违法违规事项	行政处罚标准	信用行为分类	法规政策依据
	53	供电企业对用户受电工程指定设计单位、施工单位和设备材料供应单位。	（二）电力类	较重失信	《供电监管办法》第三十五条
	54	供电企业有其他违反国家有关公平竞争规定的行为。			
	55	电力市场主体未按照规定办理电力市场注册手续。	由电力监管机构责令改正；拒不改正的，对直接负责的主管人员和其他直接责任人员，依法给予处分。	较重失信	《电力市场监管办法》第三十四条
	56	电力市场主体提供虚假注册资料。			
	57	电力市场主体未履行电力系统安全义务。			
	58	电力市场主体有关设备、设施不符合国家标准、行业标准。			
	59	电力市场主体行使市场操纵力。			
	60	电力市场主体有不正当竞争、串通报价等违规交易行为。			
	61	电力市场主体不执行调度指令。			
	62	发电厂并网、电网互联不遵守有关规章、规则。			
（二）电力类	63	电力调度交易机构未按照规定办理电力市场注册。	由电力监管机构责令改正；拒不改正的，对直接负责的主管人员和其他直接责任人员，依法给予处分。	较重失信	《电力市场监管办法》第三十六条
	64	电力调度交易机构未按照规定公开、公平、公正地实施电力调度。			
	65	电力调度交易机构未执行电力调度规则。			
	66	电力调度交易机构未按照规定对电力市场进行干预。			
	67	拒绝或者阻碍国家能源局及其派出机构从事电力可靠性监管工作的人员依法履行监管职责的。	由电力监管机构责令改正；拒不改正的，处5万元以上50万元以下的罚款，对直接负责的主管人员和其他直接责任人员，依法给予处分。	较重失信	《电力可靠性管理办法（暂行）》第六十二条 《电力监管条例》第三十四条
	68	提供虚假或者隐瞒重要事实的电力可靠性信息。			
	69	供电企业未按照规定定期披露其供电可靠性指标的。			
	70	电力企业、电力调度交易机构未按照《电力企业信息披露规定》披露有关信息或者披露虚假信息。	拒不改正的，对直接负责的主管人员和其他直接责任人员，依法给予处分。	较重失信	《电力企业信息披露规定》第十六条
	71	电力企业、电力调度交易机构提供虚假信息或者隐瞒重要事实的。	由电力监管机构责令改正；拒不改正的，对直接负责的主管人员和其他直接责任人员，依法给予处分。	较重失信	《电力企业信息报送规定》第二十八条

11-5　能源行业市场主体信用修复管理办法（试行）

（国能发资质〔2019〕22号，2019年3月27日国家能源局发布）

第一章　总　　则

第一条　为鼓励和引导能源行业失信主体主动纠正失信行为，消除不良影响，形成良好的行业诚信氛围，根据《社会信用体系建设规划纲要（2014—2020年）》《能源行业信用体系建设实施意见（2016—2020年）》和《能源行业市场主体信用信息归集和使用管理办法》等规定，制定本办法。

第二条　本办法适用于能源行业信用信息平台归集并经国家能源局及其派出能源监管机构依法认定的能源行业市场主体不良信息（简称失信信息）的信用修复。

能源行业信用信息平台上由其他信源单位归集的对市场主体有负面影响的信息的信用修复，由信源单位确认后，及时予以更新。

第三条　本办法所称信用修复，是指能源行业市场主体在失信信息披露期限内，纠正失信行为且消除不良影响后，向国家能源局及其派出能源监管机构（以下简称失信信息认定单位）提出修复申请，并经审核确认后，通过能源行业信用信息平台对其失信信息进行相应调整的过程。调整后，该失信信息不再公开披露或作为失信惩戒的依据。

根据《能源行业市场主体信用行为清单（2018版）》，失信信息分为轻微失信信息、较重失信信息和严重失信信息。

第四条　失信信息认定单位按照"谁认定、谁修复"的原则开展信用修复的受理、确认等工作。能源行业信用体系建设领导小组办公室（以下简称领导小组办公室，设在国家能源局电力业务资质管理中心）负责信用修复的监督管理和综合协调。能源行业信用信息平台运行单位（以下简称运行单位）负责根据信用修复确认结果，停止失信信息的公开披露，同时不再将失信信息作为失信惩戒的依据。

第二章　信用修复条件

第五条　能源行业市场主体申请信用修复，应符合以下条件：

（一）失信信息所涉及的行政处罚、行政检查、行政裁决等行政决定明确的责任和义务履行完毕，并经作出行政决定的单位确认；

（二）按要求作出信用承诺。

除规定不予修复之外，符合上述条件，属于轻微失信的，自失信信息认定之日即可提出申请并予以修复；属于较重失信的，自失信信息认定之日起满6个月后可提出申请并予以修复；属于严重失信的，自失信信息认定之日起满1年后可提出申请并予以修复。

失信信息认定之日，是指失信信息认定单位出具的监管意见书、监管决定书、行政处罚决定书等行政文书的出具日期。

第六条　有下列情形之一的，不得予以信用修复，直至失信信息披露期限届满：

（一）信用修复后1年内产生新的较重或严重失信信息；

（二）因谎报瞒报事故、提供虚假材料办理相关行政许可事项、恶意违反市场交易规则等违法违规行为，被列为严重失信的；

（三）无故不纠正相关失信行为，经督促后仍不履行相关义务的；

（四）依法依规不能予以信用修复的其他失信信息。

第三章　信用修复程序

第七条　能源行业市场主体申请信用修复，应通过"信用能源"网站填写《信用修复申请表》和《信用承诺书》，并下载打印、加盖公章后扫描上传。运行单位应即时将申请材料分发至失信信息认定单位。

第八条　失信信息认定单位收到申请材料后，应在 5 个工作日内作出是否受理的决定。申请事项不属于受理范围的，应作出不予受理的决定并向申请人告知理由；对于申请材料不齐全或者不符合规定形式的，应一次告知申请人需要补正的全部内容；材料完整的应当及时受理。

第九条　申请材料受理后，失信信息认定单位应当审查申请修复的失信信息是否符合信用修复条件，并自受理之日起 15 个工作日内作出是否予以信用修复的决定，向申请人发出《信用修复意见通知书》。

第十条　对确认信用修复的失信信息，运行单位应在 3 个工作日内作出"已信用修复"的标注，不再作为失信惩戒依据，同时将信用修复信息纳入市场主体信用档案。对于在"信用能源"网站公示的，应撤销公示。

第十一条　对于列入联合惩戒对象名单的，其失信信息完成信用修复后，同步退出名单。

第四章　监　督　管　理

第十二条　失信信息认定单位应履行信用修复告知义务，在认定失信信息的同时，及时将信用修复的相关规定告知能源行业市场主体。

第十三条　失信信息认定单位应严格审核信用修复申请，对在申请过程中未真实反映情况、弄虚作假，造成信用修复失当的，应将其作为严重失信信息记入市场主体信用档案。

第十四条　领导小组办公室负责对信用修复的全过程进行监督管理，对于符合信用修复条件的市场主体不予信用修复或不按程序或时限办理信用修复的，应予以纠正；涉嫌违法违纪的，依法依规予以处理。

第十五条　能源行业市场主体对不予信用修复决定存有异议的，可依法申请行政复议或提起行政诉讼。

第十六条　失信信息认定单位和运行单位应加强信用修复资料管理，将信用修复申请材料、信用修复意见通知书等资料存档备查，资料保存期为 5 年。

第五章　附　　　则

第十七条　本办法自发布之日起施行。

附件 1　信用修复申请表（略）

附件 2　信用承诺书（略）

附件 3　信用修复意见通知书（略）

11-6　关于对电力行业严重违法失信市场主体及其有关人员实施联合惩戒的合作备忘录

（发改运行〔2017〕946 号，2017 年 5 月 16 日国家发展改革委、人民银行、中央文明办、最高人民法院、最高人民检察院、工业和信息化部、财政部、人力资源社会保障部、环境保护部、交通运输部、国资委、税务总局、工商总局、银监会、证监会、国家能源局、全国总工会发布）

为深入贯彻党的十八大和十八届三中、四中、五中、六中全会精神，落实《中共中央　国务院关于进一步深化电力体制改革的若干意见》（中发〔2015〕9 号）、《国务院关于印发社会信用体系建设规划纲要（2014—2020 年）的通知》（国发〔2014〕21 号）、《国务院关于建立完善守信联合激励和失信联合惩戒制度加快推进社会诚信建设的指导意见》（国发〔2016〕33 号）等文件要求，按照"褒扬诚信、惩戒失信"的原则，建立健全失信联合惩戒机制，加快推进电力行业信用体系建设，国家发展改革委、人民银行、中央文明办、最高人民法院、最高人民检察院、工业和信息化部、财政部、人力资源社会保障部、环境保护部、交通运输部、国资委、税务总局、工商总局、银监会、证监会、国家能源局、全国总工会就对电力行业严重违法失信市场主体及其有关人员开展联合惩戒工作，达成如下一致意见：

一、联合惩戒的对象

联合惩戒的对象为违反电力管理等相关法律、法规规定，违背诚实信用原则，经政府主管部门认定存在严重违法失信行为并纳入电力行业"黑名单"的市场主体及负有责任的法定代表人、自然人股东、其他相关人员。本备忘录所指的电力行业市场主体包括发电企业、电网企业、交易机构、调度机构、售电企业及参与电力市场交易的电力用户。上述联合惩戒对象，由国家发展改革委定期汇总后提供签署本备忘录的各部门。

二、联合惩戒的措施

各部门依照有关规定，对联合惩戒对象采取下列一种或多种惩戒措施（相关依据和实施部门见附录）：

（一）强制退出电力市场，在政府市场主体目录中移除，在电力交易机构取消电力交易注册。对售电公司电力交易机构3年内不再受理该企业电力交易注册申请，依法依规限制失信企业的法定代表人担任有关企业法定代表人、董事、监事、高级管理人员。

（二）将失信状况作为其融资或对其授信的重要依据或参考。

（三）列入税务管理重点监控对象，加强税收风险管理，提高监督检查频次。

（四）在申请发行企业债券时，将其列入"从严审核"类；将失信情况作为公开发行公司债券核准的参考。

（五）在政府补贴性资金和社会保障资金的安排过程中，将失信信息作为审批的重要参考。

（六）在股票发行审核及在全国中小企业股份转让系统公开转让审核中，将其失信信息作为重要参考。

（七）在审批证券公司、基金管理公司及期货公司的设立及变更持有5%以上股权的股东、实际控制人，私募投资基金管理人登记、重大事项变更以及基金备案时，依法将失信情况作为重要参考。

（八）将失信情况作为境内上市公司实行股权激励计划或相关人员成为股权激励对象事中事后监管的重要参考。

（九）在上市公司或者非上市公众公司收购的事中事后监管中，对有严重失信行为的生产经营单位予以重点关注。

（十）对严重失信的自然人，依法将其失信情况作为担任证券公司、基金管理公司、期货公司的董事、监事、高级管理人员及分支机构负责人备案的参考，对其证券、基金、期货从业资格申请予以从严审核，对已成为证券、基金、期货从业人员的相关主体予以重点关注。

（十一）限制参与工程等招标投标活动。

（十二）限制获得相关部门颁发的荣誉证书、嘉奖和表彰等荣誉性称号，已取得的荣誉性称号应按程序及时撤销。

（十三）将有关失信信息通过"信用中国"网站、电力交易平台网站等政府指定网站和国家企业信用信息公示系统向社会公布。

三、联合惩戒的实施方式

国家发展改革委通过全国信用信息共享平台等信息技术手段定期向参与失信联合惩戒的相关部门提供电力行业市场主体严重违法失信"黑名单"的相关信息。同时，相关名单信息在国家发展改革委政府网站、"信用中国"网站、国家企业信用信息公示系统等向社会公布。

各部门按照本备忘录约定内容，依法依规对电力行业严重违法失信惩戒对象实施联合惩戒。同时，建立惩戒效果定期通报机制，相关部门定期将联合惩戒的实施情况通过全国信用信息共享平台反馈给国家发展改革委及其他相关部门。

涉及地方事权的，由地方政府主管部门将电力行业市场主体严重违法失信"黑名单"的相关信息提供至其他部门，由其他部门按照备忘录采取惩戒措施。

四、联合惩戒的动态管理

国家发展改革委及地方主管部门对电力行业市场主体严重违法失信"黑名单"进行动态管理，及时更新相关信息并提供给联合惩戒的相关部门。对于从电力行业市场主体严重违法失信"黑名单"中移除的市场主体及其有关人员，相关部门应及时停止实施惩戒措施。

五、其他事宜

各部门应密切协作，积极落实本备忘录，制定电力行业严重违法失信市场主体及其有关人员相关信息的使用、撤销、管理、监督的相关实施细则和操作流程，指导本系统各级单位依法依规实施联合惩戒措施。

本备忘录实施过程中涉及部门之间协调配合的问题，由各部门协商解决。

本备忘录签署后，各项惩戒措施依据的法律、法规、规章及规范性文件有修改或调整的，以修改后的法律、法规、规章及规范性文件为准。

附录：（略）